사회통합론

부 만 근 지음

온누리디앤피
DESIGN & PRESS

사회통합론

온누리디앤피
DESIGN & PRESS

머리말

* * *

사회통합은 현재 우리 사회에서 최대 과제의 하나가 되고 있다. 그 이유는 사회통합이 계층 및 지역 간의 격차와 분열 그리고 대립적 구조를 완화하여 사회적 동력을 결집시키는 한편 지속적 성장을 위한 여건을 조성함으로써 사회·경제적 발전과 국민들의 총체적 삶의 질을 향상시키는 토대가 되기 때문이다.

그동안 우리 사회는 사회기능의 분화에 따른 집단 간 대립의 심화, 공공신뢰의 저하, 사회적 배제의 완화를 위한 안전망의 취약, 합리적 의견수렴을 가로 막는 왜곡된 소통구조, 사회문제에 대한 부적절한 정책대응 등 다양한 요인들이 중첩되어 사회적 갈등과 분열을 심화시키고 있어 통합성이 중층적 위기에 봉착하고 있다고 할 수 있다.

따라서 우리 사회가 이러한 갈등과 분열을 극복하면서 구성원들의 사회경제적 안전을 도모하고 조화와 협력의 증진, 사회적 다양성의 포용과 함께 구성원들의 능력증진을 통하여 바람직하게 발전하기 위해서는 사회통합이 시급하게 이루어져야 한다.

그동안 우리나라에서도 사회통합정책이 계속 추진되어 왔는데, 그 접근방식은 국민국가의 틀 속에서 국민들의 일체감과 충성을 통한 국가주의적 결속을 강조하여 이질적 요소나 사회적 갈등을 죄악시하고, 이를 억압함으로써 현상적인 안정과 동질성을 추구하는 인위적·강제적 통합이 주를 이루어 왔다.

* * *

그러나 이러한 방식의 사회통합은 사회적 다양성과 자율성을 경시함으로써 소기의 성과를 거두지 못 했을 뿐만 아니라 오히려 갈등을 증폭시키고 사회발전을 위한 추동력을 약화시키는 결과를 가져왔다.

그러므로 앞으로의 사회통합은 인위적·강제적 통합이 아니라 우리 사회 속에 존재하는 갈등과 다양성을 인정하고, 이들 간의 긴장과 조화를 통해 이루어지는 자율적 통합이라야 하며, 다양한 구성원들의 시민권을 바탕으로 사회적으로 합의가 가능한 공동가치들을 찾아내어 수평적 입장에서 사회적 관계의 증진과 협력을 이끌어내는 방향의 통합이 되어야 할 것이다.

이 책은 위와 같은 사회통합의 기조를 바탕에 두어 집필하였으며, 총 6장으로 구성하였다. 제1장에서는 서론적 관점에서 사회통합의 필요성과 기조, 사회통합의 내용과 상태, 사회통합을 위한 선결조건 등을 서술하였다. 제2장에서는 사회통합에 필요한 핵심가치로 신뢰, 공정, 관용, 나눔의 네 가지 사회적 가치를 제시하고 그 내용과 증진 방안을 서술하였다.

제3장부터 제6장까지는 사회통합을 위한 분야별 접근방법에 대하여 고찰하였다. 구체적으로 제3장에서는 사회통합을 위해서는 사회갈등에 대한 정책적 관리가 선행되어야 한다고 보아 갈등관리 제도화의 필요성과 관리방안을 서술하였다. 제4장에서는 지역공동체 형성의 필요성 및 그 형성을 위한 지역주민 및 지방정부의 역할, 지역공동체 형성사업인 마을만들기에 대하여 서술하였다.

* * *

제5장에서는 공동체 구성원들이 지역의 정치·행정적 의사결정에 적극적으로 참여하는데 필요한 지역거버넌스 체계의 필요성과 그 구축방안을 서술하였다. 그리고 제6장에서는 사회통합을 위한 시민의식의 개선방안으로 준법의식 및 협상의식 제고, 지역이기주의 및 연고주의 완화, 민주시민교육 강화를 제시하고 그 실현방안을 서술하였다.

이 책은 당초 2016년에 출간되어 재판을 거친 후 이번에 내용의 몇 군데를 일부 수정하여 재판2쇄의 형식으로 다시 내놓게 되었다. 그러나 아직도 저자의 의욕과는 달리 미흡한 내용이 적지 않다고 여겨지지만, 우리 사회의 통합에 관심을 가진 분들이 사회통합의 내용과 방법을 이해하는데 조금이라도 도움이 될 수 있다면 저자로서는 더 바랄 것이 없겠다.

끝으로 어려운 사정 속에서도 출판을 흔쾌하게 수락해 주신 온누리디앤피 김용택 사장님과 편집과 인쇄를 맡아 애쓰신 직원들께도 고마운 말씀을 드린다.

2019년 9월
저자 부만근

차 례

제1장 사회통합 서론

제 1 장

사회통합 서론

제1장

사회통합 서론

현재 우리 사회는 통합성이 매우 약한 것으로 평가되고 있다. 그 이유는 소득격차에 따른 경제적 불평등의 심화, 사회기능의 분화에 따른 집단 간 대립과 갈등의 증폭, 사회적 배제를 완화시킬 수 있는 안전망의 취약, 공공신뢰의 저하, 합리적 의견수렴을 가로막는 왜곡된 소통구조, 사회문제에 대한 부적절한 정책 대응 등 다양한 요인들이 중첩되어 통합성에 부정적 영향을 미치고 있기 때문이다.

이에 더하여 정보화·세계화가 급속도로 진행되는 현대사회가 구조적으로 통합보다는 분열과 갈등의 요소를 더 많이 내포하고 있는 점도 사회통합성을 약화시키는 요인으로 작용하고 있다. 그런 의미에서 현재 우리 사회의 통합성은 중층적 위기에 처해 있다고 할 수 있다. 그러므로 우리 사회가 갈등과 분열을 극복하면서 구성원들의 사회경제적 안전을 도모하고 조화와 협력의 증진, 사회적 다양성의 포용과 함께 구성원들의 능력 증진을 통하여 사회발전과 총체적 삶의 질을 향상시키기 위해서는 사회통합이 시급히 이루어져야 한다.

일반적 의미에서 사회통합이란 다양한 특성을 가진 사회구성원들이 공동체에 대한 소속감을 갖고 공동의 비전을 공유하여 긍정적 관계를 유지하면서 사회경제적 격차와 불평등을 최소화하는 사회적 상태를 말한다. 이러한 사회통합의 상태를 영역별로 보면 사회경제적 안전성, 사회적 응집성, 사회적 포용성, 사회적 역능성(力能性) 등 네 영역이 충족된 상태라고 할 수 있다.

따라서 사회통합이 실현되기 위해서는 사회경제적 측면에서는 사회구성원들의 인간다운 삶을 위한 기초적인 물질적·환경적 자원이 사회적 수준에서 확보되어야 하며, 응집성 측면에서는 사회구성원들이 공동의 가치와 규범을 공유하고 공동의 정체성이 제고되어 사회적 조화와 협력의 잠재력이 증진되어야 한다. 그리고 포용성 측면에서는 사회구성원들이 일상생활을 규정하는 각종 제도와 사회적 관계에서 배제되지 않고 접근이 가능해야 하며, 역능성 측면에서는 사회구성원들이 자아실현과 함께 공동체의 의사결정 및 발전에 능력을 발휘할 수 있도록 사회구조가 갖추어져야 할 것이다.

그동안 우리나라에서도 사회통합정책이 추진되어 오기는 하였으나, 그 접근방법은 인위적·강제적 방식에 의한 통합이 주를 이루어 왔다고 할 수 있다. 과거 권위주의시대에는 구조화된 억압적 정치체제 속에서 이질적 요소나 사회적 갈등을 억압하고 현상적인 안정을 추구하는데 중점을 두어 왔다. 이와 함께 국민국가의 틀 속에서 국가의 이상 및 가치를 중심으로 국민들의 일체감과 충성을 통한 국가주의적 결속을 강조했기 때문에 사회문화적 다양성과 이질성은 동질성에 비하여 크게 경시되었다.

민주화가 상당한 수준으로 진전된 현재에도 우리 사회의 통합문제는 과거의 방식에서 크게 달라지지 못하고 있다. 이러한 인위적·강제적 통합은 결국 사회적 다양성을 말살하는 획일주의로 끝날 뿐만 아니라 '건강한 긴장'에 따른 사회발전의 추동력을 봉쇄하는 문제를 안고 있기 때문에 전혀 바람직하지 않다고 하겠다.

따라서 사회통합은 우리 사회 속에 존재하는 원심력(해체성향)과 구심력(통합성향)을 인정하고, 이들 간의 긴장과 조화를 통해 이루어지는 자발적 통합이라야 하며 다양한 구성원들의 시민권을 바탕으로 한 사회적 결속 및 연대와 구성원들의 수평적 관계를 토대로 하여 이루어져야 한다. 이같이 앞으로의 사회통합은 모든 개인의 가치를 하나로 통합하거나 동일화하는 것이 아니라 다원성에 기초하여 개인의 다양한 가치들을 인정하면서 사회적으로 합의가 가능한 공동가치를 찾아내어 그것을 연결고리로 구성원들의 사회적 관계의 증진과 협력을 이끌어내는 방향의 통합이 되어야 할 것이다.

1. 사회통합의 개념

1) 사회통합의 개념

사회통합(social cohesion)의 개념은 매우 다의적으로 정의되고 있어서 아직 명확하게 합의된 개념정의가 이루어지지 않고 있는데, 그 이유는 사회통합의 내용과 통합에 대한 접근방법이 각 사회나 시대마다 다르기 때문이다.

사회통합의 개념에 대한 연구자들의 정의를 보면 J.Chan 등(2006)은 "신뢰·소속감·참여와 도움을 주려는 의지와 규범으로 특징 지워지는 사회성원 상호간의 수직적·수평적 교호작용과 관련된 현상"으로 정의하고 있으며(차미숙 외, 2011: 12 재인용), R.Berger-Schmitt(2000)는 사회통합을 "사회적 격차와 경제적 불평등이 최소화된 상태이며, 사회성원들 간의 관계를 통하여 결속력이 강화된 상태"라고 하고 있다(채종헌 외, 2014: 59 재인용).

그리고 노대명은 "다양한 특성을 가진 구성원들이 공동체에 대한 소속감을 가지고 공동의 비전을 공유하며 긍정적인 관계를 유지하는 상태"라고 하고 있으며(노대명a, 2009: 18), 대통령소속 사회통합위원회는 "사회적 격차를 최소화하고 양극화를 예방함으로써 사회구성원 모두의 복지를 보장할 사회적 역량"으로 정의하고 있다(사회통합위원회, 2013: 28).

한편 C.Beauvais와 J.Jenson(2002)은 사회통합을 하나의 통일된 개념으로 정의하는 것이 바람직하지 않다고 주장하면서, 사회통합의 개념을 공동의 가치와 시민문화, 사회적 질서와 통제, 사회적 연대와 부(富)의 격차 감소, 사회적 자본, 지역적 소속감 등 다섯 가지 측면에서 제시하고 개념의 선택 가능성을 제안하고 있다(국민대통합위원회, 2014: 71-72 재인용). 이러한 사회통합에 대한 개념정의의 다의성 때문에 P.Bernad(1999)는 사회통합의 개념은 필요에 의해 유연하게 바뀔 수 있는 편의상 개념에 불과하다고 비판하기도 한다(차미숙 외, 2011: 12 재인용).

위에서 살펴본 바와 같이 사회통합은 연구자들에 따라 그 개념이 다양하게 정의되고 있지만, 그동안 사회통합은 접근방법에 따라 공동체 소속감, 사회적 공유가치, 사회구성원들이 함께 일하는 역량 등 세 가지 차원에서 개념정립이 시도되어 왔다(차미숙 외, 2011: 11).

그 중 공동체 소속감에 기초한 사회통합은 "안정적이고 협력적이며 지속가능한 공동체의 증진"으로 정의되고 있으며, 사회적 공유가치에 기초한 사회통합은 "신뢰·호혜의 감정에 기초한 공유가치와 공동과제 및 평등한 기회를 갖는 공동체를 발전시켜 나가는 과정"으로 정의되고 있다. 한편 함께 일하는 역량에 기초한 사회통합은 "국가 및 지역과 같이 특정한 공간에서 사람들이 변화를 위한 여건을 만드는 일에 집단적으로 협력하는 태도를 보여주는 상태"로 정의되고 있다.

여기에서는 위에서 살펴본 다양한 개념정의를 종합하여 사회통합을 "다양한 특성을 가진 사회구성원들이 공동체에 대한 소속감을 갖고 공동의 비전을 공유하여 긍정적 관계를 유지하면서 경제사회적 격차와 불평등을 최소화하는 사회적 상태"로 정의하고자 한다.

2) 사회통합과 유사개념의 비교

(1) 사회통합과 체제통합

사회통합은 체계통합과 구별되어 사용된다. 체제통합(system integration)은 부분체계 간의 관계를 지칭할 때 사용되며, 사회통합(Social Cohesion)은 개별 사회구성원들과 부분체계의 관계를 지칭할 때 사용된다. 다시 말해서 체제통합은 사회의 상이한 부분체계들이 상호 조정되는 것을 말하며, 사회통합은 개별 사회구성원들이 사회로 통합되는 것을 의미한다(오연주 외, 2011: 5).

체제통합은 사회를 하나의 체계로 기능하게 만드는 재화의 분배체계 및 행정적 체계의 기능적 통합을 의미하는 것으로서 산업생산에 필요한 자원의 조달과 재화의 유통체계, 조세체계와 행정의 전달망 등을 유지하는 것이다. 이와 달리 사회통합은 다양한 사회구성원들 간의 상호작용과 관련되는 것으로서 구성원들이 서로의 특성이나 개성을 상호 인정하면서 공동체성원으로서의 정체성 형성을 가능하게 하며 상징을 공유하고 더 나아가 '우리의식'을 형성하는 것을 말한다.

이와 같이 체제통합은 법적 혹은 제도적 통합을 의미하는 것으로서 대개는 객관적인 지표로 통합의 정도를 나타낼 수 있다. 그러나 사회통합은 통합된 제도에 반응하는 구성원들의 심리적 차원의 통합으로서 복잡하고 다원적이고 장기적인 과정을 필요로 하며, 이를 위해서는 의식·가치관·태도·문화 등의 변화를 필요로 한다(사회통합위원회, 2013: 200).

그런데 경제체제의 유지와 행정체제의 재생산과 같은 체제통합만으로 포괄적인 사회통합이 이루어지지는 않는다. 체제통합은 그 자체로서 매우 중요하지만 그것이 사회통합의 충분조건이라고는 볼 수 없다(이수연 외, 2006: 35). 행위의 주체인 사회구성원들이 공유할 수 있는 의미와 가치를 형성하는 사회통합은 체제통합을 아우르는 보다 더 광범위한 영역이라고 할 수 있다.

더구나 세계화시대의 사회통합은 다양한 가치 및 차이의 인정과 함께 다문화주의에 대한 진지한 성찰을 요구받고 있다. 그런 점에서 사회통합은 상호인정체계를 구축하고, 그러한 인정체계에 대한 정당성을 확보하는 과정으로 볼 수 있다(이수연 외, 2006: 36). 이같이 체제통합과 사회통합은 상이한 원리를 갖고 있으나 서로 분리되어 진행되는 것이 아니라 상호 영향을 주고받는다는 점에서 양자의 관계가 상호 배제적이라고 할 수는 없다.

(2) 사회통합과 국민통합

사회통합은 때로는 국민통합이라는 용어와 같은 의미로 사용되기도 하지만 양자는 서로 다른 개념이다(김윤태, 2007: 361). 국민통합(nation integration)은 국민국가의 틀을 통한 국가주의적 결속과 연대를 가리키며 주로 외국과 구별되는 국민적 정체성을 강조하는 것인데 비해, 사회통합은 사회의 다양한 구성원들의 보편적 시민권을 토대로 형성된 사회적 결속과 연대를 의미하는 것으로서 국민통합의 전제조건으로 인식된다.

그리고 국민통합은 국가중심적 시각에서 국민으로서 일체감을 갖게 하고 이를 통해 국민국가에 충성하게 하는 것을 목적으로 하는데 비하여 사회통합은 사회중심적 시각에서 사회구성원들 간의 수평적 관계에서의 통합을 지향한다. 따라서 국민통합의 개념으로는 사회적 약자계층의 시민권과 외국인노동자의 권리보호 등을 제대로 포괄할 수는 없다고 본다(오연주 외, 2011: 5-6).

(3) 사회통합과 사회적 결속

사회적 결속(social intergration)은 다양한 특성을 가진 사회구성원들이 공동체에 대한 소속감을 갖고 공동의 비전을 공유하는 사회적 결집력으로서 지배적 가치에 대한 통합이라고 할 수 있다. 이러한 사회적 결속은 공동체에 대한 소속감과 공동의 가치를 통해 구성원들의 유대와 동질화를 지향한다는 특성을 가지고 있다는 점에서 일반적 의미의 사회통합과 구별 없이 사용되는 경우도 있다.

그러나 사회적 결속은 구성원들이 해당 사회의 지배적 가치를 수용해야 한다는 주장을 내포함으로써 사회 내부의 유기적 통합보다는 강제성 또는 획일성을 강조하는 부정적 의미로 인식될 수 있다는 점에서 실제적 의미와 사용범위에 있어서 제한을 받는다(경제·인문사회연구회, 2005: 5). 이에 비해 사회통합은 사회구성원들이 공동체에 대한 소속감과 공동의 비전을 공유하여 긍정적 관계를 유지하면서 사회경제적 격차와 불평등을 최소화하는 사회적 상태를 의미한다는 점에서 사회적 결속을 포괄하는 개념이라고 할 수 있다.

(4) 사회통합과 사회적 포용

사회적 포용(social inclution)은 개인이나 집단의 삶의 질에 대한 증진기회를 막는 제도적 제약들을 제거한 상태를 의미한다. 즉 사회적 포용은 사회적 배제(Social Exclution)의 대립개념으로서 좁은 의미에서는 사회보장제도의 적용을 받지 못하는 사람들에 대한 보호를, 넓은 의미에서는 모든 국민에 대해 빈곤과 실업을 포함한 사회적 위험으로부터의 보호를 의미한다(경제·인문사회연구회, 2005: 5).

사회적 포용은 다음과 같은 특성을 가지고 있다.

첫째, 사회적 포용은 서로의 차이(다름)를 전제로 하여 인종·성별·학력·문화적으로 소외계층이나 장애인 등이 일반사람들과 다르게 차별되거나 취급받아서는 안 되며 평등하게 대우하는 것이다. 둘째, 사회적 포용은 소외계층에 대한 문제해결에 중점을 두고 있지만 궁극적으로는 사회구성원 전체의 사회경제적 능력의 향상을 통해서 개개인의 삶의 질 향상을 도모하고자 하는 성격을 지닌다.

셋째, 사회적 포용은 단기적으로는 정부주도 아래 소외계층에 대한 기본적 생활조건을 마련해 준다는 점에서 하향적 성격을 갖지만, 보다 장기적으로는 사회구성원 전체의 시민성과 공동체성의 향상을 바탕으로 시민공동체로 나아가고자 하는 시민사회 주도의 상향적 성격을 가진다(윤정은, 2006: 73).

이같이 사회적 포용은 경제적 측면이 강조되고 있고 신뢰나 적극적 사회참여 등을 포괄하고 있지는 않으나, 이러한 포용이 성공적으로 수행되어야 그 결과로 사회통합이 성취된다고 할 수 있으므로 포용은 통합의 과정이며 그 일부를 구성한다고 할 수 있다(박종철 외, 2013: 31). 따라서 사회통합은 사회적 포용을 포괄하는 개념이라고 할 수 있다.

2. 사회통합의 유형

사회통합은 그 개념과 차원, 그리고 의미가 다양하듯이 그 유형 또한 다양한데, 통합의 중요한 유형과 그 핵심 내용은 다음과 같다(박종철 외, 2013: 32-34).

첫째, 사회통합은 개인적 통합과 구조적 통합으로 구분할 수 있다. 개인적 통합은 한 개인이 사회에 편입되는 과정을 말하며, 주로 이민이나 귀화 등이 여기에 해당한다. 구조적 통합은 하나의 사회체계를 구성하는 다수의 하위체계가 공동의 질서 아래 통합되어 가는 과정을 의미한다. 둘째, 사회통합은 체제통합과 가치통합으로도 구분할 수 있다. 체제통합은 주로 정치 및 경제적 제도의 통합을 의미하며, 가치통합은 다양한 개인이나 지역들이 고유한 개성과 능력을 유지하면서 서로 어울려 역동적인 조화와 상생을 이루는 것을 의미한다.

셋째, 사회통합은 통합분야에 따라 정치통합·경제통합·문화통합으로 구분할 수 있다. 사회학자인 C.Offe는 사회를 국가에 해당하는 거시적 구조로 인식하고 한 사회의 거시적 통합을 정치·경제·문화의 세 유형으로 구분하여 이론화하고 있다(박종철 외, 2013: 33-34 재인용). 그 내용을 보면 정치통합은 헌법제도의 강력한 구속력, 강제적인 정치제도, 그리고 이러한 제도들이 정치갈등을 조정할 수 있는 능력 등에 의한 통합이다.

경제통합은 생산·투자·소비의 상호작용과 순환성이 지금 당장 나에게 이익으로 직결되지는 않을지라도 미래에는 사회구성원 전체에 대하여 복지와 안전의 보편적 기준을 만족시켜 줄 것이라는 기대에 따른 통합이다. 한편 문화통합은 역사·문화 및 종교 등을 매개로 한 사회의 통일성에 대한 의식적 관념에 의한 통합이다.

3. 사회통합에 관한 이론

1) 사회통합의 방법에 관한 이론

H.Silver(1994)는 사회통합성의 약화 원인 및 사회통합의 방법을 설명하는 이론적 패러다임을 크게 연대(solidarity), 분화(specialization), 독점(monopoly)의 세 가지로 구분하여 설명하고 있다. 이 패러다임(paradigm)들은 서로 다른 정치철학에 토대를 두고 있으며 이데올르기, 사회적 배제의 발생원인과 형태, 통합의 개념 및 방식 등에 있어서 서로 다른 입장을 나타내고 있다(노대명a, 2009: 8).

연대패러다임은 도덕적 관점에 근거한 패러다임으로서 도덕적 통합을 사회통합의 근간으로 본다. 공화주의사상에 기초하고 있는 이 이론은 공동선(common good)에 대한 가치지향 및 이를 위한 사회적 기반의 붕괴가 사회통합성의 약화 원인이라고 보며, 통합성을 강화하기 위해서는 국가의 정책적 책무와 함께 정치·경제·사회영역에서 국가의 적극적 개입을 중시하고 시민교육의 중요성을 강조한다.

분화패러다임은 현대사회의 기능적 분화의 관점에 근거를 두고 있는데, 여기에서 분화란 사회구성원들이 다양한 사회경제적 활동의 추구과정에서 자율적이면서도 상호의존적 상태에 도달하게 되는 것을 말한다. 자유주의사상에 기초하고 있는 이 이론은 사회통합성의 약화는 사회의 기능적 분화에 따른 자연스러운 결과로서 사회영역 간의 부적절한 분리, 특정영역에 대한 부적절한 규칙의 적용, 영역 간의 자유로운 이동 및 교육의 장애 등에 있다고 보며, 사회통합성을 강화하기 위해서는 집단 간에 포용을 통해 차별을 없애고 자유로운 계층이동을 용이하게 해야 한다고 강조한다(오연주 외, 2011: 10).

한편 독점패러다임은 물질적 불평등의 관점에 근거를 둔 패러다임으로서 사회민주주의사상을 기초로 하고 있다. 이 패러다임은 사회통합성의 약화 원인을 집단 및 계층의 독점적 지위형성의 결과에 따른 특정 사회계층의 권력 독점, 계층 간의 사회경제적 불평등의 확대 등에 있다고 보며, 사회통합성을 강화시키는 방안은 사회권(社會權)의 확대와 사회경제적 불평등을 최소화하는 정책적 개입에 있다고 강조한다.

위의 세 가지 패러다임은 사회경제적 안정을 추구하는 것이 사회통합의 조건이라는 것을 전제하며 사회통합의 방법에 대해 각각 시사점을 제공해준다. 연대패러다임은 실질적인 사회통합을 위해서 국가가 적극적인 정책으로 개입할 책무가 있다는 점을 인식하게 해주며, 분화패러다임은 사회통합성을 제고하기 위해서는 사회가 기능적으로 분화하면서 구성원들의 욕구도 다양해진다는 것을 이해해야 한다는 점을 인식하도록 해 준다.

그리고 독점패러다임은 무엇보다도 물질적 불평등이 확대되는 것을 억제하여 보다 실질적 의미의 기회균등이 보장되어야 한다는 점을 인식시켜준다(오연주 외, 2011: 11). 그런데 현대사회에서 사회통합성은 위에서 살펴본 세 가지 패러다임 중 어느 하나로 설명하는데 한계가 있으며, 이를 포괄하여 종합적으로 인식하는 것이 필요하다고 본다(노대명a, 2009: 9).

2) 문화적 관점에서 사회통합에 관한 접근이론

문화적 관점에서 사회통합에 대한 접근방식은 구성단위의 통일성을 강조하는 통일적 패러다임과 구성단위의 연결성을 강조하는 응집적 패러다임의 두 가지 견해가 대립되고 있다. 통일적 패러다임에서는 문화공동체에 속한 성원들은 문화적으로 동질적이며, 소속된 공동체의 특성에 따라 배타적 귀속성 등 개인의 문화적 정체성이 결정된다고 가정한다(오연주 외, 2011: 6-7).

K.P Hansen(2000)은 문화는 공동체 구성원들에게 귀속감을 제공하며 공동체와 개인의 일치는 개인이 느끼는 귀속감의 집합에 의하여 결정되는

것이므로 특정한 집단은 특정한 문화로서의 삶의 방식을 공유하게 된다고 한다(전상진, 2010: 16 재인용). 이같이 통일적 패러다임은 동질성과 귀속성을 강조하는데, 이 패러다임에 의한 사회통합은 다수자의 문화에 소수자가 적응하고 동화되는 것이라고 할 수 있다.

한편 응집적 패러다임(cohesion paradigm)은 문화공동체에 속한 성원들의 동질성보다는 차이(다름)들의 연결성과 공동체에 대한 다중귀속성(multi-collectivity)을 강조한다. 이 패러다임은 통일적 패러다임의 특성인 문화적 공동체에 속한 성원들이 문화적으로 동질적이라는 주장을 비판한다. 공동체 구성원들은 각자가 개별 나름의 자원동원력과 상이한 경험이나 기대를 갖고 있어서 다양한 대안을 선택할 수 있기 때문에 특정 공동체의 문화는 구성원들 간에 일치성을 보일 수 없고 차이가 나게 마련이라는 것이다.

또 응집적 패러다임은 통일적 패러다임의 배타적 귀속성도 비판한다. 예전의 전통적 공동체는 소속 성원들의 문화적 관습을 결정하고 개인적 정체성의 확립에 중요한 역할을 수행했었지만 현대사회에서 배타적 귀속성은 그 성원들의 문화나 정체성에 대해서 별로 큰 영향을 미치지 못한다는 것이다.

K.P Hansen은 현대사회에서는 다중적 귀속성이 배타적 귀속성을 대신하고 있다면서, 현대적 공동체에서 구성원의 연결(응집력)과 안전성은 개인들이 다양한 집단에 동시적으로 귀속감을 느끼는 다중적 귀속성에 의해 생성될 수 있기 때문에 모든 성원들이 한 공동체의 문화를 공유하지 않으며, 개인은 자신이 소속된 한 집단에만 배타적으로 귀속성을 갖지는 않는다고 하고 있다(전상진, 2010: 18 재인용).

이상에서 사회통합에 대한 접근방식으로 통일적 패러다임과 응집적 패러다임을 살펴보았는데, 통일적 패러다임에 근거한 사회통합은 위험성이 있다. 통일적 패러다임에서는 각 구성원들은 동질성에 대한 강한 기대 때문에 다른 관점을 가진 사람들에게 동질적인 관점을 따르도록 동화(同化)를 요구한다.

그런데 이와 같은 적응과 동화를 통해 동질성을 확보하려는 것은 당초의 의도와는 달리 오히려 사회갈등과 대립을 격화시킬 소지가 많으며, 사회적 소수자들을 억압하고 배제하는 결과를 초래할 수도 있다(전상진, 2010: 18). 또 귀속성을 강조하는 경향은 편견이나 고정관념 등에 의해 다른 공동체에 대한 적대적 행동을 권장할 수도 있다.

따라서 통일적 패러다임은 오늘날 우리 사회가 요구하는 통합정책의 기초가 될 수 없다. 문화의 차이를 인정하지 않고 배타적 귀속성을 강요하는 통합정책은 현재의 조건에서 가능하지도 않고 추구할 만한 가치도 없다고 본다. 반면에 응집적 패러다임은 일치성보다 연결성을 강조하며 이질적인 시각과 경험을 공유하고 차이를 인정함으로써 사회통합에 대한 다양한 대안들을 제공할 수 있다고 본다. 그런 점에서 오늘날의 사회통합은 문화적 다양성과 다중적 귀속성을 지향하는 응집적 패러다임이 근간이 되어야 할 것이다.

4. 사회통합성의 약화 원인

1) 사회통합성에 영향을 주는 요인

(1) 이해관계의 대립

현재 우리 사회의 통합성 실태를 보다 구체적으로 이해하기 위해서는 사회통합성의 정도에 크게 영향을 미치는 것으로 판단되는 이해관계의 대립, 차이(다름)의 부상, 사회구조의 변화 등 세 가지 측면을 고찰할 필요가 있다. 먼저 이해관계의 대립에 관하여 살펴보자.

어느 사회이든지 구성원들 간에 이해관계에 의한 대립과 갈등은 존재하게 마련이다. 이해관계의 대립은 개인이나 집단 간에 한정된 자원이나 권력을 확보하기 위하여 서로 경쟁하거나 이익의 분배방법 또는 절차를 둘러싸고 일어난다. 그런데 오늘날 우리 사회에서 일어나고 있는 이러한 대립은 그 해결을 둘러싸고 때로는 순리적으로 해결될 수 없는 과격한 양상을 띠는 경우가 적지 않아 문제가 되고 있다.

이처럼 이해의 대립이 첨예해진 것은 무엇보다 우리 사회가 민주화되면서 권리의식과 참여의식이 높아지고 자신의 의사표현을 가능하게 하는 사회적 분위기가 조성되었기 때문이라고 할 수 있다(이수연 외, 2006: 93-94). 그리하여 계층·지역·교육·환경 등 사회의 모든 분야에서 대립과 갈등이 심화되고 있는데, 이러한 이해관계의 대립은 사회갈등의 가장 핵심적인 요인으로 작용하고 있다.

계층갈등은 1997년 외환위기에 따른 대규모 실업 등으로 소득분배구조가 급격하게 악화되고 빈부격차가 크게 확대되어 양극화현상이 커지면서 심화되었으며, 신자유주의의 영향과 사회안전망의 부실한 운영으로 더욱 증폭되고 있다. 이러한 양극화는 사회적 불평등을 크게 하고 소외계층으로 하여금 상대적 박탈감과 상실감을 갖도록 함으로써 사회적 갈등을 심화시키는 요인이 되고 있다.

지역갈등은 지역감정과 함께 지역 간의 발전격차가 심화되면서 정치적·경제적으로 실질적인 이해관계가 대립하여 적대적인 사회관계로 발전하면서 일어나고 있다. 지역갈등의 가장 중요한 요인은 특정지역에 상대적으로 투자가 소외되어 낙후지역으로 됨으로써 지역 간에 소득뿐만 아니라 교육·복지수준 및 고용기회 등 총체적 생활상의 격차가 크게 발생하는데 있다. 이러한 지역 간의 격차는 낙후지역 주민들로 하여금 상대적 박탈감을 심어줌으로써 갈등을 심화시키는 요인이 되고 있다.

노사갈등은 노동자와 사용자 간에 임금·고용·근로조건뿐만 아니라 경제정책과 사회정책에 대한 이해관계를 둘러싸고 일어나고 있다. 특히 1997년 외환위기 이후에 고용 없는 성장체제가 확산되고 경쟁력 강화 및 노동시장의 경직성 해소를 위한 각종 유연화 조치들이 강행됨에 따라 대량 실업 및 임금격차의 심화와 함께 비정규직 노동자가 증가하면서 고용불안과 경제적 격차가 확대됨으로써(장용석 외, 2010: 116) 노사갈등과 대립은 더 커지게 되었다.

한편 교육갈등이나 환경갈등 중에서도 이해관계의 대립에 따른 갈등이 적지 않다. 예컨대 교육갈등 중에서 교육행정정보시스템의 도입이나 대학입시제도를 둘러싼 첨예한 대립과 갈등의 이면에는 학부모, 시민단체, 교직단체들의 각기 상반되는 이해관계가 도사리고 있다고 할 수 있다.

(2) 차이의 부상

최근 들어 대내외적 정치·경제·문화적 상황은 우리 사회의 구조와 모습을 크게 변화시켰는데, 이러한 급격한 변화 중에서 주목할 것은 사회구성원들 간에 다양성에 따른 괄목할만한 '차이'가 생기고 있다는 것이다. 이러한 차이(다름)는 집단을 기반으로 하고 세계화나 문화지형의 변화에 기인하고 있다는 점에서 구조적인 것이라고 할 수 있다(이수연 외, 2006: 67).

우리 사회의 차이 중에서 대표적인 것으로는 결혼이주여성, 외국인노동자, 북한이탈주민 등 이주민으로 인한 문화의 차이, 청소년과 부모세대 간의 문화의 차이, 정치적 상황 등과 관련한 이념의 차이 등 세 가지를 들 수 있는데, 이제 차이는 우리 사회의 중요한 구성요소가 되고 있다. 민족·문화 및 이념의 차이는 우리 사회를 더 이상 균질적인 사회가 아닌 다양한 인종, 다양한 사고와 가치관, 다양한 생활양식과 의견을 포괄하는 이질성을 가진 사회로 변화시키고 있다(이수연 외, 2006: 93).

그럼에도 우리 사회는 아직도 이러한 차이를 인정하는 관용의 문화가 빈약하여 차이가 사회갈등의 요인으로 작용하고 있다. 이념의 차이로 발생하는 이념갈등은 사회성원들로 하여금 비합리적이고 충동적인 기준에 따라 사고하고 행동하도록 하기 때문에 자신과 이념이 다른 개인이나 집단에 대해 무차별적인 증오의 감정을 품게 만든다. 이러한 상황에서는 합리적인 대화나 토론, 협상과 타협의 기제가 작동하기 어려우므로 사회는 소모적 논쟁에 휩싸이게 되고 파편화되기 쉽다(장용석 외, 2010: 33).

우리 사회의 이념대립은 대북관계와 정치분야에서 가장 많이 일어나고 있다. 그 예로서 대북관계에서는 통일정책, 대북지원, 탈북주민 지원 등을 둘러싸고 사회구성원들의 관점과 입장이 대립되면서 많은 갈등이 발생하고 있다. 뿐만 아니라 경제분야에서도 자원의 효율적 배분을 추구하는 성장의 논리와 자신의 몫을 나누어야 한다는 분배의 논리가 충돌하면서 보수와 진보세력 간에 갈등의 골이 깊어지고 있다(김종길, 2005: 45).

그리고 환경갈등은 이해관계의 상충으로 일어나기도 하지만 주로 환경보전이념과 개발주의의 대립에 의해서 발생하고 있다. 개발주의자들과 보전주의자들은 인간과 자연과의 관계에 대해 타협할 수 없는 시각의 차이를 드러내는 경우가 많기 때문에 이들이 대립할 경우에는 갈등이 쉽게 해결되지 않는다.

한편 청소년과 부모세대 간의 갈등은 주로 세대 간 인식의 차이에서 연유되고 있다. 기성세대인 부모세대가 살아온 환경과 자녀세대의 환경과는 현격하게 다르기 때문에 가치관, 세계관, 윤리의식면에서 많은 차이를 드러내고 있는데, 이러한 차이를 각 세대가 긍정적으로 받아들이지 못함으로써 세대갈등이 일어나고 있다. 한국의 기성세대들은 기본적으로 그 의식과 행동이 전통주의, 권위주의, 특수주의 등의 범주에서 크게 벗어나기 어려운 반면에 젊은 세대들은 기성세대보다 상대적으로 합리성과 보편성, 민주 및 평등의식, 개인주의 등의 가치관을 내면화하고 있다.

결혼이주여성, 외국인노동자, 북한이탈주민 등 이주민들의 증가도 사회갈등의 요인이 되고 있다. 이주민들과 그 자녀들은 문화적 이질성 때문에 한국사회의 언어와 일상생활 등 사회문화의 적응에 어려움을 겪고 있으며, 특히 빈곤국가에서 온 이주민들의 경우는 우리 국민들보다 열등하다는 사회적 편견에 의해 차별을 받음으로써 사회갈등의 요인이 되고 있다.

(3) 사회구조의 변화

그동안 급속하게 진행된 우리 사회의 변동은 경제구조의 변화뿐만 아니라 성별 역할구조 및 생애주기에도 큰 영향을 미침으로써 사회적 대립과 갈등의 요인이 되고 있다. 우리 사회의 성별 역할구조에 대해 남성과 여성은 상당한 견해의 차이를 드러내고 있다. 경제구조나 인구구조의 변화는 새로운 성별 분업, 즉 여성과 남성을 구분하는 고정관념을 넘어서는 유연한 역할분담을 요구하고 있지만 이에 대응하는 태도는 집단에 따라 균질적이지 않기 때문에(이수연 외, 2006: 127) 대립과 갈등요인으로 작용하고 있다.

전통적으로 한국사회의 여성은 사회경제적으로 불평등한 지위에 있었다. 1960년대 이후 급격한 사회변동과 남녀평등사상의 확산, 그리고 가족적 가치의 변화에도 불구하고 유교문화가 지배하였던 전통사회로부터 내려온 여성의 역할에 관한 관념은 크게 변화됨이 없이 경제사회적 근본원리가 되어 불평등기제로 작용해 왔다.

그러다가 1990년대부터 여성들의 성차별 문제에 대한 인식이 크게 제고됨에 따라 가부장적 질서에 의해 제정된 법과 제도, 관행에 도전하고 차별의 시정을 요구하게 되었고, 어느 정도의 성과도 거두게 되었다. 이러한 일련의 과정에서 차별시정을 요구하는 여성들을 중심으로 하는 집단들과 기존의 가부장적 제도와 관행을 유지하려는 집단들 간에 적지 않은 대립과 갈등을 겪었으며 현재도 정치참여, 고용할당제, 남녀 간의 성역할 등에서 여성의 권리와 역할을 둘러싼 대립과 갈등이 지속되고 있다.

한편 평균수명이 연장되고 생애주기가 변화됨에 따라 세대 간의 인식의 차이가 확대됨으로써 연령집단 간에 대립과 갈등이 나타나고 있다. 경제활동인구의 증가세가 점차 감소되는 반면에 노인인구가 지속적으로 증가하게 되면서 사적(私的) 부양기능이 약화됨에 따라 연금제도 등 공적부양제도에 대한 부담을 둘러싸고 세대 간의 갈등이 나타나고 있다. 또 노인인구의 증가로 노동시장에 진입하는 젊은 세대들이 취업이라는 제한된 자원을 둘러싸고 노인들과 경쟁해야 한다는 인식과 함께 사회적 복지혜택이 노인들에게 많이 돌아감으로써 젊은 세대들에게 돌아갈 몫이 상대적으로 적어지고 있다는 인식도 갈등요인의 하나로 작용하고 있다.

2) 사회통합성의 약화 원인

현재 우리 사회는 통합성의 위기에 봉착하고 있다고 할 수 있다(노대명a, 2009: 19). 이는 2015년 국민통합위원회가 실시한 '국민통합에 관한 국민의식조사'에서 조사대상자의 절반이 넘는 56.5%가 우리나라에서 사회통합이 잘 이루어지지 않고 있다고 응답한 것에서도 잘 나타나고 있다(국민통합위원회, 2015: 40). 우리 사회의 통합성이 약화된 원인은 매우 다양하지만 그 중요한 원인은 역사적 경험, 사회경제적 여건의 악화, 사회문제에 대한 부적절한 정책대응, 취약한 사회자본 등이 복합적으로 작용한 결과라고 할 수 있다.

이를 구체적으로 살펴보면 사회의 기능적 분화에 따른 사회집단 간의 대립과 갈등의 증폭, 합리적 의견수렴을 가로막는 왜곡된 소통구조, 사회적 결속력을 지탱해 왔던 물적 토대의 붕괴, 사회적 배제를 완화시킬 수 있는 사회안전망의 취약, 공공신뢰의 저하, 사회통합성을 제고하기 위한 종합적

대책의 부재 등 다양한 요인들이 중첩되어 사회적 갈등과 대립을 증폭시킴으로써 사회통합에 부정적 영향을 미치고 있는 것이다.

이에 더하여 정보화와 세계화가 급속도로 진전되는 현대사회가 구조적으로 통합보다는 분열과 갈등의 요소를 더 많이 내포하고 있는 점도 사회통합성을 약화시키는 요인으로 작용하고 있다. 그런 의미에서 현재 우리나라의 사회통합성은 중층적 위기에 처해 있다고 할 수 있다.

그동안 우리 사회의 통합성을 약화시키는데 가장 큰 영향을 미친 것은 물적 토대의 붕괴라고 할 수 있다. 외환위기 이후 실업·저임금·고용불안이 확대됨에 따라 중산층의 비중이 감소되고 소득격차가 확대되고 있으며 빈곤과 배제를 경험하는 취약계층이 크게 증가하였다. 그리고 과거 수십 년간 우리 사회의 역동성을 지탱해 왔던 계층이동이 점점 어려워지고 있다. 이는 사교육 중심의 교육체제와 노동시장의 분절화된 구조가 다음 세대에게 균등한 기회를 보장해 주지 못하고 있음을 의미한다(노대명a, 2009: 21).

또 시장경제에서 탈락된 사람들의 사회적 배제를 완화시킬 수 있는 사회안전망이 매우 취약하다는 점이다. 우리나라의 사회보장제도는 중산층의 빈곤화를 예방하는 기능이 약할 뿐 아니라 빈곤층의 자립을 지원하는 기능도 매우 취약한 실정이다. 현재 우리 사회는 이념갈등, 계층갈등과 지역갈등, 환경갈등, 세대갈등 등 다양한 영역에서 갈등이 증폭되고 있으며 이념과 이해관계가 뒤섞여 복합갈등의 양상을 보이는 경우가 많아지고 있다.

그런데 갈등은 반드시 부정적인 것만은 아니어서 갈등의 순기능을 강조하는 입장에서는 사회적 갈등의 표출은 자연스러운 현상이며, 사회에 역동성을 부여함으로써 사회발전에 촉매제 역할을 한다고 본다. 그러나 우리 사회에서 발생하고 있는 심각한 갈등들은 정책결정과 집행의 지연, 생산성의 저하와 사회적 비용의 증가를 가져오고 있다.

더욱 문제가 되는 것은 이러한 갈등들이 복합화·장기화되면서 사회적 분열을 초래하여 사회안정을 저해하고 구성원들의 관계를 단절시켜 공동체를 파괴함으로써 결과적으로 사회통합성을 약화시키고 있다는 것이다. 이러한 실정에도 불구하고 갈등관리를 위한 민주적 합의와 사회통합을 이끌어낼 수 있는 메커니즘 및 정책은 아직 제대로 구축되지 못한 상태이다.

현재 우리나라의 갈등수준은 세계적으로도 높은 수준으로 평가되고 있다. 갈등지수의 국제비교에서 우리나라는 34개 OECD 국가들 중에서 4위로 나타나고 있으며, 연간 지불되는 사회비용도 국민소득(GNP)의 27% 이상 되는 것으로 추산되고 있다. 또 삼성경제연구소의 연구결과에 의하면 우리 정부의 갈등조정능력은 OECD 국가들 중 매우 낮은 수준인 23위로 평가되고 있다(사회통합위원회, 2013: 5-7).

5. 사회통합의 필요성

사회통합은 현재 우리 사회에서 최대과제의 하나가 되고 있다. 그 이유는 사회통합이 계층 및 지역 간의 격차와 분열 그리고 대립적 구조를 완화하여 사회적 동력을 결집하는 한편 지속적 경제성장을 위한 여건을 조성함으로써 사회발전과 구성원들의 총체적인 삶의 질을 향상시키는 토대가 되기 때문이다. 사회통합의 구체적 필요성은 다음과 같다.

사회통합이 이루어지면 첫째, 경제적 불평등이 완화되어 취약계층이 최소한의 경제적 기반과 인간다운 삶을 확보하게 됨으로써 사회적 안정에 기여한다. 둘째, 사회통합이 이루어지면 구성원들이 가치와 규범을 공유하고 공동의 정체성이 제고되어 연대가 강화됨으로써 사회적 결속력이 높아진다. 셋째, 사회통합이 이루어지면 사회적 포용성이 강화되어 문화적 다양성이 수용되며 서로 다른 가치관과 생활양식을 갖고 있는 구성원들이 평등한 입장에서 각종 사회적 권리와 제도에 접근할 수 있다.

넷째, 사회통합이 이루어지면 구성원들 간에 상호 신뢰가 높아지고 호혜성이 강화되어 상호작용을 통한 협력이 가능해진다. 다섯째, 사회통합이 이루어지면 구성원들이 자아실현과 함께 동등한 권한 아래 정치 또는 소속된 공동체의 주요 의사결정에 자발적·적극적으로 참여하여 그 발전에 기여할 수 있다. 여섯째, 사회통합은 개인별·분야별·지역별로 경제적 불공정을 완화하고 신뢰와 협력을 증진시켜 생산요소의 재생산적 인프라 역할을 함으로써 경제성장에 긍정적 효과를 가져 온다.

6. 사회통합의 모형과 기조

1) 사회통합의 모형

사회의 갈등과 분열을 최소화하고 통합을 이루는 방법으로서의 사회통합모형은 크게 기능적 통합모형, 의사소통적 통합모형, 규범적 통합모형 등 세 가지를 들 수 있다(배규환, 1995: 289-291).

기능적 통합모형은 사회변동을 거치면서 사회의 전문화된 여러 하위부문들이 전체 사회체계에 적극적으로 기여할 때에 통합이 이루어지는 것으로 본다. 사회집단 내의 분화된 요소들의 활동이 전문화되면 될수록 각 부문들은 기능적으로 연결됨으로써 더욱 상호의존적이 되고, 그 결과 사회통합이 이루어진다는 것이다(김종길. 2005: 88). 이 모형은 어느 사회에서도 최소한의 분업이 필요하다는 것을 전제하고 있는데, 사회통합의 정도는 전문화되고 상호의존적인 제 부문 간의 상호보완적 활동 및 관계가 얼마나 형성되고 유지되는가에 달려 있다고 본다.

의사소통적 통합모형은 사회적 합의를 가져올 수 있는 수단을 의사소통으로 보아 사회통합의 근원적 수단을 의사소통의 체계, 특히 대중매체 속에서 찾고 있다. 일반적으로 사회적 합의와 결속은 사회적 상호 의존관계, 공통적 문화기반, 관습을 이루는 생활의 준거, 공동생활 등을 통해 유지되는데, 현대사회에서 이것을 가능하게 해주는 것은 바로 대중매체라는 것이다. 이 모형에서 사회통합의 정도는 공통의 언어와 문화를 매개로 대중매체에 의하여 얼마나 관련 사회의 성원들을 동원하고 참여시킬 수 있는가에 달려 있다고 본다(배규환, 1995: 290).

한편 규범적 통합모형은 사회학적 통합논의의 주류라고 할 수 있는 모형으로서, 해당 사회의 역할담당자들 간에 공통의 가치체계가 형성될 때에 비로소 통합이 가능하다고 본다. 그런데 사회가 공통적으로 지향하는 이러한 가치유형은 일반적으로 그 사회의 제도 속에 녹아 들어가기 때문에 통합을 유지하는 주요 수단은 사회체계 내의 제도들이라고 본다(김종길, 2005: 88). 이 모형에서는 규칙의 투명성과 법치주의, 규칙적용의 공정성, 제도에 대한 신뢰 등이 통합의 핵심적 요소가 된다고 할 수 있다.

지금까지 사회통합의 세 가지 모형을 살펴보았는데, 이들 모형은 이론적 전제의 상이성과 가치지향의 차이에도 불구하고 상호 배타적이거나 별개의 것이 아니며 서로 다른 측면을 강조하고 있을 뿐이다. 규범적 통합모형이 통합의 바탕을 강조하고 있다면 의사소통적 통합모형은 통합의 수단을, 그리고 기능적 통합모형은 통합의 조건을 강조하고 있다. 이러한 논의들을 요약한다면 사회의 각 영역에서 규범적, 의사소통적, 기능적 통합의 정도가 이완되면 사회적 결속이 저해된다고 할 수 있을 것이다(배규환, 1995: 292).

2) 사회통합의 기조

현대사회는 고도의 사회분화에 따라 다양한 사회집단 간에 갈등의 가능성을 내재하고 있으며, 동시에 정도의 차이는 있지만 그 나름의 사회통합기제들을 잠재적으로 갖고 있다. 사회통합은 사회를 구성하는 인자(因子)들의 통합성향(사회적 구심력)과 해체성향(원심력) 간의 부단한 긴장과 균형 속에서 이루어진다(서진영, 1998: 29).

그런데 종전에 우리 사회의 통합은 이러한 원심력을 부정하고 구심력을 강조하는 비생산적인 인위적 통합이 주를 이루어 왔다. 군사독재 등 구조화된 억압적 정치체제는 이질적인 요소나 사회적 갈등을 죄악시하고 이를 억압함으로써 현상적인 안정을 추구하는 인위적·강제적 통합을 추구해 왔다. 또 국민국가의 틀 속에서 국가의 이상 및 가치를 중심으로 국민들의 일체감과 충성을 통한 국가주의적 결속을 강조했기 때문에 사회문화적 다양성과 이질성은 동질성에 비하여 크게 경시되었다. 1987년 이후 민주화가 상당하게 진전되고 있음에도 불구하고 현재 우리 사회의 통합문제는 이러한 인위적 통합에서 크게 달라지지 못하고 있다.

인위적·강제적 통합은 결국 사회적 다원성을 말살하는 획일주의로 끝날 뿐 아니라 '건강한 긴장'에 따른 사회발전의 추동력을 봉쇄하는 문제를 안고 있다. 특히 지방화·세계화·정보화로 표현되는 세기적 변화와 관련해 다원성과 창의성, 자율성이 그 어느 때보다도 중요해지고 있는 시대적 조류 속에서 인위적 사회통합은 전혀 바람직하지 않다고 본다.

따라서 앞으로의 사회통합은 위로부터의 강압에 의한 통합이 아니라 사회 속에 존재하는 갈등과 원심력을 인정하고 다원성 및 원심력과 구심력 간의 긴장과 조화를 통해 이루어지는 자율적 통합이어야 하며(서진영, 1998: 30), 다양한 사회구성원들의 참여민주적 과정을 통해 시민권을 바탕으로 한 사회적 결속 및 연대와 함께 구성원들 간의 수평적 관계를 지향하는 방향으로 이루어져야 한다.

이같이 사회통합은 모든 개인의 가치를 하나로 통합하거나 동일화하자는 것이 아니라 다원성에 기초하여 개인의 다양한 가치들을 인정하면서 사회적으로 최소한 합의가 가능한 공동가치를 찾아내어 그것을 연결고리로 하여 협력을 이끌어 내자는 것이다. 그런데 사회통합을 추구함에 있어서 유념해야 할 것은 사회를 구성하는 개개인의 성향과 선호, 그리고 추구하는 가치가 각기 다르기 때문에 완벽한 사회통합이란 있을 수 없다는 사실이다.

어느 사회에서나 구성원 개개인의 욕구가 모두 다른데다, 이러한 욕구를 모두 충족시킬 만큼 충분한 자원을 가지고 있지는 못하기 때문에 갈등은 존재할 수밖에 없다. 따라서 모든 개인과 집단의 욕구를 완벽하게 조화시켜 하나의 통합된 사회를 실현하는 것은 불가능하기 때문에 사회통합의 핵심은 완벽한 통합이 아니라 사회갈등을 최소화하여 분열을 극복하며 다양한 욕구를 조화시키는 사회를 만드는 일이라고 할 수 있다(송복, 2013: 103-104).

7. 사회통합의 상태와 내용

R.Berger-Schmitt(2000)는 '사회의 질(quality of society)'을 보장하는 것이 사회통합으로 인식될 수 있음을 강조하고 있다(지은구 외, 2014: 198 재인용). 이러한 견해는 일상적인 생활을 하는 개개인들은 모두 사회구성원들이기 때문에 개개인의 '삶의 질(quality of life)'을 통합하면 이는 곧 사회의 질을 의미하는 것이므로 개인의 삶의 질이 사회의 질과 연관되며, 사회의 질은 곧 사회통합과 연관된다는 것을 의미하는 것이다.

사회의 질이란 "사회구성원들이 그들의 복지와 개인적 잠재력을 향상시킬 수 있는 조건 아래서 그들이 속한 공동체의 사회적·경제적 삶에 참여할 수 있는 정도"를 의미한다. 이러한 사회의 질의 정도는 구성원들의 안전과 복지에 대한 보장, 강한 연대성과 참여를 통한 역량강화를 토대로 하는 사회통합과 밀접한 연관을 가지고 있다(지은구, 2014: 199).

그 이유는 사회의 질이 보장되기 위해서는 첫째, 평등과 형평을 기초로 하여 사회적 포용과 경제적 보장이 적절한 수준에 도달하여야 하고 둘째, 신뢰 및 공유된 가치와 규범에 기초한 집합적 동질성을 제고하기 위한 연대가 강화되어야 하며 셋째, 사회구성원 개개인들의 사회적 참여를 제고하기 위한 능력이 증진되어야 하는데, 이는 바로 사회통합의 상태를 의미하는 것이기 때문이다.

따라서 사회의 질이 곧 사회통합이라고 규정할 수는 없지만 적극적 의미의 사회통합은 높은 수준의 사회의 질을 유지시키는 것을 의미하며(이재열 외, 2014: 130), 사회통합의 실현정도는 사회의 질을 향상시키는 척도가 될 수 있다고 하겠다.

이에 따라 이태진 등(2009)은 사회의 질의 제고를 사회통합의 상태로 보아 W.Beck 등(1997)이 제시한 사회의 질 구성요소를 기준으로 하여 사회통합의 영역을 사회경제적 안전성, 사회적 응집성, 사회적 포용성, 사회적 역능성 등 네 차원으로 구분하고 이들 영역이 충족된 상태를 사회통합이 이루어진 상태라고 하고 있다(이태진 외, 2009: 50-51). 여기에서도 사회통합을 이태진의 견해와 같이 네 영역으로 구분하여 통합의 상태와 내용을 고찰하고자 한다.

(1) 사회경제적 안전성

사회경제적 안전성(socio-economic security)은 사회구성원들이 인간다운 삶을 위한 기초적인 물질적·환경적 자원을 사회적 수준에서 확보하고 있는 정도를 의미하는데(이태진 외, 2009: 50), 이러한 안전성이 강한 사회를 안심사회라고 할 수 있다. 사회경제적 안전성은 사회구성원들의 삶의 여러 분야를 포괄하고 있는데, 크게 소득·주거 등의 물질적 자원과 의료·교육 등의 비물질적 자원으로 구분되며 빈곤·재해·실업·질병으로부터의 안전 등을 포괄한다.

현재 우리 사회에는 실업·질병·빈곤 등과 같은 전통적인 사회적 위험과 함께 외환위기 이후 사회적 안전망이 부족한 상태에서 노동시장의 유연화에 따른 고용불안정의 증대, 사회적 양극화, 가족구조의 변화 등에 의한 새로운 사회적 위험이 중첩되어 나타나고 있어(이재열 외, 2015: 55), 사회구성원들의 기본적 욕구를 충족시키는 토대가 되는 사회경제적 안전이 시급히 요청되고 있다.

이러한 사회경제적 안전성 차원에서 사회통합을 실현하기 위해서는 통합의 목표를 구성원들의 경제적 기반 마련과 최소한의 인간적 삶을 보장하는데 두어야 하며, 통합방식은 사회적 소수자에게 삶에 필요한 경제사회적 자원을 안정적으로 지원하는데 두어야 할 것이다. 그리고 사회경제적 안전성을 확보하기 위해서는 성장과 복지의 선순환체계 구축, 재분배정책의 강화. 공공부조의 강화, 구성원들의 안전·건강·고용 및 교육을 위한 사회서비스 확대 등이 이루어져야 한다.

(2) 사회적 응집성

사회적 응집성은 사회구성원들이 가치와 규범을 공유하고 공동의 정체성을 제고하여 사회적 조화와 협력의 잠재력을 증진시키는 정도를 의미하는데, 응집성이 강한 사회를 신뢰사회라고 할 수 있다. 이러한 응집성 차원에서 사회통합을 실현하기 위해서는 통합의 목표를 구성원들의 소속감과 비전의 공유를 통한 사회적 연대의 강화에 두어야 하며, 통합방식은 주류문화와 다수자의 입장에서 소수자를 포섭하기 위한 제도화에 두어야 할 것이다.

그리고 사회적 응집성을 강화하기 위해서는 일반화된 신뢰를 비롯한 사회적 자본의 형성, 사회성원들의 연대감과 협력을 고취하기 위한 공통가치의 함양, 합리적 규범의 설정과 함께 구성원들의 정체성이 확립될 수 있도록 해야 한다. 또 사회성원들의 정치참여 및 자원봉사 등 각종 참여를 활성화시켜 이들을 관계지향으로 만들어 나가야 할 것이다.

(3) 사회적 포용성

사회적 포용성(social inclusion)은 서로 다른 사회적 관계에 놓여 있는 사람들이 일상생활을 규정하는 각종 제도와 사회적 관계에서 배제되지 않고 접근이 가능한 정도를 말한다. 다시 말하면 사회적 포용성은 사회구성원들이 서로 다른 가치관과 생활양식을 가지고 있다는 다양성을 인정하고 모든 구성원들을 각종 사회적 권리와 사회제도에 평등하게 접근할 수 있도록 하는 것이다. 이러한 포용성의 강화는 관용사회의 토대가 된다.

사회적 포용성과 앞에서 살펴본 사회경제적 안전성은 모두 소수자를 사회적 자원에 접근시킨다는 점에서 공통점이 있으나, 사회경제적 안전성은 최소한의 물질적 지원에 초점을 두는 반면 포용성은 사회적으로 배제되지 않는 공정한 분배를 강조한다는 점에서 구분된다. 여기에서 사회적 배제(social exclusion)란 포용의 반대개념으로서 사회구성원들이 그가 속한 사회의 정치·경제·사회·문화적인 제반 활동에 참여하지 못함으로써 인간의 기본적 권리를 제약당하는 상태를 의미한다.

사회적 배제는 미시적 관점에서 보면 주로 경제적 불평등과 노동시장으로부터의 이탈 등 경제적 배제를 의미하는 것으로 이해되지만, 거시적 관점에서 보면 경제적 배제뿐만 아니라 협의의 사회적 배제(사회복지 혜택으로부터의 배제), 문화적 배제(정보부족이나 문화포용성의 부족), 그리고 정치적 배제(정치활동으로부터의 배제)를 포괄하는 개념이다(지은구, 2014: 89).

이러한 사회적 배제는 모든 인간에게 주어지는 기본적이고 보편적인 권리가 침해되는 차별의 문제와 관련되어 있다(이재열 외, 2015: 141). 차별은 어떤 집단의 성원들을 그 집단에 속한다는 이유로 불공정하게 대하거나 불이익을 주는 행위를 의미하는데, 우리 사회에서는 성차별, 장애인차별, 지역차별 등 많은 분야와 계층에서 차별행위가 이루어지고 있다.

사회적 포용성의 차원에서 사회통합을 실현하기 위해서는 통합의 목표를 사회구성원들의 사회적 자원에 대한 평등한 접근 및 다양성을 인정하는데 두어야 하며, 통합방식은 다양한 소수자의 문화와 관점을 주류문화와 동등하게 인정하고 수용하는데 두어야 할 것이다.

그리고 사회적 포용성을 강화하기 위해서는 소수자에 대한 차별 및 배제의 해소, 관용에 의한 상호인정 및 다문화 수용과 함께 절차적 공정성 등이 확립되어야 한다. 진정한 사회통합은 소수자가 없는 사회를 실현하는 것이라고 할 수 있는데, 그러한 사회는 구성원 모두가 평등하고 동등한 권리를 갖는 인간으로 대우를 받는 사회를 의미한다(박경태, 2008: 19).

(4) 사회적 역능성

사회적 역능성(social empowerment)은 사회적 관계를 증진시키고자 하는 사회구성원들이 역량을 발휘할 수 있도록 사회구조가 마련되어 있는 정도를 의미하는데, 역능성의 강화는 활력사회의 토대가 된다. 이러한 역능성은 사회구성원들이 정치 또는 소속된 공동체의 주요 의사결정에 참여하며 그 발전에 기여할 수 있는 능력을 개발하고 적용할 수 있도록 사회적 지원을 받고 있는 정도로 평가할 수 있다(이태진 외, 2009: 51).

사회적 역능성의 차원에서 사회통합을 실현하기 위해서는 통합의 목표를 사회구성원들이 공동체의 의사결정에 자발적으로 참여하여 사회발전에 기여할 수 있도록 하는데 두어야 하며, 통합방식은 소수자가 다른 사회구성원들과 동등한 권한 아래 공동체의 의사결정에 참여하고 역량을 발휘할 수 있도록 하는데 두어야 할 것이다. 그리고 사회적 역능성을 강화하기 위해서는 시민참여를 위한 제도 및 통로의 강화, 협력적 거버넌스 확립, 주민조직 육성, 지역리더의 육성을 비롯한 인적자원 개발, 정보공개의 제도화, 협상문화 제고 등이 이루어져야 한다.

이상에서 사회통합의 상태와 내용을 영역별로 살펴보았는데, 사회통합을 실현하기 위해서는 사회구성원들이 최소한의 사회·경제적 안전이 보장되어야 하고, 사회의 공동가치를 공유하면서 사회에 수렴되어야 하며, 사회의 다양성을 서로 포용해야 하는 한편 사회구성원들이 사회적 의사결정 및 정책결정과정에 참여하고 기여할 수 있도록 자신의 역량을 발휘할 수 있어야 한다. 따라서 진정한 사회통합은 사회경제적 안전성, 사회적 응집성, 사회적 포용성, 사회적 역능성 등 네 영역이 균형적으로 발전된 상태라고 할 수 있다.

그런데 이러한 사회통합의 네 영역은 상호 연관되어 있다. 사회경제적 안전성을 추구한다는 것은 결과적으로 사회적 응집성을 높이는 것이며 사회적으로 배제되지 않고 포용된다는 것을 의미한다. 또한 사회적 응집성을 제고하는 것은 사회적 관계에서 배제하지 않고 포용하는 것을 필요로 하며,

역능성을 발휘하는 것은 사회경제적 안전성과 응집성, 그리고 사회적 포용성 영역의 모두에 걸쳐 있다고 할 수 있다(오연주 외, 2011: 15).

8. 사회통합을 위한 선결조건

사회통합은 다양한 특성을 가진 구성원들이 공동체에 대한 소속감을 갖고 공동의 비전을 공유하여 긍정적 관계를 유지하면서 사회경제적 격차와 불평등을 최소화하는 사회적 상태를 의미한다. 이러한 사회통합을 구현하기 위해서는 구성원들의 특정한 사회적 태도 및 행동과 함께 사회적 제도의 정립을 필요로 한다. 사회적 태도와 행동에 있어서는 가치와 목표의 공유, 소속감과 공통의 정체성, 타자(他者)와 타 문화에 대한 인정과 존중, 개인 및 제도적 신뢰의 증진과 함께 구성원들의 자발적 참여와 협력 등이 이루어져야 한다.

그리고 사회적 제도로는 위험분담 및 사회적 보호를 위한 제도, 기회균등을 위한 재분배 메커니즘, 갈등관리시스템의 구축 등이 이루어져야 한다. 위와 같은 많은 조건들 중에서 사회통합을 위해 선결(先決)되어야 할 기본적 조건으로는 크게 사회복지의 강화, 갈등관리의 제도화, 사회적 자본의 증진, 시민참여의 확대, 민주시민의식의 강화를 통한 성숙한 시민문화형성 등 다섯 가지를 들 수 있다.

1) 사회복지의 강화

사회통합이 이루어지기 위해서는 무엇보다도 사회구성원들이 사회경제적 안전을 통해 인간다운 생활을 할 수 있도록 사회복지가 강화되어야 한다. 사회복지의 궁극적 목표는 구성원들의 생활상의 다양한 문제를 해결하고 생활조건을 개선하여 인간으로서의 존엄성과 가치를 구현할 수 있는 삶을 영위할 수 있도록 경제사회적 격차와 불평등을 완화하는데 있다.

이러한 사회복지는 빈부 격차 등 사회적 양극화의 완화에 기여하며 취약계층에 대한 사회적 안전망을 확충하고 시민권을 확대시킴으로써, 결과적으로 사회적 갈등과 분열을 완화하고 사회통합에 기여하게 된다. 사회복지가 사회통합에 실질적인 기여를 할 수 있기 위해서는 공공부조제도의 구조개선, 예방적 복지의 강화, 복지지출의 사회적 지속가능성 제고, 민간복지의 활성화, 문화적 접근성 향상 등이 이루어져야 한다.

첫째, 공공부조제도의 구조개선이다. 사회복지가 제고되기 위해서는 위험의 분산효과를 제고하고 소득재분배의 효과를 얻을 수 있는 사회보험의 강화와 함께 권리로서의 복지를 향유할 수 있도록 사회수당을 전면적으로 도입하여 보편적 복지가 이루어져야 할 것이다. 그리고 공공부조제도는 이러한 재분배효과를 강화하기 위한 사회보험의 보완적 제도로 재정립하여 다층적 보장시스템을 구축하는 바람직하다.

그러려면 현행 공공부조제도에 대한 효과적 구조개선이 이루어져야 하는데, 그 방안으로는 노후소득보장제도인 공적연금제도의 가입대상을 대폭 확대하여 장기적으로 노인빈곤층의 규모를 축소해 나가야 하며, 고용보험 가입대상을 확대하여 저임금 고용불안계층의 증가에 따라 발생하는 빈곤문제를 억제하고 그들의 재진입을 촉진시켜야 할 것이다.

그리고 기초생활을 보장하기 위해 현재의 통합급여방식의 급여체계를 개편하여 비수급(非受給) 빈곤층에 대한 지원을 욕구별로 확대하는 개별급여방식을 도입하고 자활지원제도를 개편하는 한편 자활사업과 일자리사업과의 연계를 강화하여(이태진 외, 2010: 121) 기초생활보장의 사각지대를 최대한 축소해야 할 것이다. 또 경기불안과 고용의 유연화로 인해 저임금근로자가 증가하는 추세에 대응하는 차원에서 근로장려세제의 지원대상을 확대할 필요가 있다.

둘째, 예방적 복지의 강화이다. 사회통합을 위한 복지정책의 역할은 사회경제적 불평등으로 인한 사회갈등을 완화하는 것이라고 할 수 있기 때문에 기존의 사후관리적 성격에서 벗어나 개인이 위험에 능동적으로 대처할 수 있도록 역량을 제고하는 방향의 예방적 복지가 강화되어야 할 것이다.

이를 위해서는 인적자원 개발과 고용정책의 연계를 강화하여 고용창출적 시스템이 구축되어야 하며, 취약계층에 대한 현금급여 제공은 가급적 지양하고 그들의 근로의욕과 역량을 강화시켜 스스로 자립할 수 있는 내용의 서비스가 제공되어야 한다. 또 신사회(新社會)의 위험으로부터 발생하는 생애주기별 욕구에 대응할 수 있도록 복지서비스의 내실을 기해야 하며, 서비스의 전달과정에서 효율성이 제고될 수 있도록 통합적 복지인프라가 구축되어야 할 것이다.

셋째, 복지지출의 사회적 지속가능성 제고이다. 이를 위해서는 복지재정의 확보와 복지지출의 효율적 배분이 전제되어야 하는데, 복지재정의 확보를 위해서는 부담과 급여의 재분배시스템을 정립하고 사회적 합의를 통해 가계·기업·노동자와 사용자가 공평하게 분담하는 복지공조체제가 정립되어야 한다. 또 중앙정부와 지방정부 간에도 비용분담구조를 개선하고 비효율적인 지원체제가 정비되어야 한다(이태진 외, 2010: 12). 그리고 이러한 복지지출은 재정건전성을 유지하고 성장잠재력이 훼손되지 않는 범위에서 계속 확대해 나가되, 지출수준 그 자체보다는 사회적 지속가능성을 제고하는 방향으로 이루어지는 것이 바람직하다.

넷째, 민간복지활동의 활성화이다. 국가의 물적 자원이 부족하고 복지예산의 효율성이 불충분한 현실에서 국가복지제도에만 의존해서는 사회적 보호를 필요로 하는 취약계층을 적절히 보호하기가 어렵기 때문에 자원봉사 및 기부활동, 민관협력에 의한 공동생산의 강화 등 민간차원의 복지활동이 강화되어야 하며, 행정은 이러한 활동을 적극 지원해 나가야 할 것이다.

다섯째, 문화적 접근성의 향상이다. 문화복지는 광의(廣義)의 사회복지의 일부로서, 문화복지의 목표는 모든 국민들에게 문화의 향유 및 참여를 보장함으로써 문화적 감수성과 창의성을 배양하고, 이를 통해 개인적으로는 삶의 질을 제고하고 사회적으로는 문화시민 육성과 사회통합을 도모하는데 있다(현택수, 2006: 101-102). 이러한 문화복지가 실현되기 위해서는 사회구성원들의 문화적 접근성을 확대하기 위한 환경을 조성하고 다양한 경험기회를 제공하여 그들의 문화적 선호를 형성할 수 있도록 해야 한다. 또 감수성을 배양할 수 있는 내용의 문화예술교육을 강화하는 한편 문화향유 및 참여기회를 확대하기 위한 각종 프로그램을 제공하는 등 전달체계가 제대로 구축되어야 할 것이다.

2) 갈등관리의 제도화

갈등은 사회통합을 저해하는 가장 중요한 요인이기 때문에 사회통합을 구현하기 위해서는 갈등관리의 제도화가 이루어져야 한다. 우리 사회의 갈등은 1960년대부터 추진된 성장우선의 산업화정책과정에서 경쟁의 공정성과 분배의 형평성이 지켜지지 못해 경제적 불평등이 심화되면서 발생하기 시작하였다. 이와 함께 사회문화적 차원에서는 급격한 사회변동으로 분화된 집단 간의 이념 및 이해관계가 대립하게 되면서 여러 형태의 갈등이 빈번하게 발생하게 되었다.

더욱이 1997년 금융위기 이후 본격화된 경제의 신자유주의적 재편은 우리 사회의 불평등을 빠른 속도로 진행시킴으로써 시장에서 배제된 사람들이 증가하고 사회적 양극화가 더욱 심화되면서 사회적 갈등이 계속 증가하게 되었다. 이제 우리 사회의 갈등은 국가와 시장은 물론 시민사회를 포함한 사회의 모든 영역에 걸쳐 발생하고 있는데, 갈등의 성격도 이해갈등과 이념갈등이 동시적으로 분출하는 복합적 형태를 띠고 있으며 갈등양상이 과격해 지고 장기간 지속되는 경향이 많아지게 되었다. 그리고 사회갈등 중에서 공공갈등이 차지하는 비중이 계속 높아지고 있다

적정수준의 갈등은 집단차원에서 의사결정의 합리화와 함께 쇄신성과 역동성을 부여함으로써 사회발전에 순기능으로 작용하기도 한다. 그러나 우리 사회의 과격한 갈등은 사회적 혼란과 분열을 초래하고 법과 질서를 해치며 집단차원에서 사회적 관계를 단절시켜 공동체를 파괴시키고 있으며 정책의 지연이나 생산의 감소에 따른 경제적 비용, 사회적 응집성의 약화 및 상호 불신에 의한 사회적 자본의 훼손 등 엄청난 사회적 비용을 지불하도록 하고 있다.

이같이 갈등의 부정적 기능이 사회통합을 저해하는 가장 중요한 요인으로 작용하고 있는데도 불구하고 아직도 우리 사회에서는 과거 권위주의체제에서 형성된 갈등관리방식이 크게 변화되지 않고 있어 민주화된 사회에 적합한 갈등관리의 제도화가 이루어지지 못하고 있다. 또 갈등관리를 위한 기존의 법제적 수단들 역시 사회갈등에 대처하는데 효과적 수단으로 작동

하지 못함으로써 갈등이 계속 증가하는데도 합리적 관리를 어렵게 하여 갈등이 고착화·장기화되는 현상이 초래되고 있다.

그러므로 사회적 안정과 통합을 구현하기 위해서는 갈등관리의 제도화가 무엇보다도 중요하다. 갈등관리의 제도화란 갈등의 불가피성을 인정하고, 이와 평화롭게 공존할 수 있는 구조적 방안을 모색함으로써 사회구성원들의 갈등에 대한 인식과 대응능력을 높여 갈등을 긍정적인 방향으로 진행시키는 것을 의미한다.

이같이 갈등관리의 제도화는 사회적 합의형성을 통해 갈등을 해소하기 위한 제반 원칙과 기준, 절차와 방법 등에 대한 제도적·관리적 기반을 구축하는 것으로서(김선희, 2008: 54-55), 합리적 갈등관리시스템이 구축되기 위해서는 법령과 제도를 통해 갈등관리에 대한 의사결정방식, 참여절차와 수단, 기술과 방법 등을 개선하거나 새롭게 마련하여야 한다.

그 방안으로서 제도적 측면에서는 갈등관리기본법(가칭)을 제정하고 참여적 의사결정방식을 활성화시켜야 하며, 운영적 측면에서는 갈등영향분석의 내실화와 탄력적 운영, 정책과정과 갈등관리 프로세스의 병행적 운영과 함께 통합적 갈등관리를 위한 전담조직이 설치되어야 할 것이다. 그리고 환경적 측면에서는 갈등관리 거버넌스(governance)를 확립하고 협상의식을 제고하는 한편 시민단체의 역할이 강화되어야 할 것이다.

3) 사회적 자본의 증진

사회통합을 위해서는 사회적 자본(social capital)이 증진되어야 한다. 일반적으로 사회적 자본이란 “사회구조 속에서 행위자의 목적달성을 위하여 협력을 촉진하는 무형의 자산”이라고 할 수 있다. 사회적 자본은 사회적 네트워크로 연결되어 있는 자원이고 구성원들 간의 사회적 관계에서 생성되는 자본이며(이동원 외, 2009: 26), 소유자에게 이익이 배타적으로 귀속되는 경제자본과는 달리 이익이 공유되는 자본이며 사용하면 할수록 총량이 증가하는 특성을 가진 자본이다.

이러한 사회적 자본의 핵심적 구성요소로는 구성원들의 공통기반을 확인할 수 있는 신뢰, 공동체를 유지할 수 있는 네트워크, 자원을 동원하고 안전망을 확보하기 위한 규범 등을 들 수 있다. 신뢰란 불확실한 상황 아래서 신뢰자가 신뢰대상에 대하여 갖는 긍정적 기대로서, 개인 간의 거래비용을 감소시키고 구성원들의 의사소통과 협력을 강화하여 사회적 갈등을 완화시키며 정부성과의 증진과 함께 경제발전에도 기여한다.

네트워크는 자율성을 가진 사회구성원들이 상호 밀접한 관계를 유지하면서 정보와 지식을 교류하고 지속적으로 상호작용하는 관계구조로서, 사회적 네트워크가 잘 형성된 사회는 각종 자발적 결사체가 활성화되고 수평적 인간관계를 촉진하여 협력의 수준이 높아지며, 정보의 흐름이 효율적으로 이루어져 구성원들 간에 소통이 증진됨으로써 비공식적인 사회규범이 잘 지켜지게 된다. 한편 규범은 구성원들의 행위에 대한 기준을 제공해 주는 규칙으로서 호혜성과 규범적 행동을 그 내용으로 하는데(이동원 외, 2009: 154-156), 구성원들의 사회적 일탈을 통제하여 사회질서를 유지시키고 유대를 강화하여 상호협력을 촉진시키는 역할을 한다.

이같이 사회적 자본은 거래비용을 감소시켜 자원배분의 경제적 성과를 가져오고 상호협력과 의사소통으로 규제비용의 감소와 책임성을 제고하며 구성원들 간의 상호작용을 통해 정보에의 접근성을 용이하게 한다. 또 구성원들의 사회적 일탈을 통제하고 집단 간의 갈등과 분열을 완화시켜 사회적 안정을 유지하도록 함으로써 결과적으로 사회통합의 토대를 형성하는 순기능을 하게 된다.

그런데 현재 우리 사회는 전반적으로 낮은 신뢰, 후진적인 규범준수의식, 폐쇄적 네트워크, 그리고 배타적 집단주의 등으로 사회적 자본형성이 낮은 수준이어서 사회통합에 기여하지 못하고 있다. 그러므로 사회통합을 구현하기 위해서는 먼저 그 토대가 되는 사회적 자본이 증진되어야 한다. 이를 위해서는 법제도가 사회의 비공식적 규범과 조화를 이루어야 하고 법의 내용이 사회의 다양한 이해관계를 수용할 수 있도록 유연해야 하며, 법과 규칙이 공정하고 효율적으로 집행하는 한편 이를 어기는 행위에 대한 제재가 공정하게 이루어져야 한다.

또 사회적 자본은 사회구성원들이 서로 신뢰하고 협력하는 공동체정신에서 형성되기 때문에 개방성과 상호협력을 토대로 한 공동체문화를 형성해 나가야 한다. 이와 함께 사회적 자본의 축적은 사회구성원들의 자발적 참여를 통한 관계지향을 전제로 하고 있다는 점에서 구성원들의 참여를 유도하기 위한 협력적 거버넌스 구축 등 제도적 장치가 강화되어야 하며 자원봉사와 기부 등의 나눔활동을 활성화하기 위한 조치들이 강구되어야 할 것이다.

그런데 사회적 자본은 위에서 제시한 순기능과 함께 집단 외부인에 대한 배타성, 집단구성원에 대한 과잉요구에 따른 부정부패 가능성, 규범에 대한 지나친 순응요구에 따른 구성원들의 자율성 침해 가능성 등의 역기능도 가지고 있다. 그러므로 사회통합을 위해서는 이러한 사회적 자본의 역기능에서 파생되는 연고주의와 집단(지역)이기주의 등을 완화 내지 극복하기 위한 사회적 노력도 병행되어야 할 것이다.

4) 시민참여의 확대

사회통합을 위해서는 사회구성원인 시민들이 자기가 살고 있는 지역의 공공문제에 관심을 가지고 주체적으로 참여하는 적극적 시민으로서의 역할을 해야 한다. H.L Schachtet(1995)는 적극적 시민은 공익에 대한 관심을 가지고 공공분야의 의사결정에 적극 참여하는 사람이며, 이러한 적극적 시민이야말로 지역의 문제를 담론을 통해 해결하는데 필수적 요소라고 하고 있다(김용동, 2001: 174 재인용).

시민참여란 공적인 권한을 가지지 아니한 시민들이 공공문제에 대한 그들의 요구를 정부의 정책과정에 반영시키기 위하여 직·간접적으로 영향력을 행사하는 일련의 행위이다. 시민참여는 정치·행정적 측면에서 볼 때 정책의 정당성 확보, 정책결정의 합리화, 정책내용의 질적 향상, 정책집행의 능률성 확보에 기여하는 한편 대의제도를 보완하는 역할을 한다.

또 시민참여는 사회적 측면에서 다음과 같은 역할을 한다.

첫째, 시민들 간의 이해관계 조정과 협동증진에 기여한다. 시민참여는 행정이 산출하는 정책내용에 민감한 이해관계를 갖고 있는 시민들이 참여하여 대화와 토론을 통해 이를 조정하고 전체 의사와 공익에 도달하도록 함으로써 시민들의 협동증진에 기여하게 된다. 둘째, 시민참여는 지역의 사회적 약자들에게 실질적 참여기회를 제공함으로써 이들의 상대적 박탈감을 완화하며 계층 간의 형평성을 도모하여 사회갈등을 완화하는데 기여한다.

셋째, 시민참여는 지역주민들에게 지역사회에 대한 책임의식을 제고시킨다. 시민참여는 지역주민들로 하여금 자신이 지역사회의 주체라는 인식아래 지역사회의 공공문제 해결에 직접 참여함으로써 지방정부와 책임을 공유한다는 인식을 가지도록 하여 사회문제와 관련된 정책의 결정과 집행에 기꺼이 협력하게 한다.

넷째, 시민참여는 공동체의식을 배양하게 한다. 참여를 통해 다른 사람들과 함께 공동의 목표를 추구하는 과정에서 상대방의 입장을 이해하고 관용하며 사적 이익의 일부를 희생해야 한다는 것을 배우게 된다. 이러한 이타적인 태도가 확산되면 구성원들 간의 단결과 협력이 촉진되고 상호이익이 되는 공동선(共同善)의 발견이 쉬워지며 공동체적 유대가 강화됨으로써(김찬동, 2012: 17) 궁극적으로 사회통합에 기여한다.

이러한 시민참여가 활성화되기 위해서는 첫째, 정보의 공개가 제대로 이루어져야 한다. 시민들이 정책과정에 실질적으로 참여하여 자신들의 견해를 반영할 수 있기 위해서는 행정이 정책결정에 필요로 하는 정확하고 충분한 정보를 적시에 제공함으로써 행정과 시민이 정보를 공유할 수 있어야 한다.

둘째, 주민들의 의식 및 행태가 개선되어 참여지향적 시민상이 확립되어야 한다. 이를 위해서는 주민이야말로 지역사회의 주체로서 권한과 책임을 공유하고 있다는 자치의식과 함께 지방자치는 대화·토론·타협에 의해서 운영되는 정치제도라는 인식을 가져야 한다. 또 주민들은 자신의 이해관계를 주장함에 있어서 독선에 빠지지 않는 자기억제의 자세와 함께 자기가 살고 있는 지역사회를 아끼고 구성원들이 서로 협력하면서 바람직한 방향으로 발전시키겠다는 지역정향의식(地域定向意識)을 가져야 한다.

셋째, 공무원의 의식 및 행태가 개선되어야 한다. 시민참여가 실효를 거두기 위해서는 공무원들이 시민참여가 정책과정에 필수적 요소라는 인식과 함께 시민들을 정책과정의 주체의 하나로 인정하고 동반자로 인식하는 민주적 행정관을 가져야 한다. 넷째, 시민참여의 내용과 방법에 대한 제도들이 개선되어야 한다. 시민참여를 확대할 수 있는 조례의 제정, 각종 법정계획 수립과정에서 시민참여의 제도화, 참여적 의사결정방법의 활용 등이 이루어져야 하며 지역시민단체와 다양한 주민조직에 대한 지원방안도 마련되어야 할 것이다.

5) 민주시민의식의 강화

사회통합을 실현하기 위해서 제도적 장치보다 우선해야 할 것은 시민의식의 선진화라고 할 수 있다. 아무리 사회통합에 필요한 제도가 갖추어졌다고 하더라도 시민들의 의식수준이 이를 합리적으로 활용할 단계에 이르지 못한다면 사회통합은 실현되기가 어렵게 된다.

민주시민의식이란 민주시민으로서 갖추어야 할 의식을 의미하는데, 여기에서 '민주시민'이란 민주적 기본가치와 이념을 내면화하고 자신이 속한 정치체제에 대한 지식과 가치를 조화시켜 공공정책 결정과정에 적극적으로 참여하고 실천할 수 있는 능력을 가진 사람이라고 할 수 있다. 이러한 민주시민이 가져야 할 시민의식의 주요 요소들을 생활영역별로 구분하여 설명하면 다음과 같다(배한동, 2001: 148).

먼저 개인생활에서는 인간존엄의식, 권리와 책임의식, 자주의식이 요구되며, 가정·이웃생활에서는 협동의식, 배려의식, 질서의식이 요구된다. 그리고 사회생활에서는 준법의식, 환경보호의식, 공동체의식이 요구되며, 국가·민족생활에서는 국가의식, 민족의식, 안보의식, 통일의식, 세계시민의식 등이 요구된다. 위와 같은 시민의식 요소 중에서도 사회통합을 위해 시민들이 내면화해야 할 중요한 내용으로는 인간존엄의식, 준법의식, 공동체의식, 참여의식, 타협의식, 세계시민의식 등을 지적할 수 있다.

첫째, 민주시민은 민주주의의 궁극적 이념인 인간의 존엄성에 대한 의식이 투철해야 한다. 인간의 존엄성은 모든 인간에게 존재하는 고유한 가치이기 때문에 사회관계 속에서 그러한 가치를 보장받아야 한다. 그러므로 시민들은 계층·성별·인종에 관계없이 사회구성원들의 인격이 존중되어야 하며 편견이나 차별대우를 해서는 안 된다는 의식을 가져야 한다.

둘째, 시민들은 확고한 준법의식을 가져 법과 규칙을 지키고 공공질서 및 민주적 절차를 준수해야 한다. 시민들의 준법의식이 높으면 사회적 안정이 이루어지고 장래에 대한 예측이 가능해지며 남을 신뢰하는데 따르는 위험이 감소되기 때문에 사회적 신뢰수준이 높아진다. 그러므로 시민들은 민주사회의 법은 인간의 존엄성과 기본권을 보장하기 위해 합의된 내용과 절차이기 때문에 자신의 권리·의무가 법에 따라 행사되어야 그 정당성을 인정받을 수 있다는 의식을 가져야 한다.

셋째, 시민들은 공공의 문제에 관심을 가지고 적극적으로 참여하여 문제를 해결해 나가려는 참여의식을 가져야 한다. 참여의 내용과 역할에 대해서는 앞에서 이미 설명한 바 있다. 넷째, 시민들은 연대의식에 기초하여 개인의 문제를 넘어 공동의 문제를 인식하고, 이를 더불어 해결하며 함께 살아가려는 공동체의식을 가져야 한다. 공동체의식이 강하면 사람들은 자신의 사익만을 추구하는 개인주의적이고 자기중심적인 존재가 아니라 사회구성원으로서의 소속감과 연대감, 책임감을 가져 공동의 문제를 함께 해결하기 위해 협력하게 된다.

다섯째, 시민들은 폭력이나 강압에 의한 문제해결을 지양하고 합의를 통해 서로의 이해관계를 반영하여 해결을 모색하는 타협의식을 가져야 한다. 이해관계에 대한 타협이 합리적으로 이루어지기 위해서는 타협당사자들이 상대를 신뢰하고 진정한 파트너로 인정하여 상대방의 입장을 이해하면서 타협과정에 일관되고 정직한 자세를 가져야 하며 협상사안과 관련한 정보를 공유할 수 있어야 한다.

여섯째, 시민들은 세계시민으로서의 의식을 가져야 한다. 세계화시대의 시민들은 인류의 평화와 번영을 위해 인권을 존중해야 하며, 개방성과 관용의 자세로 세계적 차원에서 공동으로 해결해야 할 문제에 관심을 가지고 이를 해결하기 위해 노력하는 한편 문화적 상대성과 다양성을 이해하고 수용해 나가야 한다. 이상에서 사회통합에 필요한 민주시민의식의 주요 내용에 대하여 살펴보았는데, 우리 사회 구성원들이 이와 같은 의식이 성숙되기 위해서는 정치의 선진화를 통한 참여적 정치문화의 정착과 함께 민주시민교육 강화 등이 이루어져야 할 것이다.

제 2 장

사회통합에 필요한 핵심 가치들

제2장

사회통합에 필요한 핵심 가치들

제1절 사회통합을 위한 가치의 중요성

1. 가치의 개념

가치(value)의 개념은 연구자들에 따라 다양하게 정의되고 있다.

C.Kluckhohn(1961)은 가치(價値)를 "이용가능한 행동의 목표·수단·양식의 선택에 영향을 주는 개인이나 집단이 특유하게 소유하고 있는 소망대상에 대한 묵시적, 암묵적 관념"이라고 정의하고 있으며(신윤철, 2011: 8 재인용), M.Rokeach(1973)는 "다른 행동양식에 비해 특정 행동양식을 개인적·사회적으로 우선시하는 지속적 신념"이라고 하고 있다(남궁달화, 1994: 13 재인용).

그리고 정범모는 "개인의 행동방향과 선택에 영향을 주는 바람직한 것, 또는 해야 할 것에 관한 일반적인 신념"으로 정의하고 있으며, 황현철(1995)은 "자신이 바람직스럽다고 생각하는 이상적인 존재의 최종상태에 대한 신념"이라고 하고 있다. 이같이 가치의 개념은 다양하게 정의되고 있지만, 일반적으로 가치란 "행위의 이용 가능한 목표·수단 및 양식의 선택에 영향을 미치는 개인이나 집단이 특이하게 소유하고 있는 바람직스러운 것에 대한 명시적, 묵시적 신념"이라고 할 수 있다.

이렇게 볼 때 가치는 행동에 대한 추상적인 신념 또는 특정한 상황을 초월하여 행동과 성과의 선택 또는 평가를 유도하는 최종상태이며 사회성원들에 의해 공유되는 근원적 신념으로서 사회성원들이 어떻게 느끼고 행동하는가를 나타내는 인간의 사고와 행동의 기준이 된다고 할 수 있다.

이러한 가치와 유사하게 사용되는 용어로 가치관(價值觀)이 있다. 양자를 같은 의미로 사용하는 학자들도 있으나 엄밀하게 말해서 양자는 그 의미가 서로 다르다. 가치관은 가치에 대한 주관적 시각이나 관점으로서, 일반적으로 "어떤 사물이나 특정대상에 대해 사람들의 행동을 특징짓는 지속적이고 일관된 평가적 신념"이라고 할 수 있다. 따라서 가치관은 사람들이 당면하고 있는 여러 가지 사물이나 행동에 대해 바람직한 것, 해야 할 것에 관한 일반적인 평가기준이 된다.

이러한 가치관은 행동의 내적 기준이 되고 행동을 정당화시켜 주는 역할을 하므로 가치관이 다르면 행동도 달라지게 된다. 그래서 가치관은 인간 행동의 목표나 방향을 제시해 주며 인간의 욕구나 환경에 따라 변할 수 있는 어떤 선택의 기준이 되기 때문에 개인의 행동특성과 사회의 문화형태를 결정하는 주요 요인이 된다고 할 수 있다.

또 가치와 유사한 개념으로 태도(態度)가 있는데, 가치와 태도는 주로 행동과의 관계로 구분된다. 가치는 어떤 특수한 대상이나 상황을 초월하여 행위의 양식을 결정하고 존재의 목적을 반영하는 역할을 하는데 비하여 태도는 특정대상에 초점을 맞춘 신념의 지속성으로서 개인의 선호방식을 결정하는 역할을 한다. 그리고 가치는 인간의 행동을 좌우하는 궁극적이고 근본적인 의식(意識)의 목표이자 내용인데 비하여 태도는 일상의 주어진 상황에서 행동으로 나타낼 수 있는 심리적 성향이자 행동적 측면이라고 할 수 있다.

따라서 한 개인이 지닌 가치 가운데 '어떠한 바람직한 것'과 관련된 가치는 태도 속에 내재하면서 태도를 좌우하는 선행요건이 되며, 태도는 행동의 방향을 결정해 주는 요인이 된다는 점에서 양자는 구별된다. 그런 점에서 가치는 태도보다 포괄적이고 더 지속적이며 보다 일반적인 개념이라고 할 수 있다.

2. 가치의 특성과 기능

가치는 크게 궁극적 가치(목적가치)와 수단적 가치로 분류되는데, 궁극적 가치는 개인이 인생에서 도달하려고 하는 바람직한 최종상태에 대한 신념이며, 수단적 가치는 궁극적 가치에 도달하기 위해 개인이 선호하는 판단기준이라고 할 수 있다(이경찬, 2014: 33). 이러한 가치의 유형 중에서 궁극적 가치는 개인적 삶을 위한 개인적 가치(personal value)와 사회적 삶을 위한 사회적 가치(social value)로 구분할 수 있다(정세구, 1978: 13).

개인적 가치는 성취감, 내적 조화, 편안한 삶, 사랑 등과 같은 개인의 내적으로 갈망하는 생존의 궁극적 상태에 대한 선호이며, 사회적 가치는 사회의 안전, 우정, 타인에 대한 도움, 관용 등과 같이 사적인 관계를 넘어서 타인과 공동체를 지향하는 가치라고 할 수 있다.

개인적 가치는 개인의 판단이 개인의 의지와 자유에 달려 있다고 보며 가치문제의 원인을 개인에게서 찾는다. 개인적 가치는 얼핏 보면 사회적 가치와 대립되는 것으로 보이지만 개인은 어떠한 경우에도 사회의 집단 속에서 구성원으로 살아가기 때문에 개인적 가치 역시 개인의 이성이나 성찰의 산물이라기보다는 필연적으로 사회적 산물이라고 할 수 있다.

한편 사회적 가치는 개인이 속해 있고 개인에게 상당한 영향력을 행사하는 사회의 제도나 구조와 관련된다. 결국 개인적 가치와 사회적 가치는 강조점을 어디에 두느냐 하는 편의상의 분류라고 할 수 있다. 즉 개인의 행위원리나 규범을 강조하는 가치가 개인적 가치이고, 개인의 사회적 행위와 책임을 강조하는 가치가 사회적 가치라고 할 수 있다(이근철 외, 2002: 256).

가치는 자신이 바람직하다고 생각하는 행동양식과 이상적인 존재의 최종상태에 대한 신념(김경원, 2010.: 8-9)이기 때문에 다양한 행동양식이나 궁극적인 최종상태에서 개인이나 사회가 상대적으로 중요하게 평가하여 우선적으로 보유하고자 하는 속성을 지니고 있다. 또 가치는 주관성을 갖고 있어서 개개인이 지니는 가치의 중요성은 상대적이며, 사람들의 사회화과정에서 개인적·사회적·문화적 학습을 통해 획득되고 학습된 이후에는 비교적 오랫동안 지속성을 가지지만 사회관계 속에서 변화될 수 있는 성격을 가지고 있다.

이러한 가치는 다음과 같은 기능을 가지고 있다. 즉 가치는 인간이 사회생활을 통해 표출하는 일상적인 행위와 의식을 결정해 주며 행동의 목표와 선택에 영향을 준다. 이같이 가치는 개인적 차원에서 행동의 동기를 결정하고 사물에 대한 지각과 해석을 좌우하고 평가하는 기준이 되며 자기방어적 기능을 수행한다. 그리고 사회적 차원에서는 사회구성에 필요한 공동체의식을 형성하는 요인이 되며 사회적 활동을 영위하는데 큰 영향을 미친다. 또 가치는 사회적 이슈에 대해 특정한 입장을 취하게 하며 특정한 정치적 또는 종교적 이념을 지지하게 하는 기능을 한다. 인간은 이러한 가치의 기능을 통해서 사물이나 행위의 옳고 그름이나 좋아하고 싫어함을 판단하게 된다.

3. 사회통합에 필요한 핵심 가치들

사회적 가치는 사회구성원들에 의해 공유되고 있는 태도 및 행동의 선택에 영향을 미치는 바람직스러운 것에 대한 신념으로서 사회의 구조나 제도에 대한 의식과 행위를 결정해 준다. 그런데 사회는 다양한 사람들이 더불어 살아가야 하기 때문에 사회적 가치는 다양성, 공공성과 함께 갈등유발이라는 특성을 갖고 있다(김정욱, 2010: 27-28). 사회는 각기 고유한 개성을 가진 사람들이 공존하기 때문에 사회적 가치는 단일성이 아닌 다양성을 띠게 되며, 공동체를 향한 가치이기 때문에 공공성을 갖는다.

또 사회적 가치는 다양한 개인들의 대립되는 가치가 공존하는 공동체에서 형성되기 때문에 갈등을 유발하게 된다. 그 대표적인 예로는 지역발전과정에서 개발과 보전을 둘러싼 가치갈등을 들 수 있다. 사회적 가치의 유형으로는 언제, 어디서나 추구해야 할 보편적 가치와 특정한 지역·문화·환경 속에서 추구되는 비보편적 가치가 있는데(김정욱, 2010: 21-22), 보편성을 가진 사회적 가치로는 평등, 신뢰, 연대, 협동, 관용, 공정성, 인권, 준법, 이타성, 나눔, 책임, 참여, 정의 등 많은 것들을 지적할 수 있다.

그러면 사회통합성을 강화하기 위해서는 어떠한 보편적 가치들을 필요로 하는가. 사회통합을 "다양한 특성을 가진 구성원들이 공동체에 대한 소속감을 갖고 공동의 비전을 공유하여 상호 긍정적 관계를 유지하면서 사회경제적 격차와 불평등을 최소화하는 사회적 상태 또는 과정"이라고 할 때, 우리 사회의 통합을 위해 구성원들이 내면화해야 할 핵심적 가치로는 신뢰

(信賴), 공정(公正), 관용(寬容), 나눔의 네 가지를 들 수 있다.

그 중에서 신뢰는 사회구성원들의 의사소통과 협력을 강화하고 규제비용을 감소시켜 안전한 거래환경을 조성하며 정책의 책임성 및 투명성을 제고함으로써 사회적 갈등을 완화하고 통합에 기여한다. 공정은 사회적 평등을 실현하는데 도움을 주며 구성원들에게 심리적 만족감을 주어 협력을 강화하고 안정적 사회질서를 구축하도록 함으로써 사회통합에 기여한다.

관용은 자기와 타자의 차이(다름)를 인정하고 사회적 다양성의 수용을 통하여 편견과 차별을 완화시켜 사회구성원들이 조화롭게 공존할 수 있도록 함으로써 사회통합에 기여한다. 나눔은 참여자의 자발적이고 이타적 행위를 통해서 자아발전과 함께 사회복지를 보완해 주며 공동체정신을 함양하여 성숙한 시민문화를 형성하도록 함으로써 사회통합에 기여한다. 이하에서는 이들 네 가지 가치가 사회통합을 위해 구체적으로 어떠한 역할을 하며, 또 사회구성원들이 이들 가치를 어떻게 내면화할 것인가를 살펴보고자 한다.

제2절 신 뢰

1. 신뢰에 관한 일반론

1) 신뢰의 개념

신뢰(trust)는 사회통합에 필요한 가장 중요한 가치의 하나이다. 신뢰의 개념은 학문적 관점과 배경에 따라 다양하게 정의되고 있지만 개념적 합의가 아직 이루어지지 못하고 있다.

사회과학분야에서 신뢰(信賴)의 개념에 대한 논의를 살펴보면 심리학적 관점에서는 신뢰를 손실이 예상되는 상황에서도 상대방에 대해 갖는 낙관적 기대로 정의된다. 이처럼 신뢰는 심리적 차원의 인지상태의 일종으로서 타인이 자신의 기대에 맞게 행동할 것이라는 믿음이며, 특히 위험을 감수하더라도 타인을 믿으려는 태도이다.

경제학적 관점에서는 신뢰를 믿음에 대한 이익과 배반에 따른 손실을 비교하는 효용이라는 관점에서 정의된다. 즉 신뢰는 개인들의 상호관계 속에서 더 많은 이득이 발생하기 때문에 상대를 계속 믿는다는 것이다. 그리고 사회학적 관점에서는 신뢰를 사회 속에 본래 내재된 규범(規範)이나 의무에 바탕을 두고 나타나는 사회적 속성으로 정의된다. 즉 신뢰는 일상생활에서 당연하다고 생각하는 일련의 기대(期待)로서, 여기에는 사회구성원이 정당하다고 인식하는 절차나 규범이 포함된다(김왕배 외, 2002: 57).

신뢰의 개념에 대한 학자들의 정의를 살펴보면 R.C Mayer와 J.H Davis 등(1995)은 "상대방이 신뢰자에게 중요한 행동을 할 것이라고 예견되는 상황에서 그를 감독 또는 통제할 수 있느냐의 여부에 관계없이 상대방의 행동에 대한 자신의 취약성을 기꺼이 수용하는 것"으로 정의하고 있으며(김중수, 2007: 7 재인용), S.Albrecht 등은 "불확실한 상황에서 다른 사람의 행동이나 결정을 믿고, 그에 기초하여 자신의 행동을 결정하고자 하는 태도"라고 하고 있다(배일섭, 2010: 23 재인용).

한편 S.B Cummings 등(1993)은 “피신뢰자의 바람직한 행동을 획득할 가능성에 대한 신념 혹은 기대”라고 하고 있으며(유종호, 2003: 8 재인용), Yamagishi 등(1994)은 “사회적 불평등이 존재함에도 불구하고 상대에 대한 믿음 때문에 상대가 자신에게 선한 행동을 하리라는 기대”로 정의하고 있다(서울대행정대학원 한국정책지식센터, 2006: 35-36 재인용).

이러한 신뢰의 개념에 대한 여러 정의들을 정리해 보면 신뢰는 다음과 같은 공통적 요소로 구성되고 있다고 할 수 있다. 첫째, 신뢰는 상대방에 대한 신뢰자의 주관적 평가와 기대를 바탕으로 한다. 둘째, 신뢰는 신뢰대상이 기대대로 행위를 하지 않을 수도 있다는 위험의 가능성을 항상 전제한다. 셋째, 신뢰는 자신을 취약한 상태에 두는 것을 자발적으로 수용하는 것이다. 즉 신뢰는 합리적 선택이든 이타적 선택이든 신뢰자의 자발성을 전제로 하는 것이기 때문에 외압에 강제된 신뢰는 존재할 수 없다(박찬웅, 1999: 37).

이상의 공통적 구성요소들의 핵심은 ‘상대방의 행동에 대한 자신의 취약성을 기꺼이 받아들이는 것’과 ‘확신에 찬 기대’라고 할 수 있다. 따라서 신뢰는 신뢰대상에 대한 신뢰자의 긍정적 기대를 내포함과 동시에 신뢰자가 위험을 감수한 상태에서 신뢰대상의 행위에 의존하는 주관적 작용을 의미하게 된다. 이상의 내용들을 종합하여 여기에서는 신뢰의 개념을 “불확실한 상황 아래서 신뢰자가 신뢰대상에 대하여 갖는 긍정적 기대”로 정의하고자 한다.

2) 신뢰의 유형

(1) 신뢰대상에 따른 구분

신뢰는 그 대상을 기준으로 일반화된 신뢰와 특정화된 신뢰로 구분된다. 일반화된 신뢰는 ‘얕은 신뢰’라고도 하며, 잘 모르는 타인에게까지 확대된 신뢰로서 구체적 정보가 없어 아무것도 모르는 상대에 대한 신뢰이다. 일반화된 신뢰는 현재 자신이 베푸는 호의에 대해 즉각적인 반대급부가 생기지는 않더라도 언젠가는 보답을 받을 것이라는 기대감에서 발생하는 신뢰로서, 수평적이고 대면적인 상호작용을 통해 생성된다.

반면에 특정화된 신뢰는 '두터운 신뢰'라고도 하며, 잘 알고 지내는 사람들에게 한정된 신뢰를 의미한다. 특정화된 신뢰는 특정집단에 속한 구성원에게는 끈끈한 신뢰를 보여주지만 그 집단 외의 사람들에게는 배타적 태도를 취하게 된다. 따라서 특정화된 신뢰는 사회전체의 입장에서 볼 때는 공동체의 분열을 조장하고 공익(公益)을 위한 협력을 어렵게 만들기 때문에 사회통합과 발전의 저해요소가 된다고 할 수 있다(박종민 외, 2006: 152-153).

이처럼 신뢰를 일반화된 신뢰와 특정화된 신뢰로 구분하는 이유는 정치·경제를 비롯한 사회의 발전에 긍정적 역할을 하는 것은 낯선 사람들에 대한 일반화된 신뢰이기 때문이다. 가족이나 집단구성원 간의 수직적 네트워크에서의 특정화된 신뢰 아래서는 공공문제의 해결을 위한 자발적 협력을 이룰 수 없다.

반면에 평등한 개인들 간의 수평적 사회관계에서 상호 규범에 근거하여 형성되는 일반화된 신뢰는 공동문제의 해결 및 사회발전에 긍정적인 영향을 한다. 일반화된 신뢰는 타인에 대한 정보와 지식이 전혀 없는 상태에서 신뢰성을 판단하기 때문에 각 개인들이 자기의 사익을 추구하기 위해 서로 기만하거나 나에게 위해를 가하지 않을 것이라는 믿음과 기대를 반영하는 것이다(김덕형, 2012: 19).

(2) 신뢰형성의 토대에 따른 구분

신뢰는 그 형성의 토대를 기준으로 특성적 신뢰, 과정적 신뢰, 제도적 신뢰로 구분된다(유종호, 2003: 12). 특성적 신뢰는 한 개인이 속하는 인종·성별·가족 등과 같이 공통된 문화체계에 속하는 귀속적 특성을 바탕으로 형성되는 신뢰이다. 이 유형의 신뢰는 신뢰자와 신뢰의 대상 사이에 귀속적 특성을 공유함으로서 신뢰가 높은 수준에 도달하게 되는 것으로 본다.

과정적 신뢰는 행위자가 반복적으로 행하는 신뢰에 부응하는 행위를 통하여 형성되는 신뢰이다. 이러한 행위가 반복적으로 이루어지게 되면 그 관계 자체를 지속적으로 유지하려는 일종의 규범이 생기게 된다. 한편 제도적 신뢰는 사회적 실체로서 수용된 제도를 통하여 형성되는 신뢰이다. 제도적 신뢰는 몰개인적(沒個人的) 특성을 가지고 있기 때문에 공공조직에 법·규제 등의 메커니즘을 통하여 구축할 수 있다.

이같이 제도에 근거한 신뢰형성이 가능한 이유는 공식적인 사회제도 및 조직이 개인에게 신뢰의 근거를 제공하며 신뢰자는 그 제도와 공식적 조직 자체를 신뢰하기 때문이다. 현대사회로 들어오면서 사람들의 급속한 사회적·지리적 이동과 익명성이 증가됨에 따라 사회의 지배적 신뢰유형은 과정적 신뢰나 특성적 신뢰에서 제도적 신뢰로 옮겨가고 있다(유종호, 2003: 14).

(3) 신뢰범위에 따른 구분

신뢰는 그 범위를 기준으로 일반신뢰와 정부신뢰로 구분할 수 있다. 일반신뢰는 개인이 속한 사회전반에 대한 신뢰를 의미하는데, 미시적 수준에서 경험을 통해 형성되는 특정개인과 제도에 대한 신뢰보다 추상적 성격을 갖는다. 높은 일반신뢰의 수준은 개인들의 사회적 관계 속에서 정보를 공유하도록 하며 시민활동을 유인하여 정치참여를 촉진시키고, 참여과정에서 발생하는 문제를 타협하도록 함으로써 사회관계의 안정성을 유지하고 사회체제의 잠재력을 증진시키는 역할을 한다.

한편 정부신뢰는 정부를 감시 또는 통제할 수 있는 능력과는 관계없이 국민이 정부로 인해 피해를 볼 수 있음에도 불구하고 기꺼이 그것을 감수하여 정부를 지지하는 태도이다. 정부신뢰는 정부의 능력이라는 기능적 측면과 윤리적 측면의 두 가지 차원에서 국민의 기대에 대한 충족으로 나타난다. 이러한 정부신뢰는 정부기관과 시민을 연결하는 협력적 가치를 증진시킴으로써 정부의 효과성과 정책수용성을 제고시키고 정책과정에서 거래비용을 절감시키는 등 중요한 역할을 수행한다.

(4) 신뢰의 계층에 따른 구분

신뢰는 계층에 따라 자기신뢰, 대인관계신뢰, 조직신뢰, 시장신뢰, 사회신뢰 등 다섯 가지로 구분된다. 자기신뢰는 자기 자신에 대한 신뢰로서 모든 신뢰의 기본이 된다. 따라서 사회를 구성하고 있는 각 개인의 자기신뢰가 없이는 다른 차원의 신뢰가 형성되기 어렵다. 이러한 자기신뢰의 형성에 영향을 미치는 요인으로는 언행의 일치, 능력, 배려, 개방성, 일관성 등을 들 수 있다.

대인관계신뢰는 다른 사람들과의 관계에서 나타나는 신뢰로서, 사회적 자본으로서의 의미를 가지는 기초적 차원의 신뢰이다. 대인관계 신뢰는 리더와 구성원 간의 관계에서도 나타날 수 있고 동등한 구성원들 간의 관계에서도 나타날 수 있으며, 공식적 조직의 대인관계뿐만 아니라 비공식조직의 대인관계에서도 나타날 수 있다(배일섭, 2010: 24-25). 이러한 대인관계신뢰의 형성에 영향을 미치는 요인으로는 의사소통, 호혜성(互惠性) 등을 들 수 있다.

조직신뢰는 기업, 비영리단체, 정부기관, 교육기관, 소조직 등 모든 종류의 조직이 만들어내는 신뢰를 의미한다. 조직은 각개 구성원들의 집합체로서 구성원 개개인의 자기신뢰도 중요하지만 이에 못지않게 조직자체의 활동에 따른 신뢰도 중요하다. 조직신뢰의 형성에 영향을 미치는 요인으로는 소통채널, 자율성, 권위, 공유가치, 성숙한 구성원, 공정성 등을 들 수 있다.

한편 시장신뢰는 조직이 시장에서 어느 정도의 믿음을 받고 있는가를 나타내는 신뢰를 의미한다. 즉 조직이 일반투자자나 고객 혹은 일반시민들로부터 얼마나 인정을 받고 있는지, 충성을 받고 있는지를 나타낸다. 시장신뢰의 형성에 영향을 미치는 요인으로는 공정거래, 법, 질서 등을 들 수 있다.

사회신뢰는 사회전체의 신뢰를 말한다. 사회전체의 신뢰가 높을수록 사회에 대한 의심·냉소·불만 등이 낮아지며, 사회전반에 걸쳐 이러한 신뢰가 형성될 때 신뢰가 진정한 사회적 자본으로서의 역할을 하게 된다(배일섭, 2010: 26). 사회신뢰의 형성에 영향을 미치는 요인으로는 부패·권력남용·자의적 결정·소득불평등 등의 해소, 참여제도, 가족주의, 공동체주의 등을 들 수 있다. 이상에서 신뢰유형을 살펴보았는데 사회신뢰는 개인의 자기신뢰를 바탕으로 형성되지만 사회의 다양한 구성요소에 의해 형성되기도 한다.

3) 신뢰의 구성요소

신뢰는 인지·감정·행동의 세 가지 차원을 구성요소로 하고 있는데, 그 내용은 다음과 같다(박통희, 1999: 6-10. 유종호, 2003: 15-16). 첫째, 신뢰의 인지적(認知的) 차원은 사회적 관계에서 신뢰대상에 대한 지식과 정보 또는 신념을 근거로 하여 어떤 대상은 신뢰하고 어떤 대상은 신뢰하지 않을 것인가를 결정하는 선택의 과정을 말한다.

이러한 인지적 차원에서의 신뢰여부는 주로 신뢰대상에 대한 정보와 지식 및 신뢰자와 신뢰대상 간의 상호작용과정에 있었던 과거의 경험에 기초하여 결정된다. 즉 신뢰의 결정은 신뢰대상이 업무를 성공적으로 수행할 능력이 있다거나 또는 그러한 능력을 인정할만한 교육수준 등 객관적인 증거가 있거나 경험을 통해 신뢰대상이 자신의 이익을 위해 부도덕한 행동을 하지 않으리라는 평가 등이 중요하게 작용한다.

둘째, 신뢰의 감정적 차원은 신뢰대상에 대해 좋아하거나 싫어하는 등의 느낌으로서 감정적·정서적 유대감에 근거한다. 이러한 감정적이고 정서적인 유대는 신뢰대상과의 관계가 일방적이 아닌 호혜적이라는 믿음으로 강화된다. 감정적 차원은 인지적 차원과는 달리 대상에 대한 정보와 지식을 반드시 전제하지 않으며, 일정시점에서 나타나는 자극에 대한 즉각적인 반응에 근거할 수도 있다(윤병철, 2010: 38).

셋째, 신뢰의 행동적 차원은 신뢰자가 특정한 방식으로 행동하려는 의도로서, 이는 신뢰대상에 대한 의존성의 증대의지로 볼 수 있다. 즉 신뢰의 행동적 차원은 신뢰자가 신뢰대상은 유능하며 성실하게 행동할 것이라는 낙관적 기대에 근거해 자신의 취약성을 수용하면서 위험한 행동에 착수하겠다는 의지의 표현으로서 그 형태는 구체적인 행동으로 나타난다.

이상에서 신뢰의 내용적 다차원성에 대하여 살펴보았는데, 이러한 구성요소들은 다음과 같은 상호관계를 갖고 있다(유종호, 2003:18). 신뢰의 행동적 차원은 인지적 차원과 감정적 차원을 통해 형성된 신뢰대상에 대한 낙관적 기대에 의해 나타난다. 그리고 신뢰에 입각한 실제적 행동은 그 자체로서 감정적 유대감을 강화시킴과 동시에 그 결과는 인지적 차원에 영향을 주므로 신뢰의 세 가지 차원은 동태적으로 연결된다.

위에서 살펴본 바와 같이 신뢰는 인지적 차원, 감정적 차원에서 동태적으로 영향을 주고받는 과정에서 창출되는 것이다. 그리고 각 차원의 상대적 영향력은 사회적 관계의 성격에 따라 달라질 수 있는데, 일반적으로 1차집단에서는 감정적 차원이 보다 강하여 인지적 차원의 기초를 제공하는 반면에 2차집단에서는 일정수준 이상의 인지적 차원의 신뢰가 감정적 차원의 근거로 작용한다.

4) 신뢰의 기능

신뢰는 긍정적 기능과 부정적 기능을 함께 가지고 있다. 먼저 신뢰의 긍정적 기능을 보면 신뢰는 개인 간의 거래비용을 감소시키고 사회적 네트워크의 형성을 촉진하며, 구성원 상호간에 협력을 제고시키고 집단의 결속력을 높여 위기대응능력을 강화함으로써 궁극적으로 사회통합에 기여한다.

이러한 신뢰의 기능을 구체적으로 살펴보면 첫째, 신뢰는 신뢰대상자의 배신에 따르는 위험을 방지하기 위한 수단을 강구하는 비용을 감소시키고 안전한 거래환경을 조성함으로써 투자 및 생산적 경제활동을 활성화한다. 둘째, 신뢰는 다양한 사회적 네트워크(network)의 형성을 촉진시킨다. 상호간에 신뢰가 구축되면 유대관계가 강화되고, 이에 따라 상호작용의 범위가 확대됨으로써 각종 네트워크를 자발적으로 형성하게 한다.

셋째, 신뢰는 상호간에 협력을 가능하게 하고 공통의 목표를 달성하기 위한 자발적 노력을 유도한다. 상호협력은 어디까지나 상대방의 행위의도에 대한 신뢰가 바탕이 되어야 하며, 이러한 협력을 바탕으로 공통목표를 달성하기 위한 협력행위가 이루어진다. 넷째, 신뢰는 상호간의 적대감과 갈등을 해소해 주며 위기가 발생할 경우 효과적으로 대처할 수 있게 한다. 신뢰에 바탕을 둔 일체감과 협력의식은 위기의 내용과 그 대처방안에 대한 공동인식을 형성하게 함으로써 집단의 결속력을 높여 위기대응능력을 강화해 준다(류태건, 2015: 50-51).

이와 같은 긍정적 기능을 하는 신뢰는 일반화된 신뢰, 수평적 신뢰, 개방형 신뢰라고 할 수 있는데(배일섭, 2010: 27-28), 이러한 신뢰는 신뢰자와 신뢰대상간에 두터운 연대관계가 아니라 약한 연대관계에 기초한 신뢰로서 잘 아는 사람은 물론이고 잘 모르는 사람들에게까지 확대된 신뢰이다.

한편 신뢰의 부정적 기능을 보면, 신뢰관계로 형성된 집단구성원 간의 강한 유대관계가 폐쇄성과 제한된 결속력 등으로 나타나 외부인을 배제하는 작용을 하기도 하며 집단구성원 간의 무조건 협력을 강요하기도 한다. 또 신뢰에 의한 집단내부의 결속은 집단동조성(集團同調性)을 초래하여 규범을 하향평준화 함으로써 집단의 발전을 저해할 수도 있으며(김태율, 2010: 516-520) 부정부패를 유발하는 요인이 되기도 한다.

이와 같은 부정적 기능을 하는 신뢰는 특정화된 신뢰, 사적(私的) 신뢰, 폐쇄형 신뢰라고 할 수 있는데, 이러한 신뢰는 신뢰자와 신뢰대상 간에 약한 연대관계가 아니라 두터운 연대관계에 기초한 신뢰로서 학연·지연·혈연 등의 관계로 잘 알고 있는 사람들 간에 나타나는 신뢰이다(배일섭, 2010: 28). 이상에서 살펴 본 바와 같이 신뢰는 긍정적 기능과 부정적 기능의 양면성을 가지고 있기 때문에 신뢰를 사회적 자본화하기 위해서는 부정적 기능을 최소화하고 긍정적 기능을 최대화하기 위한 노력이 필요하다고 하겠다.

5) 신뢰형성에 영향을 주는 요인

신뢰의 형성과정에는 여러 요인들이 영향을 미친다. 여기에서는 개인신뢰, 조직신뢰, 정부신뢰의 세 가지 차원에서 신뢰형성에 영향을 주는 요인을 살펴보고자 한다. 첫째, 개인신뢰의 영향요인이다. 개인신뢰가 어떻게 형성되며, 그 과정에서 중요한 영향을 미치는 요인들이 무엇인가에 대한 논의는 거시적 측면과 미시적 측면의 두 가지로 접근할 수 있다.

거시적 측면에서는 문화의 규범과 가치가 신뢰형성에 중요한 역할을 하는데 개인주의와 집합주의, 권력에 대한 거리감, 불확실성에 대한 회피 등이 영향을 미친다. 또 사람들이 관계를 맺고 있는 관계망(network)의 유형이 개방성과 상호성을 통해 신뢰에 영향을 미치며 관계망 속에서의 접촉 기간과 빈도 및 정서적 친밀감이 신뢰를 증진시킨다(한국조직학회, 2012: 17).

한편 신뢰자가 신뢰대상자의 속성 평가에 초점을 둔 미시적 측면에서는 신뢰대상자의 일관성, 정직성, 책임성, 의사소통 능력, 전문성, 부하에 대한 존중감 등이 신뢰형성에 영향을 미친다. 미시적 수준의 접근으로 신뢰모형을 제시한 R.C Mayer는 신뢰의 영향요인으로 신뢰대상자의 속성에 해당하는 능력, 온정, 정직을 제시하고 있다(한국조직학회, 2012: 18 재인용).

둘째, 조직신뢰의 영향요인이다. 조직신뢰에 영향을 미치는 주요 요인으로는 조직에 있어서 인사의 공정성과 의사결정과정에의 참여, 개방적인 의사소통, 조직분위기의 응집성 등을 들 수 있다. Carnevale과 Wechsler는 조직신뢰에 영향을 미치는 특성으로 직무안정성, 직무특성, 집단내의 지위, 의사소통의 개방성, 보상과 처벌의 공정성, 참여기회, 윤리적 환경 등을 제시하고 있다(한국조직학회, 2012: 20-21 재인용).

셋째, 정부신뢰의 영향요인이다. 정부신뢰는 정부가 국민들의 기대에 부응하여 운영되고 있는가에 대한 긍정적 평가정향이다. 이러한 정부신뢰에 영향을 미치는 주요 요인으로는 청렴성, 공정성, 일관성, 효율성, 전문성 등을 들 수 있다. 여기에서 청렴성, 일관성, 공정성은 모두 넓은 의미의 도덕성에 해당되며 효율성과 전문성은 일종의 정부능력이라고 볼 수 있다.

6) 신뢰와 불신의 관계

신뢰와 불신(不信)의 관계에 대해서는 두 가지 견해가 대립되고 있는데, 하나는 신뢰와 불신은 서로 다른 차원의 개념이라는 입장이며, 다른 하나는 신뢰와 불신은 연속선상에서 양극(兩極)을 대변하는 동일차원으로 보는 입장이다.

첫째, 신뢰와 불신을 다른 차원의 개념으로 보는 입장이다. S.M Covey (2006)는 신뢰를 맹목적 신뢰와 진정한 신뢰로, 신뢰하지 않은 상태를 무신뢰와 불신으로 구분한다. 그에 따르면 신뢰대상을 신뢰할 것인지 말 것인지를 잘 분석하여 신뢰하는 것을 진정한 신뢰, 이러한 분석 없이 무작정 신뢰하는 것을 맹목적 신뢰, 분석을 제대로 하지 않으면서 신뢰하지 않는 것을 무신뢰, 그리고 엄격한 분석결과에 따라 신뢰하지 않는 것을 불신이라고 하고 있다(배일섭, 2010: 28 재인용).

R.J Lewicki 등(1998)도 신뢰와 불신을 다른 차원으로 보아 신뢰를 "타인의 행위와 관련된 긍정적 기대"로, 불신을 "타인의 행위와 관련된 부정적 기대"로 정의하여 신뢰와 불신을 단일차원이 아닌 다차원적인 개념으로 보

고 있다. 즉 사람들은 자신과 관계를 맺고 있는 상대방을 신뢰하는 동시에 불신할 수도 있다는 것이다. 또 Crovier(1994)는 불신을 "상대방에 대한 확신의 부족, 상대방이 자신의 복지를 고려하지 않고 해를 끼치거나 적대적인 의도를 가지고 해를 끼칠 행동을 할 것이라는 우려"로 정의함으로써 신뢰와 불신을 구별하고 있다(양건모, 2006: 21-22 재인용).

둘째, 신뢰와 불신을 동일선상의 양극 개념으로 보는 입장이다. 즉 신뢰하지 않는 상태를 불신으로 보는 것이다. J.B Rotter(1971)는 신뢰와 불신은 인성(人性)의 차이에서 나타나는 한 차원의 양극 값으로서 "저신뢰가 곧 불신"이라고 하고 있으며, N.Luhmann(1979)은 신뢰를 '긍정적인 기대'로, 불신을 '부정적인 기대'로 정의하면서 신뢰와 불신이라는 두 개념은 복잡성을 관리하기 위하여 잠재적으로 공존하는 같은 차원의 메커니즘이라고 보고 있다.

한편 G.R Jones와 J.M George 등(1998)은 불신, 조건적 신뢰, 그리고 무조건적 신뢰를 모두 동일한 구성요소를 지닌 연속선상의 개념으로 보고, 신뢰와 불신은 단일개념으로서 가치·태도·감정이 상호작용하여 형성되는 서로 다른 상황이라는 것이다. 예를 들어 가치의 불일치가 명확하게 드러나면 가치·태도·감정이 동시에 작용하여 무조건적 신뢰(신뢰대상을 아무런 조건 없이 신뢰하는 것)가 조건적 신뢰나 불신으로 전환된다는 것이다. 이들에 의하면 신뢰와 불신은 단일개념의 상이한 상태라고 할 수 있다(양건모, 2006: 21 재인용).

이같이 신뢰와 불신의 관계에 대해서는 두 가지 견해가 대립되고 있으나 신뢰와 불신의 관계에 대한 시각은 통상적으로 한 차원의 양극개념으로서 연속선의 한쪽 극단으로 갈수록 신뢰가 높아지고 그 반대 극단으로 갈수록 불신이 높아지는 것으로 볼 수 있다. 이런 점에서 성격심리학자들은 신뢰성향의 개인차를 한 차원의 양극 값으로 보아 낮은 신뢰를 높은 불신으로 간주하고 있다.

7) 한국사회의 불신구조

(1) 한국사회 불신의 역사적 맥락

위에서 살펴본 바와 같이 신뢰와 불신은 동일선상의 양극 개념으로서 통상적으로 신뢰하지 않은 상태를 불신으로 본다. 따라서 낮은 사회적 신뢰는 높은 사회적 불신이라고 할 수 있다. 우리 사회에서 사회적 불신이 크게 형성되게 된 역사적 기원을 현대사에 국한하여 살펴보면 가장 중요한 요인으로 일본(日本)제국주의의 한반도에 대한 지배전략을 지적할 수 있다.

일본제국주의가 조선인(朝鮮人)들에게 실시한 분할-지배전략은 한국사회의 신뢰구조 성격에 근본적인 영향을 미쳤다. 중앙에서부터 촌락에 이르기까지 다양한 수준에서 전개된 그들의 선별적 포섭정책은 기본적으로 조선인들 간의 사적(私的) 신뢰를 와해시킨 후 그를 총독부와 개별 조선인들 간의 수직적 관계로 통합하는 것이었다. 이러한 지배전략은 사회적으로 한국인들의 공적·사적 신뢰를 크게 훼손시키는 중요한 요인으로 작용하였다.

한편 해방 이후인 1950년에 일어나 수년간 계속된 6·25전쟁은 국민들로 하여금 무엇보다도 생존을 최고의 가치로 부각시킴으로써 사회적 불신을 조장하게 되었다. 전쟁에 대한 공포와 다른 사람이 자기를 해칠지도 모른다는 불안감 속에서 사람들은 자기와 가족의 생존을 위하여 연고관계가 없는 사람들을 일단 의심하고 불신함으로써 서로가 서로를 믿지 못하는 상태가 지속되게 되었다.

그리고 1960년대부터 급속히 진행된 산업화와 도시화는 이러한 불신을 더욱 증가시키는 중요한 사회적 조건의 하나로 작용하였다. 그 중에서도 국민들의 지리적 유동성의 증가는 이웃 사람들과 장기적으로 상호작용하는 기회를 단축시킴으로써 전통적 공동체를 해체시키고 타인에 대한 경계심을 갖도록 하여 불신을 조장하는 잠재적 요인으로 작용하였다.

또 제3공화국이 개발독재를 추진함에 있어서 정보적 통제를 통해 시민들 간의 일반적인 사적 신뢰를 억제하고 그들 간에 가능한 시민적 연대를 차단함으로써 시민사회를 관리하고 동원하였다. 장기독재의 유지과정에서 있어 온 공작정치 및 민주적 담론(談論)의 억압 등은 공적 권력의 임의성과 공적 규준의 비일관성을 각인시키면서 시민사회의 공적 신뢰를 파괴하였다고 할 수 있다(성경융, 2005: 12).

반면에 지연·학연 등에 따라 엘리트를 충원하는 등 연고적(緣故的) 범위 내에서의 폐쇄적 신뢰의 축적을 유인함으로써 사적 영역에서 특별한 연고관계에 있는 사람들끼리만 서로 신뢰할 뿐 신뢰가 사회 전반으로 널리 확산되지 못하였는데, 이것이 결국 오늘날의 연줄사회로 이어졌다고 할 수 있다(정신문화연구원, 2005: 10). 그 결과 사회구성원들을 연줄망(網)에 집착하게 만들고 1차원적 사회 또는 소집단적 사회를 중심으로 나머지 사회에 대한 배타적인 사회구조적 방어기제가 강화되게 되었다.

한편 1987년 이후 민주적 체제전환과 함께 언론 및 결사의 자유를 가지게 된 국민들은 자유롭게 결사체(結社體)를 구성하고 자신들의 권익을 확보하기 위한 단체행동을 전개할 수 있게 되었다. 그러나 거의 모든 결사체들이 양보와 절제 없이 자기 집단의 사적 이익을 극대화하기 위해 행동함으로써 다른 집단의 반발을 초래하게 되었고 그 결과 국가와 이익단체 간에, 이익단체와 여타 사회집단 간에 극심한 불신과 갈등을 초래하게 되었다(성경융, 2005: 13). 이같이 오늘날 한국사회의 불신현상은 역사적 맥락을 통해 이해할 수 있다.

(2) 한국사회의 신뢰-불신구조의 특이성

우리나라는 신뢰수준이 상당히 낮은 사회에 속한다. 2014년 한국보건사회연구원이 실시한 '사회통합 및 국민행복 인식조사'의 결과에 의하면 우리사회 전반에 대한 평균 신뢰도는 10점 척도에 4.59점으로 보통인 5점보다도 낮은 것으로 나타나고 있다(한국보건사회연구원, 2014: 97).

이러한 조사결과에서 보는 것처럼 한국사회의 신뢰수준은 상당히 낮은데다 신뢰와 불신의 분포가 매우 특이한 이중적 신뢰구조를 형성하고 있다. 혈연·지연·학연 등으로 형성된 사적인 연결망을 통한 신뢰는 매우 높으나 공적으로 제도화된 법과 규칙에 대한 신뢰는 매우 낮다. 또한 신뢰의 반경이 좁아서 학연·지연 등의 동질성에 근거한 내집단 성원들에게 매우 높은 신뢰를 보내지만 직접적 연고가 없는 외집단 성원들에게는 높은 불신을 보이고 있다.

이같이 우리 국민들 사이에는 자신과의 친소관계에 따라 신뢰관계에 있어서 뚜렷한 사회적 단층(斷層)이 존재하고 있다. 연줄로 맺어져 구성원들의 신뢰가 높은 연고집단은 구성원들의 정보획득과 자원동원을 돕는 중간 네트워크로 기능하는 반면에 때로는 특정한 이해관계를 둘러싸고 다른 집단과의 타협을 어렵게 만들어 갈등을 유발시키기도 한다. 또 결속력이 강한만큼 다른 집단을 배제하는 배타적이고 이기적인 파벌의 성격을 띠기 쉬워서 공동체적 시민의식 및 공적 신뢰의 저하를 부추기는 요인으로 작용하기도 한다(장용석 외, 2009: 47-48).

(3) 결여된 공적 신뢰와 강한 사적 신뢰

신뢰를 공적 신뢰와 사적 신뢰로 구분할 때 한국사회는 중앙정부, 지방자치단체, 국회, 정당 등에 대한 공적 신뢰와 제도에 대한 신뢰가 크게 결여되어 있다. 제도에 대한 신뢰는 제도 자체에 대한 신뢰뿐만 아니라 제도를 운영하는 사람에 대한 신뢰가 중요한 요소가 된다.

국민들은 국가제도와의 일상적인 접촉을 통하여 제도운영에 대한 민주성·형평성·효과성 등을 경험하게 되고 그에 대한 평가를 내리게 된다. 효과적이면서 공정하게 작동되는 제도는 국민들에게 신뢰를 심어주며, 국민들은 경험적 학습을 통하여 제도를 다시 신뢰하게 된다(장수찬, 2013: 103). 그런데 우리 국민들은 정부에 대한 신뢰도가 상당히 낮은 것으로 평가되고 있다. 예컨대 2008년의 광우병 촛불시위, 2010년의 북한 소행인 천안함 폭침사건에 따른 정부발표에 대한 일부국민의 강한 불신 등은 우리 사회가 갖고 있는 낮은 공적·제도적 신뢰를 단적으로 보여준 것이라고 할 수 있다.

국민들의 정부에 대한 불신이 높을 경우에는 법률을 집행하는 과정에서 많은 감독비용과 집행비용이 소요되며 다양한 형태의 저항과 법적 분쟁이 발생할 가능성이 그만큼 크다. 그리고 정부기구와 공적 규칙에 대한 불만이 높아지기 때문에 사람들은 연고집단 등 사적 연고에 의존하여 문제를 해결하고자 하는 경향성이 증가하게 된다.

우리 사회에서 연고집단에 집중되어 있는 긴밀한 사적 신뢰는 공적 영역에 다양한 부정적 영향을 미치고 있다. 강한 사적 신뢰는 그만큼 공적 신뢰와 일반화된 신뢰를 저하시킬 뿐만 아니라 행정을 비롯한 공적 행위가 특수성·편파성·부분성을 띠도록 함으로써 조직의 공정성과 개방성을 저해시킨다. 그 결과 공직자들의 청렴성을 떨어뜨리고 사회전체에 부패를 심화시키며, 사회구성원들의 협력을 어렵게 할 뿐만 아니라 경제활동 전반에서 공정한 경쟁을 저해함으로써 결과적으로 전체사회의 통합력을 저하시키는 요인이 되고 있다.

2. 정부신뢰

1) 정부신뢰의 개념과 특징

(1) 정부신뢰의 개념

일반적으로 정부(지방정부 포함)신뢰란 정부가 국민들의 기대에 부응하여 운영되고 있는가에 대한 긍정적 평가태도로 정의된다. 정부신뢰에 대해서 M. Hetherington은 "정부의 각종 산출물에 대한 평가 또는 정부가 국민들의 기대에 부응하여 운영되고 있는지에 대한 기본적인 평가정향"으로 정의하고 있다. A.H Miller도 이와 비슷하게 "정부가 국민들의 기대에 따라 기능하고 산출물을 만들어 내는지에 대한 국민들의 기본적인 평가"라고 하고 있다(전계영, 2009: 16-17 재인용).

또 송하중은 "정부신뢰는 정부가 자신에게 중요한 행동을 할 것이라고 예견되는 상황에서 정부를 감독 또는 통제할 수 있느냐의 여부에 관계없이 정부의 행동에 대한 자신의 취약성을 기꺼이 수용하는 것"으로 정의하고 있으며(송하중, 2001: 3), 서문기는 "국민의 기대에 바탕을 둔 정부에 대한 긍정적인 평가태도"라고 하고 있다.

이처럼 정부신뢰의 개념에 대해서는 연구자들의 관점에 따라 다양한 견해를 제시하고 있지만, 여기에서는 이를 종합하여 정부신뢰를 "정부를 감시 또는 통제할 수 있는 능력과는 상관없이 또는 불확실한 상황 아래서 국민이 정부로 인해 피해를 볼지도 모르는 데도 불구하고 기꺼이 그것을 감수하며 정부를 지지하는 심리적 태도"라고 정의하고자 한다. 이렇게 정의할 때 정부신뢰에는 정부에 대한 기대, 그 기대에 입각한 행위와 관련된 취약성, 그럼에도 정부의 능력에 대한 믿음과 순응이라는 요소들이 포함된다.

이때 정부에 대한 기대는 두 가지를 포함한다. 하나는 능력차원의 역할 수행에 대한 기대로서 정부가 일관성 있게 정책을 효율적으로 수행하여 국민들의 요구하는 수준의 성과를 거양할 수 있을 것이라는 기대이고, 또 하나는 윤리적 기대로서 정부가 국민의 이익을 우선하고 정직하게 업무를 수행하는 등 국민의 성실한 대리인으로서 의무를 다할 것이라는 기대이다(김중수, 2007: 14).

(2) 정부신뢰의 특징

정부신뢰는 다음과 같은 특징을 갖고 있다. 첫째, 정부신뢰의 주체는 국민이다. 중앙정부의 신뢰주체는 한 국가의 국민전체이고, 지방정부의 신뢰주체는 대표적으로 그 지방의 주민이다. 둘째, 정부신뢰의 대상은 정부이다. 여기에서 정부는 중앙정부 또는 특정한 지방정부가 될 수도 있으며 그 전부일 수도 있다. 또 신뢰주체인 국민과 관련된 특정 부서나 정책이 대상이 될 수도 있으며 공무원이 그 대상이 될 수도 있다. 이같이 신뢰대상으로서의 정부는 권력, 제도, 조직, 공무원 그리고 정부활동의 산출물 등 수준별로 다양하다.

셋째, 정부신뢰는 정부에 대한 통제가능성 여부와 관계없이 자신의 취약성을 수용하는 것이다. 즉 정부신뢰는 신뢰의 주체인 국민과 신뢰의 대상인 정부 간에 권력적 관계가 형성되어 있다는 점이다(송하중, 2001: 4). 최근에는 정부활동의 많은 부분이 국민들로부터 통제를 받고 있지만 현대의 민주주의국가에서도 국민이 정부를 완전히 통제할 수는 없다는 점에서 정부신뢰는 다른 신뢰와 크게 구별된다.

이같이 정부신뢰는 국민이 정부를 통제할 수 있는 정도와 반드시 정(+)의 관계를 갖는 것은 아니다. 현대사회에서는 정부가 수행해야 할 고도의 기술성과 전문화를 필요로 하는 사회문제가 끊임없이 발생하고 있어서 국민들이 정부를 통제할 수 없는 부분이 많기 때문에 오히려 정부를 통제할 수 없는 경우에 자신의 취약성을 수용하는 것이 현실적으로 보다 중요한 의미를 갖는다.

2) 정부신뢰의 중요성

국민들의 정부신뢰는 정부체제의 정당성 확보, 정부성과의 향상, 정부권위에 대한 수용성 증대 등에 기여하는데, 이를 구체적으로 설명하면 다음과 같다(이승종, 2010: 103). 첫째, 정부신뢰는 정부존립의 도덕적 기초가 된다. 정부는 국민의 신뢰를 기반으로 정통성과 정당성을 인정받을 때에 정책추진이 추동력을 얻게 되지만 국민으로부터 신뢰를 받지 못하면 체제의 정당성을 위협받게 된다. 둘째, 정부신뢰는 정부기관과 국민들 간에 협력을 증진시킴으로써 정부정책의 수용성 및 효과성을 제고하여 정부성과를 향상시킨다.

셋째, 정부신뢰는 정부의 재량권과 책임성 요구 간의 긴장 해소 및 정부와 국민 간의 갈등완화에 기여한다. 정부는 신속한 정책집행을 위하여 재량권을 가질 필요가 있으며, 국민은 정부의 책임성 확보를 위해 이를 통제를 할 필요가 있다. 이런 상황에서 신뢰는 국민들로 하여금 정부권위를 수용하게 함으로써 재량권 요구와 책임성 요구 간의 갈등을 완화시키는 역할을 한다. 넷째, 정부신뢰는 체제의 안정을 통해 정부역량을 단기적·미시적 정책이 아니라 보다 장기적·거시적인 정책에 기울일 수 있도록 한다.

3) 정부신뢰에 영향을 주는 요인

정부신뢰에 영향을 주는 요인은 정치·경제·사회적 측면에서 다양하게 설명할 수 있지만 가장 중요한 요인은 정부의 특성이라고 할 수 있다. 그 이유는 정부의 특성은 신뢰대상자인 정부자신이 제공하는 요인임과 동시에 정부스스로가 신뢰를 제고하기 위한 정책수단으로 활용할 수 있는 변수에 해당하기 때문이다.

정부신뢰에 영향을 주는 요인은 여러 연구자들에 의해 논의되고 있는데, 그 중 이종수는 효율성, 이념적 동질성, 일관성, 공정성, 투명성, 청렴성, 친밀성을 지적하고 있으며(이종수, 2001: 78), 박통희는 정부의 능력, 개방성, 정직성, 일관성, 공정성을 들고 있다(박통희, 2000: 5). 그리고 이헌수는 능력, 성실성, 공정성, 호의, 규제사항 여부 등을 지적하고 있다. 이러한 논의들을 종합하여 여기에서는 정부신뢰의 주요 영향요인으로 정부의 능력, 공정성, 투명성, 참여 등 네 가지를 제시하고자 한다.

(1) 정부능력

국민들의 정부능력에 대한 판단은 정부에 대한 신뢰여부를 결정하는 중요한 요인이 된다. 정부능력은 정부기구가 과업을 효율적으로 수행하는데 필요한 능력이다. 정부능력을 나타내는 지표에는 여러 가지가 있으나 대표적인 것으로는 정책의 우선순위를 결정하고 결정된 정책을 효과적으로 집행할 수 있는 능력, 정책수행에 필요한 자원을 효율적으로 동원할 수 있는 능력, 대립되는 목표들을 조정할 수 있는 능력, 분산되고 비조직적인 이익도 대변할 수 있는 능력, 사회갈등이 사회혼란으로 확대되지 않도록 관리할 수 있는 능력 등을 들 수 있다.

능력이 없는 정부는 국민들의 기대와 요구를 충족시키지 못함으로써 문제해결능력에 대한 신뢰를 저하시키고 나아가 국민들이 수단방법을 가리지 않고 사적으로 접근하여 문제를 해결하도록 만든다. 그러므로 정부능력을 향상시키는 것은 정부에 대한 신뢰 증진에 가장 중요한 요인이 된다.

(2) 공정성

정부의 공정성은 정책에 소요되는 비용이나 편익(便益)이 합의된 일반원칙에 의거하여 차별 없이 배분되는 것을 의미하는데, 정부정책의 결정과 집행과정에서는 절차공정성은 물론이고 분배공정성도 충족되어야 한다.

절차공정성은 정책과정에서 이용되는 수단과 절차가 얼마나 공정한가에 대한 인지정도를 말한다. 이러한 절차공정성에서 중요한 것은 정책과정에서 관련된 모든 사람들에게 동등한 기회를 부여해야 하며, 또 규칙에 따라 절차를 진행하고 규칙을 모든 사람들에게 동등하게 적용하는 것이다. 특정집단의 사람에게만 유리하거나, 아니면 불리하게 규칙을 적용할 경우에 절차적 공정성은 심각하게 훼손된다.

한편 분배공정성은 결과적 공정성을 강조하는 개념으로서 구성원들이 집단을 위하여 투입한 노력에 비하여 지급된 보상이 공정한가에 대한 인지

정도를 의미한다. 분배공정성의 정도는 각 개인의 기여와 보상의 비율이 얼마나 균형을 이루는가에 따라 판가름된다고 할 수 있다. 만약 기여를 많이 하지 않은 사람이 많은 보상을 받거나 반대로 기여를 많이 한 사람이 그에 상응하는 보상을 받지 못한다면 분배적 공정성은 훼손된다. 그러므로 정부가 국민들로부터 신뢰를 받기 위해서는 정책과정에서 절차공정성은 물론이고 분배공정성도 확보할 수 있어야 할 것이다.

(3) 투명성

정부신뢰를 확보하기 위한 방안 가운데 하나는 행정인들이 행정의 내용을 국민들에게 제대로 알리는 한편 정직하고 청렴하게 행정을 수행함으로써 투명성을 확보하는 것이라고 할 수 있다. 여기에서 투명성은 정부가 얼마나 정직하고 깨끗하게 행정을 수행하는가 하는 도덕적 태도에 대한 인지정도로서(손호중, 2005: 65), 투명성이 높으면 정부신뢰도 높아지는데, 투명성의 지표로는 정보공개와 행정인들의 정직성 및 청렴성 등을 들 수 있다.

행정의 비밀주의는 그동안 정부신뢰를 저하시키는 중요한 요인이 되어 왔는데. 정책과정에서 관련된 정보를 공개하는 것은 국민들로 하여금 정부가 추진하는 정책이 자기들에게 미칠 영향을 미리 알도록 하고 결정과정에 참여하려는 동기를 자극시킨다. 뿐만 아니라 행정이 국민들 편에서 국민들을 위하여 수행한다고 인식하여 정부를 신뢰하게 된다. 한편 행정인들이 민주성, 능률성, 책임성 등의 행정윤리를 내면화하여 부정행위를 하지 않고 정직하고 청렴한 자세로 행정을 투명하게 수행한다면 국민들은 행정인들을 신뢰하게 되며, 이러한 신뢰는 정부신뢰로 이어지게 된다.

(4) 참여

정부의 정책과정에 시민들의 참여가 높으면 정부신뢰가 높아진다. 참여란 공적인 권한을 가지지 아니한 시민들이 공공문제에 대한 그들의 요구를 정책과정에 반영시키기 위해서 직·간접적으로 영향력을 행사하는 일련의 행위이다.

참여는 정치·행정적 측면에서 정책의 정당성 확보, 정책결정의 합리화,

정책내용의 질적 향상, 정책집행의 능률성 확보에 기여한다. 그리고 사회적 측면에서는 시민들 간의 이해관계 조정과 협동의 증진, 공동체의식의 배양뿐만 아니라 사회적 약자들의 상대적 박탈감을 완화하며 계층 간의 형평성을 도모함으로써 사회적 갈등을 완화하는데 기여한다.

정책과정에서 참여가 배제될 경우에는 시민들의 다양한 욕구와 견해가 반영되지 못함으로써 정책의 정당성이 훼손될 뿐만 아니라 정책내용이 바람직하지 못할 경우에도 오류를 시정할 수 있는 통로가 차단됨으로써 정부에 대한 불신을 가져오게 된다. 따라서 정부가 신뢰를 받기 위해서는 정책과정의 모든 단계에서 다양한 계층의 대표성을 가진 시민들의 참여를 폭넓게 보장해야 할 것이다.

4) 정부신뢰의 내용

무엇이 국민들로 하여금 정부를 신뢰하게 하는가에 대해서는 여러 관점에서 접근할 수 있다. 국민들의 정부에 대한 신뢰는 첫째, 정부가 무슨 일을 하고 있는가 하는 역할 및 정부가 일을 얼마나 잘 수행하는가 하는 성과의 차원에서 접근할 수 있다. 둘째, 정부에 대한 국민들의 심리적 호감의 정도, 정부가 산출하는 정책에 의해 국민들이 혜택을 받는 정도, 사회적 상호작용 속에서 국민들이 정부를 보는 규범적 시각에서 접근할 수 있다(정광호, 2011: 39-40).

이같이 정부신뢰에 대해서는 다양한 차원에서 접근할 필요가 있다. 흔히 정부신뢰를 정부성과나 산출물에 대한 평가 또는 정부가 국민의 기대에 부응하는 정도로만 접근할 경우에는 정부신뢰에 대한 주관적 기대나 경제적 측면에만 한정하는 좁은 범위가 될 것이며, 역사 또는 사회적 산물로서 형성된 정부신뢰의 측면을 간과할 우려가 있다. 그러나 여기에서는 편의상 정부정책과 정부성과에 한정하여 살펴보고자 한다.

(1) 정부정책에 대한 신뢰

국민들이 정책을 통해 정부를 신뢰하는 원인을 정책결정과정, 정책내용,

정책성과로 구분하여 설명하면 다음과 같다(박종민 외, 2011: 121-122). 첫째, 정책결정과정에 대한 정부신뢰는 정책의 결과보다 정책이 결정되는 과정 및 절차가 공정하고 정당성을 가질 때 신뢰하는 것이다. 국민들은 설사 선호하지 않거나 혜택을 적게 받는 정책이라 할지라도 그것이 공정하고 정당한 절차를 거쳐 결정된 것이라면 정부를 신뢰하고 그에 순응할 가능성이 높다.

둘째, 산출된 정책에 대한 정부신뢰는 정부가 국민들이 동의하거나 선호하는 내용의 정책을 수행할 때 신뢰하는 것이다. 따라서 이념적으로 정부의 정책내용에 근접한 선호를 가진 국민들은 그렇지 않은 국민들보다 정부를 더 신뢰할 가능성이 높다고 할 수 있으며 국민의 정책선호와 정부의 정책내용이 상충될 경우에는 정부신뢰의 수준이 낮아진다.

셋째, 정책결과에 대한 정부신뢰는 정책이 특정한 사회문제를 해결하는 등 그 목적을 달성했을 때 신뢰하는 것이다. 따라서 정부가 집행한 정책이 경제문제나 사회문제를 제대로 해결하지 못하고 국민들이 정부가 제공할 것으로 기대하는 정책혜택을 받지 못했을 때에는 그에 대한 실망과 불만으로 정부신뢰 수준이 낮아져 불신이 생기게 된다.

(2) 정부성과에 대한 신뢰

정부성과는 정부가 국민들이 원하는 일을 얼마나 잘 수행하고 있는가에 대한 평가로서 정부성과에 대한 신뢰는 국민의 기대, 과거의 경험, 성과내용에 대한 관점, 성과의 산출과정 등에 따라 달라진다. 이를 구체적으로 설명하면 다음과 같다.

정부성과에 대한 신뢰의 내용은 첫째, 정부성과에 대한 국민의 기대로서, 정부가 국민들이 원하는 일을 제대로 수행하여 기대하는 산출물을 생산할 때 국민들은 정부를 신뢰하지만 기대와 성과 간의 격차가 클수록 정부신뢰의 수준이 낮아진다. 그런데 정부의 산출물은 국민들의 기대수준에 따라 다르게 인식되는데 기대수준이 높은 국민일 경우는 정부가 과거에 비하여 좋은 성과를 거두더라도 그 수준에 미흡하면 오히려 정부신뢰가 저하될 수도 있다.

둘째, 정부에 대한 국민의 태도로서, 예전부터 있어 온 정부에 대한 신뢰 또는 불신의 정도에 따라 정부성과에 대한 국민들의 신뢰정도가 달라질 수 있다. 예전부터 정부에 대한 신뢰가 높을 경우에는 정부성과가 약간 향상되어도 신뢰형성에 긍정적 영향을 미치게 되지만 예전부터 국민들이 정부를 불신해 왔다면 어지간한 정부성과의 향상은 신뢰의 증진에 별다른 영향을 미치지 못할 때가 적지 않다.

셋째, 국민들이 정부성과를 바라보는 관점에 따라 정부성과의 인식이 다르게 나타날 수 있다. 국민들이 직접 피부로 느끼는 분야에서 이루어진 정부성과는 쉽게 체감됨으로써 그대로 정부신뢰로 이어질 수 있다. 반면에 장기적 이익이 되는 비가시적 성과일 경우에는 국민들이 이를 제대로 인식하지 못하여 정부신뢰가 증진되지 않을 가능성이 크다(정광호, 2011: 116).

넷째, 국민들이 어떤 과정을 거친 정부성과를 더 중시하느냐에 따라 정부신뢰가 크게 달라질 수 있다. 정책의 결과보다 과정을 중시하는 국민이라면 설사 선호하지 않거나 혜택을 적게 받는 정책이라 할지라도 시민들의 적극 참여와 정보의 공유를 통해 공정하고 정당한 절차를 거쳐 결정된 것이라면 정부를 신뢰하고 순응하게 된다.

5) 정부신뢰가 낮은 원인

우리나라 국민들의 정부에 대한 신뢰수준은 매우 낮다. 한국보건사회연구원이 2014년 실시한 '사회통합과 국민행복 인식조사'의 결과에 의하면 행정부(지방정부 포함)를 신뢰한다고 응답한 비율이 전체의 33.6%(매우 신뢰 2.6%+다소 신뢰 31.0%)에 불과했으며, 입법부 신뢰는 이보다도 더 낮은 17.4%(매우 신뢰 1.0%+다소 신뢰 16.4%), 사법부 신뢰는 30.7%(매우 신뢰 2.0%+다소 신뢰 28.7%)로 나타나고 있다(한국보건사회연구원, 2014: 306-308).

정부에 대한 신뢰가 저하되어 불신이 커지게 되면 국민(주민)들이 정부의 권위를 무시하고 정책을 믿지 않게 되어 정부운영의 효율성이 저하되며 문제해결을 위한 자원의 할당순위 결정을 어렵게 하고 결국 체제의 정당성이 위협을 받게 된다. 또 정부불신은 정치에 대한 냉소주의(冷笑主義)를 만연하게 하고 각종 집합적 행동에서 무임승차 및 도덕적 해이현상이 심화되게 된다. 이러한 정부불신은 사회전체적인 신뢰수준을 저하시키는 요인으로 작용하기도 하는데, 국민들이 정부를 불신하는 구체적 원인은 다음과 같다.

(1) 정부의 문제해결능력 저하

급속한 사회변동 속에서 이루어지고 있는 현대행정은 그 수행에 있어서 고도의 전문적 능력과 함께 여러 관련 기관 간의 상호협력과 조정을 절대적으로 필요로 하고 있다. 그런데 실제의 행정은 사회변동에 대처하는데 필요한 지식과 기술이 부족하고 융통성과 신축성을 확보하지 못하고 있는데다 할거주의적 성격 때문에 관련 기관 간의 협조와 조정이 제대로 이루어지지 못하는 경우가 많다.

그리고 정부가 행정을 수행함에 있어서 민간부문과 소통하여 동반자적 관계를 형성해야 함에도 불구하고 여전히 과거의 수직적 관계에 토대를 둔 패러다임(paradigm)에서 벗어나지 못하고 있다. 그 이유는 관료들이 권위주의시대의 기득권을 그대로 유지하려고 하는 한편 시민사회의 능력과 기업의 도덕성을 여전히 의심하고 있기 때문이다. 또 사회분화에 따른 국민들의 욕구증대로 정부역할에 대한 기대가 높아지고 있는데도 인적·물적 자원의 부족으로 이러한 욕구를 제대로 충족시키지 못하고 있다. 이러한 현상들은 정부의 문제해결능력을 저하시킴으로써 정부불신의 직접적 요인으로 작용하고 있다.

(2) 행정권의 오용과 남용

행정인들은 국민에 대한 봉사자로서 행정업무를 수행할 때 법규에 규정된 일정한 범위에서 권한을 행사하여야 하며 공직의 윤리규범에 따라 행동해야 한다. 그러나 행정업무가 복잡해지고 전문화됨에 따라 행정인들에게 부여된 재량의 범위가 넓어짐으로써 비윤리적 일탈행위를 할 가능성이 그만큼 커지게 되었다.

이러한 행정윤리를 벗어나는 행정권의 오용과 남용의 유형으로는 행정행위에 있어서 법규의 자의적 해석, 공금 횡령을 비롯한 부정행위, 공정성을 위반하여 특정인이나 특정집단을 우대하는 비윤리적 행위, 행정행위에 책임을 지지 않으려는 보신적 태도 등을 들 수 있다. 이러한 행정권의 오용과 남용 역시 정부신뢰를 저하시키는 직접적 요인이 된다.

(3) 비현실적인 법규내용과 불공정한 적용

행정법규는 행정질서의 유지와 국민의 권리·의무에 관한 내용을 규정한 것이다. 그런데 대부분의 법규 내용이 고도의 형식성을 띠고 있어서 실제의 사회생활과 심한 괴리를 빚고 있는데다 단속기준은 이상적이라고 할 만큼 높기 때문에 국민들이 이를 지킬 수 없는 경우가 많다. 그 결과 법규위반에 대한 판단을 행정이 자의적으로 할 가능성이 커지게 되고, 법규의 적용을 받게 될 국민들은 그 위반에 대한 제재를 면하기 위하여 행정인들과 불법적 거래를 하게 될 소지가 많아지게 된다.

또 법규는 보편적 입장에서 일반국민들에게 공정하게 적용되어야 하는데도 많은 경우에 고객의 개인적 지위나 행정인과의 친분관계에 따라 차별적으로 적용할 소지가 많아지게 된다. 그렇게 되면 행정이 공식적으로는 공공행정을 수행하는 것 같지만 실제로는 사행정(私行政)을 수행하는 것과 마찬가지가 되어버린다.

이러한 현상들은 국민들의 행정접근에 있어서 요령주의와 편법주의를 중시하게 만들어 행정질서를 파괴시키고 부정부패를 만연시키는 요인으로 작용하게 되며, 규범이나 행정질서에 따라 행동하는 사람은 손해를 보게 된다는 인식을 가짐으로써 행정업무에 비협조적이며 정부불신으로 이어지게 된다.

(4) 정책의 빈번한 변경

정부정책은 다른 정책과 모순 또는 갈등이 없이 조화를 이루어야 하며 가능한 한 일관성과 지속성을 유지하는 것이 바람직하다. 정책이 일관성과 지속성을 상실한다는 것은 다른 정책과 모순 또는 충돌되거나 시간이 흐름에 따라 정책내용이 수시로 변경되는 것을 의미한다. 정부정책이 자주 변경되는 가장 큰 이유는 정책결정과정에서 국민들의 수요를 제대로 반영하지 않아 내용적 타당성이 약하거나 현실성이 떨어져 사회변화에 제대로 대응하지 못하기 때문이지만 정책결정자의 업적과시욕과 정책효과에 대한 조급성도 그 원인으로 작용하고 있다.

정책은 그 실천가능성과 파급효과를 사전에 충분히 검토하고 결정해야 하는데도 선출직 정책수립자들이 임기 내에 큰 업적을 남기겠다는 생각에서 합리적인 평가 없이 전임자의 정책들을 폐기하고 새로운 정책들을 양산하는 경우가 많다. 또 시급한 사회문제를 해결하겠다는 이유로 장기간에 걸쳐 서서히 효과가 나타나는 정책보다는 빠르게 효과가 나타날 수 있는 정책을 임기응변적으로 결정할 가능성이 크다.

정책의 변경은 시간의 흐름과 환경변화에 신축적으로 대응한다는 점에서 바람직한 결과를 가져올 수도 있으나 정책변경이 단기간 내에 지나치게 급속하게 일어나는 것은 바람직하지 않다. 정책의 빈번한 변경은 그 변경에 따르는 매몰비용(埋沒費用) 등 사회적 낭비가 초래되며 정책을 통한 예측가능성을 약화시키게 된다.

뿐만 아니라 정책이 수시로 변경되면 원래의 정책과 관련하여 기득권을 갖고 있는 이해당사자들은 손해를 볼지 모른다는 불안감이 생기게 되며, 일반국민들도 정책이 또다시 바뀔 것이라고 인식하여 기존의 정책을 믿지 못하게 만듦으로써 결과적으로 정부불신을 초래하게 된다.

(5) 국민들의 높아진 기대

정부신뢰는 국민들의 기대수준에 따라 다르게 인식된다. 국민들이 기대수준이 높을 경우에는 정부가 아무리 좋은 정책을 효율적으로 수행한다 하더라도 그 수준에 미흡하면 정부가 일을 잘 못한다고 여겨 정부를 불신하게 될 것이다. 사회가 다원화되면서 국민들은 폭증하는 행정수요를 정부가 제대로 충족시켜 주기를 기대한다.

그러나 정부의 인적·물적 자원은 충분하지 못하기 때문에 최선의 노력을 한다 해도 자원의 한계 내에서 서비스를 공급할 수밖에 없다. 따라서 투입 대 산출의 면에서 정부가 아무리 큰 성과를 거두었다고 할지라도, 그러한 성과가 국민들이 기대하는 수준을 만족시켜 주지 못한다면 정부불신의 요인으로 작용하게 된다.

(6) 시대적 추세

정부성과와 무관하게 현대의 시대적 추세가 정부신뢰를 저하시키는 요인의 하나가 되고 있다. 시민들의 정치에 대한 지식의 축적과 정치적 영향력의 증대, 공식적 권위와 제도를 경원시하는 사회문화적 성향, 세계화에 따라 부익부 빈익빈이 가속화되는 경제환경, 그리고 정치불신의 심화 등은 모두 정부성과와 관계없이 정부신뢰를 떨어뜨리는 요인으로 작용하고 있다고 볼 수 있다(정광호, 2011: 83).

이상에서 정부불신의 원인을 살펴보았는데, 이러한 불신은 그 자체로 끝나는 것이 아니라 행정질서를 파괴시키며 행정의 영향을 받는 집단과 집단 간, 계층과 계층 간의 상호불신을 야기하여 대립과 갈등을 심화시키고 공동체의 결속까지 파괴하게 됨으로서 결과적으로 사회통합을 저해하는 요인으로 작용하게 된다.

3. 신뢰의 증진 방안

1) 일반화된 신뢰의 증진 방안

(1) 일반화된 신뢰의 증진 필요성

신뢰는 사회적 자본의 하나이면서, 동시에 규범과 네트워크 등 다른 사회적 자본을 형성하기 위한 토대가 된다. 그러나 모든 유형의 신뢰가 좋은 사회적 자본이 되는 것은 아니다. 사회적 자본과 관련하여 가장 많이 논의되는 신뢰의 유형은 일반화된 신뢰와 특정화된 신뢰라고 할 수 있다.

일반화된 신뢰는 자신이 잘 모르는 사람들에게까지 확대된 신뢰로서, 구성원들이 사회적으로 이질적인 집단에서 수평적이고 대면적인 상호작용을 통해 생성되며 좋은 사회적 자본을 형성하여 사회발전에 긍정적 역할을 한다. 반면에 자신이 잘 알고 지내는 사람들에 국한된 특정화된 신뢰는 좋은 사회적 자본이 되지 못한다.

특정화된 신뢰는 주로 구성원이 사회적으로 동질적인 집단에서 형성되는데, 자기편에 속한 사람들에 대해서는 끈끈한 신뢰가 형성되지만 신뢰의 범위를 다른 편에 속하는 사람들로 확대시키지 못한다. 그리하여 내집단(內集團) 사람들에 대해서는 강한 신뢰가 형성되지만 외집단(外集團) 사람들에 대해서는 배타성을 갖게 되기 때문에 특정화된 신뢰는 공동체의 분열을 조장하고 공공이익을 추구하기 위한 협동을 어렵게 만든다(김태선, 2007: 26).

그러므로 우리 사회에서 필요한 신뢰는 동질성의 원리에 기초한 특정화된 신뢰가 아니라 일반화된 신뢰라고 할 것이다. 폐쇄적인 집단적 성격이 강한 우리 사회는 다양한 연고에 기초한 '우리의식'과 귀속성 등을 매개체로 하여 끈끈한 동질적 집단을 형성하고 있다. 이러한 동질성에 바탕을 둔 집단에서의 신뢰는 정서적이고 비합리적 결속에 의하여 내부적으로는 더욱 강화될 수 있지만 사회전체에 대한 일반화된 신뢰로는 발전되지 못한다(윤민재, 2004: 26). 따라서 신뢰가 우리 사회의 발전에 긍정적 역할을 할 수 있는 사회적 자본이 되기 위해서는 '우리'라고 하는 특수한 관계를 넘어선 타자(他者)를 향한 일반화된 신뢰가 필요하다고 본다. 이러한 신뢰는 문화적·정치적 차이를 인정하고 수용하도록 자극하는 역할을 한다.

(2) 일반화된 신뢰의 증진 방안

사회적으로 일반화된 신뢰가 증진될 때에 개인 및 집단 간에 협력이 증진되고 불신으로 단절된 폐쇄적 사회가 개방적 사회로 변모하게 되며 시민공동체가 발전하고 민주체제와 시장경제의 성과가 향상될 수 있다. 또 일반화된 신뢰가 확산되어야 사회적 갈등이 완화되고 결과적으로 사회통합에도 기여하게 된다. 일반화된 신뢰를 증진시키는 주요 방안은 다음과 같다.

가. 공적·제도적 신뢰의 회복

낮은 신뢰사회의 특징을 가지고 있는 우리 사회의 불신문제를 해결하기 위해서 가장 선행되어야 할 것은 공적·제도적 신뢰를 회복하는 일이라고 할 수 있다. 이를 위해서는 행정뿐만 아니라 입법·사법 등 모든 국가기관의 업무처리에 있어서 일관성·공정성·투명성을 유지할 수 있도록 법치주의가 확고하게 자리 잡아야 한다.

정부기관이 일관성과 공정성을 상실한 채 불투명하게 업무를 처리하여 예측불가능성이 증가하면 국민들은 정부를 신뢰하지 못하기 때문에 자신의 이익을 지키기 위해 여러 사적 연고를 동원하여 관료들을 이용하려 듦으로써 공적 신뢰는 약화되고 사적 신뢰가 강화될 수밖에 없게 된다(성경륭, 2005: 14). 이러한 공적 신뢰의 약화는 정부에 대한 불신을 증가시키고, 이러한 불신은 사회전체로 확산되어 다시 정부에 대한 불신을 증폭시키는 불신의 악순환을 가져오게 된다.

따라서 사회적 신뢰를 회복하기 위해서는 법치주의를 확립하여 정부기관의 법과 정책의 형성과 집행과정에서 일관성·공정성과 투명성을 제고하는 것이 무엇보다 중요하다. 이러한 법치의 확립과 함께 효과적이면서 공정하게 작동되는 제도는 국민들에게 믿음을 심어주게 되고 개인들은 경험적 학습을 통해 제도를 신뢰하게 만든다(장수찬, 2013: 103).

공적·제도적 신뢰를 증진하기 위한 또 다른 방안은 정부기관을 관리하는 권력 엘리트들과 고위공직자들의 도덕성을 고양시키고 이들의 부정부패에 대해 강력한 통제를 가하는 것이다. 이들에 대한 부패통제가 제대로 이루어지지 않으면 각종 로비와 담합이 난무하게 되어 정부에 대한 공적 신뢰를 저하시킬 뿐만 아니라 국민들에게 자신들의 부도덕성과 연고주의에 기초한 비윤리적·비합법적 접근을 합리화시키는 구실을 제공하게 된다.

나. 정부능력의 향상

정부능력은 정부가 과업을 효율적으로 수행하는데 필요한 능력이다. 정부의 능력을 나타내는 지표로는 정책의 우선순위 결정 및 결정된 정책을 효과적으로 집행할 수 있는 능력, 자원을 효율적으로 동원할 수 있는 능력, 대립하는 목표들을 조정할 수 있는 능력, 기존정책이 실패했을 경우 혁신할 수 있는 능력, 분산되고 비조직적인 이익도 대변할 수 있는 능력, 사회갈등이 사회혼란으로 확대되지 않도록 관리할 수 있는 능력 등을 들 수 있다.

능력이 없는 정부는 국민들의 기대와 요구를 충족시키지 못함으로서 문제해결능력에 대한 국민들의 신뢰를 떨어뜨리고 나아가 국민들이 수단방법을 가리지 않고 사적으로 접근하여 문제를 해결하도록 만든다. 따라서 정부능력을 향상시키는 것은 국민들이 기대하는 사회문제의 해결은 물론이고 정부기구에 대한 공적 신뢰와 국민들 간의 일반적 신뢰를 증진시키는 중요한 기능을 한다(성경융, 2005: 15-16). 그러므로 정부기구들은 자체 능력을 향상시키기 위한 개혁을 지속적으로 추진함으로써 문제해결능력을 향상시키고 이에 기초하여 국민들의 신뢰를 폭넓게 얻도록 해야 할 것이다.

다. 시민공동체의 발전

우리 사회의 신뢰를 확대하고 사회통합에 기여하기 위해서는 시민공동체가 발전되어야 한다. R.Putnam(1993)은 시민공동체의 주요 특성으로서 시민 상호간의 신뢰와 강한 결속력, 다양한 결사체 참여, 시민 상호간의 정치적 평등성, 사익과 공익의 균형, 활발한 공적 활동 참여 등을 지적하고 있다. 그러나 우리 사회는 낮은 신뢰, 사익 과잉, 공공성 결여 등으로 시민공동체의 발전수준이 낮은 상태에 머물고 있다. 따라서 우리 사회에 일반화된 신뢰, 공적 신뢰를 증진시키기 위해서는 시민공동체가 발전되어야 하는데, 그 방안은 다음과 같다(성경융, 2005: 18-21).

첫째, 국민들의 의식이 변화되어야 한다. 국민 개개인이 폐쇄적 연고관계의 테두리에서 벗어나겠다는 의식, 사익 못지않게 공익도 중시하겠다는 의식, 국가와 사회에 요구만 하지 않고 기여도 하겠다는 자각이 이루어질 때 시민공동체가 발전된다. 둘째, 공공선과 공익을 추구하는 시민단체를 활성화시켜야 한다. 이를 위해서는 시민단체들의 중립성을 저해하지 않는 범위에서 다양한 내용의 정책지원을 해 주어야 할 것이다.

셋째, 우리 사회의 1차집단들을 시민단체활동과 사회공헌활동으로 유도할 필요가 있다. 그렇게 되면 지금까지 우리 사회를 낮은 신뢰사회로 만든 주요 요인의 하나로 비판받아 온 1차집단들이 집단과 집단, 집단과 사회를 연결하는 역할을 할 수 있게 되어 시민공동체의 발전에 기여할 수 있을 것이다.

그러나 1차집단은 그 본질상 구성원 상호간의 친밀성과 신뢰성에 기초를 둔 집단이기 때문에 이들 집단이 시민공동체 발전에 큰 역할을 할 것으로 기대할 수는 없다. 다만, 각성된 1차집단 구성원들의 노력을 통해 이들 집단의 사회공헌활동이 증가하게 된다면 연고관계에 고착되었던 신뢰의 범위가 좀 더 사회적으로 확대될 수 있다는 점에서 의미를 가진다고 볼 수 있다.

2) 정부신뢰의 증진 방안

국민과 정부 간에 두터운 신뢰관계가 형성되기 위해서는 행정인들의 행태가 민주성과 보편성을 지향하는 방향으로 개선되어야 하며 정책이 국민의 의사를 반영하여 공정한 절차에 따라 결정되고 효율적으로 집행되어야 한다. 또 행정인들이 청렴성을 가지고 부정부패를 멀리 해야 한다. 정부신뢰의 증진방안을 구체적으로 설명하면 다음과 같다.

(1) 행정인들의 행태개선

신뢰받는 행정은 행정인들의 능력이 국민들에게 믿음을 주고 행정작용의 동기가 순수성을 인정받으며 결과에 대하여 책임을 지는 행정이라야 한다. 정부불신의 기본적인 요인의 하나는 행정인들의 자의적이고 불공정한 업무수행과 무책임한 행태라고 할 수 있다. 행정인들이 신뢰를 상실하면 국민들은 아무리 좋은 정책도 외면하게 되며 정부에 협조를 거부함으로써 정책을 효과적으로 추진할 수 없게 된다. 그러므로 정부신뢰를 확보하기 위해서는 먼저 행정을 직접 수행하는 행정인의 행태부터 개선하여 국민의 신뢰를 받아야 한다.

그러기 위해서는 첫째, 행정인들의 권위의식이 불식되어야 한다.

권위주의는 국민에 대한 무책임성, 국민으로부터 통제의 거부, 자기반성의 결여, 그리고 냉정·불친절 등의 파행적 행태를 낳게 한다. 권위주의가 팽배된 사회에서 행정인은 일반국민에 대해 치자(治者)나 지배계급으로 군림하는 것이지 공복(公僕)이나 봉사자로 나타나지 않는다. 또 권위의식이 강한 사회에서는 행정권력의 정당성이 거의 의심됨이 없이 받아들여지기 때문에 행정이 가지고 있는 권력의 책임이란 법조문상에 나타나는 형식적인 것이지 실질적 의미는 없게 되고 만다.

그러한 결과는 행정인들로 하여금 마음만 먹는다면 자의적이고 권력남용적인 행정행위를 거리낌 없이 하도록 만들 수 있기 때문에 국민이 행정을 불신하는 요인이 된다. 그러므로 정부가 국민의 신뢰를 확보하기 위해서는 권위의식을 불식하고 민주의식을 내면화하여 국민들과 수평적 관계를 유지하는데 노력해야 할 것이다.

둘째로 형식주의 행정을 지양해야 한다.

행정업무의 수행이 명확한 법규와 절차에 따라야 함은 당연한 일이다. 그렇게 함으로써 수단의 합리성과 예측가능성, 행정의 계속성과 비자의성(非恣意性)이 보장될 수 있으며 책임의 한계를 명확하게 할 수 있다. 그러나 실제의 행정에서 행정인들은 법규나 절차에 지나치게 집착함으로서 오히려 본말이 전도되어 법규의 준수자체가 목적이 되어 동조과잉(同調過剩), 번문욕례(繁文縟禮) 등의 현상을 초래하는 경우가 많다.

행정인들이 절차의 준수에 집착하게 되면 간단히 해결할 수 있는 업무도 절차를 빙자하여 처리를 지연시키게 되고, 당연히 해주어야 할 것도 절차를 핑계로 미룸으로써 이해관계자들의 불신을 사게 된다. 또 절차에의 집착은 행정인의 무사안일주의 및 보신주의와도 관련된다. 즉 법규나 절차에 위반하지 않음으로써 그 결과가 비능률적이거나 공익의 침해를 가져온다고 해도 하등의 책임을 질 필요가 없다고 인식하게 된다.

이러한 인식은 책임행정의 수행을 어렵게 할뿐만 아니라 행정인들로 하여금 사회변동에 대한 대응능력의 연마를 소홀하게 함으로써 결과적으로 국민들이 행정을 불신하게 만드는 요인으로 작용하게 된다. 그러므로 행정인들이 국민들의 신뢰를 확보하기 위해서는 업무수행과정에서 형식주의를 지양하여 법규나 절차를 기계적으로 처리하기 보다는 그 목적을 고려하여 적용해야 할 것이며, 절차를 구실로 행정처리가 지연되지 않도록 하는 제도적 장치가 마련되어야 할 것이다.

(2) 정책결정 및 집행의 합리화

정부정책이 사회전체의 이익과 발전을 위한 것이라는 인식이 국민들에게 보편화될 때 국민들은 그 정책을 지지하고 결과적으로 정부를 신뢰하게 된다. 그렇게 되기 위해서는 정책이 정당한 절차에 의하여 합리적으로 결정되어야 하며, 그 내용은 특수이익을 위한 것이 아니라 사회전체의 이익인 공익을 위한 것이어야 한다. 그리고 결정된 정책은 가능한 한 안정성과 지속성을 유지함으로써 예측가능성을 높이고 사회적 안정에 기여할 수 있어야 한다.

첫째, 정책이 국민들로부터 신뢰를 확보하기 위해서는 정책결정이 시민들의 폭넓은 참여에 의한 정책거버넌스(governance)를 통해 이루어져야 하며, 그 과정에서 필요한 정보를 제대로 공개하여 시민들과 공유함으로써 투명성이 확보되어야 한다. 둘째, 정책내용은 다수의 정책대상자들이 원하는 것이어야 하며 현실적합성을 가져야 한다.

셋째, 정책집행은 공정성과 함께 가능한 한 일관성을 유지하여 정책의 안정성과 지속성을 담보할 수 있어야 한다. 정책집행에 있어서 일관성은 정부가 국민들이 기대한 바대로 행동할 것이라는 예측을 가능하게 함으로써 정부신뢰의 형성에 큰 영향을 준다. 그런데 우리나라의 경우, 정책이 정치적 이해관계나 이념적 성향에 따라 너무 자주 변경되어 이러한 예측가능성을 약화시킴으로써 사회적 불안이 조성되는 한편 기존정책으로 혜택을 받아오다 정책변경으로 기득권을 잃게 될 집단의 불만을 사는 등 정부신뢰를 저하시키는 경우가 많다.

그러므로 정책은 일관성 있는 기조의 유지를 필요로 한다. 그러나 기존정책에 큰 문제가 있을 때에는 이를 시정하여 행·재정적 낭비를 막는 한편 정책환경의 변화로 정책우선순위의 조정이 필요하거나 새로운 정책문제가 대두될 경우에는 새로운 정책을 수립하여 탄력적으로 대응하는 것이 불가피하다고 하겠다. 그렇게 하는 것이 정책의 타당성·적실성·실현성을 향상시키고 결과적으로 정부신뢰도 증진될 것으로 본다.

(3) 공직자들의 청렴성 강화

정부신뢰가 증진되기 위해서는 공직자들이 청렴성을 강화하여 직무상의 부정부패를 멀리 하고 업무 및 정책을 투명하고 공정하게 처리해야 한다. 현재 우리 사회에서는 공직자들이 직무와 관련하여 그 지위나 권한을 남용하거나 법령을 위반하여 자기 또는 제3자의 이익을 도모하거나 공금을 횡령하는 등 부정부패행위가 끊임 없이 발생하고 있으며, 이로 인해 공직사회와 정부에 대한 국민들의 신뢰가 매우 낮은 수준에 머물고 있다.

이러한 부정부패의 발생은 공직자들의 공복의식(公僕意識) 및 공직윤리의 약화가 가장 중요한 원인이 되고 있지만 과다한 행정규제, 정경 유착, 연고주의문화, 부정부패에 대한 관대한 처벌 등의 제도적 요인과 환경적 요인도 복합적으로 작용하고 있다.

부정부패는 공직자들과 정부의 신뢰를 떨어뜨려 냉소주의를 유발하고 정부정책의 수용성을 저하시키며 행정서비스 부진 및 행정비용의 증가를 초래한다. 또 법질서를 경시하는 각종 기회주의 풍조의 양산, 국가 및 사회운영 시스템의 불확실성 유발, 자원배분의 왜곡을 가져오며, 특히 사회지도층의 부패는 계층 간의 갈등·대립과 분열을 조장함으로써 사회통합을 저해한다. 그 뿐만 아니라 정경유착과 특혜, 불공정 경쟁을 초래하여 공공부문의 생산성 저하, 국가재정 낭비, 국가수입의 감소를 가져오는 등 국가경쟁력을 저하시킨다.

그러므로 공직자들의 부정부패를 멀리하고 청렴하게 직무를 수행함으로써 정부신뢰의 증진, 사회갈등의 완화와 함께 공공부문의 생산성을 향상시키기 위해서는 첫째, 공직자들의 공직윤리가 강화되어야 한다. 공직자들은 공직이 공익을 추구하기 위해 국민으로부터 수탁(受託)된 자리라는 확고한 인식을 가지고 국민전체에 대한 봉사자로서 정책결정과 집행과정에서 공정하고 불편부당하게 직무를 수행함으로써 국민의 여망에 부응해야 한다. 또 정책과정에서 민주성과 책임성을 가져야 하며 연고관계나 정치적 압력 등에 의한 부정부패의 유혹에 흔들리지 말아야 한다.

둘째, 비현실적인 규제와 시장원리를 역행하는 규제들이 획기적으로 개혁되어야 한다. 우리 사회에는 경제활동을 비롯한 국민생활에 지장을 주는 비현실적이고 복잡한 규제들이 너무 많다. 이 때문에 기업과 국민들은 규제의 그물을 뚫기 위하여 연고관계를 동원하거나 이른바 '급행료'를 비롯한 뇌물을 이용하려는 경향이 있는데, 이는 공직자들을 검은 거래의 유혹에서 벗어나기 어렵게 만드는 요인의 하나로 되고 있다. 그러므로 공직자들의 부정부패를 방지하기 위해서는 비현실적이고 복잡한 규제를 현실에 적합하고 국민들이 접근하기 쉽도록 개혁할 필요가 있다.

셋째, 공직자들의 지나친 재량권을 축소시켜야 한다. 행정의 복잡화·전문화에 따라 공직자들의 재량(裁量)은 불가피한 현상이지만 재량권이 지나치게 광범위하면 일반국민들은 인허가 등의 행정서비스를 신속하게 받기 위하여 공직자에게 부당한 청탁을 하게 되고, 공직자는 재량권을 악용함으로써 부패를 초래하는 원인으로 작용할 수 있다. 그런 점에서 공직자들의 업무상 재량권을 가급적 축소시켜 객관적으로 명시된 기준에 따라 정책의 결정과 집행이 이루어져야 할 것이다

넷째, 부패공직자에 대한 엄정한 처벌이 이루어져야 한다. 지금까지 부패공직자에 대한 처벌은 일반국민에 비해 비교적 관대하게 이루어졌으며, 고위공직자일수록 그러한 경향이 많은 것으로 인식되고 있어 사회적 위화감을 조성하는 요인이 되고 있다. 그러므로 공직자의 부패는 그 상징성 때문에서라도 오히려 일반국민들보다 더욱 엄격하게 처벌해야 하며 범법행위에 대한 추징금의 징수 등 경제적 불이익을 강화해야 한다.

다섯째, 내부고발자에 대한 철저한 보호가 이루어져야 한다. 내부고발제도는 특정조직의 사정에 밝은 내부구성원이 그 조직의 비리를 고발하는 제도로서, 정부에 대한 투명성과 신뢰를 높이고 궁극적으로 부패방지의 효과로 정부운영의 효과성과 공정성을 제고시킬 수 있는 제도이다.

그러나 집단주의와 권위주의문화가 강한 우리 공직사회의 특성상 내부고발은 조직에 대한 배신이나 상사에 대한 변절이라는 부정적 인식 때문에 거의 실효를 거두지 못하는 실정이다. 그러므로 공직자들의 부정부패를 줄이기 위해서는 내부고발제도가 공익의 추구와 함께 공직사회의 청렴성을 강화하기 위한 수단이라는 인식을 가지고 고발자가 불이익을 받지 않도록 철저히 보호해야 할 것이다.

제3절 공정성

1. 공정성의 개념

공정(fairness)의 개념에 대해서는 학문분야와 접근방법에 따라 다양하게 정의가 이루어지고 있으나, 일반적 의미에서 공정(公正)이란 "집단 또는 사회의 조직적 생활과정에서 여러 인격에 대한 대우 또는 복리의 배분 등을 기준에 따라 공평하게 하는 것"을 말한다(교육학용어사전, 1995). 이같이 공정은 어떠한 사안의 가치, 선악, 우열, 시비 등을 판단할 때에 일정한 기준과 논리를 모두에게 동일하고 일관성 있게 적용하는 것을 의미한다.

한편 공정성(公正性)은 공정한 성질이나 특성을 의미하는데 이러한 공정성과 유사한 개념으로는 정의(justice), 공평성, 평등성(equality), 형평성 등이 있다. 공정성과 이들 용어는 일상생활은 물론이고 학술적으로도 같은 의미로 사용되는 경우가 적지 않으나 엄밀한 의미에서는 서로 다른 개념의 용어들이다. 정의(正義)는 일반적으로 권리와 자유, 부담과 혜택을 공정하게 분배하는 것을 의미하는데(황혜신, 2011: 24), J. Rawls가 '공정으로의 정의'를 주장한 이래 공정성과 거의 같은 의미로 사용되고 있으나, 공정성보다는 보다 포괄적인 개념이라고 할 수 있다.

그리고 공평성(公平性)은 사회적 재화의 분배를 향한 경쟁의 출발과 과정이 규칙에 따라 투명하고 균등하게 이루어지는 것을 의미하며, 평등(平等)은 인간을 인격적·사회적·법적으로 차별 없이 동등하게 대우하는 것을 의미한다. 이에 비하여 공정성은 공평성에 더하여 합당한 절차적 격차의 차이를 담아내어야 정의에 더 가까워진다는 개념이라고 할 수 있다(사회통합위원회, 2013: 383). 이같이 공정성은 정당성이나 정의와 관련되는 것인 반면에 평등은 자연적인 인간의 존엄성에 근거하여 각 개인의 기여도와 관계없이 동일한 분배를 받는 것을 의미한다(한승희 외, 2015: 26).

한편 형평성(衡平性)은 가치배분의 실질적 평등을 의미하는 것으로서, 본질적으로 사회적 분배문제와 직결되는 특성을 갖는다(최봉기, 2008: 238).

이러한 형평성은 사회적 약자의 보호를 그 출발점으로 삼아 자원이나 지위의 배분에서 정치·경제·사회적으로 불리한 입장에 있는 사람들에게 우선적으로 혜택을 줌으로써 사회정의를 실현할 수 있다고 본다.

이에 비하여 공정성은 자원배분이나 의사결정의 절차와 같이 특정 부분에 초점을 맞추기 보다는 그로 인해 나타나는 결과까지를 종합적으로 고려한다는 점에서 형평성보다 규범적이고 가치지향적 성격을 강조하는 개념이라고 할 수 있다. 이같이 공정성과 정의, 공평성, 평등성, 형평성 간에는 다소 상이한 개념적 차이가 있음에도 불구하고 많은 경우에 같은 의미로 사용되고 있다(김희용, 2011: 25). 여기에서도 특별한 경우를 제외하고는 이들 용어들을 공정성과 같은 의미로 사용하고자 한다.

2. 조직차원의 공정성 유형

조직공정성(organization fairness)은 구성원들이 조직 내에서 실행되고 있는 의사결정의 절차와 그 결과가 공정한가에 대한 지각의 정도를 의미한다. 조직공정성은 구성원들이 자신이 직무수행과정에서 공정하게 대우를 받고 있으며, 직무와 관련된 사안들이 공정하게 처리되고 있는가에 관한 인식에 토대를 두고 있다.

이렇게 구성원들이 조직 내에서 지각하는 공정성은 자신들의 투입이 공정한 보상으로 이어질 것이라는 기대감을 갖게 할뿐만 아니라 동기부여, 직무만족, 직무몰입, 조직성과, 조직시민행동 등과 같은 다양한 형태의 직무태도와 행위에 영향을 미치는 중요한 요소로 평가되고 있다(이순창, 2014: 31-32).

이러한 조직공정성은 조직이 구성원들에게 분배하는 보상제도가 공정한지를 인지하는 분배공정성, 분배과정에서 적용된 절차와 규정이 공정한지를 인지하는 절차공정성, 그리고 절차를 실행함에 있어서 구성원들이 의사결정권자로부터 공정한 대우를 받았는지를 인지하는 상호작용공정성으로 유형화할 수 있다.

1) 분배공정성

분배공정성이란 결과적 공정성을 강조하는 개념으로서 구성원들이 조직을 위해 투입된 노력에 비하여 지급되는 보상이 공정한가에 대한 지각의 정도를 의미한다. 여기에서의 투입이란 개인이 직무수행을 위하여 동원된 시간, 교육·기술·경험 등을 말하며 보상이란 투입에 대한 결과로 획득되는 보수·인정·승진·복리후생·직무만족과 조직 내외적 존경 등을 포함한다. 절차적 공정성이 과정을 중시한다면 분배적 공정성은 주로 결과를 문제 삼는데, 이때 분배는 사회적으로 가치 있는 재화나 서비스 등을 조직구성원들이 보상의 형태로 나누어 갖는 것을 말한다.

분배적 공정성을 판단하는 기준은 다양하지만 그 가운데 중요한 기준의 하나는 공동의 생산이나 활동에 대한 구성원들의 기여정도에 따라서 보상을 나누어 주는 것이다. 따라서 각 개인이 기여와 보상의 비율이 얼마나 균형을 이루는가에 따라 공정성의 정도가 판가름된다고 할 수 있다. 만약 기여를 많이 하지 않은 사람이 많은 보상을 받거나, 반대로 기여를 많이 한 사람이 그에 상응하는 보상을 받지 못한다면 분배적 공정성은 훼손될 것이다(연세대학교 산학협력단, 2011: 9-10).

조직구성원들은 주로 자신의 기여와 보상의 비율을 자기가 선택한 비교대상과 비교하여 공정성을 판단하여 행동대안을 선택하는데(김지훈, 2009: 1940), 그 비율이 타인의 그것과 같다면 공정하다고 인식하게 되지만 비율이 같지 않다면 불공정을 지각하게 된다. 그런데 이러한 기여와 보상 간의 비율로 분배적 공정성을 판단한다고 할 때 보상은 가시적이고 분명한 반면에 기여의 정도는 비가시적이고 모호한 경우가 많기 때문에 기여와 보상 간의 비율은 객관적이기보다는 주관적인 경우가 많다.

또 개인의 전체에 대한 기여와 그에 따른 보상이 비교가 되었건, 아니면 조직이나 사회의 다른 성원들이 받는 보상과의 비교가 되었건 간에 공정성에 대한 판단은 주관적 비교를 토대로 해서 이루어진다. 그러나 조직이나 사회의 성원들이 전체와의 전반적 비교를 하기는 어렵기 때문에 자기 주변사람들과의 부분적인 비교에 의존하는 경우가 대부분이다(연세대학교 산학협력단, 2011: 10). 이러한 분배공정성에서는 얼마나 공정한 분배를 받는가에 따라 직무만족이나 전직, 조직몰입 등과 같은 조직구성원의 정서적 및 행동적 반응이 영향을 받을 수 있다.

2) 절차공정성

절차공정성이란 조직에서 구성원들에 대한 대우나 혜택 등에 관한 의사결정을 할 때 사용된 절차와 규칙의 공정한가에 대한 지각의 정도를 의미한다. 절차공정성은 공정성에 대한 관점이 무엇을 결정하는가가 아니라 어떻게 결정하는가에 중점을 두는 것으로서, 의사결정의 결과보다는 그 과정이 얼마나 공정하고 정당한가에 초점이 맞춰져 있다. 예를 들면 산출의 정도와 관계없이 결정과정이 제도화된 절차에 따라 이루어졌다면 구성원들은 절차공정성을 지각하고 의사결정의 결과에 승복하게 된다.

이러한 절차공정성에서 중요한 것은 의사결정과정에서 관련된 모든 구성원들에게 동등한 기회를 부여하고, 또 규칙에 따라 절차를 진행하고 규칙을 모든 사람들에게 동등하게 적용하는 것이다. 이른바 이중의 잣대를 적용해서 특정집단의 사람에게만 유리하거나 아니면 불리하게 규칙을 적용할 경우에는 절차적 공정성은 심각하게 훼손된다(연세대학교 산학협력단, 2011: 9).

절차적 공정성이 지켜지지 않을 경우에 조직구성원들은 그 결과에 승복하지 않을 뿐만 아니라 공정성을 인정하지 않으려고 할 가능성이 높다. 더 나아가 그들도 절차와 규칙을 지키지 않으려 함으로써 결과적으로 조직의 무질서와 혼란이 야기될 것이며, 이러한 상황은 특권을 얻고자 하는 경쟁을 부추김으로써 절차적 공정성을 더욱 훼손시킬 가능성이 높다. 여기에서 특권이란 권력을 가진 자와의 특수한 관계를 통하거나 금전적 매수를 통해서 다른 사람들이 누리지 못하는 기회나 편의를 부여받는 것을 말한다.

조직구성원들이 절차적 공정성을 지각하는데 영향을 주는 요소로는 여러 가지를 들 수 있는데, G.S Leventhal 등(1980)은 의사결정과정에서 절차의 일관성, 편견의 배제, 정보의 정확성, 결정된 사항의 수정가능성, 관련된 사람들의 관심을 반영한 대표성, 사회가 공유하고 있는 윤리성 등 여섯 가지를 제시하고 있다(조윤재, 2009: 11 재인용).

이상에서 절차공정성과 분배공정성에 대해 살펴보았는데, 양자의 관계를 보면 절차공정성에 대한 인식이 분배공정성 인식에 영향을 미친다고 할 수 있다. 비록 분배적으로 어느 정도 불공정하더라도 그 절차가 공정하게 적용되었다고 인식된다면 분배의 결과도 공정하다고 인식하게 된다는 것이다. 따라서 공정성에 대한 인식은 공정성의 여러 구성요소들이 복합적으로 작용하여 이루어지는 것이지 단일차원에 대한 인식에 의해서 결정되는 것은 아니라고 할 수 있다(오경훈, 2013: 34).

3) 상호작용공정성

상호작용공정성은 절차공정성이 확장된 개념으로서 조직의 의사결정과정에서 설정된 절차가 실제로 실행될 때 발생하는 의사결정권자와 구성원간의 의사소통이 공정한가에 대한 지각의 정도를 의미한다. 절차공정성이 의사결정의 절차와 구조적 요소를 강조하는데 비하여 상호작용공정성은 의사결정과정의 사회적 측면인 대인관계에서 나타나는 상호작용에 초점을 두고 있다(황혜신, 2011: 32).

상호작용공정성은 조직에서 의사결정의 절차가 아무리 공정하게 체계화되어 있을지라도 그러한 절차를 실행하는 과정에서 의사결정권자가 구성원들과 어떠한 상호작용을 하는가에 따라서 공정성에 대한 인식이 달라지는데 상호작용이 활발할수록 공정성에 대한 평가가 호의적이 된다고 본다(신현호, 2007: 31).

즉 조직구성원들은 조직 내에서 맺는 사회적 관계에 중요한 가치를 부여하기 때문에 의사결정권자가 구성원들에게 결정절차 및 과정에 대한 정보를 솔직하게 알려 주고 인격적으로 공손하게 대우하고 존중해 주었을 때 조직이 자신에게 중요한 가치를 부여하고 중요한 구성원으로 인정해 주는 것으로 받아들여 의사결정권자에 대한 공정성을 인식하게 된다는 것이다.

이러한 의사결정권자와의 대인적 상호작용에서 구성원이 지각하는 공정성은 조직에서 신뢰의 형성·증진과 밀접한 관련을 가지고 있으며, 분배된 보상이나 공식적 절차를 불공정하다고 인식하는 구성원들의 불만을 최소화하거나 인식을 긍정적으로 전환시킬 수도 있기 때문에 구성원들의 행태에 중요한 영향을 미칠 수 있다.

3. 사회차원의 공정성 구성요소

사회차원의 공정성은 사회제도의 특성 또는 운영원리로서의 공정성을 의미한다(이건, 2015: 31). B. Tuner는 공정성의 구성요소로 기회의 평등, 분배의 평등, 조건의 평등 등 세 가지 차원의 평등을 제시하고 있는데(황혜신, 2011: 33 재인용), 공정성의 개념이 평등의 개념과 거의 같은 의미로 사용되고 있다는 점에서 공정성의 구성요소를 기회의 공정성, 분배의 공정성, 조건의 공정성 등 세 가지로 구분할 수 있다. 그런데 이들 공정성의 구성요소들은 각기 다른 이념적 배경을 토대로 하고 있다.

(1) 기회의 공정성

기회의 공정성은 사회구성원들이 각종 사회제도에 대하여 개인의 사회적 배경이나 경제적 지위 등 귀속적 요인에 의한 차별적 접근이 아니라 누구나 동등한 기회를 가져 보편적인 접근이 이루어지는 것을 의미한다. 기회의 공정성은 자유주의를 이론적 토대로 하고 있다.

자유주의자들은 개인의 생명과 재산을 보호하고 행복을 추구하는데 필요한 자유와 권리는 사회적 합의와 계약을 통해 확보되는데, 계약관계에 있어서 절차적 공정성은 자신의 자유와 권리를 위하여 타인이 그것을 침해하는 경우에 나타날 수 있는 불평등을 교정하는데 의의가 있다고 주장한다(이건, 2015: 34). 이같이 자유주의자들은 계약관계에 있어서 개인의 자유와 권리를 존중하는 절차적 공정성을 공정성의 핵심으로 보고, 이것을 정의(justice)로 규정하고 있다(이종수, 2011: 19).

이러한 절차적 공정성은 바로 기회의 공정성을 의미한다. 기회의 공정성은 사회적 약자를 포함한 사회구성원 모두에게 교육·고용·보건 등의 자원을 획득할 수 있는 기회뿐만 아니라 공동체 의사결정체제에 참여하는 거버넌스적 기회까지도 동등하게 보장하는 것이다.

또 기회의 공정성은 모든 사람에게 형식적으로 기회를 부여하는 것에 그치는 것이 아니라 내용적으로 기회를 활용할 수 있는 실질적인 기회를 공정하게 부여하는 것을 의미한다(이건, 2015: 34). 대부분의 경우 사람들은 현실이 경제적·사회적으로 불공정하더라도 사회적 이동을 가능하게 하는 교육제도 및 취업제도 등에 공정한 기회가 실질적으로 보장된다면 미래를 위해 현재의 불공정을 기꺼이 수용하게 된다.

(2) 분배의 공정성

아리스토텔레스(Aristoteles)는 분배의 공정성을 "각자가 사회에 기여한 바에 비례하도록 자원을 배분하는 것"이라고 정의한다(이종수, 2011: 20). 이같이 분배의 공정성은 공적이 있는 사람들이 자신의 공적에 상응하는 보상을 받도록 하는 원칙이라고 할 수 있다. 분배의 공정성은 아리스토텔레스의 관점을 계승한 공동체주의이론을 기반으로 하고 있다.

공동체주의자들은 기회의 공정성을 강조하는 자유주의에 비해 결과의 분배단계에 관심을 기울인다. 공동체주의자들은 동등한 사람에게는 동등하게, 동등하지 않은 사람들에게는 차등적으로 자원을 분배하는 것을 정의(正義)라고 보아(이건, 2015: 35), 가치창출에 의한 사회기여도에 따른 차등적 분배를 주장함으로써 보다 형평성 있는 평등을 분배공정성의 핵심이라고 강조한다(이종수, 2011: 20).

또 공동체주의자들은 공동체의 정체성을 강조하며 공정성 역시 '좋은 사회'를 지향하기 위한 공동체의 관념과 분리될 수 없다고 보고 개인의 권리보다는 공동선(公同善, common good)을 보다 중시한다. 공동체성원들의 개별적 권리가 공동선을 우선할 수 없다는 것이다. 이들은 공정성은 단지 개인들에게 공정한 기회를 부여했다고 해서 실현되는 것이 아니기 때문에 기회의 공정성을 넘어 분배(내용)적 공정성을 모색해야 하며, 사회가 추구하는 공동선에 부합하도록 자원배분이 이루어져야 한다고 주장한다(이종수, 2011: 21).

그런데 이러한 자원배분은 정부의 정책을 통해 이루어지는데, 정책을 통해 분배의 공정성을 실현하기 위해서는 인간은 존엄과 인격적인 면에서 모두가 동등하기 때문에 정책을 모든 국민에게 차별 없이 동등하게 적용해야 하지만, 각자가 갖고 있는 능력이나 위치·연령 등에 차이가 있을 때에는 그 부분에 대해서는 차별적으로 다르게 적용되어야 한다.

예를 들어 가난과 질병 등 열악한 지위에 놓여 있는 사회적 취약계층이라 하더라도 한 국가의 국민으로서 그들의 인격과 가치의 존엄성은 정책적으로 사회적 강자들과 동등하게 취급을 받아야 한다. 그리고 취약계층도 인간다운 생활을 보장받을 권리를 가지기 때문에 정책적으로 이들에게 보다 많은 혜택을 주고 비용부담은 적게 하여 일반국민들과의 격차를 줄여나가는 것이 분배적 공정성이 지향하는 이념이라고 할 수 있다(최봉기, 2008: 238).

(3) 조건의 공정성

조건의 공정성은 법과 규정을 비롯한 규칙들이 경쟁에 참여한 모든 사람들에게 차별 없이 공정하게 적용되는 것을 의미한다. 조건의 공정성의 이론적 토대가 되고 있는 공공선택론은 개인이나 공동체의 문제를 단순히 도덕적·규범적 문제로 여기지 않고 효용을 극대화하려는 인간의 이기심을 전제로 한 집합적 선택의 상황에서 공정성을 확보하는 방안을 탐구한다.

그리하여 공공선택론은 사회적 행위자들이 의사결정을 합리적으로 할 수 있는 조건 또는 게임의 규칙을 공정성의 가장 중요한 요소로 보고, 공정성을 확보하기 위해 사회구성원들의 상호작용을 규율하는 게임규칙의 설정을 강조한다(이종수, 2011: 21). 그런데 조건의 공정성을 확보하려면 규칙의 존재 자체가 아니라 규칙이 사회구성원들에게 차별적으로 적용되지 않고 평등하게 적용될 수 있어야 한다.

만약 게임의 규칙이 특정한 행위자에게만 유리하게 설정되거나 행위자들 간에 조건의 비동등성으로 인한 정보의 격차가 게임의 조건으로 주어진다면 특정행위자의 행위가 조건의 불공정성으로 인하여 유리하거나 불리하게 작용할 수 있다(이건, 2015: 34). 따라서 행위자들이 동일한 정도의 공정한 규칙의 조건 아래서 사회적 관계를 통하여 경쟁에 참여하고 있는지의 여부는 조건의 공정성을 판단하는 중요한 기준이 된다 할 것이다.

이러한 조건의 공정성은 기회의 공정성과 밀접한 관계가 있으며, 기회의 공정성은 조건의 공정성을 통하여 완전히 실현될 수 있다. 모두에게 차별이 없는 동등한 기회의 공정성이 실현되기 위해서는 경쟁에 참여하는 사람들이 원천적으로 지니고 있는 차별적인 조건이 시정되어 경쟁자들의 실질적인 조건의 공정성이 보장되어야 한다(이건, 2015: 36).

4. 공정성의 실태와 문제점

한국사회의 공정성 수준은 매우 낮은 것으로 평가되고 있다. 2014년 한국보건사회연구원이 실시한 '사회통합 및 국민행복 인식조사' 결과에 따르면 우리 사회의 공정성에 대한 인식은 5점 척도에서 보통에도 미달되는 2.39 수준에 머물고 있다(한국보건사회연구원, 2014: 75).

또 2015년 국민통합위원회가 실시한 '국민통합에 관한 국민의식조사' 결과에 따르면 조사대상자의 60.5%가 "이익을 위해서라면 공정한 경쟁이 아닌 편법이나 부정한 방법을 사용해도 괜찮다"고 응답하고 있다(국민통합위원회, 2015: 108). 이러한 국민들의 공정성인식의 약화에 따른 불공정현상의 심화는 사회의 기본구조에서 연유하는 것일 수도 있고, 특별한 구체적 관행이나 정책에 그 원인이 있을 수도 있다. 우리 사회의 불공정성에 대한 실태를 국가·시장 및 시민사회 영역으로 구분하여 구체적으로 살펴보자.

(1) 국가의 공정성 실태

우리 헌법은 기본권의 보장, 기회균등의 원칙, 인간다운 삶을 살 권리의 보장, 사회보장제도의 채택 등 국가의 적극적인 역할을 요구하는 공정사회의 원칙을 규정하고 있다. 국가는 이러한 원칙을 실현하기 위하여 법치주의, 시민참여, 투명성, 분배정의와 같은 공정성의 원리를 중시하고 있으나 실제로는 공정성이 크게 훼손되거나 왜곡되고 있다.

국가는 법치주의를 중요한 이념으로 삼고 있지만 법은 사회적 강자에게 유리하게 적용되고 체제유지에 이용되는 경우가 많으며, 중요한 정책들이 특수계층의 이해관계에 따라 산출되는 경우가 적지 않다. 그리고 주요 공직이 공식적으로는 누구에게나 개방되어 있지만 실제로는 탈법적인 특별채용

등 국민의 선택과 의사와는 무관하게 특정집단의 연고적 관계에 의해 배타적으로 결정되는 경우가 적지 않다.

이와 함께 정당정치에서 공천과정이 계파의 이해관계에 따라 불공정하게 이루어지고 있으며, 정부사업을 추진하면서 정경유착에 의한 수의계약이 관행적으로 이루어져 공정경쟁을 저해하고 있다. 사법부에서도 전관예우 관행과 더불어 판결내용이 일반서민들에게는 엄격한데 비하여 특권층에게는 너무 관대한 경우가 적지 않다.

또 세계화에 따라 신자유주의가 강조되면서 국가는 공공재 생산을 축소하고 분배정의를 경시하는 쪽으로 나아가고 있다. 이처럼 국가영역에서 공정성의 가치는 물질적 효용의 극대화에 치중하는 공리주의에 매몰되거나 심지어 최대다수의 최대행복이라는 공리주의의 이념조차 제대로 구현하지 못하고 있는 실정이다(박상필, 2011: 26).

(2) 시장의 공정성 실태

시장에서는 공정한 경쟁, 정보의 투명성, 노동자와 소비자의 권리 중시, 윤리경영 등과 같은 공정성의 가치가 강조된다. 공정한 경쟁을 통해 개인이 자유롭게 자신의 이익을 추구하는 것은 시장공정성의 핵심적 원리로 강조되고 있다. 이같이 시장은 기본적으로 자율의 원칙 아래 공정한 경쟁, 투명성 등 공정성을 핵심으로 하여 운영될 때에 그 효과를 제대로 발휘할 수 있다. 그러나 실제로는 자본이 갖는 광폭한 힘에 의해 공정성의 가치가 많이 침해되고 있다.

공정한 경쟁은 시장의 생명처럼 여겨지고 있지만 기본적으로 시장의 공정한 경쟁은 국가의 개입 없이는 담보하기 어려우며, 시장정보의 투명성 실현 또한 기업의 기밀성으로 인해 많은 한계를 드러내고 있다. 그리고 대기업의 담합에 의해 가격이 왜곡되고 있으며, 대기업의 우월적 지위를 이용한 납품단가 후려치기, 시장침탈, 지적재산권 유린 등 여러 형태의 불공정행위가 빈번해지고 있다. 또한 노동자의 권리도 기업의 불공정한 자의적 인사관리에 의해 크게 침해되고 있다.

경영패러다임의 전환에 따른 기업의 사회공헌활동의 증가는 공정사회

구축에 긍정적으로 작용하고 있음도 사실이지만, 이러한 활동은 기업이 유발하는 갖가지 부정부패, 환경파괴, 기회주의적 행동 등에 비추어보면 미미한 수준에 지나지 않는다. 그런데다 기업의 사회공헌활동이 마케팅전략으로서 기업의 이윤창출 도구로 이용되고 있음도 부인할 수 없다. 이러한 공정성의 한계 외에도 시장은 부정적 외부효과라는 부산물을 발생시킴으로써 제3자에게 손해를 끼치는 근원적인 불공정성을 내포하고 있다는 문제도 가지고 있다(박상필, 2011: 27).

(3) 시민사회의 공정성 실태

위와 같은 국가와 시장의 구조적 성격에 따라 우리 사회에는 정치·경제·사회·교육 등 여러 분야에 걸쳐 불공정한 관행이나 정책들이 아직도 많이 남아 있다. 정부가 기회균등의 원칙을 강조하고 있지만 교육의 기회에서 저소득층의 자녀들은 고소득층 자녀들보다 상대적으로 불리한 양극화현상 때문에 교육을 통한 계층이동이 제대로 이루어지지 못하고 있다.

그리고 동일한 양과 질의 노동을 하고 있음에도 불구하고 차별적으로 노동의 대가를 지불하는 결과로 나타나는 정규직과 비정규직의 임금차별과 복지혜택의 차이는 한국사회의 불공정성을 드러내는 대표적 사안 가운데 하나라고 할 수 있다.

정부인사의 불공정성은 민간부문에까지 확산되어 특권층 자녀들이 채용상의 특혜를 받는 경우가 빈번하며, 공직자들이 직무상 알게 된 개발정보로 부동산을 사들여 폭리를 취하거나 부유층들이 편법을 동원해서 자식들에게 재산을 증여하여 탈세를 하는 불공정행위도 흔하게 일어나고 있다. 또 시민들의 일상적 태도와 인식에서도 남녀 간의 사회적 차별, 한국에 정착한 후진국 출신 외국인에 대한 편견에 따른 차별 등 불공정한 행위들이 많이 나타나고 있다.

이렇게 불공정한 관행이나 정책들은 사실상 혈연·지연·학연으로 연결된 우리 사회의 연고관계가 비밀주의와 연결되어 나타나는 경우가 흔하다. 특히 한국의 상호의존적 인간관계가 비밀주의와 결합하게 되면 파당적 이익과 편파성을 추가하게 만들며 공정성과 전체사회의 공동선의 증진을 저해하게 된다(장동진, 2011: 25).

5. 공정성의 확보 필요성

사회적 공정성의 확보는 다음과 같은 효과를 가져 온다(김안제, 2011: 6-7). 첫째, 사회구성원들에게 심리적 만족을 준다. 사회적 불공정은 이해당사자는 물론이고 불특정 일반국민들까지 불만을 갖게 하고 공공부문에 대한 불신을 조장하게 된다. 그러나 공정성이 확보되었을 때는 구성원 모두에게 이해와 승복과 만족을 주는 풍토를 조성하게 된다.

둘째, 화평적 사회분위기가 조성된다. 사회적 불공정이 심해지면 갈등과 대립으로 불화와 분쟁이 일어나기 마련이지만 공정성이 확보되면 갈등과 대립의 요소가 사라지거나 완화되기 때문에 화평적 사회적 분위기가 조성되게 된다. 셋째, 사회적 협동을 강화시킨다. 공정성이 확보되면 시민들이 공동체에 대한 높은 긍지와 귀속의식을 갖게 되어 일체감이 형성됨으로써 구성원 상호간의 융화와 협동정신이 강화된다. 이러한 협동정신은 건전한 사회를 구축하는 중심적 요소로 기능하게 된다.

넷째, 안정적 사회질서 구축에 기여한다. 사회적 불공정이 심해지면 가치의 전도나 규범의 혼란을 가져오기 때문에 사회전체가 불안과 혼란에 빠지기 쉽다. 그러나 공정성이 확보되면 제도와 구성원에 대한 신뢰가 형성됨으로써, 이를 바탕으로 규범을 지키며 사회윤리를 실천하려고 하기 때문에 사회체계가 안정과 질서를 유지하게 된다.

6. 공정성의 확보방안

(1) 법적 평등의 실현

일반적으로 평등은 사회활동과 법의 권리로부터 차별 없이 동등한 보장을 받는 것을 의미한다. 이러한 평등은 인격적 평등, 사회적 평등, 법적 평등의 세 가지로 구분할 수 있는데, 그 중 인격적 평등은 사람은 모두가 동등한 인격과 존엄성을 가진 존재이기 때문에 신체적 차이, 문화적 차이, 민족적 차이를 차별로 연결시켜서는 안 된다는 것이다.

그리고 사회적 평등은 개인의 신분에 따라 불이익을 받지 않는 상태로서, 사회적으로 제공되는 각종 물질적·정신적 혜택을 누구나 동일하게 받는 경우에 사회적으로 평등이 확보되었다고 할 수 있다. 한편 법적 평등은 한 국가의 국민은 차별 없이 법적인 권한과 의무를 가지며 법의 보호를 받아야 하고 어떠한 개인이나 집단도 법적 특권을 가져서는 안 된다는 것이다.

이같이 법적 평등은 한 국가에서 인간으로서 받아야 할 최소한의 혜택 및 사회에서 제공해야 할 최소한의 안전보장을 법을 통해 모든 사람에게 평등하게 제공해야 한다는 의미이다. 법적 평등은 기회의 평등과 함께 절차적 공정성의 핵심 부분으로서, 법치(法治)란 절차적 공정성을 법적으로 확립하는 것으로서 공정사회의 기본적 전제가 된다고 할 수 있다.

이러한 법적 평등이 실질적으로 공정의 잣대가 되기 위해서는 두 가지 전제가 충족되어야 한다. 하나는 법규가 사회적 공정성을 담보할 수 있는 내용으로 제정되어야 하며, 기존의 법규가 사회의 공정기준과 상식수준에 맞지 않다면 공정한 내용으로 개정해야 한다는 것이다. 또 하나는 법규가 모든 사람들에게 공정하게 적용되어야 한다는 것이다. 이와 같이 법적 평등은 소극적으로는 법을 공정하게 집행하는 것이며, 적극적으로는 법의 제정과 개정이 공정성 개념에 부합되도록 하는 것을 의미한다.

일반적으로 정부가 공적 결정을 내리는 형태에는 두 가지가 있다. 하나는 관료들의 재량을 인정하지 않고 중립적인 입장에서 법규를 적용하는 것이고, 다른 하나는 관료들에게 재량을 인정하여 그들의 주관적 가치에 따라 법규를 해석하도록 허용하는 것이다. 결국 정부에서의 공정성은 법규를 준수함으로써 확보할 수 있는 공정성과 재량권이 인정되는 영역에서의 공정성으로 구분할 수 있다(김상욱 외, 2013: 90).

기본적으로 관료제는 합법적인 법의 지배에 기초하고 있으며 관료들에게는 반드시 공식적인 근거에 규정한 행위만 허용된다. 이는 관료들의 직위가 사적 소유물이 되지 않도록 함으로써 권한의 임의적 행사나 남용을 최소화하는 것이며, 결과적으로 이를 통해 법규를 준수하는 것만으로도 정부의 절차적 공정성을 담보할 수 있게 되는 것이다(경제·인문사회연구회, 2011:

30). 이러한 의미에서 공정성은 일반국민들에게는 정부의 정직성·투명성 공무원들의 청렴성 등으로 인식될 수 있다.

그러나 관료들의 행정수행의 실제에 있어서는 많은 경우에 법규가 요구하는 세부사항은 어느 하나로 해석할 수 있을 만큼 분명하지 않은 경우가 많다. 따라서 관료들이 법규의 모호성으로 인해 법을 그대로 따르기보다는 결과적 공정성을 확보하기 위해서 법규를 재해석해야만 하는 경우가 많아지게 되면서 재량의 영역이 필연적으로 존재하게 된다(경제·인문사회연구회, 2011: 31). 이러한 재량영역은 현대사회에서 정부가 사회적 약자의 보호 등 사회문제 해결을 위한 적극적 기능을 수행함에 따라 더욱 커지고 있다.

따라서 관료들의 법규해석에 대한 재량권의 확대는 행정수행에서 불가피한 현상이지만, 중립적이고 객관적 입장에서 법규를 적용하는 절차적 공정성을 그만큼 위협하는 것이라고 할 수 있다. 절차적 공정성을 확보하기 위한 관건은 관료의 재량권을 억제하고 객관적 규정에 따라 법을 집행하는 것이지만, 현실적으로 관료의 재량권을 부정할 수 없기 때문에 어떻게 하면 관료들의 재량권에서 공정성을 확보할 것인가가 문제가 된다(김상욱 외, 2013: 94).

이같이 정부의 공정성에서 절차적 공정성과 관료들의 재량영역에 의한 결과적 공정성 간의 충돌은 쉽게 해결하기 어려운 것으로 보인다. 각각의 관점이 서로 다른 철학적 기반에 입각해 정부의 공정성에 대한 주장과 정책적 처방을 제시하고 있기 때문이다.

이런 경우에는 유연한 선택적 접근이 필요하다고 본다. 예를 들어 정책영역이나 행정대상자의 특성, 기관이 담당하는 업무의 특성 등에 따라 더 강조되어야 할 공정성의 유형을 선택하고, 그에 따라 행정과정과 책임성 확보를 위한 기제들을 선택하고 조합시켜 적용하는 방안이 공정성을 둘러싼 이론적·실제적 딜레마를 극복하는데 기여할 수 있을 것으로 보인다(경제·인문사회연구회, 2012: 45). 또 실질적 시민참여의 확대로 절차적 공정성을 높이는 것도 하나의 대안이 될 수 있다고 본다.

(2) 기회의 평등 실현

일반적으로 평등이란 정치·사회·법의 권리로부터 차별 없이 동등한 보장을 받는 것이라고 할 수 있다. 평등은 크게 기회의 평등과 결과의 평등으로 구분할 수 있는데, 기회의 평등은 절차적 평등이라고도 하며 결과의 평등은 분배적 평등이라고도 한다. 그 중에서 기회의 평등이란 사회·경제활동에서의 평등으로서 사회적 가치의 배분과정에 동등한 기회를 사전적으로 보장받는 것을 의미한다.

이러한 기회의 평등은 사회구성원들이 교육기회, 취업기회, 복지혜택의 수혜를 위한 기회뿐만 아니라 사회공동체 의사결정 체제에 직접 참여하는 거버넌스적 기회까지 포함한다고 할 수 있다(이건, 2015: 39). 법치가 공정사회의 기본적 전제라고 한다면 기회의 평등은 공정사회의 기본적 토대가 된다고 할 수 있다. 기회의 평등이 강조되는 이유는 사회를 유지하고 발전시키는 핵심조건의 하나인 사회구성원들의 상향적 사회이동의 기회를 공정하게 제공해 주기 때문이다.

기회의 평등 중에서도 가장 중요한 것은 교육기회 및 취업기회의 평등이라고 할 수 있다. 교육은 상위계층으로 이동할 수 있는 주된 통로가 되기 때문에 교육기회의 평등은 매우 중요하다. 사회에서 어느 정도의 불평등이 존재하는 것은 불가피하다고 하더라도 교육을 통해 사회적 상승이동을 할 수 있는 가능성이 열려있다면 그 사회는 안정되게 성숙할 수 있다(경제·인문사회연구회, 2011: 181). 따라서 각 개인이 자신의 능력과 의지에 따라 교육을 받고자 할 때 그 기회가 실질적으로 보장되어야 한다.

교육기회의 평등과 더불어 취업기회의 평등도 기회의 평등에서 중요한 부분을 차지한다. 사회적 상향이동의 가능성은 어떤 일자리를 갖느냐에 상당 부분 달려있기 때문에 취업기회는 아무 일자리나 얻을 수 있는 기회라기보다는 자신에게 맞는 좋은 일자리를 얻을 수 있는 기회라고 보아야 한다. 그런데 우리 사회에서는 일자리가 크게 부족한데다 특별채용의 증가, 신규채용에서 명문대학 출신 선호 등 취업기회가 아직도 크게 불평등한 실정이어서 이에 대한 대책이 시급하다고 하겠다.

우리 사회에서 기회의 불평등이 발생하는 원인에는 빈곤으로 인한 교육기회의 상실, 교육수준의 차이로 인한 기회의 불균형, 편견과 차별로 인한 불평등 등 여러 가지가 있다. 또 사회에 깊이 뿌리박혀 있는 관습과 편견은 또 다른 기회의 불평등을 야기하고 있다. 그 예로 신체적 차이로 인한 장애인, 민족적·문화적 차이로 인한 외국인노동자와 결혼이주여성, 가부장제적 사회문화로 인한 여성 등에 대한 편견과 차별을 들 수 있는데, 이러한 현상은 결과적으로 사회적 갈등과 분열로 이어지고 있다.

그러면 왜 기회의 평등이 필요한가. 기회의 평등을 통해 사회·경제적 활동에서 출발선이 같다면 그것으로 인해 초래된 불평등은 참여자들의 노력을 유인하고 발전시키는 동력이 된다. 따라서 기회의 평등이 보장된다면 개인의 능력과 노력에 따라 나타나는 결과의 불평등은 정당하며, 이러한 불평등은 모든 사람들에게 노력사회, 능력사회로의 이행이 담보된다고 할 수 있다(조영기, 2009: 233). 이같이 기회의 평등은 공정사회 구현을 지향하는 출발점이 될 수 있다.

이러한 기회의 평등이 실질적 성과를 거두기 위해서는 사회의 불평등구조를 개선하고 공정한 경쟁을 가능하게 하는 제도적 틀이 구축되며 국민의식이 개선되어야 할 것이다. 정치적 측면에서는 새로운 정책을 입안할 때 그것이 각 사회계층과 집단에 미치는 가치배분영향을 사전에 분석하는 제도를 도입할 필요가 있다.

그리고 사회적 측면에서는 전관예우(前官禮遇)를 비롯한 불법적·특권적 관행을 폐지하는 등 사회 곳곳에 뿌리박혀 있는 기득권 보호장치를 허무는 지속적 노력과 함께 기회의 공정성을 왜곡시키는 연고주의와 파벌주의가 완화되어야 할 것이다. 또 경제적 측면에서는 공정거래제도를 강화하여 대기업과 중소기업 간의 불공정 거래관행, 경쟁의 제한과 가격을 교란하는 담합행위 및 독과점 형태를 시정해 나가야 할 것이다.

(3) 결과의 평등에 대한 정책적 고려

결과의 평등은 사회구성원들의 사회·경제적 활동과정이나 규칙에 상관없이 사회적 가치를 종국적으로 모든 구성원들에게 균등하게 분배되는 것을 의미한다. 즉 모든 사람을 동등하게 취급하여 사람들의 욕구나 능력의 차이에 관계없이 사회적 가치를 똑 같이 배분하는 것을 말한다.

그런데 자유민주주의사회에서 우리가 지켜야 할 평등은 기회의 평등이지 이러한 결과의 평등은 아니다. 그러나 우리 국민들은 예전부터 평등주의적 심성을 적지 않게 가지고 있기 때문에 기회의 평등을 추구하기보다는 결과의 평등을 추구하는 경향성을 가지기 쉽게 한다(조영기, 2009: 67-68). 그 때문에 현재 우리 사회에서 논란이 되고 있는 많은 현안들도 기회의 평등을 표방하면서도 실제로는 결과의 평등을 염두에 두고 제기되는 경우가 적지 않다.

이러한 결과평등주의는 여러 가지 문제점을 갖고 있다. 평등을 절대시하여 사회경제적 결과까지 평등해야 한다는 결과평등주의는 평균주의로 나아가게 되며, 이러한 평균주의가 지속되면 능력이 우수한 사람이나 집단이라도 일정 수준 이상의 능력을 발휘하려 하지 않기 때문에 하향평준화가 나타나게 된다. 또 결과평등을 우선하는 사회에서는 평등을 지나치게 강조하는 나머지 개인의 정당한 권리가 경시되고 자유경쟁을 어렵게 함으로써 개인은 물론 사회와 국가의 발전을 기대할 수 없다(조영기, 2009: 69).

그런데 사회구성원들의 사회·경제적 활동의 모든 조건에서 기회가 평등하게 주어졌다면, 즉 절차공정성이 지켜졌다면 불평등구조는 크게 문제되지 않는다고 볼 수도 있다. 그러나 엄연히 불평등구조가 존재하는 현실에서 기회의 평등만으로는 공정사회를 보장할 수 없다고 본다(경제·인문사회연구회, 2011: 183). 왜냐하면 공정한 경쟁이 이루어지려면 모든 조건이 평등해야 하지만 불평등사회에서는 실질적으로 모든 조건이 평등할 수가 없기 때문이다.

시장자본주의가 지배하는 현대사회에서 불평등은 단순히 경제영역에만 그치는 것이 아니라 교육·문화 등 제반 영역에 걸치고 있다. 시장논리가 사회의 모든 영역에 침투하면 아무리 기회가 평등하게 부여되고 개인의 자유가 충분히 허용되더라도 기존의 경제적 불평등구조는 또 다른 불평등을 조장하며 실질적인 공정성을 침해하게 된다.

따라서 진정으로 공정한 사회를 위해서는 형식적인 기회평등만으로는 충분하지 않기 때문에 어느 정도의 결과평등을 추구할 필요가 있다고 본다(경제·인문사회연구회, 2011: 183-184). 현실사회에서 완전한 결과의 평등은 실현할 수 없는 하나의 이상이지만, 자본주의적 질서 속에서도 계층 간에 심화되는 소득격차는 조세제도와 정부지출정책, 그리고 정치·경제·사회적 가치획득을 둘러싼 경쟁규칙을 공정하게 만드는 것을 통해서도 어느 정도 의미 있는 수준까지 좁혀 나갈 수 있을 것이다(이종수, 2012: 274). 이는 결국 기회의 평등과 결과의 평등을 조화시키는 것이라고 할 수 있다.

(4) 사회적 약자를 위한 재분배정책의 강화

자본주의사회에서 공정성에 대한 논의는 사적 소유권과 그에 따른 불평등의 인정을 전제로 해서 이루어지는데, 계급과 관련하여 공정성 문제는 분배와 재분배의 차원에서 접근이 가능하다. 분배는 경제적 차원의 문제로서, 시장에서 발생하는 불평등이라는 점에서 시장의 제도 및 규칙과 관련된다. 한편 재분배는 정책적 차원의 문제로서 계급불평등이 심화되거나 또는 누적되는 것을 막기 위한 정부의 정책과 관련된다.

계급불평등을 완화시키기 위해서는 재분배정책을 도입해야 한다. 그런데 한국에서 재분배의 핵심적 역할을 담당하는 조세제도와 복지제도는 매우 후진적 속성을 지니고 있기 때문에 시장에서 발생하는 구조적 불평등문제를 완화시키는 기능을 담당하는 재분배가 제대로 이루어지지 못함으로써 우리 사회의 계급불평등은 완화되기 보다는 오히려 심화되고 있는 실정이다.

이러한 계급불평등의 심화는 계급갈등을 낳는 가장 중요한 요인이 되므로 현실적으로 우리 사회의 공정성을 증진시키기 위해서는 경제영역과 노동시장에서의 분배공정성과 함께 경제활동에 참여하지 않는 모든 국민을 대상으로 하는 재분배공정성의 문제를 적극적으로 고려한 정책을 추진하여야 할 것이다. 그 방안으로는 사회복지·조세·노사관계 등에서 제도와 정책의 혁신이 이루어져야 하는데, 여기에서는 사회복지차원에서 사회적 취약계층을 위한 재분배정책에 한정하여 살펴보고자 한다.

사회복지의 목표는 경제사회적 격차와 불평등을 완화하는데 있기 때문에 정책을 통해 사회적 취약계층을 배려함으로써 그에 상응하는 재분배효과를 얻을 수 있도록 해야 한다. 그 방안으로는 기존의 사후관리적 성격에서 벗어나 소득보장제도의 개선 및 인적개발과 고용정책의 연계를 강화함으로써 개인의 위험에 능동적으로 대처할 수 있는 역량을 제고시키는 예방적 복지가 강화되어야 할 것이다.

또 소득재분배의 효과를 얻을 수 있는 사회보험을 발전시켜야 하며 사회보장제도의 재분배효과를 극대화하기 위해 공공부조제도는 사회보험제도의 보완적 제도로 재정립하여 다층적 보장시스템을 구축하는 것이 바람직하다. 이와 함께 국가의 물적 자원 부족 및 복지예산의 효율성이 불충분한 현실에서 국가복지제도에만 의존해서는 사회적 보호를 필요로 하는 취약계층을 적절히 보호하기 어렵기 때문에 민간차원의 복지활동을 적극 장려하고 지원해야 할 것이다.

(5) 제도운영의 투명성 확보

정부의 공정성을 확보하기 위한 방안 가운데 하나는 관료들이 정직하고 청렴하게 행정을 수행함으로써 투명성을 확보하는 것이라고 할 수 있다. 공정성을 상실한 행정행위는 밀실에서 이루어지는 경우가 대부분인데, 이는 관료들이 비밀주의를 공공의 감시와 통제를 벗어나 권한을 확보하기 위한 수단으로 활용하려고 하기 때문이다.

또 행정에서 비밀주의는 기득권집단의 영향력이 행사되는 비밀통로로 활용되기도 하므로 비밀주의는 행정에서 공정성을 저해하는 큰 요인으로 작용한다. 그러므로 공정성을 확보하기 위해서는 행정의 비밀주의를 타파하여 제도운영의 투명성이 확보되어야 하는데, 그러려면 정책이 이해관계자들의 요구를 반영하여 개방적으로 결정되고 정책관련정보가 공개되어 공유되어야하며 자원배분과정이 구성원들에게 공개되어야 할 것이다.

제4절 관 용

1. 관용의 개념

서로의 차이(다름)를 수용하고 다양성을 존중하는 관용(寬容)은 다원화시대를 살아가는 사회구성원들이 갈등과 분쟁을 해결하고 사회통합을 실현하기 위한 기본적 가치의 하나이다. 일반적으로 관용(tolerance)이라 함은 자신과는 다른 것을 용납하는 태도를 의미하지만, 관용은 여러 의미를 내포하고 있는 복합적 개념으로서 연구자들에 따라 그 개념이 다양하게 정의되고 있다.

P.King은 관용을 "부정적 표현으로서 반대와 긍정적 태도로서 용납이 동시에 이루어지는 것"이라고 하고 있으며, M,Walzer는 "차이를 받아들이고 공존하며 사회적 공간을 공유하는 것을 허용하는 모든 사회적 조정을 차별화하지 않는 덕의 제도화된 형태"로 정의하면서 이질적이며 낯선 다른 것과의 공존을 실제로 할 수 있는 사람을 관용의 미덕을 가진 사람이라고 하고 있다(송재호 역, 2004: 31 재인용).

한편 김용환은 관용을 "어떤 것에 대해 심리적 또는 논리적 근거 위에서 반대하고 인정하지 않음에도 불구하고 그 대상에 대해 부정적 행위를 자발적으로 중지하는 것"이라고 하고 있으며(김용환, 1997: 27), 조영제는 "싫어하거나 인정할 수 없는 대상이 현존할 경우에 인내를 가지고 참는 태도"라고 정의하고 있다(조영제, 1998: 108).

여기에서는 위와 같은 여러 견해 중에서 김용환의 견해에 따라 관용을 "어떤 것에 대해 반대하고 인정하지 않음에도 불구하고 그 대상에 대한 부정적 행위를 자발적으로 중지하는 것"으로 정의하고자 한다. 이러한 관용의 개념에는 두 가지 요소가 포함되어 있다. 첫째, 관용에는 도덕적 비난을 일으키거나 혐오를 유발시킬 가능성이 있는 대상이 존재한다는 것이다. 둘째, 관용을 행하는 사람이 관용을 받는 사람에게 영향을 미칠 수 있는 힘을 가지고 있음에도 불구하고 서로의 차이를 인정하는 것이 더 바람직하다고 인식하여 그 영향력을 행사하지 않는다는 것이다.

관용은 복종(服從)과 구별될 뿐만 아니라 은전(恩典)과도 구별된다. 관용은 반대의사를 표시할 수 없어서 상대를 인정하는 복종과 구별되며, 소수의 힘 있는 자가 힘없는 자에게 베푸는 은전과도 구별된다. 저항할 힘이 있음에도 불구하고 자발적으로 그에 반대하는 부정적 행동을 하지 않는 것이 관용이다(이성, 2002: 12). 또 관용은 잘못을 저지른 자에게 온정을 베푸는 자비, 잘못을 저지른 자에 대해 그 잘못을 이해하고 수용하는 용서와도 구별된다.

그런데 이러한 관용은 그 개념을 잘 못 이해하여 일상적으로 사용되는 경우가 적지 않다. 첫째는 관용을 종교적 관용에 한정해서 이해하는 것이다. 이 때문에 관용을 일상생활에서 모든 인간에게 필요한 덕목으로 이해하기 보다는 종교인에게 보다 친밀한 개념으로 받아들여지는 경우가 적지 않다. 서로 다른 종교 간에는 반목과 대립이 존재한다는 점에서 종교적 관용은 물론 중요하지만 우리 사회에서는 이념·지역·세대뿐만 아니라 문화에 기초한 편협성들이 심각한 불관용을 만들어내고 있다

둘째는 관용을 지배자의 통치기술로 이해하는 것이다. 관용을 소수의 지배집단 또는 권력자들만이 행사할 수 있는 일종의 특권으로 인식하는 경우가 적지 않다. 권력자가 어떤 행위에 대해 관용의 정책을 취한다고 하는 것은 자신이 정치적 반대자를 처벌할 힘이 있지만 처벌하지 않고 용서하겠다는 의미가 크다(이성, 2002: 15).

이같이 권력자는 관용을 자기가 갖는 권리의 한 형태로 간주하고 상대에게 베푸는 것이라는 인식을 가지는 경우가 많다. 이러한 인식에 기초한 통념(通念)에는 관용은 힘 있는 자의 권리행사이며 관용하는 자가 관용을 받는 자에 대하여 발휘하는 통치기술이라는 의미가 담겨 있다. 그러나 관용은 강자가 약자에게 베푸는 은전이 아니며 관용하는 사람과 관용을 받는 사람이 동등한 위치에 있을 때 이루어지는 것이다.

2. 관용과 불관용의 근거

1) 관용의 근거

왜 사람들은 자기가 갖고 있는 것과는 다른 가치나 신념을 관용해야 하는가. 그 이유는 인간은 어느 누구도 존중받아야 할 존엄한 존재라는 점과, 또 인간은 불완전한 존재여서 자기의 신념이 전적으로 옳다고 할 수 없으므로 관용하는 것이 불관용하는 것보다 이익이 되기 때문이다. 이러한 관용의 근거에 대한 정당화는 다음과 같이 크게 세 가지를 지적할 수 있다 (이상진, 2010: 12-17).

첫째, 인식론적으로 인간은 불완전한 존재이기 때문에 어느 누구도 완벽하게 확실한 것을 주장할 수 없다는 사실이 관용을 요구한다. 인간의 이성은 완전하지 못하기 때문에 진리에 대한 해석은 항상 오류를 범할 가능성이 있으며, 누구나 자신이 믿는 것이 참이라고 여기기에 진리에 대한 인식은 상대적일 수밖에 없다. 따라서 누구도 자기의 견해가 전적으로 옳다고 확신할 수 없기 때문에 서로가 불완전하다는 사실을 인정하고 상대방에 대해서 관용해야 한다는 것이다. 이러한 인간의 불완전성은 사람들이 관용의 태도를 가져야 하는 가장 근본적인 이유라고 할 수 있다.

둘째, 모든 인간은 자기규제와 자율성을 가진 목적적 존재이기 때문에 어느 누구도 도덕적으로 존중받아야 한다는 점에서 관용이 요구된다. 이는 두 가지 요소를 내포하고 있는데, 그 하나는 인간은 누구나 동등한 가치를 가지고 있는데다 성격·열망·이상이 각각 다르기 때문에 다른 사람과는 다른 삶을 살 수 있는 권리를 보장받기 위해서 관용이 요구된다.

또 하나는 자신에게 적합한 삶의 방식은 강요되는 것이 아니라 자율성 아래 스스로 찾아내는 것이 더 중요하기 때문에 자신의 방식대로 살아갈 권리가 누구에게나 똑같이 인정되어야 한다는 점에서 관용이 요구된다는 것이다. 관용은 자율성을 내포할 때라야 진정한 관용이지 자율성이 배제된 관용은 복종에 불과하다고 할 수 있다.

셋째, 관용하는 것이 관용하지 않는 것보다 더 많은 이익이 되거나 더 적은 비용이 들기 때문이다. 다양한 가치나 문화에 대해서 관용하지 않는다면 대립과 갈등으로 인한 비용이 관용할 때보다 더 크게 소요될 것이기 때문에 관용해야 한다는 것이다. 이러한 논거는 이해관계가 첨예하게 대립되고 있는 다원적인 현대사회에서 실용성을 가진다는 점에서 관용의 정당성이 확보된다고 할 수 있지만, 비용을 계산하기에 따라서는 관용 대신에 불관용을 선택할 수 있는 여지를 남겨 놓는 등(김용환, 1999: 61) 관용의 도덕적 한계를 설명하지 못하는 문제가 있다.

2) 불관용의 근거

사람들이 어떤 대상에 대해서 불관용하는 것은 개인적 신념이나 태도와 함께 사회문화적 요인이 강하게 내포되어 있다. 이러한 불관용의 근거로는 다음의 네 가지를 지적할 수 있다(김용환, 1997: 79-81).

첫째, 불관용은 생물학적·물리적 성격에 기초하는 경우가 많다. M.Corbett는 종족과 성에 대한 불관용은 생물학적 토대에 근거하고 있다고 지적하고 있다(김용환, 1997: 79 재인용). 백인들이나 남성이 유색인이나 여성에 대해 보이는 편견과 차별, 그리고 불관용의 밑바탕에는 이런 생물학적·물리적 성격이 결정적인 요소로 작용한다는 것이다. 비단 종족과 성(性)만이 아니라 신체적 장애 등도 불관용을 하도록 하는 생물학적 요소들이라고 할 수 있다.

둘째, 불관용은 사회적 요소를 가지고 있다. 역사·문화적인 조건과 교육환경, 직업과 수입, 거주지역 등 사회적 요소들이 불관용에 큰 역할을 하게 된다. 타자를 배타적으로 거부하려는 텃새주의나 도시빈민들이 부유층보다 덜 관용적인 성향을 보이는 것도 모두 사회문화적인 산물이라고 할 수 있다.

셋째, 불관용은 사람들이 지지하고 있는 신념이나 태도에 토대를 두고 있다. 특정한 정치적 이념이나 종교를 신봉하는 사람들이 다른 이념이나 종교를 불관용하는 이유는 모두 자신이 믿고 있는 이념이나 종교에 대해 강한 확신과 태도를 갖고 있기 때문이다. 이러한 신념과 태도는 개인적 성향이라기보다는 집단성향이 강한데, 그 이유는 정치적 이념이나 종교적 신념은 모두 집단적 가치체계이기 때문이다. 이러한 강한 신념과 태도에 기초한 불관용 행위는 행위자 스스로가 정당하다고 믿는 경향을 형성한다.

넷째, 불관용은 무지로부터 오는 두려움과 자기보존 욕구에 기초하고 있다. 불관용은 자기와는 다른(차이) 것을 위험한 것으로 인식하고 자기의 생존을 잠재적으로나 직접적으로 위협하는 것으로 보아 표출되는 태도이자 행위라고 할 수 있다. 특히 자기가 가지고 있는 것을 잃을지도 모른다는 두려움은 본능적으로 자기방어기제(self-defence mechanism)를 작동하게 만들고, 그것은 두려움의 대상에 대해 불관용하게 한다.

3. 관용의 필요성과 한계

1) 관용의 필요성

관용은 상대방도 나와 동일하게 자신의 신념과 가치관에 따라 살아가는 존엄성을 가진 존재로서 서로 차이가 있을지라도 그 존엄성 자체를 훼손하거나 부인할 권리가 나에게는 없다는 '타자존중의 원리'를 그 바탕으로 한다. 이러한 관용은 사회적 다양성의 수용, 공동체적 삶, 사회적 안정과 평등사회의 실현을 위해 필요하다. 이를 구체적으로 설명하면 다음과 같다.

첫째, 관용은 사회적 다양성의 수용을 위해 필요하다. 급속한 변동을 겪고 있는 우리 사회는 서로 다른 가치관, 사고방식, 행동양식을 가진 개인이나 집단들이 공존하고 있기 때문에 획일성을 탈피하고 다양성의 수용을 필요로 한다. 다양성을 수용한다는 것은 사람들이 가지고 있는 다양한 생각이나 신념들을 인정한다는 것이다(신상국, 2010: 98).

모든 사람은 자기규제와 자율성을 가진 목적적 존재이기 때문에 자기나름대로의 좋은 삶의 방식을 다양하게 추구할 수 있기 위해서는 이질성과 차이를 인정하는 관용을 필요로 한다. 관용은 다양화를 인정하는 것으로서, 다양성은 자유의 전제이고 결과라는 점에서 관용은 자유를 보장하기 위한 기본적 가치라고 할 수 있다.

둘째, 관용은 공동체적 삶을 영위하기 위해 필요하다. 공동체에서 더불어 살아가는 삶의 기본적 전제는 자신과는 차이가 있는 사람 및 집단을 인정하는 데에서 출발한다(신상국, 2010: 100). 관용은 폐쇄적 연고주의가 가지는 배타성에서 탈피하여 상호간의 차이를 인정하고 협력을 통해 사회구성원들의 공존을 도모하며 함께 더불어 살아갈 수 있는 토대를 형성하는 공동체적 삶에 필요한 가치이다.

셋째, 관용은 사회적 안정에 기여한다. 관용은 다원주의적 민주사회에서 이념을 초월하여 다른 신념의 체계를 용납할 수 있는 길을 열어주며 사회적 안정을 위한 기능을 수행한다. 문화·지역·이념이 서로 다른 사람들이 조화롭게 공존할 수 있는 다원적 사회의 건설은 자기와 타자의 다름을 그대로 인정하고 수용하여 공존할 수 있도록 함으로써 사회적 안정이 이루어질 때 가능하다. 이런 사회로 나아가는데 절대적으로 요청되는 가치가 바로 관용이다.

넷째, 관용은 사회적 평등을 실현하는데 기여한다. 사람은 누구나 인간으로서의 존엄성을 가지고 있는데다 신념과 욕구가 각기 다르기 때문에 타자의 선택이 나와 다르다고 해도 그것을 나의 선택만큼 존중해 주어야 한다. 그러기 위해서는 관용이 요청되는데, 이 경우에 관용은 권력중심, 서열중심 등의 권위주의가 가지는 사회의 수직적 관계를 수평적 관계로 전환하는 역할을 함으로써 사람들의 자유와 권리를 평등하게 확보하고자 하는 실천적 가치로 작용한다고 할 수 있다(김용환, 1997: 45).

다섯째, 관용은 사회적 갈등을 완화시키는 역할을 한다. 다른 사람들과 더불어 살아가는 다원화사회에서 나의 것과 다른 문화·지역·이념에 대해 불관용하는 것은 편견과 차별을 낳게 되고 사회갈등의 요인으로 작용하기 때문에 관용이 요청된다. 관용은 나와 타자의 공통성과 동일성을 전제로 하는 것이 아니라 자기중심적 사고에서 벗어나 나와 다른 것과의 공존을 인정하고 차이를 수용하게 함으로써 서로의 차이에 따라 발생하는 갈등과 대립을 완화시키는데 기여한다.

2) 관용의 한계

관용은 다원주의사회에서 이념을 초월하여 다른 신념체계를 용납할 수 있는 길을 열어주며 사회적 안정을 위한 기능을 수행한다. 그렇다면 타자의 가치와 신념을 불관용하지 않은 이상 어떤 가치와 신념이라도 관용되어야 할 것인가.

이에 대해 J.Locke는 시민사회의 보전에 필수적인 도덕규범에 위배되는 내용에 대해서는 관용할 수 없다고 하였으며, J.Rawls도 관용은 정의로운 사회의 공공질서와 안전을 위해 제한할 수 있다고 주장하고 있다(김남준, 2008: 154 재인용). 이러한 주장들은 관용에는 내용적 한계가 있으며, 그 한계는 사회 구성원들의 도덕적·정치적 가치평가와 무관하지 않다는 것을 말해주고 있다.

이같이 관용은 한계를 갖고 있기 때문에 어디까지 관용할 것인가 하는 범위와 정도가 문제가 된다. 관용의 한계는 두 가지 측면에서 논의할 수 있는데, 첫째는 관용의 정당화와 관련된 한계이다. 이는 무제한적인 관용은 관용의 소멸을 가져온다는 것이다(김남준, 2008: 154). 관용을 극대화하면 결국 관용할 수 없는 행위, 예를 들면 다른 종교에 대한 탄압이나 인종에 대한 차별정책까지도 관용해야 한다는 결론에 이르게 되는데, 이렇게 관용을 부정하는 사람이나 행위들에까지 무제한의 관용을 한다면 관용의 정신 자체가 파괴되고 말 것이다.

자유를 지키기 위해서는 자유를 침해할 자유에 제약을 가할 필요가 있는 것처럼 관용을 지키기 위해서는 관용을 해치는 불관용의 행위를 관용해서는 안 된다는 것이다. 인간이 불완전한 존재라고 해서 또는 모두가 동등하게 존중받아야 한다고 해서 모든 생각과 행위가 관용이라는 이름으로 인정된다거나 도덕적 비난을 동반하는 행위를 관용이라는 이름으로 용납한다면 이는 오히려 관용이 비도덕적인 것이 되고 말 것이다(이상진, 2010: 18).

둘째, 관용의 실천에 따르는 한계이다. 사람들이 도덕적으로 옳지 않다고 생각하거나 싫어하는 것에 대해서는 거부하는 것이 자연스러운데도 관용은 싫어하고 반대하는 것을 용납해야 하는 모순적 상황을 발생시킴으로써 그 실천을 어렵게 한다(이상진, 2010: 19).

또 관용이 반대하면서 용납하는 수준을 넘어 타인에 대한 부정적 행위를 자발적으로 중지하는 것까지 포함하게 되면 관용의 실천에는 도덕적 자기부정을 요구하게 되기도 한다. 사소한 욕구나 취향의 불일치는 비교적 쉽게 관용이 이루어지지만 자신의 신념이나 가치관으로 보아 도저히 용납하기 어려운 행동에 대해서도 관용한다는 것은 자신의 정체성을 포기하는 것과 다름이 없기 때문에 관용을 실천하기가 어려워진다.

위에서 살펴본 바와 같이 관용은 정당화 및 실천과 관련하여 한계를 가지고 있기 때문에 무제한적인 관용은 가능하지도 않으려니와 바람직하지도 않다. 따라서 관용의 범위와 정도가 문제가 되는데, 그 기준을 정하는 것은 현실적으로 불가능하다. 그러나 J.Locke와 J.Rawls가 지적한 바와 같이 적어도 사회의 공공질서 및 안전을 해치거나 시민사회의 기본적 도덕규범에 위배되는 신념과 행위에 대해서는 관용하지 않는 것이 바람직하다고 본다.

4. 관용의 대상으로서의 '차이'의 실태

최근 들어 국내외의 정치·경제적 상황은 우리 사회의 구조와 모습을 크게 변화시키고 있다. 이러한 변화 중에서도 주목할 것의 하나는 사회구성원들 간에 괄목할만한 '차이(difference)'가 생기고 있다는 것인데, 이 차이(다름)는 집단을 기반으로 하고 문화지형의 변화 및 세계화 등에 기인한다는 점에서 구조적인 것이라고 할 수 있다(이수연 외, 2006: 67). 이러한 차이(差異) 중에서 대표적인 것으로는 이주외국인으로 인한 인종적·문화적 차이, 세대 간의 문화적 차이, 정치적·경제적 이념의 차이 등 세 가지라고 할 수 있다.

(1) 이주외국인으로 인한 인종적·문화적 차이

최근 들어 우리 사회의 저출산 및 고령화로 인한 노동인구의 감소와 함께 경제의 세계화는 외국인근로자의 유입을 계속 증가시키고 있으며 국제결혼을 통한 여성이주자도 날로 늘어나고 있다. 또 북한에서 탈출하여 국내로 들어오는 북한이탈주민(새터민)도 꾸준히 증가하고 있다.

행정자치부가 발표한 '2015년 외국인주민 현황'에 따르면 2015년 1월 1일 기준으로 우리나라에 거주하는 외국인주민의 수는 총 1,741,919명(남자 903,938명, 여자 836,981명)으로 전체 주민등록인구의 3.4%에 이르고 있다. 그 중에서 국적미취득자가 1,376,162명(79.0%)이고 국적취득자가 158,064명(9.1%)이며, 외국인자녀는 207,693명(11.9%)이다.

세부 유형별로는 외국인근로자가 608,116명(34.9%)으로 가장 많고 외국국적동포 286,414명(16.4%), 결혼이민자 147,382명(8.5%), 혼인귀화자 92,316명(5.4%), 유학생 84,329명(4.8%) 순이다. 한편 국적별로는 중국(한국계중국인 포함)이 54.7%로 가장 많고 베트남 11.5%, 미국 4.2%, 필리핀 4.1%, 캄보

디아 2.7% 순이다(행정자치부, 2015년 7월 6일 보도자료).

그런데 우리나라에서 생활하고 있는 외국인근로자들은 한국인들과는 피부색뿐만 아니라 언어와 생활양식을 비롯한 문화와 가치관이 크게 다르며, 결혼이주여성들은 이러한 차이 외에도 출신국과는 다른 한국의 가족구성, 가족 내에서의 남녀의 역할과 권한, 시부모와 시집식구와의 위계질서 등 가족문화의 차이에 직면하고 있다.

그런데 한국인들은 역사적으로 단일민족의 순수성과 동질성을 강조해 온 결과 차이를 인정하는 관용의 문화가 정착되지 못하고 있어서 피부색이나 생활문화, 그리고 가치관의 차이를 받아들이는데 익숙하지 못한 실정이다. 그리하여 후진국출신의 노동자와 결혼이주자들을 편견을 갖고 차별하는 성향을 갖고 있는데, 이러한 차이에 대한 불관용은 사회갈등의 요인으로 작용하고 있다.

한편 최근 들어 북한이탈주민들도 크게 증가하고 있는데, 이들은 한국인과 같은 민족이기 때문에 외국인이주자에 비하여 문화의 차이가 크지 않다고 할 수 있으나 그동안 다른 체제에서 살아온 사람들이어서 남한사람들과는 무시할 수 없는 차이가 있다. 그 중에서도 심각한 차이는 다른 정치 및 사회체제의 경험에서 오는 가치관과 행동규범의 차이라고 할 수 있다. 이러한 차이가 이들의 남한사회에 대한 적응을 어렵게 하며, 남한사람들도 이 때문에 탈북자에 대한 편견을 갖게 됨으로써 사회갈등의 요인이 되고 있다.

(2) 세대 간의 문화적 차이

우리 사회에서는 구성원들 간의 문화적 차이가 계속 커지고 있는데, 이러한 차이가 가장 문제가 되는 영역은 세대 간이라고 할 수 있다. 기성세대인 부모세대가 살아온 환경과 청소년세대의 환경은 현격하게 다르기 때문에 양 세대는 가치관, 세계관, 윤리의식면에서 큰 차이를 드러내고 있다.

한국의 기성세대들은 기본적으로 그 의식과 행동이 전통주의, 권위주의, 특수주의 등의 범주에서 크게 벗어나기 어렵다. 반면에 청소년세대들은 기성세대에 비해 상대적으로 합리성과 보편성, 민주 및 평등의식, 개인주의 등의 가치관을 내면화하고 있다. 또 정보화의 진척에 따라 청소년세대는 이념에 못지않게 문화코드(code)로 동질감을 느끼고 개방적·감성적이며 창의성이라는 가치를 중시한다.

이러한 차이는 세대별 정치적 성향에서도 잘 나타난다. 청소년세대는 자발적이고 저항적인 참여에 적극성을 보이는 반면에 기성세대는 전통적이고 합법적인 참여에 치중하는 경향이 있다(김종길, 2005: 51). 이러한 가치관 및 행동양식의 차이는 세대 간에 대화와 소통을 어렵게 하여 사회갈등의 요인으로 작용하고 있다.

(3) 정치·경제적 이념의 차이

우리 사회에서는 흔히 보수와 진보로 구분되는 이념의 차이도 상당하다. 이러한 차이는 대북관계(對北關係)와 정치분야에서 뿐만 아니라 권위와 자유에 대한 믿음, 그리고 경제와 환경 등에 대한 가치관의 차이에 의해서도 나타나고 있다. 이념과 관련하여 가장 쟁점이 되고 있는 것은 남북통일과 대북문제에 관련한 견해의 차이이다. 이는 흔히 말하는 남남갈등(南南葛藤)의 중심을 이루고 있다고 할 수 있는데, 단순히 외교·군사적 관계설정을 넘어 가치관의 문제에까지 연결되고 있기 때문에 그 차이는 국민들 간에 심각한 갈등의 요인으로 작용하고 있다.

이념의 차이는 경제분야에서도 자원의 효율적 배분을 추구하는 성장의 논리와 자신의 몫을 나누어야 한다는 분배의 논리가 충돌하고 있으며, 환경분야에서도 개발과 보전에 대한 타협할 수 없는 이념의 차이를 드러내고 있다. 그리하여 이념을 달리하는 집단들 간에 갈등과 대립이 심화됨으로써 사회통합에 부정적 요인으로 작용하고 있다.

5. 관용이 요청되는 주요 영역

관용은 사회갈등을 완화하고 사회통합성을 강화하기 위해 모든 영역에서 필요로 하는 핵심적 가치이지만 우리 사회의 현실에서는 특히 다음의 네 영역에서 더욱 요청되고 있다고 할 수 있다. 첫째, 관용은 이념갈등을 완화시키기 위해서 요청된다.

관용은 문제의 평화적 해결과 공존의 방식을 가르쳐주는 도덕적 명령으로서(김용환, 1997: 100), 우리 사회의 경제·사회·교육·환경 등 여러 분야에서 심화되고 있는 보수와 진보세력 간의 이념갈등을 완화시키기 위해서 필요하다. 이와 함께 관용은 한국과 북한 간의 민족동질성을 회복하기 위해서도 필요하다. 세계적으로 냉전체제가 종식된 현재도 한국과 북한은 서로 상반된 이대올르기로 적대적 관계를 유지하고 있다.

이제 남북통일을 준비하는 시대를 맞아 먼저 해야 할 것은 이념적 대립을 극복하고 민족동질성을 회복하는 일인데, 이는 정치적 관용 없이는 실현이 불가능하다. 이같이 관용의 정신은 통일을 준비하는 과정에서 이념적 대립의 극복을 위해 요청되고 있을 뿐만 아니라 통일된 이후에 민족동질성의 회복과 이질화된 두 체제가 겪게 될 갈등을 최소화하기 위해서도 필요한 가치라고 할 수 있다

둘째, 관용은 인권 존중을 위해서 요청된다.

관용은 인권의 신장과 불가분의 관계를 갖고 있는데, 가장 기본적 형태의 관용은 개성과 정체성을 존중받고자 하는 다른 사람의 권리를 인정하는 것이다. 어린이·여성·장애인 등 사회적 약자에 대한 인권침해는 그 반대편에 있는 사람들의 불관용적 행위에서 비롯되는 경우가 대부분이다. 다른 사람에 대한 불관용은 인권침해를 낳고 인권침해는 갈등의 요인으로 작용하게 된다.

인권의식은 먼저 자기권리 찾기부터 시작되지만 결국은 다른 사람의 권리를 존중하는 것으로 확대되어야 한다. 나와는 차이(다름)가 있고 또 인정하고 싶지 않더라도 약자의 권리를 존중하는 관용적 태도를 갖지 않는 한 인권의식의 신장은 어려울 것이다. 따라서 관용은 타자존중의 정신이며 우리 사회의 여러 분야에서 제기되고 있는 인권문제를 해결하는데 매우 필요한 가치라고 하겠다(김용환, 1997: 83).

셋째, 관용은 양성평등을 위해서 요청된다.

현재 우리 사회는 급속한 핵가족화의 영향으로 전통적인 가족관념이 크게 변하고 있으며 1997년의 금융위기 이후 가정해체현상이 두드러지게 나타나고 있다. 이렇게 급변하는 사회현상 속에서도 남성중심의 문화가 아직도 지배적이어서 남녀 간의 전통적 성차별 의식은 여전히 불식되지 않고

있다. 따라서 양성평등이 이루어지기 위해서는 관용이라는 가치가 사회전반으로 확산되어야 한다.

관용은 두 가지 각기 다른 관점에서 양성평등을 실현하는데 순기능적 역할을 한다. 하나는 관용의 가치가 가정의 해체를 막는데 기여할 수 있으며, 다른 하나는 혈통주의를 극복하고 가족개념의 지평을 새롭게 확장하는데 필요하다는 것이다(김용환, 1997: 84). 재혼 또는 입양으로 인하여 형성된 새로운 가족관계, 국제결혼으로 형성된 다문화가정 등을 모두 새로운 형태의 가족개념으로 포섭하고 그 관계를 원만하게 유지하기 위해서는 관용의 태도가 필수적이다. 이같이 관용은 양성평등의식에 기초한 건강한 가정을 유지하는데 필수적인 가치라고 할 수 있다.

넷째, 관용은 인종차별을 극복하기 위해서 요청된다.

피부 색깔에 따라 사람을 불평등하게 대하는 인종차별은 편견의 산물로서 외국인 혐오증 같은 심리적 거부감에 그치지 않고 제도와 법률적 장치를 통해 외국인을 그가 속한 사회에 적응하는 것을 차단하고 있다는데 문제가 있다. 비교적 단일민족으로 구성된 우리 사회가 점차 다인종사회로 이행되고 있어서 다른 피부 색깔을 가진 사람들과 그들의 문화 및 종교와 함께 공존하지 않으면 안되게 되었다. 이러한 현실에서 사회적 갈등을 최소화하기 위해서는 나와 그들의 차이를 인정하고 받아들이는 관용이 필요하다.

6. 관용의식의 내면화 방안

이주외국인으로 인한 인종 및 문화의 차이, 세대 간 문화의 차이, 정치적·경제적 이념의 차이는 이제 우리 사회의 중요한 구성요소가 되었다. 이러한 차이는 우리 사회를 더 이상 동질적 사회가 아닌 다양한 사고와 가치관, 다양한 인종, 다양한 생활양식과 의견을 포괄하는 이질성을 가진 사회로 변화시키고 있다(이수연 외, 2006: 93). 다시 말해 이제 우리 사회는 인종·민족·계층 등 여러 집단이 지닌 다양한 문화가 공존하면서 영향을 주고받는 다문화사회가 되고 있다.

앞으로 우리 사회에서는 다양성에 따른 차이가 점점 커질 것으로 전망되는데, 이러한 차이는 사회적 유연성을 높임으로써 개인의 선택기회를 확대시키고 사회를 풍요롭게 하는 근원이 되기도 하지만, 그에 따른 사회갈등도 더 커질 가능성이 높다. 따라서 사회갈등을 완화하여 통합을 이루기 위해서는 관용을 통해 차이에 따른 다양성을 인정하고 이를 수용해 나가야 할 것이다.

그러나 우리 사회는 아직도 관용의 문화가 정착되지 못하여 차이에 대해 편견을 갖고 차별화하는 경향이 적지 않다. 관용은 다양한 문화 및 신념에 따른 각자의 정체성과 개별성을 인정하고 수용하는 것으로서 사회구성원들이 공존을 도모하며 더불어 살아갈 수 있는 토대를 제공해 준다.

따라서 시민들이 타자존중의 원리를 토대로 하는 관용의 가치를 내면화하게 될 때 다문화수용성(多文化受容性)이 높아짐으로써 사회적 편견과 차별이 완화되어 소수자의 인권이 보호되고 공동체적 삶이 유지되며 문화·지역·이념 등이 서로 다른 사람들이 조화롭게 공존할 수 있는 다원적 사회가 가능하게 될 것이다. 여기에서 다문화수용성이란 나와는 다른 문화를 가진 사람들을 고정관념과 편견이 없는 태도로 인식하여 다문화적 관계를 형성하는 능력을 의미한다.

이러한 관용이 사회구성원들의 의식에 내면화되기 위해서는 학교교육 및 사회교육을 통해 관용에 관한 교육을 강화해야 한다. 관용교육에서는 사회적 다양성의 토대가 되는 '차이'를 올바로 이해시켜 타인을 향한 부정적·배타적 행위를 억제하고 타인의 자유와 권리를 적극적으로 존중할 수 있는 의식을 길러주어야 한다.

또 다른 사람이나 다른 지역에 대한 편견은 불관용을 낳고 상호 대화의 단절과 협력의 기반을 무너뜨리기 때문에 관용교육을 통해 이러한 편견을 제거하여 공존의 삶을 지향할 수 있도록 해야 한다(정점선, 2005: 31). 이와 함께 다른 사람과 감정을 공유하는 공감력을 길러주어야 한다. 이는 불관용으로 고통 받는 사람들에 대한 관심을 높임으로써 이기적 심리에서 발생할 수 있는 타인에 대한 불관용을 억제할 수 있는 능력을 기르고 진정한 의미의 공존을 가능하도록 한다.

제5절 나 눔

1. 나눔의 개념과 중요성

1) 나눔의 개념

'나눔'은 학문적 용어라기보다는 실생활에서의 용어이며, 나눔행위에 대한 학문적 용어는 「도움(helping)」이라고 할 수 있다. 그런데 최근에 이 용어 대신에 나눔이라는 용어를 많이 사용하고 있는데, 그 이유는 도움의 개념이 어느 일방에 의한 시혜적(施惠的)인 인식을 주는 반면에 나눔의 개념은 행위자 간의 양 방향적 관계로 인식되기 때문인 것으로 생각된다.

일반적 관점에서 나눔은 "어떠한 보상을 바라지 않으면서 자발적으로 공공의 이익을 추구하는 의도된 물질적 이전(移轉)과 공익에 도움이 되는 행위"라고 정의할 수 있다. 이러한 나눔은 경제적·사회문화적 환경의 변화와 맞물려 발생하는 여러 사회문제를 공동체적 차원에서 예방·해결하기 위하여 사회적 연대체계를 구축하고 공공과 민간의 협력을 통하여 이루어지는 이타적 활동이다.

최근 우리 사회에서 복지에 대한 수요가 폭발적으로 증가하고 있는데도 정부의 인적·물적 자원의 부족으로 이에 적절한 대응을 하지 못하고 있는 실정을 감안할 때, 민간부문에서 이루어지는 자발적인 나눔은 공적 복지자원의 한계와 불일치성을 보완하면서 사회적 연대와 신뢰를 증진시켜 준다는 점에서 사회복지의 중요한 대안이자 사회통합에 기여하는 핵심적 가치의 하나라고 할 수 있다.

이러한 나눔은 참여자가 전달하는 사회적·경제적으로 가치 있는 자원의 종류에 따라 인적 나눔으로서의 자원봉사, 물적 나눔으로서의 기부, 생명나눔의 세 가지로 구분할 수 있다. 그 중 자원봉사에는 시간 및 재능의 제공이 있고, 기부에는 현금 및 물품 등의 이전이 있으며, 생명나눔에는 헌혈과 장기 기증 등이 있다. 이같이 오늘날의 나눔은 기부금품에 한정된 개념이 아니라 비가시적인 자원봉사와 생명나눔까지를 포괄하는 광의의 개념으로 인식되고 있다.

2) 나눔활동의 중요성

나눔활동은 불완전한 우리 사회의 복지시스템을 보완해 주고 공동체의식과 연대의식을 고취시키며, 참여자들에게 자기실현의 기회를 갖게 하여 자아발전과 성숙의 기반이 되는 사회성을 제고시키는 등 중요한 역할을 한다.

이러한 나눔활동의 중요성을 구체적으로 살펴보면, 사회복지적 측면에서는 불완전한 우리 사회의 복지시스템을 보완해 준다. 사회복지에 대한 수요가 폭발적으로 증가하고 있는데도 정부가 서비스대상자의 욕구충족을 위한 인적·물적 자원을 제대로 확보하지 못하고 있는 상황에서 나눔활동은 공공복지를 위한 재원과 인력의 한계를 보충해 줌으로써 사회복지를 보완해 준다(표갑수, 2010: 26).

지역공동체 측면에서 보면 나눔활동은 첫째, 공동체의식과 연대의식을 고취하는데 기여한다. 개인이익에 충실한 자본주의적 삶의 양식이 지배하면서 인간소외와 물질만능의식 등 다양한 문제를 안고 있는 현대사회에서 나눔활동은 사회구성원들의 연대의식을 고취함으로써 사회문제 해결을 위해 서로 협력하게 하며, 그 활동과정을 통하여 공동체의식을 제고함으로써 사회적 통합력이 높아지게 된다. 둘째, 나눔활동은 참여자들의 자치역량과 지역정체성을 강화시켜 시민사회의 활성화에 기여한다. 셋째, 사회적 신뢰 및 호혜적 규범을 강화하여 사회적 자본을 증진시킴으로써 건강한 시민문화 형성에 기여한다.

한편 참여자 측면에서 보면 나눔활동은 참여자들에게 정서적 만족감을 주며, 나눔행위를 통해 느끼는 사회구성원으로서의 소속감과 인정감(認定感)은 삶에 활력소를 제공한다. 또 참여자들에게 자아발전과 성숙의 기반이 되는 가치관의 형성과 사회성을 함양할 수 있게 한다.

위에서 나눔활동의 중요성에 대하여 살펴보았는데, 그러면 사람들은 어떠한 가치지향에 의하여 자발적으로 나눔활동에 참여하는지를 살펴보자. 첫째, 이타주의의 가치이다. 나눔은 타인의 복지를 위한 이타적인 관심과 배려로서 자기 자신이나 특정한 대상을 위한 것이 아니라 사회구성원 모두를 위해 가치 있는 행위를 해야 한다는 인식에 토대를 두고 있다.

둘째, 연대의 가치이다. 나눔은 더불어 살아가는 공동체에 대한 일체감과 정체의식의 표출인 동시에 함께 연대하여 구성원들의 복리에 공헌해야 한다는 책임감의 표현이기도 하다. 셋째, 상호성의 가치이다. 나눔활동에는 내가 남을 도우면 언젠가는 내가 필요할 때 남의 도움을 기대할 수 있다는 인식이 깔려있다. 넷째, 공정성과 사회정의의 가치이다. 나눔은 공존을 필요로 하는 공동체에서 사회경제적 불평등은 도덕적으로나 사회적으로 잘못된 것이므로 이를 해소해야 된다는 신념에 기초하고 있다고 할 수 있다(김경동 외, 2011: 19).

2. 한국사회 나눔활동의 변화과정

우리나라에서 나눔활동의 변화과정은 자원봉사활동과 기부활동으로 구분하여 이해할 필요가 있다. 먼저 자원봉사활동의 변화과정을 살펴보자. 자연재해나 재난이 발생하였을 때 구호나 복구를 위한 봉사활동은 오래 전부터 있어왔으나 자원봉사가 자리를 잡기 시작한 것은 1986년 아시안게임과 1988년 서울올림픽의 개최로 자원봉사에 대한 인식이 정립되면서부터라고 할 수 있다.

그 후 1991년에 전국의 광역자치단체별로 자원봉사센터가 설치되고, 1994년에는 한국자원봉사단체협의회가 설립되어 자원봉사에 관한 체계적 정보를 제공하기 시작하였으며, 1995년부터는 중·고교생들이 자원봉사활동에 의무적으로 참여하게 되고 기업의 자원봉사활동도 활발해지기 시작하였다. 2000년대에 들어와서 자원봉사활동은 거버넌스 차원에서 정착화 단계에 들어서게 되었고 2002년 한국에서 개최된 월드컵은 자원봉사활동의 질적 수준을 크게 향상시키는 계기가 되었다.

2003년에 자원봉사활동의 전국조직인 한국자원봉사협의회가 창설되었으며, 2005년에는 자원봉사활동의 원칙과 민관협력의 기본정신 등을 규정한 자원봉사활동기본법이 제정되어 봉사활동이 법적인 지원을 받을 수 있게 되었다. 또 2006년에는 사회지도층을 대상으로 자원봉사운동이 전개되었고, 2011년에는 나눔국민운동본부가 설립되면서 전문직과 퇴직자를 대상으로 재능나눔 확산 캠페인이 전개되었다. 이러한 활동에 힘입어 이제 우리나라의 자원봉사활동은 정착단계에 들어서게 되었다.

다음은 기부활동의 변화과정을 살펴보자.

우리나라에서 국민의 자발적 기부를 유도하는 기부금품 모집운동이 본격화된 것은 1990년대부터였다고 할 수 있다. 1960년대부터 1980년대까지는 정부가 때때로 국방비나 재해복구비 등을 충당하기 위해 모금활동을 해왔으나, 이는 시민사회영역의 나눔문화 형성에 긍정적인 기여를 했다고 보기는 어렵다. 다만 1975년부터 불우이웃돕기의 일환으로 전개된 성금모금운동은 비록 행정주도로 이루어졌지만 취약계층을 위한 민간기부의 중요성을 인식시키는 계기가 되었다고 할 수 있다.

그 후 불우이웃돕기는 1992년에 언론 및 경제단체를 비롯한 주요 사회단체들로 구성된 이웃돕기운동추진협의회가 설립되어 매년 연말연시 2개월 동안 기업과 국민들을 대상으로 모금을 실시하다가 1998년에 사회복지공동모금회가 설립되면서 상시 모금활동으로 전환되었다.

공동모금회의 설립은 우리 사회에서 모금활동을 하나의 제도로 정착시키는 기틀을 마련하였는데(김경동 외, 2011: 60), 이 모금회는 현재 민간사회복지서비스 영역을 실질적으로 지원하는 대표적인 모금 및 지원기관으로서의 위치를 확고히 하고 있다. 한편 2000년대에 와서는 일반국민과 기업의 참여확대로 모금활동이 활성화되면서 공동모금 뿐만 아니라 개별모금기관의 모금액도 크게 증가함으로써 우리사회의 기부문화 확산에 기여하고 있다.

3. 인적 나눔으로서의 자원봉사

1) 자원봉사의 개념과 특성

(1) 자원봉사의 개념

자원봉사의 개념은 자원봉사에 대한 접근방법이나 범위에 따라 다양하게 정의되고 있다. 한국의 자원봉사활동기본법(제3조 1항)은 "자원봉사활동이라 함은 개인 또는 단체가 지역사회·국가 및 인류사회를 위하여 대가 없이 자발적으로 시간과 노력을 제공하는 행위"라고 규정하고 있다.

한편 국제노동기구(ILO)는 자원봉사활동을 "자원봉사자 자신의 가계나 친지가 아닌 타인의 이익을 위해 법적 강제에 의하지 않고 행하는 금전적 지급이나 보상이 없는 노동"이라고 정의하고 있다. 또 미국사회사업협의회는 "개인·집단·지역사회에서 발생하는 다양한 사회문제의 영향을 예방·통제하고 개선하기 위하여 존재하는 공적·사적인 다양한 조직활동에 보수 없이 자발적으로 참여하는 행위"라고 하고 있다(박충우, 2013: 29 재인용).

이러한 개념들에는 자원봉사활동은 자원봉사자가 아닌 타인에게 경제적 가치를 가진 행위라야 하며, 무보수 행위로서 비강제적이어야 한다는 두 가지 의미가 내포되어 있다(이동수 외, 2011: 68). 여기에서는 위에서 제시된 개념들을 종합하여 자원봉사의 개념을 "어떤 개인·기관·단체가 자발적 의지에 따라 경제적 대가를 바라지 않고 행하는 이타적 행위"로 정의하고자 한다.

(2) 자원봉사의 특성

우리나라 자원봉사활동기본법(제2조의 1)은 자원봉사활동이 무보수성, 자발성, 공익성, 비영리성, 비정파성의 원칙아래 수행될 수 있도록 하는 정책의 기본방향을 제시하고 있는데, 자원봉사는 다음과 같은 특성을 가지고 있다. 첫째, 무보수성이다. 자원봉사는 일정한 보수나 대가를 바라지 않고 이루어지는 활동이기 때문에 금전적 이득을 위주로 활동해서는 안 된다는 것이다. 그런데 현실적으로는 자원봉사의 활성화를 위해 교통비, 식비 등 최소한의 필요경비를 지급하는 경우도 있다.

둘째, 자발성이다. 자원봉사는 누가 시켜서 하는 활동이 아니라 자신의 의지와 주체성에 따라 자발적으로 참여하는 활동이다. 이러한 자발성은 의무감이나 강제성에 의해서가 아니라 본인의 의지에 의한 활동으로서 자발의지에 따라 형성된 동기를 바탕으로 개인의 사적인 시간과 재능을 자유롭게 제공하는 것이다.

셋째, 이타성이다. 자원봉사활동은 기본적으로 자기와는 관계가 없는 타인을 돕는 것을 특성으로 한다. 자원봉사활동에 참여하기 위해서는 자신의 시간과 비용 등을 투입하게 되는데, 여기에는 기본적으로 타인에 대한 헌신과 희생이 전제되어야 한다는 점에서 이타성은 자원봉사활동의 중요한 특성 중의 하나이다.

넷째, 공익성이다. 자원봉사는 기본적으로 자신을 위한 이기적인 활동이 아니라 타인과 지역사회의 보편적 이익을 위한 공익적인 활동이다. 따라서 아무리 자원봉사가 자발성과 무보수성을 강조한다 하더라도 봉사의 성격이 공익성을 기반으로 하지 않을 때는 자원봉사라고 할 수 없다. 다섯째, 지속성이다. 자원봉사는 일회적인 활동이 아니라 지속적으로 꾸준하게 이루어지는 활동이다

2) 자원봉사의 중요성

자원봉사활동은 경제적 가치를 생산하는 한편 사회적 자본의 형성, 시민사회의 역량 강화, 사회갈등의 완화 등 사회적 가치를 창출하는 중요한 영역이 되고 있다.

자원봉사의 중요성을 경제적 측면에서 보면 자원봉사활동은 국가의 전반적인 경제적 생산에 기여할 뿐만 아니라 정부지출의 부담도 덜어준다. 예컨대 2010년 우리나라의 자원봉사참여자 833만 명이 수행한 봉사활동의 경제적 가치를 금액으로 환산하면 총 13조 3,011억 원에 이르는 것으로 평가되고 있는데, 이는 동년 GDP의 1.13%에 해당하는 것이다(주성수, 2013: 111). 또 자원봉사활동은 민간참여자들이 공공복지에 대한 공무원들의 역할을 대행함으로써 공무원들에게 지급되어야 할 정부지출을 그만큼 감소시켜 준다.

한편 사회적 측면에서 보면 자원봉사는 개인과 집단차원에서 사회적 가치, 특히 사회적 자본의 창출에 기여한다. 자원봉사는 개인차원에서는 민주적 시민성을 계발하고 공동체차원에서는 신뢰와 유대 등의 사회적 자본을 증진시킴으로써 민주주의의 질적 향상에 기여한다. 이를 보다 구체적으로

살펴보자.

유엔봉사단(UNV)이 지적하고 있는 바와 같이 자원봉사는 첫째, 도움을 필요로 하는 사람들을 대상으로 하는 활동이지만 공동체 구성원들 간의 연대와 신뢰의 바탕에서 행해지는 활동으로서 시민사회의 역량을 강화시킨다(주성수, 2005: 72 재인용). 둘째, 신뢰를 바탕으로 하는 자원봉사는 사회적 상호작용의 네트워크(network)와 상호성의 규범, 즉 사회적 자본을 생성시킨다.

셋째, 자원봉사는 시장이 효과적이지 않는 영역에서 소수계층을 좌절과 무관심으로부터 보호해 주며 소수계층의 민족적·인종적·종교적 다양성에 대한 관용의 정신을 키워준다. 넷째, 자원봉사는 공공기관과의 파트너십을 통해 활동함으로써 소득·성·연령 등 계층에 기초하는 사회적 분열과 갈등을 조정하고 사회통합을 실현하는데 기여한다.

3) 자원봉사의 종류

(1) 일반자원봉사

자원봉사는 편의상 일반자원봉사와 전문자원봉사 그리고 기업자원봉사 활동으로 구분할 수 있다. 그 중 일반자원봉사는 전문성을 가지지 않은 일반시민들이 봉사수단으로 시간과 노력을 제공하는 행위이다. 일반자원봉사의 활동분야는 사회복지, 교통질서, 환경보호, 재난 및 재해구호 등 매우 다양하며 그 대상에 따라 활동내용과 활동장소가 상이하다. 예를 들어 사회복지분야의 경우는 주된 활동장소로 보육원, 영아원, 양로원 등 사회복지생활시설이 될 수 있으며 활동내용은 노력봉사, 사무보조, 가정방문, 나들이지원 등을 들 수 있다.

(2) 전문자원봉사

전문자원봉사는 전문적인 지식과 기능이라는 특수한 수단을 통한 봉사이다. 일반적으로는 의사, 변호사, 약사, 세무사, 교육자를 비롯한 전문직의 봉사활동을 의미하지만 전문적 식견을 갖춘 자원봉사 경력자의 활동과 전문적 자원봉사단체의 봉사활동도 전문봉사활동으로 볼 수 있다. 이들 전문자원봉사자들이 활동하는 영역은 환경분야, 교육 및 문화예술분야, 법률분야, 보건의료 및 사회적 서비스분야 등 매우 다양하다.

이러한 전문자원봉사는 다음과 같은 중요성을 갖고 있다(표갑수, 2010: 312). 첫째, 전문직 자원봉사는 전문적 지식과 기술을 활용하기 때문에 사회복지서비스의 질적 향상과 양적 확대를 유도할 수 있다. 전문직이 가진 전문지식과 기술은 인간의 기본적 욕구를 보다 효과적으로 충족할 수 있다는 점에서 이들의 봉사활동이 갖는 영향력은 매우 크다고 할 수 있다.

둘째, 전문직 종사자들은 다른 직업의 사람들보다 상대적으로 시간적·경제적 여유가 있기 때문에 자원봉사자로서 활동하기에 유리한 조건을 가지고 있을 뿐만 아니라 이들이 지역사회에서 가지고 있는 활동력과 설득력은 문제해결에 필요한 인적·물적 자원을 동원하는데 효과적으로 작용한다.

셋째, 전문직 자원봉사자의 봉사활동은 사회계층의 통합에 기여한다. 이들은 건전한 가정생활과 직업생활을 유지할 가능성이 높은 계층이며, 대체로 건전한 상식과 사회적 능력을 가지고 있기 때문에 서비스 대상자와의 원만한 관계형성을 통하여 사회계층 간의 통합에 이바지할 수 있다.

(3) 기업자원봉사

기업자원봉사란 기업이 임직원들의 그들이 가진 시간과 기술 등을 사회에 자발적으로 제공하고 지원하는 봉사활동이다. 기업들은 일반자원봉사를 하기도 하며 전문자원봉사도 적지 않게 하고 있다. 우리나라 기업의 사회봉사활동은 1970년대까지는 자선적 성격이 강조되다가 경제발전이 본궤도에 오른 1980년대에 들어와 기업들이 사회복지에 중점을 둔 기업재단들을 설립하기 시작하였다.

그 후 자원봉사가 기업의 이미지 제고에 도움이 된다는 인식이 제고되면서 1990년대 중반부터는 대기업 중심으로 자원봉사활동이 활발하게 전개되기 시작하였으며, 2000년대에 들어와서는 대기업을 비롯한 많은 기업들이 공익연계 마케팅과 NGO 파트너십 등을 통해 본격적인 봉사활동을 하게 되었다. 이러한 기업자원봉사는 기업들이 기업윤리의 실현 및 사회적 책임의 이행이라는 경영이념에 따라 다양한 사회문제를 해결하는데 적극적으로 참여해야 할 필요성이 제기되면서 그 중요성이 강조되게 되었는데(표갑수, 2010: 274), 기업의 자원봉사활동이 필요한 이유는 다음과 같다.

첫째, 기업은 자원봉사를 통하여 사회적 기대에 부응하고 지역과 상생발전을 추구할 수 있다. 최근 들어 시민들은 정부의 능력만으로는 산업화과정에서 파생한 심각한 사회문제와 복지욕구를 해결할 수 없기 때문에 산업화의 최대 수혜자인 기업이 정부의 역할을 보완해 주기를 기대하게 되었다. 이런 상황에서 기업은 자원봉사활동을 통하여 사회적 기대에 부응하고 기업이 소재한 지역사회와 상호작용을 함으로써 상생발전을 추구할 수 있다.

둘째, 기업의 이미지를 제고하고 기업근무자의 직장만족도를 높여준다. 기업의 자원봉사는 그 기업에 대한 소비자의 평가를 좋게 하여 기업의 이윤증대에 도움을 주며 근무자들로 하여금 자신의 기업이 사회공헌을 적극적으로 하고 있다고 인식케 함으로써 직장만족도를 높여 준다. 셋째, 수요자의 필요에 따른 맞춤형 봉사를 할 수 있다. 기업자원봉사는 사회·경제적 문제에 대한 해결을 바라는 지역사회를 위해 기업이 가지고 있는 전문지식과 기술을 수요자가 필요로 하는 특정분야에 제공하는 것이어서 지역사회의 욕구를 충족시켜 줄 수 있다.

4) 자원봉사활동의 실태와 문제점

2014년 통계청이 발표한 '국내 나눔실태 2013'(http://kostat.go.kr)에 따르면 2013년도에 15세 이상 국민들의 자원봉사 참여율은 17.7%로서 2006년의 14.3%에 비해 증가하였으며, 봉사참여자 중 55.1%가 기부행위에도 참여하고 있다. 그러나 이러한 참여율은 동년 캐나다의 47.0%, 영국 44.0%, 호주 36.2%, 미국 25.4%에 비하여 훨씬 낮은 수준이다.

성별 참여율은 남자가 17.3%, 여자가 18.1%로 별 차이가 없으며, 연령대별 참여율은 10대가 75.4%로 가장 높고 60대 이상은 7.8%로 가장 낮다. 그리고 참여자 1인당 연간평균 참여횟수는 7.9회, 평균시간은 26.5시간인데, 연령대가 높을수록 횟수와 시간이 함께 증가하여 60대 이상이 12.3회에 39.5시간으로 가장 높다.

정기적인 자원봉사 참여율은 10.4%로 나타나고 있는데, 역시 연령이 높을수록 그 비율도 높아져 60대 이상은 주(週)단위 자원봉사가 14.3%, 월(月)단위 자원봉사가 32.0%를 차지하고 있다. 또 직업별 참여율은 전문관리직(18.3%), 사무직(17.7%), 농어업직(14.8%), 서비스판매직(13.3%)의 순이며, 참여자의 활동분야는 주로 아동·청소년·장애인·노인분야(61.8%)와 환경보전 및 범죄예방분야(19.3%)인 것으로 나타났다. 한편 자신의 전문성을 활용한 봉사활동 참여자는 전체 참여자의 21.5%로서, 봉사분야는 아동학습지도(24.2%)의 비중이 가장 높고 그 다음이 요리-의료-주택수리-공연-평생학습관련-전문상담 순으로 나타나고 있다.

위와 같은 자원봉사의 실태를 볼 때 참여자 대부분은 학생인 10대들로서 특정 인구집단에 편중되어 있으며 부정기적인 이벤트성 활동에 참여하는 경우가 많다. 중·고교생의 자원봉사활동은 현행 입시위주 교육환경에서 의무적·형식적 활동에 치우치고 있으며, 이들의 역량계발과 연계할 수 있는 전문적 관리프로그램이 미약하여 봉사활동이 질적으로 저하되고 있다.

또 봉사활동영역이 일부에 편중되어 있고 다양하고 전문화된 자원봉사프로그램의 개발 및 보급이 미흡하며 봉사활동 대부분이 일상생활 보조 및 단순한 노력봉사 수준에 머물고 있는 실정이다. 이와 함께 자원봉사 활성화를 위한 정책지원 및 관리상의 문제점들도 노정되고 있다. 자원봉사활동에 관련된 법적 근거가 분산되어 있을 뿐만 아니라 이를 담당하는 행정부처 또한 산발적으로 사업을 실시하면서 부처별 자원봉사 관련시책들이 난립되고 있어 자원봉사활동에 대한 체계적 ·통합적 관리를 어렵게 하고 있는 실정이다.

4. 물적 나눔으로서의 기부

1) 기부의 개념

물적 나눔으로서의 기부는 사회복지의 향상과 공공복리의 증진을 위하여 자발적 의사에 따라 대가 없이 현금과 물품을 제공하는 것을 말한다. 다시 말해 기부란 자신이 가진 현금이나 부동산·주식 등의 물품을 특정한 대가를 바라지 않고 무상으로 제공하여 이웃이나 사회의 욕구 및 문제들을 해결하도록 돕는 행위이다.

이러한 기부행위는 정부의 재정능력 부족에 따른 공공복지재원의 한계를 보완하여 사회복지의 증진에 기여하며 더불어 살아간다는 공동체의식을 강화시켜 사회적 결속력을 높임으로서 결과적으로 사회통합에 기여한다. 또 기부라는 이타적 행위는 참여자들에게 사회적 인정을 받도록 함으로써 개인적 만족감을 주며 자아발전과 성숙의 기반이 되는 사회성을 함양시켜 준다.

전통적으로 기부는 자선(慈善)과 박애(博愛)의 개념과 함께 논의되어 왔다. 자선은 가난한 자에 대한 관대함, 주변 사람에 대한 관용 및 동정심과 같이 개인적 차원의 관심과 자비심에 근거한 행위로서 전통적 차원의 나눔활동을 지칭하는 개념이다. 한편 박애는 공익과 인류애를 위한 자발적 행동, 자발적 서비스, 자발적 기부의 의도적이고 계획된 과정이라는 개념을 갖고 있다.

2) 기부활동의 실태

우리나라에서 기부행위는 종전에는 공인된 모금기관(단체)을 통하지 않고 개인 대 개인으로 이루어지는 경우도 적지 않았지만 현재는 대부분의 기부가 모금기관들의 모금현황으로 드러나는 비교적 조직적이고 공식화된 활동이 되고 있다. 이러한 기부의 실태를 살펴보자.

1990년대까지 민간기부의 총액에서 법인기부의 비중은 50% 이상을 차지할 정도로 높았지만 그 이후 개인기부에 대한 사회적 인식의 확대와 기부금 공제에 대한 세제혜택 등의 정부정책으로 인해 개인기부 비중이 높아지기 시작하였다. 그리하여 법인기부의 증가율에 비해 개인기부가 훨씬 빠른 속도로 증가하여 현재는 개인기부가 전체 기부액의 60%대를 차지하게 되었다.

2014년 보건복지부가 발표한 '2014 나눔실태 결과'(보건복지부 보도자료, 2015년 4월 30일)에 따르면 2013년 기부총액은 12조 4,900억원(개인 62.7%,

법인 37.3%)으로 2006년의 8조 1,400억원(개인 65.7%, 법인 34.3%)보다 1.5배 증가하였으며, GDP 대비 기부총액도 2006년 0.84%에서 2013년에는 0.87%로 조금 증가하였다.

한편 15세 이상 국민들의 기부참여율은 34.5%로 2006년(31.6%)보다 높았으나 OECD소속 34개국의 평균보다는 낮게 나타나고 있다. 성별 참여율은 남자(37.3%)가 여자(31.9%)보다 조금 높으며, 연령대별로는 40대(44.9%)가 가장 높고 20대(24.8%)가 가장 낮다. 직업별 참여율은 전문관리직(58.2%)과 사무직(56.4%)에서 높은 참여를 보이고 있으며, 그 다음이 서비스판매직, 기능노무직, 농어업직 순이다.

그리고 개인의 연간평균 기부참여 횟수는 6.5회, 평균 기부금액은 20만 5천원이고 2인 이상 가구의 월평균 기부금 지출액은 46,371원이며, 개인기부자 중에서 월(月)단위 이하 정기적인 참여율은 16.9%인데, 연령대별로는 30대(73.6%)가 가장 높고 그 다음이 40대-20대-50대-60대 순이다. 한편 우리나라 법인들의 2013년 평균기부액은 899만원으로 2007년(893만원)과 비슷한 수준으로 나타났다.

3) 기부활동의 특징과 문제점

우리 사회의 기부활동은 몇 가지 중요한 문제를 갖고 있다. 첫째, 우리 사회의 기부는 정서적 요인에 좌우되는 경향이 많다. 위에서 살펴본 바와 같이 우리 국민의 기부 참여율은 2013년 기준으로 34.5%에 머물고 있으며 정기적 기부참여율도 20% 미만이어서 비정기적인 특징을 나타내고 있다. 이는 우리 사회에서 개인의 기부가 일상생활 속의 문화로서 자리를 잡고 있다기보다는 일회적 행사로서 자선적 동기에 의하여 이루어지고 있음을 보여주는 것이라고 할 수 있다(한동우 외, 2012: 26).

이같이 정서적 요인에 의존하는 이벤트화 된 1회성적인 기부행위는 기부를 대규모 자연재난 등 특정사건이 발생했을 때 또는 연말연시 불우이웃돕기 등 특정시기에만 의례적으로 참여하는 것으로 인식하도록 할 가능성이 있다. 이렇게 왜곡된 기부문화는 시민사회 영역에서 공동체적 유대감을 기반으로 하는 자발적 참여활동인 기부의 특성을 발전시키지 못함으로써 사회적 이슈와 요구에 대한 개인의 책임성을 키우지 못하고 있다고 할 수 있다.

둘째, 우리 사회의 기부는 정부(지방정부 포함)의 정치적 목적과 정책의도에 지나친 영향을 받고 있다고 할 수 있다. 다양한 사회문제에 대응해야 하는 정부는 이를 해결하기 위한 재원을 마련하기 위하여 민간부문에서의 모금에 관한 제도를 지나치게 만들고 있다. 그러나 기부라는 것은 구체적이고 개별적인 사회서비스의 공급재원을 마련하기 위한 수단이 아니기 때문에 정부가 시민사회의 공익적 기부에 대해 지나치게 간섭하게 되면 시민사회의 자발성과 연대성에 기초해야 할 기부문화를 정착시키기 어렵게 만들 수 있다(한동우 외, 2012: 26-27).

셋째, 우리 사회에는 개인적 고액기부자들의 수와 기부규모가 많지 않다는 점이다. 기부문화가 정착되기 위해서는 적은 규모의 기부를 정기적으로 하는 기부자의 수도 많아야 하겠지만 큰 재산을 기부하는 고액기부자의 수와 규모가 동시에 증가되어야 탄탄한 기부문화의 터전이 마련될 수 있다. 미국의 경우에는 전체 민간기부 금액의 7% 정도가 상속재산에서 기부되는데 비해 우리나라의 경우에는 2011년 총 상속재산 중에서 공익을 위해 출연된 자산이 전체 민간기부액의 0.2% 수준에도 미치지 못하고 있다(박태규, 2013: 26).

5. 나눔활동의 활성화 방안

그동안 우리나라에서의 나눔활동은 사회적으로 도움이 필요한 취약계층을 대상으로 한 자원봉사 및 대규모로 발생한 재해·재난의 구호나 연말연시 불우이웃돕기를 위한 기부행위가 주를 이루어 왔다. 따라서 나눔활동이 시민사회 영역에서 공동체적 유대감을 기반으로 한 사회문제의 해결 및 지역사회발전 욕구에 적극적으로 대응하는 형태로는 이어지지는 못했다고 하겠다. 그러므로 나눔활동이 활성화되어 시민들의 일상생활의 일부가 되는 문화로 정착되기 위해서는 나눔활동에 대한 민간역량을 강화하는 한편 관련 인프라가 제대로 구축되어야 할 것이다.

1) 나눔활동을 위한 민간역량 강화

(1) 사회지도층의 자발적·적극적 참여

나눔문화가 정착되기 위해서는 사회지도층이 노블레스 오블리주(noblesse oblige) 정신에 입각하여 나눔활동에 자발적·적극적으로 참여해야 한다. 사회지도층이 나눔활동에 적극적으로 참여하는 것은 사회적 소외계층을 비롯한 지역주민들과의 직접적 만남의 기회를 확대하고 계층 간에 소통하고 협력할 수 있는 사회적 통로를 만듦으로써 상생적 공동체를 형성하는데 매우 중요한 요인이 된다.

사회지도층의 필수덕목은 절제와 관용, 소외계층에 대한 배려, 사회적 책무와 소임을 몸소 실천하는 것이라고 할 수 있다(김경동 외, 2011: 134). 그러나 우리 국민들이 갖고 있는 사회지도층 및 부유층에 대한 인식은 신분상승에 따른 사회적 책임을 실천하지 않고 있다고 여겨 그들에 대한 신뢰수준이 매우 낮은데다 사회적으로 반부자 정서와 반엘리트 정서도 적지 않게 형성되고 있다. 이러한 현실에서 사회지도층은 기부 및 자원봉사활동에 솔선수범함으로써 사회적 책임을 다해야 할 것이다. 그렇게 될 때 사회지도층이 일반시민들로부터 신뢰를 확보할 수 있으며 우리 사회의 나눔문화 정착에도 기여할 수 있게 된다.

(2) 기업과 시민단체의 사회봉사 프로그램 공동수행

미국·영국을 비롯한 선진국의 기업들은 주로 시민단체와의 파트너십(partnership)을 통해 보다 효과적이고 체계적인 사회봉사 프로그램을 수행하고 있다(이동수 외, 2011: 124). 이에 비해 대부분의 우리나라 기업들은 기업의 브랜드가치나 이미지 제고 등 경영전략을 우선시하여 사회봉사 프로그램을 직접 수행하고 있다. 그러나 이런 수행방식은 프로그램의 목적달성이 기업의 홍보나 이미지 제고에 치우침으로써 공익성을 실현하지 못할 수 있으며 봉사활동의 효과성을 저하시킬 수도 있다.

그런 점에서 기업의 사회봉사 프로그램은 기업이 독자적으로 수행하기보다는 시민단체와 공동으로 추진하는 것이 바람직하다. 시민단체들은 전문성을 갖춘 시민들의 참여로 다양한 프로그램을 수행하고 있기 때문에 여기에 기업이 참여하게 되면 다양한 나눔활동과 네트워킹(networking)이 가능하여 봉사활동의 효과성을 제고시킬 수 있을 것이다. 이러한 프로그램의 공동운영과 함께 기업들은 현재 사회복지분야에 편중되어 있는 봉사활동 영역을 기업 고유영역인 경영 자체의 노하우를 활용할 수 있는 방향으로 확대시킬 필요가 있다.

(3) 나눔문화 확산을 위한 교육의 강화

나눔활동을 활성화하기 위해서는 사회적으로 나눔의 가치를 존중하고 국민들이 일상적으로 참여할 수 있도록 하는 나눔활동의 생활화가 이루어져야 한다. 그러기 위해서는 나눔문화의 확산을 위한 교육이 강화되어야 한다. 그 방안으로는 학교교육에서 나눔이 공동체를 더불어 살아가는데 필요불가결의 요소임을 이해시키는 한편 봉사활동을 각급 학교의 정규교육과정의 일환으로 편성하여 체계적인 교육을 실시함으로서 현장실천이 자연스럽게 습득될 수 있도록 해야 할 것이다.

또 사회교육차원에서도 나눔에 대한 다양한 프로그램을 실시하여 나눔문화가 전체 사회로 확산될 수 있도록 해야 할 것이다. 나눔문화란 자원봉사 및 물질기부 등의 나눔이 시민들의 일상생활의 일부가 되는 문화이다(주성수, 2013: 29). 이러한 나눔에 관한 교육은 나눔활동이 단순히 현실적으로 직면하고 있는 사회문제를 해결하기 위한 재원을 마련하거나 인적자원을 보충하기 위한 방편으로서가 아니라 지역사회를 기반으로 하는 공동체의식을 회복하고 사회적 신뢰와 연대를 구축하기 위한 노력으로 이해되어야 한다.

2) 나눔활동을 위한 인프라 확충

나눔활동은 어디까지나 자발적인 민간차원의 활동이기 때문에 민간주도로 이루어지는 것이 바람직하다. 이를 위하여 정부는 민간부문의 나눔문화 활성화에 필요한 제도적·정책적 지원을 강구하고 자원봉사를 비롯한 나눔활동에 필요한 인프라의 구축을 촉진하는 촉매자로서의 역할을 해 나가야 한다. 그렇게 될 때 민간부문 자원(資源)이 공공성과 공익성을 담보한 사회적 자원으로 전환되게 되며 효율적·체계적인 조정 및 운영체계가 갖추어져 나눔의 활성화가 가능하게 될 것이다. 효과적인 나눔활동을 위한 인프라 구축방안의 주요 내용은 다음과 같다.

(1) 자원봉사활동에 대한 지원 및 관리체계 구축

첫째, 자원봉사활동이 체계적으로 이루어지기 위해서는 정부부처 간에 통합적 자원봉사 지원체계를 구축함과 함께 지역사회를 기반으로 하는 자원봉사를 위한 민·관·산·학 협력모형 개발 등 민관(民官)의 협력적 운영 및 연계체제가 구축되어야 한다. 그리하여 지속성 있는 자원봉사사업의 발굴과 체계적 추진, 자원봉사활동에 대한 지원 및 전문적 관리와 함께 자원봉사활동과 다양한 지역사회 서비스를 연계시키는 기반이 마련되어야 할 것이다.

둘째, 전문자원봉사에 대한 연계지원이 이루어져야 한다.

전문자원봉사의 중요성은 계속 커지고 있는데 그 활동을 활성화시키기 위한 핵심은 바로 연계지원이라고 할 수 있다. 전문적 재능기부자와 수요처를 효과적으로 파악하고 지속적인 사례관리와 평가를 실시하는 등 지속성을 담보하는 연계지원이 이루어지지 않는다면 전문자원봉사 활동이 단발적인 행사나 일시적인 참여에 그칠 가능성이 크다. 이러한 지속가능한 연계가 이루어지기 위해서는 통합적인 정보체계가 구축되어야 하며, 이를 활용하여 안정적이고 지속적으로 전문자원봉사에 대한 수요와 공급을 파악하고 다양한 계층과 단체를 자원봉사로 연결시킬 수 있어야 할 것이다(김경동 외, 2011: 141).

셋째, 전문직 은퇴자의 자원봉사 프로그램을 확충해야 한다.

전문직 은퇴자는 그동안 각자의 직업활동을 통해서 축적한 전문지식 및 경험과 함께 시간적 여유를 가지고 있기 때문에 봉사활동을 활성화하는데 가장 중요한 잠재자원의 하나라고 할 수 있다. 이같이 자원봉사를 위한 전문직 은퇴자의 가치와 역할이 중요한데도 우리 사회에서는 아직 이들을 제대로 활용하지 못하고 방임하고 있는 실정이다. 그러므로 전문직 은퇴자의 자원봉사 참여를 유도하는 프로그램을 확충하여 이들이 가진 전문지식과 기술을 제대로 활용할 수 있도록 해야 할 것이다.

(2) 자원봉사센터의 민영화

자원봉사는 민간부문에서 이루어지는 활동이므로 정부는 시민사회의 자율적인 자원봉사에 지나치게 개입하기보다는 주로 지원역할을 할 필요가 있다. 그런 차원에서 자원봉사활동기본법에 의해 설치되어 현재 행정주도적으로 운영되고 있는 지방자치단체의 자원봉사센터를 민영화하는 것이 바람직하다(이동수 외, 2012: 124). 그리고 민영화된 자원봉사센터는 시민사회와 자원봉사활동의 교량역할을 할 수 있도록 다양한 시민단체들이 참여하는 공간으로 전환시킬 필요가 있다.

(3) 다양한 기부모델의 개발 및 정보체계 확립

사회지도층의 개인재산 기부를 촉진시키기 위해서는 다양한 형태의 기부모델 개발이 필요하며, 이를 뒷받침하는 지원제도를 정비할 필요가 있다. 첫째, 주식기부를 활성화하기 위하여 공익법인의 주식 보유한도를 상향조정할 필요가 있다. 현행 상속증여세법은 공익법인에 주식을 기부할 경우 영리법인의 의결권 있는 주식의 100분의 5(성실공익법인의 경우는 100분의 10)를 초과하는 경우에는 초과분에 대하여 최고 50%의 증여세를 내도록 규정하고 있다.

이는 재벌을 비롯한 부유층들이 문화재단 같은 공익법인을 만들어 출연자가 공익법인을 통하여 간접적으로 관계회사를 지배하거나 상속세 또는 증여세를 회피하는 것을 방지하기 위한 것이다(백운찬, 2012: 206). 그러나 이 제도는 선의의 기부자에게 과다한 세금을 부과하는 원인이 되고 있어 문제가 되고 있다. 외국의 경우를 보면 미국은 20%, 일본이 50%까지 세금을 물리지 않으며 영국과 독일은 주식기부에 대해서 세금을 전혀 부과하지 않은데도 우리나라는 비과세의 한도가 5%에 머물고 있다.

이 때문에 다액의 주식을 기부할 경우 보유한도액 초과분에 대해 증여세를 내야 하는 선의의 피해를 보고 있는 것이다. 그러므로 기부행위가 사회적 나눔이라는 공익적 목적에 기여하고 기부자들의 선의의 피해를 방지하기 위해서는 공익성이 검증된 성실공익법인에 대해서는 주식보유한도를 20% 수준까지 확대할 필요가 있다. 그리고 부유층들이 이를 악용할 가능성을 차단하기 위해서는 출연(出捐) 받은 주식에 대해 의결권을 제한하는 등 안전장치가 마련되어야 할 것이다.

둘째, 기부연금제도를 도입할 필요가 있다.

이 제도는 부동산 또는 현금을 공익단체에 기부한 자가 생전에 일정금액을 연금형태로 정기적으로 지급받다가 사망한 이후에는 잔여자산이 공익단체에 귀속되는 제도이다. 우리 사회에는 기부활동에 참여하고 싶지만 노후의 생활을 걱정하여 참여하지 못하는 사람들이 적지 않은데, 이 제도가 도입된다면 중년 이후 세대들의 기부행위가 더욱 활발해질 것으로 전망된다. 이러한 기부연금의 활성화를 위해서는 신탁상품을 개발하고 이에 대한 세제혜택이 주어져야 할 것이다.

셋째, 기부와 관련된 정보체계를 확립해야 한다. 우리나라는 기부와 관련된 정보와 지식을 종합적이고 체계적으로 축적하고 관리하는 정보체계가 아직 구축되어 있지 않다. 따라서 이것이 제대로 구축되어야 하며, 이 정보체계는 사회복지뿐만 아니라 교육·환경·문화 등 다양한 분야를 통합적으로 다루는 것이어야 할 것이다.

제 3 장

사회통합을 위한 갈등관리

제3장

사회통합을 위한 갈등관리

우리 사회의 갈등(conflict)은 1960년대부터 추진된 성장우선의 산업화정책과정에서 경쟁의 공정성과 분배의 형평성이 지켜지지 못해 경제적 불평등이 심화되면서 발생하기 시작하였다. 이와 함께 급격한 사회변동으로 분화된 집단 간의 이념 및 이해관계가 대립하게 되면서 여러 형태의 갈등(葛藤)이 빈번하게 발생하게 되었다.

더욱이 1997년 금융위기 이후 본격화된 경제의 신자유주의적 재편은 우리 사회의 불평등을 빠른 속도로 진행시킴으로써 시장에서 배제된 사람들이 증가하여 사회적 양극화(兩極化)가 더욱 심화되면서 사회적 갈등이 계속 증가하게 되었다.

이제 우리 사회의 갈등은 국가와 시장은 물론 시민사회를 포함한 모든 영역에 걸쳐 발생하고 있는데, 갈등의 성격도 이해갈등과 이념갈등이 동시적으로 분출되는 복합적 양상을 띠고 있으며 갈등양상이 과격해지고 장기간 지속되는 경향이 많아지게 되었다. 그리고 갈등 중에서 공공갈등이 차지하는 비중이 계속 높아지고 있다.

적정수준의 갈등은 집단에서 의사결정의 합리화, 쇄신성과 창의성의 향상 등 역동성을 부여함으로써 사회발전에 순기능(順機能)을 작용하기도 한다. 그러나 우리 사회의 과격한 갈등은 사회적 혼란과 분열을 초래하고 법과 질서를 해치며 집단차원에서 사회적 관계를 단절시켜 공동체를 파괴시키고 있으며 정책의 지연이나 생산의 감소에 따른 경제적 비용, 정책의 변경 등에 의한 매몰비용, 재산 및 인명의 피해와 같은 엄청난 사회적 비용을 지불하도록 하고 있다.

이같이 갈등의 부정적 기능이 사회통합을 저해하는 가장 중요한 요인으로 작용하고 있음에도 불구하고 아직도 우리 사회에서는 과거 권위주의체제에서 형성된 갈등관리방식이 크게 변화되지 않고 있어 민주화된 사회에 걸맞는 합리적인 갈등관리의 제도화가 이루어지지 못하고 있다. 또 갈등관리를 위한 기존의 법제적 수단들 역시 사회갈등에 대처하는데 효과적 수단으로 작동하지 못함으로써 갈등이 계속 증가하는데도 이를 합리적으로 해결하지 못하여 고착화·장기화되는 현상이 초래되고 있다.

그러므로 사회적 안정과 사회통합을 구현하기 위해서는 갈등관리의 제도화가 무엇보다도 중요하다고 할 수 있다. 갈등관리의 제도화란 갈등의 불가피성을 인정하고, 이와 평화롭게 공존할 수 있는 구조적 방안을 모색함으로써 사회구성원들의 갈등에 대한 인식과 대응능력을 높여 갈등을 긍정적 방향으로 진행시키는 것을 의미한다.

이같이 갈등관리의 제도화는 사회적 합의형성을 통해 갈등을 해소하기 위한 제반 원칙과 기준, 절차와 방법 등에 대한 제도적·관리적 기반을 구축하는 것으로서(김선희, 2008: 54-55), 합리적 갈등관리시스템이 구축되기 위해서는 법령과 제도를 통해 갈등관리에 대한 의사결정방식, 참여절차와 수단, 갈등관리에 대한 기술과 방법 등을 개선하거나 새롭게 마련하여야 한다.

제1절 사회갈등

1. 사회갈등의 개념

1) 사회갈등의 개념

갈등은 이해관계가 상충하는 행위주체 사이의 적대적 관계 및 적대적 행위의 상호작용을 나타내는 개념이다. 그러나 갈등은 그 차원과 원인, 형식과 내용이 매우 다양하기 때문에 갈등의 개념에 대한 정의도 학문분야 및 연구자들의 관점에 따라 매우 다양하게 이루어지고 있다.

갈등은 심리적 차원에서는 두 가지 이상의 요구가 동시에 발생하여 서로 양립할 수 없는 경우에 겪는 개인의 심리적 딜레마(dilemma) 상태를 의미하며, 의사결정차원에서는 그 과정에 문제가 발생하여 대안적 행동을 선택하는데 어려움을 겪는 상태를 의미한다. 그리고 대인관계나 조직차원에서 볼 때는 개인간·조직 간의 대립적 교호작용이나 적대행위를 의미하기도 하고, 이해관계·목표·가치 등의 차이로 인해서 발생하는 반대나 불화상태 등과 관련된 요소를 의미하기도 한다.

연구자들의 갈등에 대한 정의를 보면 L.Coser는 갈등을 "가치 또는 지위, 권력, 희소자원에 대한 권리를 둘러싼 투쟁"이라고 하고 있으며, A.Rahim은 "개인이나 집단 또는 조직과 같은 사회적 실체의 내부나 그들 사이에서 모순, 의견의 불일치나 상이함에서 나타나는 상호작용적인 상태"라고 정의하고 있다. 그리고 A.Wagner는 갈등을 "개인 간 또는 집단 간에 일어날 수 있는 대립과정"이라고 하고 있다.

이같이 갈등의 개념에 대해서는 여러 연구자들이 나름대로 정의하고 있으나, 일반적 입장에서 갈등이란 "희소자원의 불균등한 배분, 목표·가치·인지 등에 있어서의 차이로 인해 개인·집단·조직의 심리와 행동에 나타나는 대립적 상호작용"이라고 정의할 수 있다. 즉 갈등이란 개인이나 집단 등 행위주체 사이에 잠재적·현재적으로 나타나는 동태적 과정으로서의 대립적 상호작용인 것이다.

갈등을 이같이 정의할 때 사회갈등(social conflict)이란 "사회적으로 희소자원의 불균등한 배분, 목표·가치·인지 등의 차이로 인해 행위주체인 사회집단 사이에 나타나는 대립적 상호작용"이라고 할 수 있다. 이러한 갈등과 유사한 용어로 분쟁(紛爭)이 있는데, 갈등은 분쟁의 원인이 되는 상태인데 대하여 분쟁은 갈등의 결과로서 구체적으로 나타나는 사건이나 행위라는 점에서 서로 다른 개념이다(지속가능발전위원회a, 2005: 74).

2) 사회갈등과 개인갈등의 다른 점

사회갈등은 개인 간 갈등이 아닌 집단 간 갈등의 형태로 나타난다. 집단은 주로 조직체의 형태를 띠지만 때로는 일반적인 조직의 틀을 갖추지 않고 뜻을 같이하는 개인들의 자발적 모임의 형태가 되기도 한다(정주진, 2010, 55). 예를 들어 쓰레기처리장 건설 또는 복지시설 설치 등을 둘러싼 갈등에는 조직의 형태는 띠지 않지만 자신들이 사는 공동체의 이익을 위해 주민들이 한시적으로 만든 모임이 갈등의 주요 당사자 중의 하나가 된다.

이러한 사회갈등과 개인갈등은 다음과 같은 점에서 차이가 있다(정주진, 2010: 56-59). 첫째, 개인갈등에는 보통 2인의 갈등당사자가 관계하지만 사회갈등에는 다수의 당사자가 관계된다. 예를 들어 쓰레기처리장 건설이나 복지시설 설치에 반대하는 지역주민들은 그 시설의 계획과 허가에 책임을 지는 중앙정부나 지방정부, 정책실행을 위임받은 실무기관들, 시설건설 책임을 지고 있는 기업체 등 여러 당사자와 갈등관계에 처하게 된다.

둘째, 사회갈등은 문제의 복잡성과 다양성을 띤다. 쓰레기처리장이나 원자력발전소 건설과 관련된 갈등의 경우에 단순히 건설이냐 아니냐의 문제가 아닌 건설하거나 건설하지 않을 경우에 그와 관련된 다양한 집단들이 직면하게 되는 여러 문제가 갈등을 복잡하게 만든다. 셋째, 사회갈등은 개인갈등과는 다르게 전문적인 지식을 요구하는 경우가 많다. 갈등과 관련된 어떤 시설이나 상황의 위험성 또는 안전성을 알기 위해서는 복잡한 과학적·기술적 자료를 필요로 하며, 또 그 자료와 정보를 해석할 수 있는 전문적 지식이 필요하다.

넷째, 가치관의 차이도 사회갈등을 초래하는데 큰 역할을 한다. 개인갈등도 가치관의 차이를 반영하지만 대부분 갈등이 이해관계자들 사이에서 일어나기 때문에 가치관의 차이가 갈등의 근본 원인이 되는 경우는 많지 않다. 그러나 사회갈등에는 가치관의 차이가 갈등을 초래하는데 큰 영향을 미치는 경우가 많기 때문에 개인갈등에 비하여 대응하기가 더 어렵고 쉽게 해결되지 않으며, 당사자들 간의 대립이 시간이 지날수록 더 격렬해지는 경향을 보이는 경우가 많다.

다섯째, 개인갈등은 주로 상대와 대화로 문제를 해결하는 방식을 취하는데 비하여 대부분의 사회갈등에는 다양한 당사자들과 문제들이 복잡하게 얽혀있기 때문에 갈등당사자들은 자신의 이익을 보호받지 못할 것을 우려해 집단행동 등 공격적 방법에 의존하려는 성향이 높다. 또 많은 사회갈등이 공공정책과 관련되어 있어서 갈등해결을 위해서는 정책의 수정이나 철회, 새로운 정책의 수립 등을 필요로 하기 때문에 갈등당사자들은 정책기관을 설득하고 여론의 지지를 받기 위해 보다 적극적으로 갈등에 대응하며, 때로는 갈등을 악화시키는 전략을 사용하기도 한다.

2. 갈등이론과 갈등관의 변천

1) 갈등에 관한 이론

갈등에 관한 대표적인 두 가지 이론은 기능주의와 갈등주의이다. 기능주의(機能主義)는 갈등을 사회통합을 저해하고 질서를 파괴하는 역기능적이고 불필요한 것으로 보는 견해로서 A.Comte로 대표된다. 반면에 갈등주의(葛藤主義)는 갈등을 어떤 사회에서나 존재하는 필연적인 것으로 보고 변화와 발전을 촉진하는 갈등의 역할을 강조하는 견해이다(민정숙, 2007: 35-36).

기능주의는 모든 사회현상을 사회통합적인 관점에서 보기 때문에 갈등은 정상적인 것이 아니어서 가능한 한 빨리 해결해야 할 대상으로 인식한다. 기능주의의 입장에서 보는 사회는 서로 다른 개인 및 집단의 통합체로서 안정과 질서유지라는 합의된 목표 아래 상호 의존하면서 살아가는 인간 집단이다. 따라서 갈등의 묵인은 사회전체의 안정과 질서에 도움이 될 경우에만 가능하며 그렇지 못할 때에 갈등은 진압되어야 할 대상이 된다.

이러한 관점에서 사회를 설명하는 기능주의는 이념 및 이해관계를 둘러싼 집단 간의 이견과 대립을 과소평가하는 한편 현실을 주어진 것으로 인정하는 체제유지를 우선시하고 있다. 따라서 기능주의는 사회의 역사적 변화과정을 올바로 설명하지 못하며, 사회내의 개인 간 및 집단 간의 대립과 갈등을 제대로 다루지 못하고 변화와 개혁보다는 현상유지를 지지한다는 비판을 받고 있다(민정숙, 2007: 36).

한편 갈등주의는 갈등현상을 사회적 과정의 본질로 간주하고 그 갈등과 투쟁의 역학에 의해 다양한 사회적 현상이 나타나게 된다는 것을 전제로 하는 이론으로서 갈등은 경제적 자원, 권력 등의 불평등한 배분관계에 의해 발생하며 그 관계를 통해 사회변동을 초래한다고 본다. 이 이론은 사회의 여러 집단 간에 존재하는 갈등현상을 중요시하고 그것의 개념화 및 일반화를 통해 사회현상을 분석하고 설명하는데 초점을 둔다.

갈등이론을 성립시킨 R.Dahrendrof에 의하면 권위적으로 결합된 집단에서 지배자와 피지배자의 갈등은 필연적으로 발생하며, 사회변동을 일으키는 가장 창조적인 힘은 갈등으로서 사회조직은 보편적인 합의가 아닌 강제에 의해 구조화되며 이에 대한 갈등이 사회구조의 변동을 생성한다는 것이다(이성록, 1994: 37에서 재인용). 이상에서 기능주의와 갈등주의의 내용을 살펴보았다. 그러나 기능주의적 관점과 갈등주의적 관점은 상호 배타적이기만 한 것이 아니라 사회현상의 입체적인 설명을 위하여 상호 보완적인 것으로 받아들일 필요가 있다고 본다(박재환, 1992: 68).

2) 갈등관의 변천

갈등의 성격과 조직의 성과에 미치는 영향에 대한 사회과학적 접근은 주로 행동과학에서 이루어졌는데, 이러한 갈등을 보는 관점은 시대에 따라 전통적 관점에서 행태론적 관점으로, 다시 상호작용론적 관점으로 변화되었다.

조직이론에서 과학적 관리론을 주장하는 학자들을 중심으로 한 전통적 갈등관은 갈등은 조직에 해악을 초래하고 효율성과 통합성을 저해하기 때문에 반드시 제거되어야 한다고 보았다. 그들은 갈등은 의사소통의 불충분, 사람들 간의 개방성과 신뢰감의 부족, 구성원들의 욕구충족에 대한 관리자의 실패 등에서 기인하는데 갈등이 없는 사회가 안정된 사회이기 때문에 갈등의 분출에 대한 효과적 통제와 함께 구성원들 간의 조화와 협력을 강화하는 기계적 조직구조를 강조하였다. 이러한 갈등에 대한 전통적 관점은 19세기를 거쳐 1940년대 중반까지 계속되었다

1940년대 후반부터 1970년대 중반까지 조직 및 관리이론을 지배한 행태론적 관점에서는 조직에서 갈등은 불가피하고 자연스러운 현상이기 때문에 완전히 제거될 수 없으며 상황에 따라서는 집단의 성과를 향상시키기도 한다며 갈등을 긍정적으로 보았다. 즉 갈등을 변화의 본질로 이해하고 갈등의 수용을 주장하였다. 그러나 행태론자들은 갈등의 불가피성을 수용하면서도 갈등 그 자체는 부정적인 것이므로 최소화되어야 한다고 보아 갈등에 대처하는데 있어서 갈등관리가 아닌 갈등해소의 개념을 적용하고 있다(이성록, 2007: 52).

한편 1970년대 이후의 갈등이론들은 상호작용론적 관점에 입각하고 있다. 이 견해는 갈등 그 자체는 가치중립적 성격을 가지며, 그것을 어떻게 관리하느냐에 따라 그 효과가 긍정적일 수도 있고 부정적일 수도 있다는 것이다. 따라서 중요한 것은 조직에 있어서 갈등은 필연적이므로 조직의 관리자들은 갈등이 발생하는 상황을 이해하고 조직의 반응성과 응집성을 유지하기 위해 역기능적(逆機能的) 갈등은 감소시키고 순기능적 갈등은 조장시키는 갈등관리체계를 갖추는 것이 성공적 조직운영의 핵심이 된다고 주장한다(이성록, 2007: 53-54).

이러한 견해의 밑바탕에는 조직에서 필연적으로 발생하는 갈등을 건설적인 방법과 과정을 통해서 긍정적 에너지로 전환시키는 시스템과 문화가 있는 사회가 건강한 사회라는 인식이 깔려 있다(이원태 외, 2009: 15). 이상에서 살펴 본 바와 같이 갈등에 관한 전통적 관점은 갈등의 제거를, 행태론적 관점은 갈등을 수용하는 것에 초점을 두는데 비하여 최근의 상호작용론

적 관점은 역기능적 갈등은 감소시키고 순기능적 갈등은 조장하고 활용하는데 초점을 두고 있다.

3. 사회갈등의 기능

1) 갈등의 역기능과 순기능

갈등은 역기능과 순기능을 동시에 가지고 있다. 우선 역기능을 보면 갈등은 집단이나 조직의 의사결정과 집행의 지연, 안정성의 파괴, 생산성의 저하, 사회적 혼란과 불신을 조성하는 등 부정적 결과들을 유발시킨다. 이를 구체적으로 설명하면 첫째, 심각한 사회갈등은 사회적 혼란과 분열을 초래하고 법과 질서를 해치게 된다.

사회갈등에서 이해당사자인 집단들은 자기들의 주장을 여론화시켜 영향력을 행사하기 위해 불법적인 집단행동을 하거나 정부를 비롯한 상대방을 맹비난함으로써 사회적 혼란을 초래하고 법질서를 파괴할 가능성이 크다. 둘째, 심각한 사회갈등은 집단차원에서 상호관계를 단절시켜 공동체를 파괴시킨다. 이런 공동체의 파괴는 회복이 어려워 사회적 분열로 이어지기 쉽다.

셋째, 사회갈등은 많은 사회적 비용을 수반한다. 첨예한 갈등으로 인한 정책의 지연이나 생산의 감소 등에 따르는 경제적 비용, 정책의 비일관성으로 인한 매몰비용, 재산 및 인명의 손실 등과 같은 가시적 비용에서부터 갈등당사자들의 상호불신으로 인한 공동체의식과 연대감의 상실, 임기응변적 정책집행에 따르는 비가시적 비용에 이르기까지 갈등은 많은 사회적 비용을 지불하게 된다.

한편 갈등은 다음과 같은 순기능도 가지고 있다. 첫째, 갈등이 건설적으로 전개되면 갈등을 통해 사회가 당면한 문제를 규명하고 문제의 해결을 위한 실질적인 방법을 모색하며 문제해결에 필요한 사회적 자원을 탐색할 수 있고, 문제해결 과정을 통해 사회구성원들의 역량이 향상될 수 있다(정주진, 2010: 171).

둘째, 갈등은 적절한 관리가 가능할 경우 집단내부의 결속을 강화시켜 주며, 다른 집단과의 갈등은 집단내부 문제에 대한 구성원들의 관심을 불러 일으켜 공동해결을 위한 노력을 자극할 수 있으며 집단의 응집성을 강화시켜 주기도 한다(정지웅 외, 2002: 43). 셋째, 갈등은 사회에 역동성을 부여함으로써 사회발전의 토대가 될 수도 있다. 즉 갈등은 인습에 의해 당연시되던 비합리적인 것들을 폭로하여 개선시킬 수 있으며, 나아가 조정과 타협이 이루어지면 이전보다 좀 더 협동적인 상호작용을 이끌어냄으로써 사회통합에 기여할 수 있다.

2) 조직에서의 갈등의 기능

위와 같이 갈등은 순기능과 역기능을 동시에 가지고 있는데, 이러한 기능을 조직(집단)차원에서 통합성, 안정성, 생산성, 균형성, 쇄신성 등 다섯 가지 측면에 대입하여 살펴보면 다음과 같다.

첫째, 갈등과 조직의 통합성과의 관계이다. 갈등은 조직의 균형과 통합을 파괴할 수 있다. 갈등은 그 과정에서 상대방 또는 상대집단을 적대시하고 그들의 목표지향성을 방해하는 행동을 취함으로써 조직의 통합성과 사회적 기능을 파괴하여 불균형상태를 야기하도록 한다. 또 갈등이 진행되는 동안은 조직의 목표달성에 매진할 수 없기 때문에 조직성과에 부정적 영향을 준다(이성록, 2007 : 61).

그러나 다른 한편으로 갈등은 사회통합에 기여할 수 있다. 갈등은 사회교환과 상호작용의 기본으로서 갈등이 합리적으로 해결되면 개인의 발전과 사회적 통합력을 향상시키는 계기가 될 수 있다. 갈등은 인간관계에 있어서 서로 자기주장을 공유할 수 있는 기본적인 기회를 제공해 주는 동시에 외부집단과의 갈등은 내적 응집력(凝集力)을 강화하도록 작용하여 구성원들의 충성심을 제고하고 조직의 내적 통합에 기여할 수 있다.

둘째, 갈등과 조직의 안정성과의 관계이다.

조직 내의 갈등은 구성원들 간에 편견과 적개심, 그리고 피해의식을 갖게 함으로써 조직의 안정과 조화를 깨뜨릴 수 있다. 그러나 외부집단과의 갈등은 조직에 대한 성원들의 동일화(同一化)를 더욱 강화시키는 기능을 한다. 외부집단과의 갈등이 커질수록 조직의 내적 응집력은 높아지고 구성원들의 집단이탈이 감소되며 집단에너지와 자원동원 수준이 높아짐으로써 조직의 안정에 기여할 수 있다.

셋째, 갈등과 조직의 생산성과의 관계이다.

갈등이 발생하면 구성원들의 과업집중도가 저하되며 조직의 에너지를 생산활동이 아닌 상대의 목표를 방해하는 활동에 투입하게 됨으로써 조직 전체의 생산성을 떨어뜨릴 수 있다. 그러나 다른 한편으로 갈등은 다른 집단과 경쟁하는 과정에서 응집력이 높아질 뿐만 아니라 구성원들을 심기일전하도록 하여 과업분위기를 쇄신함으로써 집단생산성의 향상에 기여하기도 한다(이성록, 2007: 59).

넷째, 갈등과 조직의 균형성과의 관계이다.

갈등은 구성원들과의 상호작용을 회피하거나 자료와 정보의 고의적 왜곡현상을 일으켜 정보의 흐름과 재생산을 어렵게 하여 정상적 의사소통을 방해함으로써 조직의 균형을 깨뜨리고 불안과 무질서를 초래할 수 있다. 그러나 다른 한편으로 갈등은 조직의 어디에 문제가 있는지에 대한 유용한 정보를 제공해 주어 장애를 발견할 수 있게 함으로써 정보의 흐름을 재조정하여 조직의 균형을 바로 잡을 수 있는 계기가 되기도 한다.

다섯째, 갈등과 조직의 쇄신성과의 관계이다.

극단적 갈등은 조직이나 개인의 쇄신성과 진취성을 저해할 수 있으며, 조직 내의 작은 문제에만 집착하여 환경을 무시하고 고정관념이나 근시적 현실에 매몰시킴으로써 결과적으로 조직의 발전을 가로막는 결과를 가져올 수 있다. 반면에 갈등은 내적 역량을 강화하기 위한 조직 내의 잠재력을 이끌어낼 수 있는 기회를 제공하며, 잠재적 경쟁상대인 타인이나 타 집단의 장점을 벤치마킹할 수 있는 기회로 작용하여 조직 내에 참신한 아이디어를 생성시킴으로써 쇄신성과 창의성을 향상시킬 수도 있다.

이상에서 살펴본 바와 같이 갈등의 역기능과 순기능은 별개의 개념이 아니다. 순기능 속에는 역기능의 가능성이 내포되어 있으며, 갈등의 원인과 전개 양상 및 상황관리 방식에 따라 역기능이 순기능이 될 수도 있는 것이다. 이같이 일정수준의 갈등은 조직이나 집단의 성과에 긍정적 효과를 기대할 수도 있으나 극단적 갈등은 순기능보다 역기능이 훨씬 크기 때문에 사회적 안정과 통합을 위해서는 그 발생을 사전에 예방하며, 이미 발생한 갈등에 대해서는 이를 해소하거나 완화시키는 관리방안이 필요하다고 하겠다.

4. 사회갈등의 유형

갈등의 의미가 다양한 것처럼 갈등의 유형도 그 성격이나 발생요인, 주체, 계층적 범위 등에 따라 다양하게 분류할 수 있다. 이러한 유형분류는 갈등의 속성을 이해하고 관리방안을 마련하는데 유용한 틀을 제시한다.

가. 갈등의 성격에 따른 유형 : 갈등은 그 성격이 어떠한가에 따라 크게 이해갈등, 가치갈등, 구조적 갈등으로 구분된다. 이해갈등은 개인이나 집단 간에 한정된 자원이나 권력에 대해 서로 경쟁하거나 이익의 분배방법 및 절차 등을 둘러싸고 일어나는 갈등이다. 가치갈등은 개인이나 집단 간에 가치관이나 신념체계, 문화 등에 대한 시각의 차이 또는 이해당사자 간에 사실관계에 대한 인식의 차이에서 발생하는 갈등이다. 한편 구조적 갈등은 적합하지 않은 제도·규제·관습이나 힘의 불균형 등 구조적 문제와 한계 때문에 발생하는 갈등이다.

나. 갈등의 발생 요인에 따른 유형 : 갈등은 그 발생요인에 따라 정체성 관련 갈등, 자원관련 갈등, 행정관리관련 갈등으로 구분할 수 있다. 정체성 관련 갈등은 인종이나 종교 혹은 민족의 차이에 따른 정체성에 기초한 갈등이며, 자원관련 갈등은 인적·물적·권력적 자원의 통제에 대한 경쟁이나 분배와 관련된 갈등이다. 그리고 행정관리관련 갈등은 권력에 대한 접근이나 정책결정 과정에 대한 접근이 불평등한 결과로 발생하는 갈등이다.

다. 갈등의 주체에 따른 유형 : 갈등은 그 주체에 따라 개인갈등, 집단갈등, 국가 간 갈등으로 구분할 수 있다. 개인갈등은 개인차원에서 이루어지는 갈등으로서 둘 이상의 개인 간에 협력을 통해 성과를 산출해야 하는 경우에 이를 위한 목표나 행동 등에 불일치가 발생할 때 일어나는 갈등이다. 집단갈등은 사회적 집단차원에서 발생하는 갈등으로서, 이는 다시 집단 내 갈등과 집단 간 갈등으로 구분된다.

집단 내 갈등은 주로 집단구성원들의 가치·신념 또는 사회적 배경 등의 차이로 인해 발생하며, 집단 간 갈등은 주로 목표와 이해관계를 달리하는 집단 간에 발생하는 갈등이다. 한편 국가 간 갈등은 국가 간에 이해관계와 이념의 불일치로 발생하는 갈등이다. 이 분류에 의하면 사회갈등은 이해관계 또는 가치관을 달리하는 사회집단 간의 갈등을 의미한다.

라. 갈등의 계층적 범위에 따른 유형 : 갈등은 발생의 계층적 범위에 따라 정부부문 간 갈등, 정부와 민간부문 간 갈등, 민간부문 간 갈등으로 구분할 수 있다. 정부부문 간 갈등은 공공정책을 둘러싸고 중앙부처 상호간, 중앙정부와 지방정부, 지방정부 상호간에 일어나는 갈등으로서 주로 관할업무 등과 관련된 권한갈등이 많다.

정부와 민간 간의 갈등은 중앙정부와 일반국민, 지방정부와 지역주민, 정부와 지역주민과 기업 간에 일어나는 갈등이다. 이러한 갈등은 효율성을 중시하는 관료체제와 개방성 및 대응성을 요구하는 시민사회와의 절차적 합리성에 대한 가치의 차이에서 발생하는 경우가 많다. 한편 민간부문 간의 갈등은 주민상호 간, 주민과 기업 간에 발생하는 갈등으로서 주로 상충되는 이해관계나 상이한 가치관에 의해 발생한다.

마. 갈등의 쟁점에 따른 유형 : 사회갈등은 갈등의 쟁점에 따라 계층갈등, 지역갈등, 세대갈등, 교육갈등, 환경갈등, 노사갈등, 남녀갈등 등으로 구분할 수 있는데, 그 내용은 뒤에서 구체적으로 설명하고자 한다.

5. 사회갈등의 증가 원인

1) 사회갈등의 요인

갈등의 요인에 대해서는 다양한 관점에서 논의되고 있다. D.Crawford와 R.Bodine은 갈등의 주요 원인으로 기본적인 심리적 욕구들, 제한된 자원, 상이한 가치를 지적하고 있으며, Frank(1996)는 상충되는 목적, 상호배타적인 이해관계, 적대감정, 상이한 가치체계 등을 제시하고 있다. 그리고 M. Deutsch는 갈등은 자원, 선호가치, 신념 그리고 갈등당사자 간의 관계의 특성의 차이에 의해 발생한다고 하고 있다(민정숙, 2007: 31-32 재인용).

그리고 박순일은 사회갈등의 원인으로 이해관계의 대립, 사회적 욕구에 대비한 사회발전의 불충분, 사회적 가치의 분열, 정책의 빈번한 변동을 지적하고 있다(박순일 외, 2009: 133-144). 한편 한국여성개발원의 연구보고서는 사회갈등의 발생요인을 구조적 요인과 환경적 요인으로 구분하여 구조적 요인으로 목표의 불일치, 한정된 자원, 상호의존성, 정보의 왜곡 및 차단을 들고 있으며, 환경적 요인으로 사회의 가속적 변화 및 다원화, 정부의 역할변화, 권위주의의 잔재, 문화적 영향 등을 지적하고 있다(한국여성개발원, 2005: 20-25).

이같이 갈등의 발생원인에 대해서는 연구자들이 다양한 내용을 제시하고 있지만 오늘날 한국사회에서 갈등의 심화를 초래하고 있는 원인은 크게 양립 불가능한 목표의 상충, 가치·신념·인식 등의 불일치, 희소자원에 대한 상호경쟁, 갈등관련 법·제도·절차의 미비, 시민사회의 미성숙 및 참여구조 미비 등으로 요약할 수 있다(임동진, 2010: 30). 이러한 요인들을 체계적으로 정리하면 인지적 요인, 사회적 요인, 문화적 요인으로 구분하여 설명할 수 있다.

(1) 인지적 요인

인지적(認知的) 요인에 의한 갈등은 개인이나 집단이 가지고 있는 이념이나 가치 등이 서로 달라서 발생하는 갈등이다. 한국사회의 핵심적 갈등요인의 하나는 이념적 대립이라고 할 수 있는데, 현재 이념갈등은 남북갈등과 함께 남북관계를 둘러싼 남한사회의 내부갈등인 남남갈등(南南葛藤)의 형태로 중첩적으로 나타나고 있다.

한반도가 수십 년간 한국과 북한으로 분단되어 서로 다른 이념과 체제가 유지되면서 남·북한 간에 극심한 이념갈등을 겪고 있으며, 1990년대 말부터 햇빛정책이 실시된 이후에는 대북정책과 대북관을 놓고 정부와 정당, 관련단체들이 서로 이념적 차이를 보이며 대립하는 남남갈등이 빈번하게 발생하고 있다.

한국사회의 갈등은 가치관의 차이도 큰 요인으로 작용하고 있다. 새만금

간척사업, 천성산 터널사업 등을 둘러싼 환경갈등, 남녀 간의 인식차이에 따른 젠더(Gender)갈등, 젊은 세대와 기성세대 간의 인식의 차이로 인한 세대갈등은 가치관의 차이에서 기인하는 것으로 볼 수 있다. 또 교육갈등 중에서도 중·고교의 역사교과서 채택문제, 고교평준화 문제 등 가치관의 차이로 발생하는 갈등이 적지 않다.

(2) 사회적 요인

한국사회는 압축적 성장을 통해 지난 50년 동안 농업사회에서 산업사회로 급속하게 변화되었고 이제는 지식정보화사회의 한가운데로 들어서게 되었다. 이같이 사회환경은 급속하게 변화되고 있지만 사회성원들의 의식은 이러한 변화를 제대로 따라가지 못함으로써 갈등의 요인으로 작용하고 있다.

또 한국사회의 갈등에 중요한 역할을 하고 있는 것 중의 하나로 방송을 비롯한 언론매체의 보도태도를 들 수 있다. 갈등사안이 있을 때마다 보수언론과 진보언론으로 나누어 이념적 편향성을 보이며 일방적인 보도를 하고 있어서 사회성원들의 정확하고 공정한 인식을 방해함으로써 갈등을 조장하는 요인으로 작용하고 있다.

(3) 문화적 요인

문화적 측면에서 사회갈등을 초래하는 주요 요인의 하나는 우리사회의 집단주의(集團主義) 성향이라고 할 수 있다. 집단주의의 표상인 '우리의식'은 개인의 고립감을 해소시켜 주고 정서적으로 사회통합에 긍정적 역할도 하지만, 반면에 자기가 소속한 내집단 구성원에게는 강한 유대감을 가지는 반면에 외집단 구성원에게는 배타성을 갖도록 하여 자유로운 의사소통과 사회적 합의형성을 어렵게 함으로써 갈등을 야기하고 있다.

또 하나의 요인은 이기주의라고 할 수 있다. 한국사회는 민주주의에 대한 경험이 짧아 개인들이 타인 및 공동체 전체의 이익을 고려하지 않고 자신과 집단의 이익을 추구하려는 이기주의적 성향 때문에 이해관계를 둘러싼 갈등이 야기될 개연성이 높다. 한편 권위주의적 문화도 갈등요인이 되고 있다. 권위주의적 사회에서는 수평적 의사소통이 이루어지지 못해 조직의 구조가 경직되는데다 위계적 조직원리를 강조하고 자원과 권력의 집중화가 높기 때문에 항상 갈등의 소지를 안고 있다고 할 수 있다(김경동, 1985: 370).

2) 사회갈등의 증가 원인

우리나라에서 사회갈등이 증가하고 있는 원인은 첫째, 산업화가 초래한 사회적 불평등 때문이라고 할 수 있다. 1960년대 이후 성장제일주의의 기치아래 추진된 국가주도의 산업화전략은 높은 경제성장과 함께 자본·기술·직업·소득·교육 등에 다양한 분화를 가져 왔으며 인구와 물적 자원의 빠른 이동을 가능하게 하였다. 그러나 이러한 사회적·지리적 이동은 인간관계 및 문화의 이질화를 초래하였으며 다양한 직업, 상이한 생활수준과 생활방식, 높은 익명성(匿名性) 등은 정치·경제·사회·문화적 차원이 어우러진 복합적 갈등구조를 형성하게 되었다(김종길, 2005: 31).

경제적 차원에서는 성장우선정책으로 인해 경쟁의 공정성과 분배의 형평성이 지켜지지 못하여 성장의 과실을 제대로 분배받지 못하는 사회적 소수집단과 소외계층을 양산하는 불평등을 초래함으로써(정책기획위원회, 2006: 136) 소득과 부의 소유 정도에 따른 계층 간의 갈등과 대립을 빈발하게 하는 원인이 되고 있다. 또 사회문화적 차원에서는 분화된 사회 내의 여러 집단 간의 이념 및 이해관계의 대립에 따라 여러 형태의 갈등이 증가하게 되었다.

둘째, 시민들의 권리의식 향상이다.

1987년 이후에 정치·사회적으로 민주화가 진전되면서 이루어진 시민들의 권리의식 향상은 사회갈등을 증가시키는 중요한 요인의 하나가 되었다. 민주화로 언론 및 결사의 자유가 보장되고 시민사회 성원들의 권리의식 향상과 참여욕구가 증대됨에 따라 기존의 불평등한 권력 및 분배관계를 변화시키려는 집단들의 의식적이고 집합적인 노력이 이루어지게 되었다. 그리하여 환경·인권·여성 등 다양한 분야에서 공공정책을 둘러싸고 자신들의 의사를 적극적으로 개진함으로써 과거 권위주의정권에 의해 억제되었던 잠재적 갈등들이 현재화(顯在化)하게 되었다.

셋째, 세계화에 따른 신자유주의의 영향이다.

1997년의 금융위기 이후에 본격화된 경제의 신자유주의적 재편은 우리사회의 불평등을 빠른 속도로 진행시켰을 뿐만 아니라 다양한 영역으로 확산시켰다. 그 결과 사회성원들 간에 권력과 자원의 비대칭성이 점차 확대됨에 따라 시장에 적응하지 못하거나 시장에서 배제된 사람들이 증가하면서 사회양극화, 빈곤, 사회적 배제현상이 심화됨으로써 사회적 갈등이 증가하게 되었다.

그리고 세계화에 따라 다수의 외국인노동자와 결혼이주민의 국내 유입으로 우리사회가 다문화사회로 변모되면서 문화적 차이에 따른 새로운 갈등들이 나타나게 되었다. 또한 신자유주의에 따라 환경의 자본화를 가져오는 신개발주의가 확산되면서 중앙정부 및 지방정부 주도의 개발이 무분별하게 이루어져 생태계 파괴, 거주환경 악화 등의 심각한 환경문제가 초래됨에 따라 지역주민들이 삶의 질 향상을 위하여 환경보전을 내세우고 개발주체인 정부 등과 대립하면서 공공갈등이 지주 발생하게 되었다.

넷째, 합리적 갈등관리시스템의 부재도 갈등증가의 원인으로 작용하였다.

그동안 우리사회는 경제성장과 사회발전을 추진하는 과정에서 발생한 다양한 갈등으로 엄청난 사회적 비용을 치르면서도 갈등의 예방이나 해결을 위한 인프라를 제대로 구축하지 못했기 때문에 갈등의 악순환이 계속되게 되었다. 민주화가 이루어진 이후에도 권위주의체제에서 형성된 정부의 갈등에 대한 인식과 해결방법은 크게 변화되지 않고 그대로 유지된 채 민주화된 사회에 걸맞는 합리적 갈등관리를 위한 시스템을 구축하지 못하였다. 또 갈등관리를 위한 기존의 법제적 수단들 역시 공공갈등에 대처하는데 효과적 수단으로 작동하지 못함으로써 갈등이 계속 증가하고 있는데도 이를 제대로 관리하지 못하고 있다.

6. 사회갈등의 구조와 특성

1) 사회갈등의 구조

우리 사회의 갈등이 가지고 있는 구조적 특징은 정치·경제·사회·문화적 요인들이 각각 사회갈등을 직접 유발하기도 하지만, 이러한 유발요인들이 상호작용을 하면서 새로운 정치·경제적 갈등을 확산시키는 구조를 형성하고 있다는 점이다(문태훈 외, 2011: 13).

우리 사회의 갈등구조를 개략적으로 보면 1950년대까지는 남북분단과 6·25전쟁이 결과한 이념갈등이 사회갈등의 큰 축을 형성하였다. 그리고 1960년대부터 시작된 본격적인 산업화는 정부가 성장거점을 선정하여 집중투자하는 적극적인 산업육성정책으로 추진되었다. 그런데 성장거점이 정치적으로 선정되어 일부지역에 편중됨으로써 결과적으로 지역 간의 성장격차를 가져오게 되었으며, 이러한 지역격차의 심화는 정치적 논리에 의하여 지역갈등을 증폭시키는 결과를 가져오게 되었다.

또 1970년대의 산업화에 따른 경제성장은 계층 간의 소득격차와 함께 수도권과 비수도권, 도시와 농촌 간의 지역격차를 확대시켰으며, 이는 다시 주거·교육·의료부문의 격차를 가져와 사회갈등의 요인으로 작용하게 되었다. 나아가 이러한 요인은 정치적 쟁점이 되어 다시 정치적 갈등요인을 강화시키면서 사회갈등의 전반적인 수위를 높이고 갈등의 범위를 확산시켜왔다(문태훈 외, 2011: 13). 또 민주적 변혁을 둘러싼 정치적 갈등이 나타났으나 권위주의 정치체제에 의해 억압됨으로써 갈등은 체제 불만적 성격을 띠게 되었다.

한편 1980년대에 와서는 정치·경제적 민주화 요구가 거세지면서 노사 및 계층대립이 격화되어 경제적 성과의 공정한 배분을 요구하는 분배갈등의 형태로 표출되었다. 이어서 1987년 민주화선언 이후에는 시민사회의 활성화와 함께 그동안 권위주의정권 아래서 억눌려졌었던 다양한 이익과 가치를 둘러싼 요구가 한꺼번에 분출되어 갖가지 형태의 사회적 균열 및 갈등상황을 확대재생산함으로써 우리 사회가 본격적인 갈등사회로 진입하게 되었다(이원태, 2012: 38).

그리고 1997년의 외환위기 이후에는 대량실업, 중산층 감소 등 사회적 위험이 더욱 커졌을 뿐 아니라 사회양극화 현상으로 계층 간에 불평등이 심화되면서 사회갈등 요소가 전방위적으로 확산되고 일상의 생활영역에까지 깊숙이 침투하게 되었다. 이와 함께 대북정책을 둘러싸고 이념갈등이 남남갈등으로까지 확대되었으며 사회적 가치가 다원화되면서 환경갈등이 심화되고 교육이념을 둘러싼 갈등도 발생하는 등 사회갈등의 쟁점과 영역이 한층 더 다양화되었다.

한편 2000년대에 와서는 정부가 추진하는 공공사업의 결정 등을 둘러싸고 정책의 민주화와 관련하여 새로운 갈등이슈들이 다수 분출하고 있으며 지역적 문화 및 정보격차와 함께 세계화로 인한 외국인근로자와 결혼이주민의 다수 유입에 따른 문화갈등이 현재화되고 있다. 또 세계화의 영향으로 인한 사회적 양극화 및 배제의 확대에 따른 불평등도 사회갈등을 심화시키는 중요한 요인이 되고 있다.

2) 사회갈등의 특성

최근 우리 사회의 갈등양상은 다음과 같은 특징을 보여주고 있다. 첫째, 사회갈등은 초기에는 주로 정치와 국가영역에서 발생했으나 경제성장의 지속 및 민주화의 진전과 함께 그 외연이 점차 시장영역으로 확대되었으며, 최근에는 시민사회를 포함한 전 사회영역을 아우르는 복합갈등의 양상을 띠고 있다.

둘째, 갈등의 양상이 과격해지고 장기간 지속되는 경향이 많아졌다. 대부분의 갈등양상이 매우 감정적이고 무규범적인 데다 정부의 경직된 대처에 대한 반발로 폭력수단까지 동원되어 수습을 어렵게 하는 등 과격성을 띠는 경우가 많아졌다. 그리고 그 해결에 장기간을 요하는 갈등들도 많아졌는데, 국책사업인 새만금간척사업을 둘러싼 갈등은 7년, 제주해군기지 건설을 둘러싼 갈등은 10년이나 지속되었다.

셋째, 갈등에 제3자가 개입하는 경향이 많다. 갈등의 진행과정에는 직접 이해관계가 있는 당사자들만이 참여하는 경우도 있으나 대부분의 경우는 시민단체 등 제3의 세력들이 이를 정치쟁점으로 삼아 갈등당사자를 대신하여 갈등을 주도하고 과격한 투쟁으로 전개되도록 유도하는 수가 적지 않다. 이러한 제3자 개입은 이념적 요소가 관련되거나 환경문제와 관련된 대형 국책사업을 둘러싼 갈등에 많이 나타나고 있다.

넷째, 갈등의 진행과정에서 갈등당사자 또는 지원단체가 당초의 갈등동기를 벗어난 정치적 요구를 함으로써 갈등의 해결을 어렵게 하는 경우가 많다. 노사갈등과정에서 노동자의 권익과는 직접 관련이 없는 쟁점을 내세워 정치운동을 하거나, 교육갈등의 과정에서 교육과는 무관한 문제를 내세워 비교육적 단체행동이나 정치활동을 하는 것들이 그러한 예이다.

다섯째, 사회갈등 중에서 공공갈등이 차지하는 비중이 계속 높아지고 있다. 최근에 민주주의가 진전되고 시민의식이 성장하여 주민들의 지역사회에 대한 주체의식이 제고되면서 쾌적한 생활환경, 성장보다는 분배, 공공사업 결정과정의 공정성에 대한 관심이 높아짐에 따라 정부를 비롯한 공공기관에서 시행하는 사업을 둘러싼 갈등이 크게 증가하고 있다.

여섯째, 공공갈등이 사회적 합의에 의해 해결되는 경우가 드물고 법적 판단에 근거하여 해결하려는 경향이 높아지고 있다. 갈등을 해결하기 위한 수단으로 공공사업 추진주체인 정부는 시민단체나 지역주민을 업무방해와 손해배상 등을 이유로, 공공사업을 반대하는 시민단체나 주민들은 공사중지 또는 피해보상 등을 이유로 정부를 상대로 소송을 제기하는 경우가 많아지고 있다.

법적 권위를 가진 제3자인 사법기관에 의한 갈등해결은 정부의 공권력을 동원한 권위주의시대의 갈등해결방식에 비하여 진일보한 것이고 민주화의 결과라고도 할 수 있다. 그러나 이러한 방식의 갈등해결은 이해관계자의 입장과 이해를 온전하게 반영하는데 한계를 보이면서 상호불신이 깊어지고 법적 판단에 승복하기보다는 이에 불복하여 계속 반대하는 현상이 나타나고 있다(정책기획위원회, 2008: 5).

7. 사회갈등의 유형별 양상

오늘날 우리 사회는 정치·경제·사회·문화 등 여러 부문에서 다양한 갈등들로 점철되고 있다. 정치적으로는 보수와 진보를 둘러싼 이념갈등이, 경제적으로는 소득양극화에 따른 계층갈등 및 지역불균형에 따른 지역갈등이, 사회문화적으로는 세대갈등, 교육갈등, 환경갈등 등이 심화되고 있다.

또 갈등의 성격도 서구의 경우에는 경제적 이해관계를 둘러싼 이익갈등에서 사고(思考)와 생활양식이 대립하는 가치갈등으로 그 중심이 이동된 것과는 달리 우리 사회에서는 두 유형의 갈등이 거의 동시적으로 분출하는 복합적 양상을 보이고 있기 때문에 갈등양상이 매우 다양하고 복잡해지며 구조화되고 있다.

그리고 지식정보사회로 진입되면서 갈등표출의 통로가 다양해지고 갈등집단의 형성이 용이해지면서 갈등이 사실상 사회의 모든 분야로 확산되고 있는데다 쉽게 확대재생산되는 양상을 보이고 있다. 이와 함께 갈등당사자들이 당면한 갈등을 이성적 방식보다는 감성적으로 처리하는 경향이 높아지고 있으며, 갈등상황에 반성적으로 숙고하기 보다는 반사적으로 반응하는 경향이 강하게 나타나고 있다(이원태, 2012: 145). 이러한 현상은 민감한 사회적 이슈에 대해 필요 이상으로 과도한 사회적 반향을 불러일으키며 갈등을 예측할 수 없는 상태로 몰아가는 원천으로 작용하고 있다.

이에 따라 한국사회의 갈등수준은 다른 국가들에 비하여 크게 높은 것으로 나타나고 있다. 한국보건사회연구원이 2014년 보고서로 발간한 '사회갈등지수 국제비교 및 경제성장에 미치는 영향'에 따르면 2011년 기준으로 우리나라의 사회갈등지수는 경제협력기구(OECD) 소속 국가 중 조사대상 24개 국가 가운데 다섯 번째로 높게 나타나고 있다(한국보건사회연구원, 2014: 77).

한편 우리 국민들도 사회갈등이 심각한 수준이라고 인식하고 있다. 국민통합위원회가 2015년 실시한 '국민통합에 관한 국민의식조사'의 결과에 의하면 조사대상자의 57.5%가 우리나라의 사회갈등 수준이 다른 나라에 비해 심하다고 응답하고 있으며, 갈등유형별로는 50% 이상이 계층갈등(75.0%), 노사갈등(68.9%), 이념갈등(67.7%), 지역갈등(55.9%), 세대갈등(50.3%)이 심각하다고 응답하고 있다(국민통합위원회, 2015: 56-57). 그리고 우리 사회에서 가장 시급히 해결해야 할 갈등에 대해서는 이념갈등-계층갈등-노사갈등-지역갈등 순으로 응답하고 있다(국민통합위원회, 2015: 95). 이하에서는 유형별로 우리 사회의 갈등의 양상과 특징을 살펴보고자 한다.

1) 계층갈등

계층이란 성층화(成層化)되어 있는 사회구성원들의 배열구조를 의미하는데, 어느 사회에서나 구성원들은 직업·교육 및 생활수준 등에 따라 위계적으로 배열되어 불평등한 지위를 갖고 있다. 따라서 각 계층, 특히 상위계층과 하위계층 사이에는 이러한 사회적 불평등에 따른 이질감과 위화감이 생기고 상호 대립하게 되는데, 이러한 현상이 계층갈등으로 나타나게 된다(신윤창, 2010: 130).

사회통합에 영향을 미치는 여러 요인들 중에서 계층갈등(階層葛藤)은 매우 중요한 비중을 차지한다. 사회갈등 중에서 이념갈등이나 지역갈등, 환경갈등 등은 전체 사회구성원 가운데 일부가 그 이해당사자가 되는 경우가 많은 반면에 계층갈등은 사회구성원 모두를 포괄하기 때문이다. 우리 사회의 계층갈등은 산업화로 인한 사회적 분화와 다원화, 불평등한 분배구조, 권력층과 자본의 특권적 결탁, 국가경제 발전과정에서 민중부문의 이익배제 등 다양한 원인에서 발생하고 있다.

계층갈등의 원인은 경제·정치·사회의 세 가지 측면으로 구분하여 설명할 수 있다. 첫째, 경제적 측면에서 계층갈등의 가장 중요한 원인은 분배의 불평등이라고 할 수 있다. 1960년대 이후 수십 년간에 걸쳐 한국경제가 이루어 낸 고도성장의 과실이 사회 각 계층에 골고루 배분되지 못하고 자본가와 특수계층에 집중됨으로써 소외계층의 상대적 박탈감이 고조되면서 계층갈등이 일어나게 되었다(신윤창, 2010: 130).

더욱이 1997년의 외환위기에 따른 대규모 실업 등으로 소득분배구조가 급격하게 악화되면서 빈부격차가 확대되어 중산층이 크게 감소하고 양극화 현상이 심화되었다. 이러한 중산층의 감소는 인간존엄성의 파괴와 함께 내수침체와 소비위축이라는 사회적 비용을 증가시키며 시민사회의 파편화와 분열을 초래하여 사회갈등을 조정하는 완충지대의 파괴로 이어지고 있다.

우리 사회에서 계층 간의 양극화를 지속적으로 심화시킨 중요한 요인의 하나로 고용의 양극화를 지적할 수 있다. 외환위기 이후 기업들의 구조조정이 결과한 고용의 양극화현상은 비정규직 증가로 나타났는데, 비정규직은 고용안정성이 약할 뿐 아니라 아니라 임금도 정규직보다 매우 열악한 상황이어서 소득불평등을 심화시키는 결정적 요인이 되고 있다.

이러한 소득의 양극화현상은 분배구조 및 물적·인적자본의 공급기반을 약화시켜 성장잠재력을 크게 훼손하게 되었으며 공정한 경쟁을 불가능하게 하여 소득계층 간에 사회적 이동을 어렵게 함으로써 빈곤의 대물림 등 계층의 고착화 및 구조화현상을 낳게 하는 등 여러 가지 사회적 부작용을 가져오고 있다.

결국 양극화현상은 사회적 불평등을 크게 하고 소외계층으로 하여금 상대적 박탈감과 상실감을 갖도록 함으로써 사회적 분열과 갈등을 확대시키는 원인이 되고 있는데, 소득불평등은 단순히 경제적 갈등에 그치는 것이 아니라 계층 간의 교육갈등이나 이념갈등으로까지 비화되는 요인이 되고 있다(이원태 외, 2009: 42).

둘째, 정치적 측면에서 계층갈등의 원인은 권위주의적 정치구조의 형성에서 찾을 수 있다.

한국의 권위주의적 정치체제는 산업화과정에서 경제성장을 효율적으로 추진한다는 명분 아래 독점자본가에게는 막대한 특혜를 준 반면에 민중부문에는 억압과 수탈을 가하였다. 1960-1990년대의 한국사회는 노동쟁의를 금지하거나 행정적으로 엄격하게 규제하는 한편 민중세력이 정책결정에 참여할 수 있는 통로를 철저하게 차단하였다. 이에 따라 국가의 억압에 대한 민중부문의 반발이 거세졌는데, 이것은 국가 및 국가와 결탁된 특권계층의 부당성에 대한 국민의 비판의식을 높여줌으로써 계층갈등을 심화시키는 원인이 되었다.

한편 권력과 재벌기업 간의 유착은 엘리트중심의 폐쇄적 계층구조를 형성하여 계층 간에 사회적 상향이동의 가능성을 거의 차단시켰다. 그 결과 경쟁과정의 폐쇄성과 경쟁기회의 불공정을 초래하게 되어 엘리트와 대중들 간의 이질감이 더욱 심화되게 되었다. 이와 같은 국가정책의 형평성 결여 및 권위주의적 정치구조의 형성은 관료들과 밀착된 특권층에 대한 국민들의 분노와 반감을 초래했으며 계층 간의 간극을 확대시키고 갈등을 조장하는 주요 동인으로 작용하게 되었다(신윤창, 2010: 131).

셋째, 사회적 측면에서 계층갈등이 나타나는 원인은 다양하다. 우리 사회의 계층구조는 자본가계층, 중간계층, 노동자 및 농민계층 등 여러 층으로 분화되었고, 이들 각 계층들이 서로 다른 이익들을 표방함으로써 계층갈등을 부추기는 요인으로 작용하고 있으며 갈등을 더욱 복잡한 형태를 띠게 만들고 있다.

또 1990년대에 들어와 노동조합의 조직화 정도와 노동계급의 양적·질적인 성장 역시 사회갈등의 동인으로 작용하고 있으며 산업화·도시화로 도시에 집중하게 된 농촌인구의 상당수가 기본적 생존권조차 제대로 보장받지 못하는 도시빈민층으로 전락함으로써 이들의 박탈감과 소외의식도 계층갈등을 격화시키는 하나의 요인이 되었다.

2) 지역갈등

지역갈등은 지역 간에 정치·경제적으로 실질적인 이해관계가 대립하여 지역 간의 주민관계가 부정적인 사회관계로 발전하여 발생하는 갈등을 말한다. 지역갈등은 지역주의(地域主義)가 고착되어 형성되는데, 우리나라의 지역주의 정치구도는 권력의 배분과 재생산과정이 철저히 지역적 연고와 배타적인 지역감정에 호소하는 대중의 정치적 동원을 통해 이루어지는 체제라고 할 수 있다(정책기획위원회, 2006: 49).

지역주의는 특정지역에 대한 사회적 편견과 정치·경제적 차별에 의해 형성되는 것으로서 지역갈등의 가장 중요한 요인으로 작용하고 있다. 우리 사회는 역사적으로 조선시대 이전부터 특정지역에 대해 사회적 편견을 가져 온데다가 1960년대 이후 경제개발에 따른 광범위한 지역이동 속에서 특정지역 주민들에 대해 편견을 갖게 되어 차별의식이 확대되었다. 이러한 편견은 지역 간에 사회심리적인 이질감을 크게 하는 등 지역감정을 자극함으로써 지역갈등의 중요한 요인의 하나가 되었다.

우리 사회에서 지역갈등을 더 심화시킨 구체적인 계기는 1960년대부터 추진된 산업화과정에서 나타난 지역차별적인 개발정책이었다. 이때부터 추진된 하향식 경제개발정책은 성장거점전략을 택하여 영남지역과 수도권에 집중 투자함으로써 이 지역에서는 급속한 경제성장이 이루어졌다.

그러나 호남지역을 비롯한 여타 지역은 상대적으로 투자가 소외되어 낙후지역으로 전락함으로써 지역 간에 소득뿐만 아니라 교육 및 복지수준, 그리고 고용기회 등 총체적 생활상의 격차를 가져오게 되었다. 이러한 지역 간 격차는 낙후지역 주민들로 하여금 차별감에 의한 상대적 박탈감을 갖도록 함으로써 지역갈등을 심화시키는 요인으로 작용하게 되었다.

지역갈등을 심화시킨 또 하나의 요인은 지역차별적인 인사정책이었다. 과거 권위주의정권들은 정통성이 취약한 상황 속에서 권력기반을 다지고 장기집권을 도모하기 위해 지역주의를 전략적으로 활용하였고, 그 보상수단으로 영남지역에 편중된 국가엘리트를 대거 충원하게 되었다. 이는 타 지역 주민들의 피해의식과 소외감을 조장함으로써 지역갈등을 심화시키는 또 다른 요인이 되었다. 그리고 그동안 정치인들이 각종 선거과정에서 지역감정을 전략적으로 악용한 것도 지역갈등을 심화시키는 요인으로 작용하였다고 할 수 있다.

이같이 우리 사회에서 발생하는 지역주의와 지역감정에 의한 지역갈등은 한편으로 지역격차라는 객관적 현실을 반영하고 있지만 다른 한편으로는 역사적 측면과 정치사회적 상황요인들이 결부된 복합적 상호작용의 산물이라고 할 수 있다. 따라서 우리 사회의 지역갈등은 세계 어느 곳에서나 보편적으로 볼 수 있는 지역갈등 보다도 훨씬 더 경쟁적이고 적대적 성격이 강한 것이 특징이라고 할 수 있다(김종길, 2005: 54).

한편 지방자치제가 실시된 이후에는 위에서 설명한 지역적 편견과 정치·경제적 차별에 의한 지역갈등 이외에도 지역과 그 주민들의 이해관계와 직결된 갈등이 많이 발생하고 있다. 혐오시설의 자기지역 입지 기피와 선호시설의 자기지역 유치를 둘러싸고 빈번하게 발생하는 정부와 지방정부 간, 지방정부 상호간, 그리고 주민들 간에 일어나는 대립과 갈등은 그러한 예들이다.

문화·체육시설 또는 공공기관 등 선호시설의 유치를 둘러싼 갈등은 지방정부 간의 편익과 경제적 이익추구를 위한 경쟁에서 기인하는데, 여기에 지역주민들의 이해관계가 얽혀 갈등을 심화시키고 있다. 반면에 원자력발전소나 폐기물처리장을 비롯한 기피시설과 관련된 갈등은 각종 공해, 지역이미지 손상, 재산적 가치하락 등과 같은 사회적 비용이 단기적으로 해당 입지지역에 집중하게 됨으로써 이를 거부하는 지역주민들과 시설을 어딘가에는 설치해야 하는 지방정부 또는 중앙정부 간에 첨예한 갈등으로 진전되는 경향이 많아지게 되었다.

3) 이념갈등

우리 사회에서 보수와 진보세력 간의 이념을 둘러싼 갈등은 국가와 시장에 대한 태도보다는 남북분단 및 체제모순과 깊이 연관되어 있다. 우리 사회에서 이념갈등의 기원은 남한과 북한이 분단된 해방정국의 좌우대립 과정에서 비롯되었는데, 6·25전쟁을 거치면서 북한체제를 인정하지 않으려는 정치적 불관용의 문화가 형성됨으로써 자기와는 이념이 다른 개인과 집단들의 가치와 주장을 원천적으로 인정하지 않고 적대시하며 증오하는 풍토가 조장되게 되었다(정책기획위원회, 2006: 39).

그러다가 1980년대 후반에 민주화를 통한 정치적 개방이 이루어지는 한편 1998년에 진보적 색채를 띤 국민의정부가 들어서고 2000년에 남북정상회담이 개최됨을 계기로 우리 사회는 오랫동안 지탱해 오던 이념구도에 큰 변화가 일어나 대북관계를 둘러싸고 보수와 진보세력 간에 이른바 남남갈등이라는 또 다른 이념갈등이 본격화하게 되었다.

그 후에 이념갈등은 더욱 격화되어 통일정책과 북한지원을 비롯한 대북관계는 물론이고 정치·경제적으로도 첨예한 대립을 빚게 되었다. 정치분야에서는 북한 핵개발과 국가보안법 폐지문제를 둘러싸고 보수와 진보세력 간에 이념갈등을 겪고 있으며, 경제분야에서는 시장에 대한 국가개입의 정도 및 방식을 둘러싼 대립과 함께 자원의 효율적 분배를 추구하는 성장논리와 자신의 몫을 정당하게 나누어야 한다는 분배논리가 대립하면서 보수와 진보세력 간에 갈등의 골이 깊어지고 있다(김종길, 2005: 45).

한편 최근 들어 우리사회는 세계화와 지식기반사회의 확산, 그리고 그로부터 파생된 사회양극화와 삶의 불확실성 증대라는 사회문제가 심화됨에 따라 이를 해결하려는 대안을 모색하기 위한 이념적 분화가 일어나고 있다. 그 결과 정치·경제적 이념갈등 외에도 교육·문화·환경 등과 관련된 다양한 일상생활 영역에서도 이념갈등이 형성되고 있다(정책기회위원회, 2006: 41).

이러한 이념갈등은 사회구성원들로 하여금 비합리적이고 충동적인 기준에 따라 사고하고 행동하도록 하기 때문에 자신과는 이념이 다른 사람이나 집단에 대해 무차별적인 증오의 감정을 품게 만든다. 이러한 상황에서는 합리적인 대화와 설득, 협상과 타협의 기제가 작동하기 어려워지므로 사회는 소모적 논쟁에 휩싸이게 되고 파편화되게 된다. 그런데도 우리 사회는 아직 이념갈등을 관리할 수 있는 제도적 기반이 매우 취약하다고 할 수 있다.

4) 세대갈등

세대는 역사적·정치사회적 사건을 공유한 연령집단으로서, 세대갈등은 연령에 의하여 구분된 인구집단 간에 서로 다른 가치 및 행동양식으로 인하여 발생하는 일종의 문화적 갈등이라고 할 수 있다. 한 사회의 여러 세대들은 생애주기 또는 역사적 사건과 정치사회적 경험의 차이로 인하여 세대 간에 가치관이나 행동에 차이가 존재하는데, 이런 차이를 다른 세대가 긍정적으로 받아들이지 못할 때 갈등으로 나타나게 된다.

이같이 세대갈등은 이해관계의 상충보다는 가치관이나 의식구조의 차이에서 연유되는 경우가 많으며, 일반적으로 급격한 변동을 겪는 사회일수록 가치체계도 크게 변화하므로 안정된 사회보다 세대차이가 커지게 되어 갈등 역시 심화될 가능성이 높다(박재홍, 2010: 124). 세대갈등의 가장 근본적인 요인은 세대 간에 인식의 차이라고 할 수 있다. 기성세대가 살아온 환경과 청소년세대의 환경은 현격하게 다르기 때문에 가치관, 세계관, 윤리의식면에서 많은 차이를 나타내게 되는데, 이것이 갈등의 요인이 되고 있는 것이다.

해방 이후에 우리사회는 산업화, 민주화, 정보화라는 역사적 경험을 잇달아 겪으면서 각기 역사적 경험을 달리하는 세대를 출현시켰다. 우리 사회의 기성세대는 기본적으로 농촌사회 또는 전통사회가 규정하는 사회문화적 환경 속에서 성장하였기 때문에 그들의 의식과 행동은 전통주의, 권위주의, 특수주의 등의 범주에서 크게 벗어나기 어렵다.

반면에 민주화 이후 성장한 세대들은 기성세대에 비해 상대적으로 더 합리성과 보편성, 민주 및 평등의식, 개인주의 등의 가치관을 내면화하고 있을 뿐만 아니라 이를 생활 속에서 실천하려고 한다. 또 정보화의 진척에 따라 청소년세대는 이념에 못지않게 문화코드로 동질감을 느끼고 생존문제를 넘어선 삶의 질의 향상을 추구하며 개방적이고 감성적 성향을 가지고 있다.

이러한 차이는 세대별 정치적 성향에서도 나타난다. 청소년세대는 자발적이고 저항적인 참여에 적극성을 보이는 반면에 기성세대는 전통적이고 합법적인 참여에 더 치중하는 경향이 있다(김종길, 2005: 51). 이러한 세대 간의 가치관 및 행동양식의 차이는 사회적 갈등을 초래하는 중요한 요인이 되고 있다.

우리사회의 세대갈등은 1990년대까지는 다양한 억압기제에 의해 표출되지 못하고 잠재되어 있다가 2000년대에 들어와 각급 선거를 통해 표출되기 시작하면서 중요한 사회갈등의 하나가 되고 있다. 즉 2000년 총선, 2002년 대선, 2004년 총선에서 세대별로 각 정당과 후보에 대한 투표성향이 뚜렷한 차이를 보이게 되면서 세대 간의 갈등이 정치적 영역에서 노골적으로 표출되기 시작하였다.

그리고 여기에서 더 나아가 현재는 세대갈등이 통일 및 대북관계, 한미(韓美)관계를 비롯한 정치적 현안뿐만 아니라 결혼관, 자녀관, 정보수단의 활용 등 실생활에 연계된 사안들에 이르기까지 여러 분야로 확산되고 있다. 이러한 청소년세대들에 의해서 발생하는 갈등의 심층에는 그들이 요구하는 기대를 충족시켜주지 못하는 기성세대에 대한 불만, 사회적 불평등과 공정성에 대한 강한 비판, 기성세대의 부도덕성에 대한 반발과 함께 자신들이 갖고 있는 도덕적 자부심 등이 내재되어 있다고 할 수 있다.

한편 최근에 와서는 고령화에 따른 노인인구의 증가에 따라 노인세대와 다른 세대 사이에도 새로운 갈등이 나타나고 있다. 노인인구가 계속 증가하는 반면에 생산활동 인구는 증가세가 둔화되면서 연금제도 등 노인들의 공적부양을 위한 부담을 둘러싼 세대 간의 갈등이 나타나기 시작하였다(신윤창, 2010: 135). 또 노동시장에 진입하는 청년세대들이 취업이라는 제한된 자원을 둘러싸고 노인세대와 경쟁해야 한다는 인식과 함께 자기들에게 와야 할 복지혜택이 노인들에게 돌아감으로써 제몫이 적어진다고 여기는 인식도 세대갈등의 요인의 하나로 작용하고 있다고 할 수 있다.

5) 노사갈등

노사갈등은 노동자와 사용자 간의 갈등으로서, 노동자와 사용자 간에 임금, 고용, 근로조건뿐만 아니라 경제정책과 사회정책에 대한 이해관계를 둘러싸고 일어난다. 노동자와 자본가는 생산을 위해 서로 의존하는 관계이면서도 이익의 분배를 둘러싸고는 배타적인 관심을 가진 집단이기 때문에 자본주의사회는 필연적으로 노사갈등을 겪을 수밖에 없다(김종길, 2005: 46).

그동안 한국사회의 노사갈등을 부문별로 보면 크게 국가의 통제로 인한 갈등, 노동과 자본 간의 갈등, 조직차원의 갈등 등으로 구분할 수 있다. 국가의 통제로 인한 갈등은 주로 노동3권에 대한 규제, 제3자 개입금지조항을 포함한 법률적 규제, 노동조합의 어용화 등과 관련하여 발생하는 갈등이다. 그리고 노동과 자본 간의 갈등은 주로 임금과 노동시간 등 근로조건과 관련한 갈등이며, 조직차원의 갈등은 노동조합의 인정, 복수노조 허용, 노조전임자 임금지급 여부 및 조합원 해고 등을 둘러싼 갈등이다.

우리 사회에서 노동자의 임금과 노동조건은 전통적 노사갈등의 가장 중요한 요인으로 작용해 왔다. 1960년대 이후 수십 년간 한국경제는 국가가 주도하는 권위주의적 산업화를 통해 고도성장이 추진되었다. 국가는 재벌중심적 자본주의경제를 육성하면서 선성장-후분배전략에 따라 저임금 및 장시간 노동체제의 유지와 함께 노동조합을 철저히 통제하고 정부의 노동정책 추진에서 노동계의 참여를 거의 배제시켜 왔다(정책기획위원회, 2008: 102). 그 결과 노동자들이 상대적 박탈감과 소외감을 갖게 됨으로써 노사갈등이 본격화되는 원인이 되었다.

그러다가 1980년대 후반부터 민주화의 진행으로 권위주의적 정부의 억압장치와 노동통제가 약화됨에 따라 노동조합이 활발하게 결성되면서 조직화된 노동자들은 임금인상, 근로시간 단축과 함께 다양한 복지제도의 도입을 요구하게 되었다. 이에 따라 위계적이고 순응적이던 노사관계가 대결적인 노사관계로 변화하게 되면서 노사갈등이 크게 증가하였으며 투쟁방식도 더욱 극렬해지고 규모 또한 확대되어 계급갈등적 성격을 띠게 되었다(신윤창, 2010: 137).

한편 1997년 외환위기 이후에 한국의 노사관계는 새로운 국면으로 전환되었다. 국영기업의 민영화, 금융기관의 대외개방 등 시장주의적 개혁이 추진되면서 고용 없는 성장체제가 확산되고 경쟁력 강화와 노동시장의 경직성 해소를 위한 각종 유연화 조치들이 강행됨에 따라 대량 실업과 비정규직 노동자가 증가하게 되었다. 이에 따라 고용불안과 함께 대기업과 중소기업, 정규직과 비정규직, 남성과 여성노동자의 임금격차도 더욱 심해져 노사갈등의 주요 현안으로 등장함으로써 생산적인 노사관계와 사회통합을 저해하는 심각한 장애요인이 되고 있다(정책기획위원회, 2008: 116).

6) 교육갈등

교육갈등은 교육의 이념과 방법을 둘러싼 가치관과 이해관계의 대립으로 일어나는 갈등이다. 교육갈등은 한국사회에서 민주화가 진행되기 시작한 1980년대 후반부터 국민들의 권리의식이 제고되면서 그 동안 고교평준화, 고교 역사교과서 채택, 교원평가, 교육행정정보시스템 도입, 대학입시제 변경, 학생 무상급식, 사립학교법 개정 등을 둘러싸고 집단 간에 갈등이 초래되었다.

이러한 갈등 중에는 보수진영과 진보진영의 논리에 기초한 가치관의 대립에 의한 갈등이 적지 않다. 예컨대, 고교평준화정책을 둘러싼 갈등은 공교육의 궁극적 목표를 수월성과 평등 중에서 어느 것을 선택해야 하는가 하는 문제와 함께 교육의 기능을 사회적 상승이동의 수단으로 보는가, 아니면 사회적 통합의 수단인가 하는 가치체계가 깊게 관련되고 있다고 할 수 있다(이수연 외, 2006: 105).

그런데 교육갈등은 실제로 전개되는 과정에서 가치에 대한 논의보다는 주로 당사자들의 이해관계가 우선적으로 나타나는 경우가 적지 않다. 예를 들면 대학입시제도와 관련한 갈등은 이해당사자들의 권익을 둘러싼 대립에 연유한다고 할 수 있으며(이수연, 2006: 106-107), 교원평가제 역시 표면상으로는 교육의 질적 향상이라는 동일한 목표를 지향하는 것처럼 보이지만 제도도입을 둘러싼 갈등의 이면에는 정부, 학부모, 시민단체, 교직단체들의 각기 상반되는 이해관계가 개재되었다고 할 수 있다.

한편 2000년대에 들어와서는 신자유주의적 세계화가 부상하면서 교육의 공공성 약화, 사회적 취약계층의 교육권리 제약 등의 쟁점을 둘러싸고 갈등이 커지고 있다. 신자유주의자들은 교육의 시장화와 경쟁화를 강하게 요구하는 반면에 교육평등주의자들은 교육이 사회적 불평등을 재생산하는 과정으로 변모하지 않도록 공공성과 국가책임의 확대, 취약계층의 교육권리 확대를 주장하면서 갈등을 빚고 있다(정책기획위원회, 2006: 16).

7) 환경갈등

환경갈등은 1990년대부터 빈번하게 발생하고 있는데, 그 원인은 무엇보다도 급속한 산업화로 인한 환경오염과 생태계 파괴, 절차적 합리성이 결여된 행정편의적인 개발정책, 국민의 환경의식 강화 등에 기인한다고 할 수 있다. 환경갈등은 갈등당사자들의 이해관계 상충으로 인한 이해갈등, 환경보전가치와 개발가치의 충돌이 원인이 되는 가치갈등으로 구분할 수 있으나(문석남, 2004: 10), 실제 대부분의 환경갈등은 양자가 중첩되어 나타나고 있다.

환경갈등을 갈등당사자를 중심으로 구분하면 정부(지방정부 포함)와 환경단체 간의 갈등, 환경단체와 기업 간의 갈등, 정부 간의 갈등, 지역주민과 기업 간의 갈등, 지역주민과 정부 간의 갈등, 지역주민 간의 갈등으로 유형화할 수 있으나 실제의 갈등과정에서는 개발을 주장하는 정부와 기업, 그리고 보전을 주장하는 환경단체와 시민들 간의 갈등이 복합적으로 나타나고 있다.

우리 사회의 환경갈등은 정부주도로 산업화정책을 추진한 1970-1980년대에도 일부 발생했으나, 그 당시에는 갈등참여자의 수가 많지 않은데다 건강위협 문제 등 생활환경중심의 이해관계에 중점을 둔 갈등이 대부분이었으며 개발과 보전이라는 가치를 둘러싼 갈등은 거의 없었다. 그러다가 1990년대에 들어와 민주화가 진전되면서 국민들이 삶의 질을 추구하는 환경의식이 강화된 데다 대규모 개발사업으로 환경의 질이 더욱 악화됨에 따라 환경가치를 정책에 반영하기 위한 환경단체들의 활동이 활성화되면서 본격적으로 발생하게 되었다.

그 후 환경보전에 대한 사회적 인식이 더욱 제고되면서 개발의 비용·편익만을 고려하는 정부와 개발로 인하여 파괴되는 환경가치도 비용으로 고려해야 한다는 보전주의자들의 견해가 대립하게 되었다. 최근 들어 개발과 보전을 둘러싼 갈등이 더욱 증폭되고 있는 이유는 이와 같은 개발 또는 보전정책으로 인하여 발생하는 비용과 편익에 대한 인식의 변화 때문이라고 할 수 있다.

한편 2000년대에 와서는 환경갈등이 새만금 개발사업, 천성산터널 건설사업 등과 같이 정부가 시행하는 대규모 개발사업을 둘러싸고 개발을 추진하는 정부와 환경보전을 주장하는 환경단체 및 지역주민들의 서로 다른 가치가 대립함으로써 발생하는 경우가 매우 많아지고 있다. 이와 함께 지방자치가 실시되면서 지역 간의 경쟁에 따라 개발주의가 확산되는 경향도 환경갈등을 더욱 심화시키는 요인으로 작용하고 있다.

가치의 대립에 의한 환경갈등은 갈등주체 간의 첨예한 대립을 야기하고 갈등을 협상의 여지가 없는 막다른 골목으로 몰아넣음으로써 해결을 어렵게 하여 장기간 지속되는 경우가 많다. 때문에 환경갈등은 가장 빈번하게 발생하는 사회갈등 중의 하나이면서 가장 대처하기 어려운 갈등의 하나로 되고 있다(정주진, 2010: 61).

8) 남녀갈등

남녀갈등은 성(性) 범주로서의 남녀의 역할 규정이나 권리와 관련되는 갈등으로서, 현대사회가 모든 사람에게 적용되어야 할 보편성과 합리성을 여성에게 차별적으로 적용되기 때문에 일어나고 있다. 남녀갈등은 여성의 사회적 지위향상과 자아실현에 대한 욕구가 높아짐에 따라 표출되고 있는데, 그 원인으로는 성적(性的)으로 불평등한 사회구조, 유교문화에 바탕을 둔 가부장적 성문화와 이중적인 성규범, 여성의 성의식 및 가족가치의 변화, 사회변동에 따른 여성의 사회적 역할 증가 등을 들 수 있다(한국여성개발원b, 2005: 10).

예전부터 한국사회에서 여성은 오랫동안 유지되어 온 유교문화의 가부장제 전통의 영향으로 사회적으로 차별을 받아 사회조직과 경제구조상으로 불평등한 지위에 있었다. 1960년대 이후 급격한 사회변동과 평등사상의 확산에도 불구하고 유교문화적인 요소가 강한 전통사회로부터 내려온 여성의 역할에 대한 관념은 크게 변화됨이 없이 경제·사회적 기본원리가 되어 불평등 기제로 작용해 왔다.

그러다가 1990년대에 들어와 사회적 행위자로서의 여성의 권리가 신장되면서 여성의 정치참여, 고용 및 성역할 문제 등에서 가부장적 질서에 의해 구성된 법과 제도를 개선하고 차별을 시정할 것을 요구하는 운동이 일어나 적지 않은 성과를 거두었는데, 그 대표적인 사례가 군가산점제와 호주제의 폐지라고 할 수 있다. 전자는 1999년 헌법재판소의 위헌판결로, 후자는 2005년 헌법재판소의 헌법불합치 판정과 뒤이은 호주제 폐지를 내용으로 하는 민법의 개정으로 일정한 성과를 거두었다(정책기획위원회, 2008: 152).

또 정부의 남녀평등정책에 따라 여성발전기본법과 남녀차별금지법 등이 제정되고 여성전담 부서의 설치, 각종 공직선거에서의 여성비율 할당제를 비롯한 양성평등에 대한 법과 제도가 정비되는 등 차별시정과 여성의 인권을 제고하기 위한 개혁이 어느 정도 이루어지게 되었다. 이러한 일련의 과정에서 차별시정을 요구하는 여성을 중심으로 하는 집단들과 기존의 가부장적 제도와 관행을 유지하려는 집단들 간에 입장이 대립하면서 적지 않은 갈등이 발생하게 되었다.

그런데 위와 같이 성차별을 시정하기 위한 법과 제도의 개혁이 이루어졌다고는 하나 아직도 여성에 대한 사회적 차별과 편견은 여러 분야에서 지속되고 있다. 차별은 물질적 차원과 상징적 차원에서 동시에 나타나고 있으며 정치참여 및 취업기회의 영역에서도 이루어지고 있다. 여성들은 남성들에 비해 취업기회가 제한되고 있는데다 취업여성도 비정규직에 종사하는 경우가 압도적으로 많아 지속적인 고용불안을 겪고 있으며, 동일한 업무에도 남성들에 비해 적은 임금을 받고 승진에 차별을 받고 있다.

이같이 아직도 우리사회에 남아 있는 성적 불평등구조는 여성들로 하여금 가정과 사회에서 남성들과 동등한 권한과 공정한 기회를 갖지 못하게 하여 자기실현의 기회를 살리지 못함으로써 잠재적 갈등의 요인이 되고 있다. 이런 점에서 남녀갈등은 앞으로 여성들의 권리의식이 계속 향상되는 과정에서 더 많이 발생할 것으로 전망된다.

제2절 공공갈등

1. 공공갈등의 개념과 특징

1) 공공갈등의 개념

공공갈등(公共葛藤)은 사회갈등의 한 형태로서 연구자들에 따라 그 개념이 다양하게 정의되고 있다. 전주상(2000)은 공공갈등이란 “공익을 추구하는 정책의 전 과정을 통하여 목표가 양립 불가능한 상황에서 정책과 관련된 행위주체들이 상호작용하면서 전개되는 역동적 과정”으로 정의하고 있으며, 윤종설(2007)은 “공공기관이 갈등당사자가 되어 국민의 권리와 의무에 영향을 미치는 정책·법령·사업계획 등의 공공정책을 수립하고 집행할 때 정부 간 또는 정부와 시민 간에 발생하는 각종 갈등”이라고 하고 있다(임동진, 2010: 21 재인용).

또 우리나라의 「공공기관의 갈등예방과 해결에 관한 규정」 제3조는 공공갈등을 “공공기관이 법령 또는 자치법규를 제정 또는 개정하거나 구체적 사실에 관하여 법령 등을 집행하는 과정 또는 정책·사업계획을 수립하거나 추진하는 과정에서 발생하는 이해관계의 충돌”로 규정하고 있다. 여기에서는 이상의 여러 견해를 종합하여 공공갈등을 “정부를 비롯한 공공기관이 공익을 추구하기 위하여 사업이나 정책 등을 추진하면서 공공기관 상호간 또는 공공기관과 국민 간에 상호 양립할 수 없는 가치·목표·수단 등으로 인하여 발생하는 갈등”으로 정의하고자 한다.

2) 공공갈등의 특징

정부의 정책 및 사업의 추진과정에서 발생하는 공공갈등은 일반적 사회갈등과는 크게 다른 특성을 갖고 있다. 공공갈등은 공적 쟁점을 둘러싼 갈등으로서 정부를 비롯한 공공기관이 갈등당사자가 된다. 또 공공갈등은 편익과 비용이 일치하지 않은 경우가 많으며, 대부분은 이익갈등과 가치갈등이 혼재한 복합갈등인 동시에 갈등이 해결되지 못하면 막대한 사회경제적 비용을 지불하게 된다. 이러한 공공갈등의 특성을 구체적으로 설명하면 다음과 같다.

첫째, 공공갈등은 공익을 둘러싼 갈등이다.

공공갈등은 국민 또는 주민들에게 광범위하게 영향을 미치는 공적 쟁점을 둘러싸고 일어난다. 즉 공공갈등은 사회성원들에게 광범위하게 영향을 미치는 공공기관의 정책결정과 변경, 법령의 제정과 개정, 그리고 공공사업의 계획 및 시행 등을 둘러싸고 일어난다. 따라서 공공갈등의 관리에 있어서는 공익(公益) 때문에 침해받는 사익(私益)에 대한 적정한 보상문제가 항상 대두하게 된다.

둘째, 공공갈등에서는 이해당사자를 특정(特定)하기가 쉽지 않다.

공공갈등은 국가와 지방자치단체, 공기업 등 공공기관이 추진하는 법령·정책·사업 등을 둘러싸고 일어난다는 점에서 공공기관이 주요한 갈등당사자가 된다. 이러한 공공갈등은 직접적인 이해관계를 갖는 집단이 크고 다양하며 간접적 이해관계를 갖는 집단까지 포함하면 당사자의 범위가 전체 국민이 되는 경우도 적지 않기 때문에(지속가능발전위원회b, 2005: 187) 갈등당사자를 특정화하기가 어렵다. 따라서 공공갈등의 관리에 있어서는 당사자의 범위를 어디까지로 할 것이며, 다양한 당사자들 모두에게 동일한 당사자의 지위를 부여할 것인가가 까다로운 문제로 등장하기 쉽다.

셋째, 공공갈등에서는 편익(便益)과 비용구조가 일치하지 않다.

공공갈등이 발생하는 가장 큰 원인의 하나는 특정시설의 입지와 관련해 비용과 편익의 불일치 때문인 경우가 많다. 공공기관이 시행하는 사업은 일반적으로 해당지역 주민뿐만 아니라 국민전체를 위한 사업이 많은데, 이들 사업들은 비배제성(非排除性)과 비경합성(非競合性)의 공공재를 제공하기 위해 추진된다. 입지갈등을 예로 들면 핵폐기물 처리시설이나 쓰레기소각시설과 같은 비선호시설인 경우에 그러한 시설이 입지한 지역의 주민들은 부동산가격의 하락, 지역이미지 실추, 악취 등에 따르는 모든 비용을 부담하게 되지만 그 시설로 인해 편익을 얻게 되는 사람들은 광범위하기 때문에 편익과 비용구조가 일치하지 않는다는 점이 갈등의 주된 원인이 된다.

넷째, 공공갈등은 복합갈등적 성격을 띠는 경우가 많다.

공공갈등은 특정한 가치를 지키기 위한 가치갈등과 내 몫이 더 커져야 한다는 이해갈등이 혼재하는 복합갈등적 성격을 띠는 경우가 많아 그 해결을 어렵게 한다. 공공갈등은 주로 이해관계의 대립으로 발생하지만 갈등의 진행과정에서 상이한 가치를 지닌 행위자들이 개입될 경우에 가치갈등으로 비화되면서 더욱 증폭되는 경향이 있는데, 지켜야 할 가치는 추상적인 반면에 확보하고자 하는 이익은 구체적이어서 갈등을 조정하는 과정이 무척 어렵고 해결에 장기간을 요하는 경우가 많다(지속가능발전위원회a, 2005: 188).

다섯째, 공공갈등에는 막대한 매몰비용과 기회비용이 소요된다.

공공갈등은 합리적으로 해결되지 못하면 막대한 사회경제적 비용을 지불하게 된다. 갈등 때문에 대규모 공공사업이 중단되거나 많은 인력과 재원이 투입된 공공시설이 제 기능을 발휘하지 못하게 되면 막대한 경제적 손실을 입게 될 뿐만 아니라 정부신뢰의 저하, 사회구성원들의 대립과 불신 등 경제적 가치로 환산할 수 없는 사회적 비용까지 지불하게 된다.

여섯째, 공공갈등에는 제3자가 개입할 가능성이 매우 크다. 최근 들어 대규모 국책사업을 비롯한 공공사업을 둘러싼 갈등에는 환경단체를 비롯한 제3자의 개입으로 갈등이 확산되는 특징을 보이고 있으며, 갈등양상도 이해갈등에서 환경·문화와 관련된 가치갈등으로 전환되면서 갈등해소가 더욱 어려워지는 경향을 보이고 있다.

2. 공공갈등의 유형

공공갈등은 갈등주체, 갈등쟁점, 갈등내용 등에 따라 여러 유형으로 분류되는데, 그 구체적 내용은 다음과 같다.

가. 갈등주체에 따른 구분 : 공공갈등은 갈등주체에 따라 정부 간 갈등, 정부-주민 간 갈등으로 구분할 수 있다. 정부 간 갈등은 다시 중앙정부와 지방정부 간, 광역자치단체와 기초자치단 간에 발생하는 수직적 갈등과 중앙부처, 광역자치단체, 기초자치단체 등 동급 기관 간에 발생하는 수평적

갈등으로 구분되는데 수평적 갈등에는 주로 관할권과 업무를 둘러싼 권한 갈등이 많다.

한편 정부와 주민 간의 갈등은 공공정책의 수립 및 추진주체인 공공기관과 그 정책의 영향을 받는 주민 또는 시민단체 간의 갈등이다. 정부 간 갈등은 내부규칙의 제정, 협의 및 조정 등에 의해 비교적 용이하게 해소될 수 있으나 정부와 주민 간의 갈등은 지역주민, 시민단체 등 갈등의 외연이 넓어질 경우에 갈등해소를 위한 선택의 폭이 좁아져 상대적으로 해결이 어려워지는 경우가 많다.

나. 갈등쟁점에 따른 구분 : 공공갈등은 쟁점에 따라 이해갈등과 가치갈등, 복합갈등으로 구분된다. 이해갈등은 갈등당사자들이 사회경제적 이익을 지키거나 추구하기 위해 대립함으로서 발생하는 갈등으로서 주로 토지이용, 시설입지와 관련한 비용과 편익배분에 대한 이해의 대립으로 나타난다.

가치갈등은 갈등당사자 간에 이념과 가치관의 차이로부터 발생하는 갈등으로서 최근 들어 생태계 보전, 자연향유권, 생명가치 등 개발과 보전을 둘러싸고 복잡화되는 양상을 보이고 있다. 한편 복합갈등은 이해갈등과 가치갈등이 혼재되어 있는 갈등으로서, 이해갈등이 가치갈등에 비해 상대적으로 쉽게 해결되는 경향인데 비해서 복합갈등은 두 가지 갈등이 혼재되어 있어서 갈등해결이 더욱 어렵게 되는 경향이 있다.

다. 갈등내용에 따른 구분 : 공공갈등은 갈등내용에 따라 행·재정분야갈등과 개발분야갈등으로 구분된다. 행·재정분야갈등은 다시 공공기관 간의 권한·인사·조직 등에 관련된 행정분야갈등과 과세 및 재정관리 등에 관련된 재정분야갈등으로 구분할 수 있으며, 개발분야갈등은 지역개발사업, 비선호시설, 광역시설에 관련한 갈등 등으로 구분할 수 있다.

3. 공공갈등 발생의 구조적 맥락

1) 권위주의적 정치체제의 유산

우리 사회의 공공갈등은 이해하기 위해서는 먼저 공공갈등이 발생하는 구조적 맥락을 살펴볼 필요가 있다. 여기에서는 공공갈등 발생의 구조적 맥락으로서 국가, 시민사회 및 세계체제의 세 가지 측면에 대해 살펴보기로 한다.

우리나라는 1960년대부터 압축적 경제성장정책을 추진하는 과정에서 정부가 주도적 역할을 수행하게 됨에 따라 정부기능과 기구를 비대화시키는 한편 급속한 경제발전을 위해 대중의 정치적 참여와 경제적 배분에 대한 요구를 억압하게 되었다. 이 때문에 억압기구가 강화되고 권위주의적 지배체제가 공고화되었다. 따라서 1987년 이전의 우리 국가의 성격은 발전주의국가이면서 동시에 권위주의적 국가였다고 할 수 있다(지속가능발전위원회a, 2005: 43).

그러다가 1987년부터 우리 사회가 민주화로 이행되면서 국가의 성격이 크게 변화되어 국가기구가 지니고 있었던 억압적이고 권위주의적 성격이 지속적으로 약화된 반면에 민주적 절차의 존중과 시민사회의 요구에 대한 대응성이 높아지기 시작하였다. 그러나 아직도 탈권위주의적 정치·행정문화가 정착되지 못함으로써 공공기관의 규범체계와 공직사회 구성원의 의식 내면에는 과거의 시민배제적이고 관료우월적인 요소들이 잔존하고 있다.

이러한 권위주의의 잔존은 정부부문의 변화가 시민사회에서 확산되고 있는 권리의식, 정책참여 욕구, 민주적 절차에 대한 요구를 따라가지 못하는 일종의 정부지체현상(政府遲滯現象)을 초래하는 요인으로 작용하면서 공공갈등이 빈발하게 되는 배경이 되었다고 할 수 있다(정책기획위원회, 2008: 12).

이와 함께 아직도 발전주의국가의 성격이 많이 남아 있어서 발전을 달성하기 위한 수단으로 과거의 방식인 대규모 개발사업을 위주로 하는 발전전략과 지속가능성을 위협하는 개발방식을 답습하고 있다. 그리하여 댐건설, 간척, 철도 및 도로건설 등의 공공사업은 끊임없이 과도한 개발과 지속불가능한 개발의 논쟁을 불러일으키면서 갈등원인으로 작용하고 있다.

2) 시민운동의 압축적 성장

우리나라에서 시민사회영역의 변화는 매우 급격하게 이루어졌다. 1987년 민주화운동 이후 1990년대 중반까지 시민운동세력의 급속하게 성장하였는데, 이는 정치적 기회의 확대, 민주화운동 경력자의 조직화, 정부실패에 따른 시민운동에 대한 사회적 기대 등 여러 요인이 복합적으로 작용한 결과라고 할 수 있다(지속가능발전위원회a 2005: 44).

민주화에 따라 시민운동세력이 성장되면서 참여, 경제정의, 환경, 양성평등, 생명 등과 같은 가치들이 정치사회적 요구로 등장하게 되었다. 이는 종전과는 다른 새로운 가치들로서 공공부문에서 이를 수용하는 데에는 인식적 기반의 차이가 큰 것이었기 때문에 이들 가치를 지향하는 시민운동세력의 성장은 공공갈등이 확대되는 배경이 되었다. 이와 함께 민주화의 진전에 따른 시민사회영역의 활성화는 지역주민이나 이익집단의 정책참여에 대한 요구의 증가로 연결되면서 공공갈등이 증가하는 또 다른 구조적 요인으로 작용하였다(정책기획위원회, 2006: 12).

지역주민들로 이루어진 풀뿌리조직인 주민조직은 주로 공공사업과 관련된 갈등의 경우에 시민단체와 함께 갈등당사자가 되는데, 주민조직은 시민단체에 비하여 에너지의 동원수준이 높기 때문에 이들이 참여하는 갈등의 강도는 그렇지 않은 갈등에 비하여 상당히 높다고 할 수 있다. 한편 주민조직과는 달리 구성원들의 이익 증진을 목적으로 결성된 이익집단은 수년 전에 의약분업을 둘러싸고 일어났던 갈등에서 보는 것처럼 주로 법규의 제정 또는 개정이나 공공정책의 시행과 관련된 갈등에서 당사자가 되고 있다.

3) 세계체제의 변화

우리나라는 1960년대부터 정부가 수출주도형 산업화전략을 추진하면서 자본주의 세계경제에 본격적으로 편입된 후에 1996년의 OECD(경제협력개발기구) 가입, 1997년의 외환위기 등을 거치면서 개방화와 세계화의 물결에 동참하게 되었다. 이러한 세계체제의 요구와 이에 적응하기 위한 국가와 시장의 노력은 새로운 공공갈등 발생의 주요 배경으로 작용해 왔다. WTO(세계무역기구) 및 DDA(다자간 무역협상)에 의한 교육서비스 협상, 한국-칠레 FTA(자유무역협정)체결, 한국-미국 및 한국-중국의 FTA체결, 공기업의 민영화와 같은 신자유주의적 개혁을 둘러싼 갈등의 진원은 세계경제체제로부터 온 긴장이었다고 할 수 있다.

경제적 측면에서 뿐만 아니라 정치·군사적 측면에서도 국제적 맥락은 우리 사회의 갈등구조와 양상에 지대한 영향을 미치고 있다. 주한미군 철수문제나 이라크 파병을 둘러싸고 일어났던 갈등 역시 미국의 세계전략 수행과 직접적으로 연관되어 있었다고 할 수 있다(지속가능발전위원회b, 2005: 47).

4. 공공갈등의 발생원인

공공갈등은 이슈가 다양하고 갈등참여구조가 복잡하며 불특정 다수가 이해당사자로 참여할 가능성이 있기 때문에 매우 다양한 요인에 의해 발생되고 심화된다. 공공갈등의 원인에 대하여 L.A Coser(1968)는 신분·권력 및 희소자원과 같은 가치들이 모두에게 돌아갈 만큼 충분하지 못한데서 발생한다고 하였으며, M.Deutsch(1974)는 자원, 선호가치, 신념과 갈등당사자간 관계의 특성에 있어서 양자의 차이에 의해 발생한다고 하고 있다(임동진, 2010: 29에서 재인용).

한편 조형석은 공공갈등의 원인을 제도적 요인, 형태적 요인, 환경적 요인으로 구분하여 설명하고 있다. 그 중 제도적 요인으로는 사업목표의 상충, 자원에 대한 경쟁, 관할권 또는 주도권 경쟁, 정책결정규칙 및 집행방법에 대한 제도적 미비, 권한배분의 문제, 상호의존성 증가 등을 들고 있으며, 형태적 요인으로는 정책참여자의 관점의 차이, 단기간 내 가시적 성과의 지향, 부처 및 집단(지역)이기주의를 지적하고 있다. 그리고 환경적 요인으로는 권위주의적 행정문화, 민주화와 지방화, 사회적 가치관의 변화 및 정보통신기술의 발달 등을 들고 있다(서정철, 2013: 11 재인용).

위와 같이 공공갈등의 발생원인은 연구자들에 따라 다양하게 제시되고 있으나, 그 중에서도 일반적으로 지적되는 원인으로는 이해관계자의 참여부족, 정보의 비대칭성과 공개 미비, 편익과 비용의 불공평성, 미흡한 보상체계, 시민사회의 성장과 참여의식 강화, 지역이기주의 등을 들 수 있다.

(1) 이해관계자의 참여 부족

대부분의 공공갈등은 정부 또는 지방정부가 하향적 계획논리에 따라 정책이나 공공사업을 주도적으로 결정하는 과정에서 이해관계자들을 제대로 참여시키지 않아 그들의 의사표출 기회가 배제됨으로써 발생한다. 그동안 우리나라의 공공정책결정은 전통적으로 결정-공표-방어모형에 입각하여 이루어지는 경우가 많았기 때문에 이해관계자들이 그 결정과정에 제대로 참여하지 못해 왔다.

이 정책결정모형은 결정과정에 비전문가인 이해관계자들의 참여는 합리성에 입각한 정책내용을 번복시키거나 시간적으로 지체시킴으로써 능률성이 크게 훼손된다는 전제아래 소수의 정책관료와 전문가의 참여만으로 정책을 결정하여 발표하고, 반대가 있는 경우에 이를 방어하는 것이다. 따라서 얼마 전까지만 해도 주민들은 정책의 입안이나 결정과정에 참여가 거의 배제됨으로써 그들의 다양한 가치와 이해관계가 정책에 제대로 반영될 수 없었다.

최근에 와서는 종전과 달리 정책결정과정에 이해관계자들의 참여가 어느 정도 이루어지고 있다고 하나 아직도 정책입안단계에서는 제대로 참여가 되지 못하고 있다. 이에 따라 정책과정에서 자신들의 가치와 이해관계가 반영되지 않은데 대한 주민들의 불만과 반발이 공공갈등의 주요 원인이 되고 있다.

(2) 정보의 비대칭성

정보의 양과 질은 권력과 자원획득에 결정적 요인으로 작용하며 정책결정에 큰 영향을 미친다. 따라서 정책 및 공공사업의 수립·추진과정에서 이해당사자인 주민들에게 정보가 충분히 제공되지 않거나, 제공되는 정보가 왜곡될 경우에는 정책기관과 주민들 간에 정보의 비대칭성이 나타나 공공갈등을 유발하는 요인으로 작용한다.

정책기관과 주민들 간의 정보의 비대칭성은 정부신뢰를 저하시키며 편익과 비용부담에 있어서 형평성 문제를 불러일으키게 된다. 그러므로 정책과정에서 이해당사자들에게 충분한 정보를 제공하여 정책에 대한 올바른 이해와 합리적인 의사표현의 기회를 보장하는 것은 정책의 합리성과 정당성을 확보하는 요인이 되며, 그만큼 이해당사자들을 설득하거나 협조를 구하기가 용이하여 공공갈등을 완화시키는 방안이 될 수 있다.

(3) 비용과 편익의 불공평성

공공사업의 시행에 따른 비용과 편익의 불공평성도 공공갈등의 중요한 원인이 된다. 예를 들어 비선호시설(非選好施設)은 그 특성상 입지지역에는 집중적으로 부정적 외부효과를 유발하는 반면에 편익은 타 지역의 그것과 비교하여 동일하거나 그다지 크지 않은 공공시설이다. 공공사업의 경우에 이같이 그 혜택은 사회전체로 널리 분산되는 반면에 환경오염, 지가하락, 지역이미지 훼손 등 부정적 효과에 대한 피해는 시설이 입지하는 지역에만 부담시키는 비용과 편익의 불공평성은 해당지역 주민들로 하여금 상대적 박탈감을 갖도록 함으로써 갈등의 원인으로 작용하게 된다.

(4) 미흡한 보상체계

공공사업으로 피해를 보는 대상자들에게 비용과 편익의 불공평성을 시정할 수 있는 만족할만한 수준의 보상이 이루어지지 않을 경우에 그에 대한 집단적 반발이 사회갈등의 원인으로 작용하게 된다. 공공사업 추진에 따른 보상에는 토지보상법에 의한 직접보상과 함께 입지지역 주민에 대한 편익시설 제공, 지역관련사업 지원, 취업알선 등 주민들의 지역적 생활여건을 개선하기 위한 간접보상이 있다.

직접보상은 보상관련법에 의해 보상을 결정하는 것으로서 실제의 보상가액이 해당 주민들의 기대수준보다 낮을 뿐만 아니라 보상과정에 있어서도 주민참여가 형식적으로 이루어지고 있어서 그에 따른 불만과 반발이 사회갈등으로 이어지게 된다.

그리고 간접보상의 경우에도 일부 특별법에서 제도화되기는 하였으나 지원수준이 높지 못하여 지역주민의 기대를 충족시키기에 미흡할 뿐만 아니라 대부분의 경우 사업시행주체가 재량으로 시행하는 경우가 많기 때문에 주민들의 불만을 초래하는 원인이 되고 있다.

토지이용과 관련한 공공사업의 경우에 이해당사자인 지역주민들의 가장 큰 관심은 재산가치의 변화이며, 실제로 대부분의 공공사업에 따른 갈등은 표면상으로는 다른 이슈를 내세우지만 그 근저에는 재산적 가치에 대한 이해관계가 큰 영향을 미친다. 따라서 공공사업으로 수용되는 토지에 대한 보상미흡, 비선호시설 입지에 따른 재산가치 하락에 대한 생활권적 대책의 미흡 등은 공공사업 및 정부에 대한 불신으로 이어져 갈등을 일으키는 원인이 된다.

(5) 가치인식의 차이

사람들은 자신의 가치와 신념이 위협받을 때 방어적 태도와 함께 격렬한 저항을 하기 때문에 가치인식의 차이는 공공갈등의 원인이 된다. 시민들의 소득 및 교육수준이 높아지고 삶의 질 향상과 자아실현에 대한 욕구가 커지면서 환경가치를 중시하게 됨에 따라 경제성장을 위해 개발가치를 중시하는 정부 또는 기업과 대립하여 갈등을 일으키는 원인이 되고 있다.

또 통일과 교류를 둘러싼 남북문제, 사회복지와 경제문제를 둘러싼 보수와 진보세력의 이념적 차이도 사회갈등을 초래하는 직접적 요인으로 작용하고 있다. 이러한 가치인식의 차이에서 오는 갈등은 갈등당사자의 한쪽이 가치관을 변화시키지 않고서는 협상이나 합의에 의해서 그것을 해소하기가 쉽지 않다.

(6) 지역이기주의

지역이기주의는 전체사회의 이익보다도 특정한 지역의 이익만을 배타적이고 편협하게 주장하고 관철하려는 성향이다. 지역이기주의에 대해서는 인간본능의 자연적 표현 내지는 자기지역을 지키기 위한 합리적 행위로 보는 긍정론도 없는 것은 아니지만 다음과 같은 여러 가지 문제를 가지고 있다(임희섭, 1995: 55).

첫째, 지역이기주의는 특정지역의 이익을 전체사회의 이익에 우선하여 관철하려는 데에 문제가 있다. 둘째, 지역이기주의는 다른 지역에 배타성을 가지며 공동체적 유대와 동일시(同一視)의 범위를 자기지역에만 한정시키려는 폐쇄성을 갖는다. 셋째, 지역이기주의는 자기지역의 이익을 위해서는 다른 지역의 이익은 희생되어도 좋다는 이율배반성을 갖는다. 넷째, 지역이기주의는 자기지역의 이익을 추구하기 위해 타협과 조정을 거부하는 극단적·비합리적 행태를 나타내기도 한다. 따라서 심한 지역이기주의는 지역 간에 단절과 갈등을 야기하고 더 나아가서는 심한 분리주의(分離主義)에 이를 수도 있다.

이러한 지역이기주의는 저항적 지역이기주의, 보상적 지역이기주의, 적극적 지역이기주의의 세 가지 형태로 나타난다. 저항적 지역이기주의는 쓰레기매립장, 하수종말처리장 등 비선호시설의 자기지역 입지를 반대하는 것과 관련된 이기주의이며, 보상적 지역이기주의는 도시계획이나 지역개발과정에서 토지수용보상, 생활보상 등을 요구하는 것과 관련된다. 그리고 적극적 지역이기주의는 지역주민의 복지와 이익이 되는 조치를 요구하거나 시설의 자기지역 입지를 요구하는 것과 관련된다.

지역이기주의에 따른 전형적인 갈등형태는 저항적 지역이기주의로서, 그 보편적인 모습은 자기지역에 비선호시설의 입지를 반대하는 이른바 NIMBY 현상으로 나타나고 있다. 그러나 최근에 와서는 적극적 지역이기주의에 따라 문화·복지시설을 비롯한 선호(選好)시설의 자기지역 입지를 요구하면서 사업주체인 행정기관 또는 시설유치 경쟁지역과 갈등을 초래하는 경우도 적지 않게 나타나고 있다. 2016년에 일어났던 신국제공항 유치를 둘러싼 부산지역과 경상남·북도 지역주민들의 갈등도 이러한 적극적 지역이기주의의 하나라고 할 수 있다.

5. 비선호시설의 입지관련 갈등

1) 비선호시설의 특성과 유형

(1) 비선호시설의 특성

비선호(非選好)시설은 국가나 지역적으로 매우 긴요하고 필수적인 시설이지만 그것의 입지지역에 부정적 영향을 준다고 인식하여 지역주민들이 입지를 기피하는 시설을 말한다. 그 예로서 쓰레기처리장 및 하수종말처리장은 쓰레기와 폐수를 처리하기 위해 반드시 필요한 공공시설이지만 악취, 지가하락 등 생활환경의 악화와 경제적 불이익을 주기 때문에 비선호시설로 인식되고 있다. 이러한 비선호시설은 다음과 같은 몇 가지 특성을 가지고 있다(부만근, 1997: 76).

첫째, 비선호시설은 대부분 공공성을 내포하고 있는 시설로서 시장원리에 따라 적정한 공급이 이루어지기 어렵기 때문에 정부의 직·간접적인 개입을 통해 공급된다. 둘째, 대부분의 비선호시설은 시설에 적합한 지리적 조건으로 인해 적정입지가 제한되기 때문에 모든 지역에 균등하게 설치할 수 없는 입지제약적 요소가 강하며 주변의 다른 요소들을 고려해야 하는 주변요소 의존적 성격을 가지고 있다.

셋째, 비선호시설은 그 자체가 부정적인 외부성(外部性)을 가지고 있기 때문에 시설입지로 발생하는 불이익 등 사회적 비용은 입지지역에 집중되어 나타나는 반면에 그 혜택은 전체사회에 균등하게 배분되어 비용-편익의 불균형을 가져온다. 넷째, 대부분의 비선호시설은 그 영향권과 이용권이 광역적인 경우가 많아서 단일주체에 의한 배타적·단독적 관리가 어렵기 때문에 많은 관련 주체들이 복잡하게 얽히는 경우가 많다.

이러한 특성으로 인하여 비선호시설의 입지결정에 있어서는 환경오염, 지가하락 등의 부정적 영향으로부터 지역이익을 보호하고자 하는 해당지역 주민 및 환경단체와 시설입지를 통해 전체사회의 공익을 구현하고자 하는 정부를 비롯한 사업주체간에 대립·갈등이 야기될 가능성이 크다.

(2) 비선호시설의 유형

이러한 비선호시설은 설치주체와 시설내용에 따라 몇 가지로 유형화할 수 있다. 첫째, 설치주체에 따라 공공시설과 민간시설로 구분된다. 공공시설은 공중의 이용에 제공하기 위하여 국가나 지방자치단체 등 공공기관이 설치·관리하는 시설이며, 민간시설은 민간이 설치·관리하는 시설로서 사설정신병원이나 화장장 등을 그 예로 들 수 있다.

둘째, 시설내용에 따라 혐오시설, 위험시설, 공익시설로 구분된다. 혐오시설은 시설이 혐오감이나 불쾌감을 주고 주변지역에 여러 가지 부정적 영향을 주는 시설로서 쓰레기처리장, 분뇨처리장, 화장장 등을 들 수 있다. 위험시설은 시설운영이 잘못 되었을 때 주변지역에 커다란 인적·물적 피해를 주거나 시설자체가 폭력 등을 연상시킴으로써 거부반응을 일으키는 시설로서 유류저장소, 원자력발전소, 화약저장소, 핵폐기물처리장, 교도소 등을 들 수 있다. 한편 공익시설은 사회복지적 측면이나 국가정책목표에 따라 공공기관에 의해 설치되는 시설로서 양로원, 정신병원, 장애인시설 등을 들 수 있다.

2) 비선호시설 입지관련 갈등의 원인

첫째, 비선호시설의 자기입지에 대한 지역주민들의 반대는 시설의 부정적 외부성 때문이다. 비선호시설은 사회편익의 제공이나 공익실현에 이바지하는 공공시설이든 아니든 간에 환경오염, 지역이미지 실추, 교통 혼잡 등과 같은 사회적 비용을 감수해야 하는 부정적 외부성을 어느 정도 가지고 있기 때문에 주민들이 그 입지를 반대하게 된다.

둘째, 비선호시설의 입지반대는 지리적 근접성을 반영한다. 지역주민들은 자신이 거주하는 지역에 비선호시설이 들어섬으로써 그러한 시설의 직접적인 영향 아래 놓이게 되어 주민들에게 심리적·물질적 피해를 줌으로써 외부불경제가 발생할 것이라고 인식하여 이에 반대하게 된다. 셋째, 비선호시설의 입지반대는 이해관계의 상충에 기인한다. 주민들은 시설입지에 따른 지역의 지가하락, 환경오염, 지역이미지 손상 등과 같은 부정적 결과를 미리 차단함으로써 지역이익을 보호하기 위하여 그 입지를 반대하게 된다.

넷째, 비선호시설의 입지반대는 시설입지에 따른 비용-편익의 불균형에 대한 인식 때문이다. 지역주민들은 비선호시설의 자기지역에 입지하면 그 시설로 얻게 되는 혜택은 사회전체로 널리 분산되는 반면에 그 피해는 상대적으로 소수인 자기지역에만 집중된다는 인식을 가지고 있다. 따라서 해당지역 주민들은 다른 지역 또는 사회전체를 위해서 자기지역만 부당하게 피해를 볼 수는 없다는 인식에서 그 입지를 반대하게 된다.

다섯째, 비선호시설 중에서도 특히 위험시설의 입지에 대한 반대는 기술적 불확실성에 대한 불안에 기인하기도 한다. 주민들은 지역에 입지하는 시설자체의 안전성, 시설의 배출물에 의한 건강과 안전, 환경오염 등에 대한 기술적 안전성을 신뢰하지 못하고 불안감을 느껴 입지를 반대하게 된다. 위와 같은 주민들의 비선호시설 입지에 대한 인식과는 달리 사업주체인 공공기관은 이들 시설을 특정지역에 입지시켜 비용의 최소화와 이익의 극대화를 도모하고자 하기 때문에 그 설치를 둘러싸고 갈등이 발생하게 된다.

제3절 갈등관리의 제도화

1. 갈등관리의 개념과 필요성

1) 갈등관리의 개념

갈등관리(葛藤管理)의 개념은 연구자들의 연구관점에 따라 다양하게 정의되고 있다. J.Bercovich(1984)는 갈등관리를 "갈등이 확대되고 악화되는 것을 방지하고 갈등이 유리한 결과를 가져오도록 하는데 도움을 주는 구조나 조건을 마련하는 것"으로 정의하고 있으며, 유해운 등(1997)은 "역기능적이고 파괴적인 갈등을 해소 또는 진정시키고 갈등의 순기능적이고 건설적인 측면을 촉진시키기 위한 활동"이라고 하고 있다(임동진, 2010: 25 재인용).

한편 안광일(1994)은 "갈등이 수용한계를 벗어날 정도로 악화 내지 확대되는 것을 막고 갈등이 유리한 결과를 실현하는데 도움을 주는 구조와 조건을 마련함으로서 갈등해소를 용이하게 하는 과정"으로 정의하고 있다(제주발전연구원, 2009: 13 재인용). 이상의 갈등관리에 관한 개념들을 종합하여 정리하면 일반적으로 갈등관리란 "갈등을 예방하고, 발생한 갈등을 해소시키거나 완화하는 등 갈등의 해결을 용이하게 하며 갈등의 부정적 효과를 최소화하고 긍정적 효과를 최대화하는 일체의 활동"이라고 할 수 있다.

이러한 갈등관리는 특정한 하나의 갈등뿐만 아니라 다양하고 복합적이며 중첩되어 나타나는 갈등들을 어떻게 예방하고 해결해 나갈 것인가에 관한 용어라고 할 수 있다. 따라서 갈등관리는 갈등예방이나 갈등해결보다 더 포괄적인 개념으로서, 갈등자체의 해결을 지향할 뿐만 아니라 사전적으로 갈등의 예방을 통해 갈등의 순기능을 높일 수 있도록 구조와 조건을 마련하는 것이다.

2) 갈등관리의 필요성

공공갈등은 공공정책과 사업의 추진과정에서 정부를 비롯한 공공기관과 국민(주민)들 간에 서로 상충되는 가치·목표·수단 등으로 인해 발생하며 그 해결에 많은 시간과 비용, 자원을 필요로 함으로써 사회경제적으로 큰 영향을 미치게 된다. 따라서 정부 등 공공기관이 공공갈등에 의해 발생할 수 있는 역기능을 최소화하면서 정책을 효율적으로 추진하기 위해서는 합리적인 갈등관리를 필요로 한다. 공공갈등관리의 필요성을 구체적으로 설명하면 다음과 같다(임동진, 2010: 28-29).

첫째, 공공갈등관리는 사회·경제적 비용을 절감시킨다. 공공갈등이 적절한 조치로 해결되지 않을 경우에는 정책집행이나 공공사업이 지연되거나 또는 중단됨으로써 많은 매몰비용(埋沒費用)이 발생하며 정책효과가 감소되거나 정책의 적용을 받게 될 집단에게 피해를 주는 등 경제적 비용을 크게 증가시킨다. 삼성경제연구소는 우리나라에서 사회갈등에 따른 연간 경제적 비용이 적게는 82조 원에서 많게는 최대 246조 원에 이를 것으로 추산하고 있다(중앙일보, 2013년 11월 3일).

공공갈등은 이와 같은 경제적 비용뿐만 아니라 사회적 비용도 증가시킨다. 갈등주체 간의 반목과 대립으로 인한 사회적 응집력 약화, 정책집행의 지연 및 중단, 상호불신 및 관계의 단절로 인한 사회적 자본의 훼손 등은 갈등에 기인한 사회적 비용이라고 할 수 있다. 그러므로 갈등을 사전에 예측하여 그 발생을 예방하며, 일단 발생한 갈등에 대해서는 합리적으로 대처함으로써 갈등으로 인한 비용을 절감하고 갈등이 사회에 미치는 영향을 순기능으로 전환하기 위해서는 갈등관리가 필요하게 된다.

둘째, 공공갈등관리는 갈등의 장기화를 막고 문제해결의 한계점을 극복하여 정부의 권위를 높이고 행정의 신뢰성을 확보할 수 있다. 셋째, 공공갈등관리는 갈등당사자들 간에 대화를 통하여 서로의 입장을 이해하도록 함으로써 갈등해결을 위한 원활한 합의에 기여할 수 있다. 넷째, 공공갈등관리는 갈등에 대처해 나가는 과정에서 그 원인이 된 문제의 본질을 새롭게 이해할 수 있고, 경우에 따라서는 기존 법제도의 문제점이나 결함을 찾아내어 해결책을 강구하는 계기가 될 수 있다.

이렇게 공공갈등은 합리적 관리를 필요로 하는데도 우리나라의 공공갈등 관리능력은 선진국에 비해서 매우 낮은 수준에 있다. 2015년에 보건사회연구원이 보고서로 발간한 '사회갈등지수 국제비교 및 경제성장에 미치는 영향'에 따르면 우리나라의 사회갈등관리지수는 경제협력개발기구(OECD) 34개국 중에서 27위에 머물고 있다(조선일보, 2015년 3월 25일).

2. 갈등관리의 원칙과 기준

1) 갈등관리의 기본원칙

공공갈등관리는 그 이념을 이해당사자들의 상생을 통한 사회통합과 민주주의의 지속가능한 발전에 두어야 하며, 그 목표는 갈등의 예방과 해결 및 사회·경제적 비용의 최소화에 두어야 할 것이다. 이러한 이념과 목표에 따라 갈등을 예방 또는 해결하고 갈등의 순기능적 측면을 확대하기 위해서는 다음과 같은 몇 가지 원칙이 지켜져야 할 것이다(지속가능발전위원회a, 2005: 86-87).

첫째, 합리적이고 효과적인 갈등관리를 위해서는 갈등당사자들의 요구와 이해관계뿐만 아니라 실제적이고 감정적인 문제들까지도 다룸으로써 갈등의 근본적 원인을 규명해야 한다. 둘째, 갈등관리는 갈등해결의 결과뿐만 아니라 그 과정에서 공정성과 정당성을 확보해야 한다. 셋째, 갈등관리에 있어서 갈등당사자들은 쌍방이 모두 수용가능한 공정한 해결을 강구할 수 있는 공통의 이해관계를 발견하는데 노력해야 한다. 이를 위해서는 갈등상황을 보다 객관적으로 바라볼 수 있는 제3자의 개입이 필요하다.

넷째, 갈등관리는 단순히 당면한 쟁점만을 풀어나가는 것이 아니라 새로운 사회적 관계를 설정하는 것이어야 한다. 따라서 갈등관리는 일방적 의사소통방식에서 갈등당사자들의 자발적 참여와 함께 수직적 관계에서 상대를 존중하는 수평적 관계를 통해 이루어져야 한다. 위와 같은 네 가지 갈등관리의 원칙은 갈등의 합리적 관리를 통해 사회적 변화를 이끌어내기 위한 근본적 접근에서 요구되는 원칙이라고 할 수 있다.

그런데 우리나라의 '공공기관의 갈등예방과 해결에 관한 규정'(이하에서는 갈등예방과해결규정으로 약칭한다)에서는 기술적 측면에서의 갈등해결을 위한 다섯 가지 원칙을 다음과 같이 제시하고 있다(제5-9조). 첫째, 자율해결과 신뢰확보의 원칙이다. 이는 갈등당사자는 대화와 타협을 통하여 자율적으로 갈등을 해결할 수 있도록 노력해야 하며, 정부는 공공정책을 수립·추진할 때 이해관계인의 신뢰를 확보할 수 있도록 해야 한다는 것이다.

둘째, 참여와 절차적 정의의 원칙으로서, 공공정책을 수립·추진할 때 이해관계인·일반시민 또는 전문가 등의 실질적 참여가 보장되도록 해야 한다는 것이다. 셋째, 이익의 비교·형량원칙으로서, 공공정책을 수립·추진하려고 할 때 창출하려는 공익은 침해받을 것으로 예상되는 다른 공익이나 사익보다 커야 한다는 것이다. 넷째, 정보공개 및 공유의 원칙으로서, 이해관계인이 공공정책의 취지와 내용을 충분히 이해할 수 있도록 관련 정보를 공개하고 공유하도록 해야 한다는 것이다. 다섯째, 지속가능한 발전의 고려원칙으로서, 공공정책을 수립·추진할 때 지속가능한 발전을 위한 요소를 고려하여야 한다는 것이다.

2) 갈등관리의 기준

공공갈등을 효과적으로 관리하기 위한 기준이 무엇인가 하는 문제는 어떤 내용과 절차를 가진 갈등관리시스템을 구축하는 것이 바람직한 것인가 하는 문제와 관련된다. 갈등관리 전문가들은 오랜 기간의 실증연구들에서 얻은 결과를 통해 효과적인 갈등관리기준으로 다음과 같은 다섯 가지 요소를 제시하고 있다(김동영, 2008: 36-38).

첫째, 거래비용으로서, 갈등해소과정에 투입되는 비용이 얼마인가에 따라 갈등관리의 효과성은 달라진다. 여기에서의 비용은 경제적 비용과 사회적 비용을 포괄하는 것으로서 투입된 비용이 적을수록 갈등관리의 효과성이 높다고 본다. 둘째, 결과만족도로서, 갈등관리의 결과가 당사자가 실제 얻고자 하는 이해관계를 만족시켜 주었다고 인식하면 효과성이 높다고 본다.

셋째, 절차만족도로서, 갈등해소의 결과가 당사자의 이익을 완전히 만족시키지 못하더라도 갈등해소를 위한 절차가 공정하다고 인식할 때에는 갈등관리의 효과성이 높다고 본다. 넷째, 관계개선 및 신뢰로서, 갈등이 일단락된 후에 갈등당사자들이 서로 신뢰하고 좋은 관계가 유지된다면 갈등관리의 효과가 높다고 본다. 다섯째, 지속성으로서, 갈등관리시스템이 도출하는 합의안 또는 결과가 지속성을 가진다면 갈등관리가 효과적인 반면에 합의안이 도출되었지만 집행되지 못하고 새로운 갈등이 생긴다면 갈등관리가 비효과적이라고 본다.

3. 갈등관리의 접근방법

갈등관리방법을 이해하는 것은 여러 가지 대안들을 비교·분석함으로써 갈등을 예방하거나 갈등해결에 필요한 전략을 마련하는데 도움이 된다. 갈등관리방법은 그 지향하고자 하는 목적에 따라 다양하게 유형화할 수 있다.

첫째, 갈등관리방법은 갈등의 주체에 따라 갈등당사자에 의한 관리방법, 공적 해결방법, 제3자에 의한 해결방법으로 구분된다. 둘째, 갈등의 관리기법에 따라 권력기반 접근방법, 권리기반 접근방법, 이익기반 접근방법으로 구분된다. 권력기반 접근방법은 권력을 이용하여 상대방에게 결과를 강제적으로 수용하도록 하여 갈등을 해결하는 방법이며, 권리기반 접근방법은 규칙에 따른 접근방법으로서 법·계약·협상 등을 통한 갈등해결방법이다. 그리고 이익기반 접근방법은 개인이나 집단의 요구·관심·소망 등을 이용하여 갈등을 해결하는 방법이다(임동진, 2010: 41).

셋째, 행정관리적 측면에 따라 관리적 접근방법, 법적 접근방법, 정치적 접근방법으로 구분된다. 관리적 접근방법은 경제적 측면을 통한 갈등해결을 강조하는 반면에 법적 접근방법은 법절차의 중시와 실제적 권리보장 등을 통한 해결을 강조한다. 그리고 정치적 접근방법은 갈등관리에 대표성과 책임성의 가치를 강조하는 방법이다.

넷째, 갈등관리수단의 강제성 여부에 따라 전통적 관리방법과 대체적 관리방법으로 구분된다. 전통적 갈등관리방법에는 독자적 관리방법과 사법적 관리방법이 있는데, 독자적 관리방법은 권력을 가진 갈등당사자의 일방이 주도적으로 갈등을 해결하는 방법이며, 사법적 관리방법은 사법기관의 강제적 결정에 의한 해결방법이다. 한편 대체적 갈등관리방법은 강제성을 띠지 않고 갈등당사자가 통제할 수 있는 협상이나 제3자가 개입하는 조정 또는 중재에 의해 갈등을 해결하는 방법이다.

다섯째, 갈등주체 및 법적 개입 여부에 따라 갈등당사자간 해결방법, 사적 제3자에 의한 해결방법, 공적(법적) 제3자에 의한 해결방법, 법 외적 해결방법으로 구분된다. 갈등당사자간 해결방법에는 비공식 토론 및 협상과 조정 등이 있으며, 공적 제3자에 의한 해결방법에는 법원에 의한 사법적 결정과 행정에 의한 법적 결정이 있다. 그리고 법 외적 해결방법에는 비폭력적 직접행동과 폭력 등이 있다.

위에서 살펴본 바와 같이 공공갈등의 관리방법에는 다양한 유형이 있다. 이는 접근방법의 차이에 따라 나타난 것으로서, 이러한 내용들을 종합해 보면 공공갈등 관리방법은 크게 갈등당사자간 해결방법, 제3자에 의한 해결방법, 사법적 해결방법으로 요약할 수 있다.

4. 갈등관리 인프라의 실태와 문제점

공공갈등에 대한 적절한 대응은 우리 사회가 얼마나 합리적이고 효과적인 갈등대응구조를 가지고 있는가에 따라 좌우된다. 현재 우리 사회에서 공공갈등 대응기제로서의 인프라가 어느 정도 구축되어 기능하고 있는가에 대해서는 다음의 세 가지 관점을 통해 진단할 수 있다.

첫째, 공공갈등해결과 관련된 사회적 자본은 의미 있는 수준으로 존재하며 건전하게 기능하고 있는가 하는 점이다. 둘째, 정책 또는 공공사업에 관한 결정과정은 갈등을 충분히 예방할 수 있도록 이해관계인 등의 이익과 의견을 반영할 수 있는 구조로 되어 있는가 하는 점이다. 셋째, 공공갈등이 발생할 경우에 이를 해결하기 위한 사회적 기제가 잘 작동하고 있는가 하는 점이다. 여기에서는 이 세 가지 관점에 입각하여 우리나라의 공공갈등관리를 위한 인프라의 실태를 살펴보고자 한다.

1) 사회적 자본의 형성정도

사회적 자본은 사회구성원들이 상호이익을 증진시키기 위한 조정과 협력을 촉진시켜 주는 사회조직상의 특성이라고 할 수 있다. 공공갈등을 예방하고 해결함에 있어서 사회적 자본은 중요한 의미를 가지고 있다. 사회적 자본의 구성요소로는 신뢰·규범·네트워크(network) 등을 들 수 있는데, 사회적 자본이 증진될수록 사람들은 공통의 인식과 유대감이 강화되고 서로 협력함으로써 사회갈등을 최소화하고 사회통합에 기여할 수 있게 된다.

그러나 우리나라에서 사회적 자본의 형성 정도는 만족할만한 수준에 이르지 못하고 있다. 첫째는 신뢰의 문제이다. 우리 사회의 공공갈등은 대부분 정부의 행정활동과 관련되어 있기 때문에 가장 중요한 것은 국민과 정부 간의 신뢰라고 할 수 있다. 그러나 시민사회는 정부의 정책과 사업의도를 불신하고 정부는 시민사회의 능력을 믿지 못하는 등 신뢰의 기반이 되는 협력적 문화가 제대로 정착되지 못한 실정이다.

둘째는 규범의 문제이다. 준법의식의 결여가 공공갈등에 대한 대응에 큰 장애요인이 되고 있다. 일제강점기와 권위주의시대를 거치면서 법질서 위반을 일종의 저항으로 인식되었던 전통은 법질서의 준수를 경시하는 풍조를 초래함으로써 법질서의 권위를 훼손시키는 한편 공공갈등을 야기하고 격화시키는 중요한 요인의 하나로 작용하고 있다(김유환, 2008: 82-91).

셋째는 네트워크의 문제이다. 우리사회에는 시민단체, 경제단체, 노동조합 등 많은 네트워크가 존재하는데, 이러한 네트워크에는 학연·지연·혈연과 이념적 동질성을 중심으로 한 폐쇄적 유대관계가 형성됨으로써 사회단위에서 하나로 통합되지 못하는 분절된 모습으로 나타나고 있다(이진호, 2011: 64). 이에 따라 사회적으로 신념이나 이해관계를 달리하는 자를 극복해야 할 대상으로만 인식하여 그들을 동반자로 여기면서 대승적 차원에서 협력을 추구하는 의식이 부족하다고 할 수 있다(김유환, 2008: 89).

2) 공공정책 결정과정의 구조화 정도

우리 사회의 공공갈등은 주로 정책이나 공공사업 등 정부의 활동과 관련하여 발생하고 있기 때문에 대부분의 경우에 정책과 공공사업 추진과정에서의 문제가 해결되면 갈등해결이 가능하다고 할 수 있다. 그동안 우리 사회에서 진행된 민주화와 정보화는 시민들의 행정에 관한 정보수준을 현저히 향상시켰으며 시민들의 정책결정과정에 적극적으로 자신의 의사를 반영하려는 참여욕구가 계속 커지고 있으나 실제의 정책결정과정은 아직도 이러한 시민들의 욕구를 제대로 수용하지 못하고 있다.

1996년에 행정절차법과 2007년에 '공공기관의 갈등예방과 해결에 관한 규정' 등이 제정되면서 정부의 정책과정이 많이 변화되고 있다고는 하나 아직도 국민을 정책의 파트너로서보다는 객체로 인식하는 성향이 적지 않은데다 단기적인 전시행정적 성과목표에 매몰됨으로써 일관성과 신뢰성을 상실하는 경우가 많다(김유환, 2008: 89). 또 그동안 하향식 정책결정방식에 익숙한 정부가 아직도 자신이 가진 정보를 충분히 공개하여 국민들과 공유하기를 꺼려하고 있는 실정이다.

3) 갈등관리를 위한 시스템의 제도화 정도

현재 우리나라에는 공공갈등을 중립적인 위치에서 관리할 수 있는 통합적 기구가 설치되어 있지 않다. 다만 환경·노동·금융 등 분야별 분쟁조정위원회가 정부부처 산하에 설치되어 있고 국무총리실이 갈등조정기능을 총괄하는 방식으로 시스템이 구축되어 있다.

그러나 이러한 분쟁조정위원회는 독립성이 약한데다 갈등관리가 사후적인 해결방식을 취하고 있어 사전에 갈등을 예측하여 이를 조정하고 예방하는 기능이 취약한 실정이다. 이와 함께 공공갈등의 직접적 이해당사자인 정부가 직접 나서서 갈등해결의 역할을 수행한다는 것 자체가 공정성과 신뢰성을 담보하기 어렵다는 점에서 정부주도형 갈등관리시스템은 한계에 직면할 수밖에 없었다(현대호 외, 2012: 37-38).

그리고 갈등예방과해결규정에 따라 중앙행정기관별로 설치된 갈등관리심의위원회는 정책과 공공사업의 수행에 따르는 갈등의 예방과 해결을 위해 각계각층의 이해관계를 대표하기에 미흡할 뿐만 아니라 국민들의 입장과 가치를 대변해서 토론과 합의형성을 촉진하는 역할을 수행하기에는 제도상의 한계를 가지고 있다. 또 중앙행정기관에 소속되어 있어서 중립성 내지 독립성을 담보하기도 어렵다.

더욱이 현행 중앙행정기관의 갈등관리업무는 갈등관리조직 및 담당인력의 분산과 개별적 행정환경으로 인해 유기적 연결성이 부족한데다 기존 업무에 부가되어 있기 때문에 갈등관리업무의 효율성이 미흡할 수밖에 없다(임동진, 2010: 320). 이러한 점에서 갈등관리심의위원회는 공공갈등의 예방 및 해결을 위한 통합적 갈등관리 전담기구로서의 기능을 제대로 수행하지 못하고 있다고 할 수밖에 없다.

5. 갈등관리 시스템의 개선 방안

1) 갈등관리 시스템의 개선 필요성

우리나라에서 1980년대 중반까지는 권위주의체제의 비민주적인 정치적·사회적 분위기로 인하여 갈등관리가 주로 폐쇄적·강압적 방식으로 이루어졌다. 그리하여 갈등에 대응해야 하는 공공기관들은 갈등의 발생을 사전에 강압적으로 억제시키는 한편 이미 발생한 갈등은 가능한 한 그 확대를 막아 사회적 파장이 커지지 않도록 통제하고 기존의 상황을 유지하는데 관심을 기울였다.

그러다가 민주화가 시작된 1980년대 후반부터 1990년대 초반까지는 단기적 시각에서 갈등이 발생한 이후에 그를 해소하기 위한 노력을 기울이는 사후대응적인 일차원적 관리가 주종을 이루어 왔다. 그 후 1990년대 중반에 지방자치가 실시되면서 갈등을 보다 체계적·장기적 시각에서 대응할 필요성이 제기됨에 따라 지방정부 차원에서 비록 형식적이지만 공공정책이나 공공사업의 추진과정에 시민들을 참여시키기 시작하였다.

그리고 2000년대에 들어와 갈등예방과해결규정이 제정되면서 정부가 국민생활에 광범위한 영향을 주거나 이해관계가 크게 상충되는 정책과 공공사업에 대한 갈등관리를 해 나가는 등 갈등관리의 제도화가 어느 정도 이루어지기 시작하였다. 그러나 아직까지도 제도적 장치의 미비, 실질적 시민참여 미흡에 따른 절차적 정당성의 약화 등으로 체계적이고 민주적인 갈등관리시스템이 안정적으로 정착되지 못하고 있는 실정이다.

따라서 우리 사회의 공공갈등을 제대로 관리하기 위해서는 갈등이 발생한 후에 그것을 해소하는 사후처방적인 접근방식에서 벗어나, 이를 사전에 예방하여 원천적으로 해결할 수 있는 종합적이고 체계적인 갈등관리시스템이 합리적으로 구축되어야 할 것이다. 갈등관리란 사회적 합의형성을 통해 갈등을 해소하기 위한 제반 원칙과 기준, 절차와 방법 등에 대한 제도적·관리적 기반을 구축하는 것이다(김선희 외, 2008: 54-55). 그러므로 합리적 갈등관리시스템을 구축하기 위해서는 법령과 제도를 통해 갈등관리에 관련된 의사결정 방식, 참여절차와 수단, 갈등관리에 관한 기술과 방법 등을 개선하거나 새롭게 마련되어야 할 것이다.

2) 갈등관리 시스템의 실태

(1) 갈등관리를 위한 법령과 기구

우리나라에서는 공공정책을 수립하고 추진하는 과정에서 발생하는 공공갈등을 체계적으로 예방하고 해결하기 위하여 2007년에 갈등예방과해결규정을 제정하여 시행하고 있다. 이 규정은 공공갈등의 예방과 해결을 위한 중앙행정기관의 책무를 규정하는 한편 공공갈등의 사전예방과 함께 이미 발생한 공공갈등을 해결하는 절차와 방법 등을 규정하고 있다.

이 규정은 갈등의 개념을 "공공정책이나 각종 사업계획을 수립·추진하거나 법령을 제정·개정하는 과정에서 발생하는 이해관계의 충돌"로 정의하고 있으며(제2조), 규정의 적용대상을 원칙적으로 중앙행정기관(대통령소속기관 및 국무총리소속기관 포함)으로 하고, 지방자치단체와 그 밖의 공공기관은 이 규정과 동일한 취지의 갈등관리제도를 운영할 수 있도록 하고 있다(제3조).

그리고 중앙행정기관의 장은 사회전반의 갈등예방 및 해결능력을 강화하기 위하여 종합적인 시책을 수립·추진하여야 하며, 갈등예방 및 해결과 관련된 법령 등을 지속적으로 정비하도록 하고 있다(제4조). 또 중앙행정기관의 장은 갈등을 신속하고 효율적으로 해결할 수 있는 다양한 수단을 발굴하여 적극 활용하여야 하며, 소속직원을 대상으로 갈등을 예방하고 갈등해결능력을 향상하기 위한 교육훈련을 실시하도록 하고 있다. 그런데 우리나라에서 공공갈등의 관리는 이 규정(規程) 이외에 행정절차법과 개별법들의 규정(規定)에 의해서도 이루어지고 있다.

다음은 공공갈등을 관리하는 기구에 대해 살펴보자. 현재 중앙정부의 공공갈등 관리기구는 국민대통합위원회를 정점으로 국무조정실이 컨트롤타워가 되어 갈등관리에 관한 총괄기능을 수행하고 있다. 그러나 대통령직속기구인 국민대통합위원회는 실질적인 갈등조정기구라기보다는 정치적·상징적 성격을 지니고 있기 때문에 실제적으로는 국무조정실이 그 중심적 역할을 수행하고 있다.

국무조정실은 갈등관리정책협의회, 갈등점검협의회, 행정협의조정위원회와 같은 갈등관리시스템을 마련하여 운영하고 있는데, 갈등관리가 정부업무평가에 반영하게 되면서 그 역할이 강화되고 있다. 한편 각 중앙행정기관에서는 갈등관리심의위원회와 갈등조정협의회를 통해서, 행정자치부는 중앙분쟁조정위원회, 환경부는 환경분쟁조정위원회를 통해서 갈등관리업무를 수행하고 있다. 그리고 지방정부에서도 갈등조정협의회를 운영하는 등 자체 수준에서 갈등관리를 하고 있다.

(2) 갈등관리의 프로세스

갈등예방과관리규정은 갈등관리 프로세스(process)에 대해서도 규정하고 있다. 그 개요를 보면 중앙행정기관의 장은 공공정책을 결정하기 전에 갈등영향분석이 필요한지 여부를 판단하여 필요하다고 인정하면 갈등영향분석을 실시하도록 하고 있다. 그 후 갈등관리심의위원회에서 분석결과를 심의하여 갈등을 예방하거나 해소하는 절차가 필요하다고 판단될 경우에 참여적 의사결정방법을 활용하거나 갈등조정협의회를 통해 합의형성에 필요한 절차를 밟도록 하고 있다.

이러한 절차를 거쳐 합의안이 도출되고 중앙행정기관의 장이 이를 수용할 경우에는 입안된 공공정책은 수정 및 보완과정을 거쳐 정책으로 결정된다. 갈등예방과관리규정은 이러한 갈등관리를 위한 핵심적 수단으로 갈등영향분석, 갈등관리심의위원회의 설치·운영, 참여적 의사결정, 갈등조정협의회의 구성·운영에 관한 사항을 규정하고 있는데, 그 내용을 살펴보면 다음과 같다.

가. 갈등영향분석 실시 : 갈등영향분석은 공공정책 등을 수립·추진함에 있어서 정책을 결정하기 전에 사회에 미치는 갈등의 요인을 예측·분석하고 예상되는 갈등에 대한 대책을 강구하기 위한 제도이다. 중앙행정기관의 장은 공공정책 등을 수립·시행·변경함에 있어서 국민생활에 중대하고 광범위한 영향을 주거나 국민의 이해상충으로 인하여 과도한 사회적 비용이 발생할 우려가 있다고 판단되는 경우에는 해당 공공정책을 결정하기 전에 갈등영향분석을 실시할 수 있도록 하고 있다(제10조).

나. 갈등심의위원회의 설치·운영 : 중앙행정기관의 장은 소관사무의 갈등관리와 관련된 사항을 심의하기 위하여 갈등관리심의위원회를 설치하도록 하고 있다(제11조). 위원회의 기능은 갈등예방 및 해결능력을 강화하기 위한 시책의 수립·추진, 갈등의 예방 및 해결과 관련된 법령 등의 정비, 다양한 갈등해결수단의 발굴 및 활용, 교육훈련, 갈등영향분석, 갈등의 예방 및 해결에 관한 민간활동 지원사항 등을 심의하도록 하고 있다(제13조). 그리고 중앙행정기관의 장은 정당한 사유가 있는 경우를 제외하고는 갈등심의위원회의 심의결과를 공공정책의 수립·추진과정에 성실히 반영하도록 하고 있다(제14조).

다. 참여적 의사결정방법의 활용 : 중앙행정기관의 장은 갈등영향분석에 대한 심의결과 갈등의 예방·해결을 위하여 필요하다고 판단되는 경우에 이해관계인, 일반시민 또는 전문가 등이 참여하는 참여적 의사결정방법을 활용할 수 있도록 하고 있다. 또 중앙행정기관의 장은 공공정책을 결정함에 있어서 이러한 참여적 의사결정방법의 활용결과를 충분히 고려하도록 하고 있다(제15조).

라. 갈등조정협의회의 구성·운영 : 갈등조정협의회는 공공정책의 수립·추진과정에서 발생한 갈등을 관계 중앙행정기관과 이해관계인들이 대화와 타협을 통해 조정하고 합의를 도출하는 기구이다. 중앙행정기관의 장은 공공정책으로 인하여 발생한 갈등해결을 위하여 필요하다고 판단되는 경우에는 각 사안별로 갈등조정협의회를 구성하여 운영할 수 있도록 하고 있다(제16조).

그리고 협의회의 의장은 중립성과 공정성을 바탕으로 당사자 간의 갈등이 해소될 수 있도록 지원·촉진하는 역할을 수행하여야 하며, 당사자는 상호존중과 신뢰를 바탕으로 공동의 이익이 되는 대안을 창출하기 위하여 적극 협력하도록 하고 있다(제18조). 또한 협의의 결과는 법령에 위배되거나 중대한 공익을 침해하지 않아야 하며, 중앙행정기관의 장은 협의결과를 성실하게 이행하도록 하고 있다(제21조).

3) 갈등관리 시스템 개선의 전제조건

(1) 사회적 신뢰의 강화

갈등관리시스템이 원활하게 작동되기 위해서는 갈등관리를 위한 제도적 절차를 떠받쳐 주는 토대가 되는 사회문화적 인프라가 구축되어야 한다. 갈등관리를 위한 사회적 인프라의 핵심은 결국 사회적 자본이라고 할 수 있는데, 사회적 자본이란 사회구성원들의 상호이익을 증진시키기 위한 조정과 협력을 촉진시켜 주는 신뢰, 규범, 네트워크 등과 같은 사회조직상의 특성을 말한다.

사회자본 중에서도 특히 신뢰는 참여적 의사결정과 갈등의 조정·중재를 가능하게 하는 조건이 된다고 할 수 있다. 갈등조정자, 전문가, 그리고 갈등상대자가 약속을 성실하게 지킬 것이라는 기대, 다시 말해서 선의(good will)에 대한 신뢰가 없이는 어떠한 갈등관리절차도 제대로 작동할 수가 없다. 이러한 선의에 대한 신뢰가 사람들로 하여금 결과가 불투명한 갈등관리절차에 위험을 감수하면서 참여하게 되고, 또 그 결과를 따르게 하는 것이라고 할 수 있다(지속가능발전위원회a, 2005: 58). 그러므로 갈등관리시스템이 합리적으로 구축되기 위해서는 사회적 신뢰가 강화되어야 한다.

(2) 공공기관의 갈등에 관한 인식의 전환

갈등관리시스템이 정착되기 위해서는 정부를 비롯한 공공기관이 갈등에 관련한 인식이 전환되어야 한다. 그동안 정책결정과정에서 주민들의 실질적 참여요구를 수용하는데 저해요인으로 작용해 온 공공기관의 지나친 효율성의 논리, 법규만능적인 사고방식, 행정편의주의 등이 불식되어야 하며 공공갈등에서는 공공기관이 갈등주체의 한 축이 된다는 점에서 갈등자체 및 갈등해결 논리 등에 대한 인식도 크게 전환되어야 한다(제주발전연구원, 2009: 242-244).

첫째, 공공갈등 자체에 대한 인식이 전환되어야 한다.

공공기관은 비선호시설의 특정지역 입지를 둘러싼 공공갈등의 발생 시에 이해당사자들의 반대를 자신들의 배타적 이익을 추구하는 지역(또는 집단)이기주의로 보는 성향이 강하다. 공공갈등이 합리적으로 관리되기 위해서는 정부는 이러한 지역주민들의 반대와 주장을 이기주의로만 치부할 것이 아니라 공공정책이나 사업으로 인한 편익과 비용의 불일치에 대한 합리적 반응이며 지역공동체를 보호하기 위한 주민들의 정당한 요구이자 권리를 지키기 위한 행위로 인식할 필요가 있다(이강웅, 2008: 182). 인식이 이렇게 전환될 때에 공공갈등의 관리는 토론과 협상을 통한 합의의 과정으로 이끌어 갈 수 있을 것이다.

둘째, 공공갈등해결의 논리에 대한 인식이 전환되어야 한다.

공공기관은 특정정책이나 사업을 추진하는 과정에서 지역주민들이 반대를 하더라도 사회의 다수가 이를 선호할 경우 또는 국책사업일 경우에 다수의 논리나 국익논리를 내세워 추진을 강행하는 경우가 많다. 물론 다수의 지배가 민주정치의 기본원리이고 특정한 사업이 국가전체의 이익을 추구한다는 점에서 그러한 논리를 근본적으로 부정할 수는 없지만 공공기관이 소수자의 권리와 이익도 동시에 고려하는 성숙한 의식을 갖는다면 공공갈등의 예방이나 해결에 더욱 효과적일 수가 있다(제주발전연구원, 2009: 244).

셋째, 지역주민에 대한 공공기관의 인식이 전환되어야 한다.

정책이나 공공사업의 추진에는 그 내용의 합리성뿐만 아니라 해당 정책이나 사업으로 영향을 받게 될 지역주민들의 수용성, 즉 동의 여부가 중요한 문제가 된다. 만약 정부를 비롯한 공공기관이 지역주민들을 자신이 추진하는 정책이나 사업의 일방적인 순응대상자로만 인식한다면 공공갈등의 발생은 불가피해지게 된다.

그러므로 공공기관은 지역주민을 정책이나 공공사업을 추진하는 과정에서 설득하고 타협하고 합의해야 하는 주체로 인식해야 하며, 더 나아가서는 정책 또는 사업을 함께 입안하고 결정하며 그 추진과정에서 예상치 못한 갈등이 발생할 경우에는 협력해 나가는 동반자로 인식해야 할 것이다. 이와 같은 지역주민들에 대한 공공기관의 인식전환은 정책이나 사업의 정당성을 강화시켜주는 것은 물론이고 그 집행의 효율성까지 담보할 수 있는 토대가 될 수 있을 것이다.

(3) 정책과정의 민주성 확보

공공갈등을 예방하고 합리적으로 관리하기 위해서는 정책과정에서 민주성이 확보되어야 한다. 공공갈등의 발생은 정책이나 공공사업의 본질적 내용이 합리적이지 못한 데에도 큰 원인이 있지만 정책이나 공공사업을 추진하는 과정에서 하향식 정책입안, 관련 정보의 불충분한 공개, 이해관계자 및 주민들과의 실제적 소통부족 등 추진방식의 비민주성도 중요한 요인으로 작용한다.

정책과정에서 효율성을 지나치게 강조하는 행정문화가 지속되는 한 정책과정의 합리성과 민주성은 경시되기 때문에 공공갈등을 유발할 가능성은 그만큼 커지게 된다. 그러므로 공공갈등을 예방하고 해결하기 위해서는 정책과정의 초기단계에서부터 이해관계자 및 지역주민과의 협의를 통한 합의형성 등 민주적 절차를 확립하는 것이 필요하다.

그러기 위해서는 정부주도의 일방적인 의사결정시스템을 개선하여 시민들이 의사결정과정에 적극적으로 참여할 수 있는 통로와 절차를 확보해 주어야 한다. 그 방안으로는 기존의 기술관료적 정책결정모델을 숙의적(熟議的) 참여모델로 전환시켜 주민들의 실질적 참여와 협력을 촉진하는 개방적 정책과정을 실현함으로써 주민들과 행정의 상호관계를 증진시켜야 하며, 일방적 정보제공이 아니라 다양한 참여주체들의 상호 정보교환을 통한 쌍방향적 의사소통체계를 확립하여야 한다.

4) 갈등관리 시스템의 개선 방안

(1) 제도적 측면의 개선 방안

가. 갈등관리기본법(가칭)의 제정

공공갈등을 효율적으로 관리하기 위해서는 그 기본이 될 갈등관리기본법(가칭)을 제정할 필요가 있다. 미국과 일본 등 선진외국에서는 공공갈등을 예방하고 해결하기 위한 법률을 제정하여 사회적 합의를 형성하기 위한 다양한 제도를 운영하고 있다. 그러나 아직 우리나라는 공공갈등관리에 관한 기본법을 제정하지 못한 채 대통령령인 갈등예방과해결규정에 의해 중앙행정기관이 갈등예방과 해결에 관한 업무를 처리하고 있다.

그러나 이 규정은 많은 공공갈등이 지방정부의 행정영역에서 발생하고 있음에도 불구하고 그 적용대상을 중앙행정기관에 한정하여 지방정부는 제외시키고 있으며, 정부투자기관도 갈등을 유발하는 사업주체가 될 수 있는데도 역시 제외시키고 있다. 뿐만 아니라 규정의 내용도 갈등의 예방과 해결에 대한 구체성이 결여되는 등 제도운영에 한계를 드러내고 있다.

그러므로 갈등관리 본연의 목적에 부합하고 현재 시행 중인 갈등예방과 해결규정의 한계를 극복할 수 있는 갈등관리기본법(가칭)을 제정할 필요성이 크다고 판단된다(임동진. 2010: 314). 이러한 기본법이 제정된다면 갈등관리 전반에 관한 기본체계가 정립될 수 있을 것이며 갈등관리의 중요성에 대한 사회적 관심도 제고시킬 수 있을 것으로 전망된다.

나. 참여적 의사결정의 활성화

참여적 의사결정은 정책결정과정에 이해당사자뿐만 아니라 전문가와 일반시민들을 포괄적으로 참여시켜 이들과의 협의를 통해 결정을 이루어내는 과정으로서 시민의 참여, 참여자의 학습과 숙의(熟議), 그리고 참여자들의 합의에 의한 결정을 그 구성요소로 한다. 주로 정보제공 및 의견수렴을 목적으로 하는 일반적 참여방법이 일방적 의사소통구조를 가지고 있는데 비하여 참여적 의사결정은 참여자 간에 대면적(對面的)인 상호간 의사소통을 전제하고 있다.

참여적 의사결정의 주요 기법으로는 규제협상(規制協商), 시나리오 워크샵(work shop), 시민배심원제, 합의회의, 공론조사 등을 들 수 있다. 이러한 참여적 의사결정의 활성화는 다양하게 표출되는 시민들의 의견을 수렴하고 문제점을 분석함으로써 합리적인 합의형성을 도출하여 갈등의 예방 및 해결에 필요한 대안을 도출하는데 기여할 수 있을 것이다.

참여적 의사결정의 활성화를 위해서는 행정절차규범의 획기적 변화가 수반되어야 할 것이다. 정책결정에 이해관계자와 일반주민의 참여를 보다 확대시키는 방향으로 전반적인 제도개선이 이루어져야 하며, 특히 행정계획의 결정에 있어서 국민과 이해관계인의 의견이 충분히 수렴될 수 있도록 절차규정을 정비하여야 할 것이다.

그리고 현행 갈등예방과해결규정에서 말하는 참여적 의사결정은 의무적 절차가 아니라 어디까지나 임의적 절차이기 때문에 어느 범위까지는 국민과 이해관계인의 참여에 대한 법적 의무규정이 필요하다는 점에서 행정절차법 등 관련법의 개정이 추진되어야 할 것이다. 또 이 규정은 공공정책을 결정함에 있어서 참여적 의사결정방법의 활용결과를 "충분히 고려"하도록 하고 있으나, 이것으로는 부족하므로 그 활용결과를 공공정책에 좀 더 적극적으로 반영할 수 있도록 해야 할 것이다.

그런데 공공갈등의 관리에 참여적 의사결정이 정착되기 위해서는 몇 가지 전제조건이 충족되어야 한다고 본다. 첫째, 공공의사결정의 패러다임(paradigm)과 의식이 전환되어야 한다. 우리나라의 전통적 공공의사결정방식은 관료적 의사결정이었으며 최근에 와서야 이익대변구조로 전환되고 있다. 참여적 의사결정은 이러한 기존의 관료적 의사결정이나 이익대변구조와는 달리 이해관계자, 전문가, 시민단체 등 다양한 참여자들이 행정기관과 동등하게 의사결정의 주체가 되어야 함을 전제로 하는 것이다(양현보 외, 2008: 36). 이러한 패러다임의 변화와 의식의 전환 없이는 참여적 의사결정제도는 성공적인 정착이 힘들 것으로 보인다.

둘째, 폭넓고 대표성이 확보된 시민참여가 이루어져야 한다.

참여적 의사결정은 보다 광범위한 시민참여를 목표로 하고 있다. 참여적 의사결정에서 시민참여는 토론의 질을 제고하는 한편 당면문제에 대한 합리적이고 효과적인 행동을 취하는데 필요한 정치적 의지의 형성을 가능하게 해 준다. 그러나 폭넓은 시민참여가 바로 시민의 대표성을 보장하는 것은 아니기 때문에 참여적 의사결정에 있어서는 참여자들이 지역·계층·연령을 포괄하는 대표성을 확보할 수 있도록 해야 할 것이다. 셋째, 참여시민들에게 갈등사안과 관련된 충분한 정보를 제공하여 정책기관과 공유할 수 있도록 해야 할 것이다.

(2) 운영적 측면의 개선 방안

가. 갈등영향분석의 내실화와 탄력적 운영

갈등영향분석은 갈등과 관련된 정보를 수집하여 해석하고 분석과 평가를 통해 갈등상황에 대한 변화가능성을 모색하여 문제해결에 적합한 방법을 찾는다는 점에서 갈등관리의 핵심적 과정이라고 할 수 있다. 이러한 갈등영향분석은 정책이나 사업의 추진과정에서 행정편의주의로 발생하는 시행착오를 예방하고 절차적 민주성을 강화하는 이해관계자들의 의사소통 수단으로서의 역할을 한다.

그러나 현행 갈등예방과해결규정에서는 갈등영향분석은 중앙행정기관의 장이 독자적 판단에 의해 실시여부를 결정하며 갈등관리심의위원회에서 분석서를 심의하도록 하고 있으나 구체적으로 어떤 방식으로 처리하는지에 대해서는 명시하지 않고 있다. 이러한 구조적 한계 때문에 갈등영향분석의 운영은 실질적 효과를 거두지 못하는 것으로 평가되고 있다.

이와 같은 한계를 극복하기 위해서는 갈등영향분석의 실시결정권한을 갈등관리심의위원회로 이관하여 보다 객관적이고 중립적 입장에서 특정정책이나 사업과 관련하여 갈등을 예측하고 예방적 차원에서 영향분석의 실시여부를 결정하도록 하는 것이 바람직하다고 본다. 또 갈등영향분석이 실질적이고 효율적이 되기 위해서는 정책의 성격이나 공공사업의 규모 등에 따라 영향분석의 실시여부를 판단할 기준이 제도적으로 마련되어야 하며 영향분석의 지속적 활용을 위한 사례분석 및 연구를 통해 우리 현실에 적합한 분석기법이 개발되어야 할 것이다(임동진, 2010: 319).

나. 갈등관리심의위원회의 위상제고 및 운영 내실화

중앙행정기관 단위로 설치되어 있는 갈등관리심의위원회는 갈등관리에 관한 폭넓은 논의의 장(場)이자 의견을 수렴하는 통로의 역할을 해야 한다. 이 위원회의 핵심기능은 정책이나 공공사업을 수립·추진함에 있어서 국민생활에 중대하고 광범위한 영향을 주거나 국민들의 이해상충으로 인하여 갈등이 발생할 우려가 있다고 판단되는 사안에 대한 심의라고 할 수 있다.

이 위원회의 설치는 중앙행정기관이 갈등관리에 관한 노력을 보다 전문적 차원에서 기울여야 한다는 점에서 의미가 있을 뿐만 아니라 시민들의 참여아래 갈등관리정책을 수립하도록 함으로써 관료적인 갈등관리정책을 개선할 수 있다는 점에서도 의의가 있다. 그러나 현행 갈등관리심의위원회는 각계각층의 이해관계를 대표하기에 미흡할 뿐만 아니라 국민들의 이해와 가치를 대변해서 토론과 합의형성을 촉진하는 역할을 수행하기에는 제도상의 한계를 가지고 있다.

중앙행정기관에 소속되어 있어서 중립성과 독립성이 약하며 심의결과의 정책반영은 의무사항이 아닌데다 공무원들의 인식마저 낮아 심의결과의 활용도가 별로 높지 않은 실정이다. 따라서 이 위원회가 실질적인 역할을 하기 위해서는 위원회의 위상을 제고시켜야 하며 비상임위원제를 두어 전문가들이 참여할 수 있도록 운영에 내실화를 기해야 할 것이다(임동진, 2010: 317-318). 그리고 심의결과의 정책반영 여부는 정부에 대한 신뢰를 결정하는 중요한 요소가 되므로 위원회의 심의결과를 정책 또는 공공사업의 시행과정에 의무적으로 반영하도록 할 필요가 있다.

다. 갈등조정협의회의 운영 강화

갈등조정협의회는 정책의 집행과정에서 갈등이 발생했을 때 이해당사자들이 협의체를 구성하여 합의를 형성해 나가는 갈등해결 수단으로서, 이해당사자들의 상충되는 입장과 이해관계를 합리적으로 조정하여 합의안을 도출하는데 그 설치목적이 있다.

현행 공공갈등예방과해결규정은 공공정책으로 인하여 발생하는 갈등해결을 위하여 필요하다고 판단되는 경우에 각 사안별로 갈등조정협의회를 구성하여 운영할 수 있도록 하고 있으며(제16조), 중앙행정기관의 장은 협의회의 협의결과를 성실하게 이행하도록 노력해야 한다고 규정하고 있다(제

21조). 그러나 이 규정(規定)은 권고적 의미에 불과하기 때문에 협의사항을 이행하지 않더라도 이를 강제할 수단이 없어 그 실효성에 문제가 있다. 그러므로 이 규정을 "당사자가 합의사항을 신의에 따라 성실하게 이행해야 한다"는 내용으로 개정하여 강제적 성격을 부여할 필요가 있다(정남철, 2012: 357).

갈등조정협의회는 조정을 통해 갈등을 해결하기 위한 대체적(代替的) 분쟁해결방식(ADR)의 하나이다. 그런데 공공갈등예방과해결규정에는 대체적 갈등해결방식으로 갈등조정협의회만을 한정적으로 규정하고 있는데, 이는 다양한 갈등사안에 효과적으로 대처하는 데에는 바람직하지 않다. 그러므로 이 규정에 갈등조정협의회 이외의 대체적 분쟁해결방식도 포함시키고 비밀유지 및 중립위원 선정에 관한 내용과 대체적 분쟁해결에 기술적으로 요구되는 사항들도 규정할 필요가 있다고 본다.

라. 정책과정과 갈등관리 프로세스의 병행적 운영

공공갈등관리 프로세스(process)는 정책과정과 별개로 운영되는 것이 아니라 정책과정의 틀 속에서 작동하는 것이기 때문에 정책과정과 갈등관리 프로세스의 운영은 병행되어야 한다. 그런 점에서 공공갈등관리 프로세스를 개선하기 위한 정책과정의 혁신은 매우 중요한 의미를 갖는다. 현재 우리나라의 공공갈등관리 프로세스는 갈등예방적인 측면이 취약하기 때문에 정책의 입안단계나 결정단계에서 갈등을 유발할 수 있는 요인들을 분석하고 이에 대처하려는 체계적 노력이 미흡하다는 문제점을 갖고 있다(제주발전연구원, 2009: 248).

공공갈등은 어떤 특정한 단계나 국면에서 제도적 조치만으로는 예방되거나 해결되기 어렵기 때문에 갈등관리 프로세스를 통해서 정책과정 전반에서 단계별로 예방 및 해결을 위한 절차들이 마련되고 이를 통한 관리가 지속적으로 이루어져야 한다.

이런 맥락에서 정책과정과 갈등관리 프로세스는 별개의 독립된 과정이 아니라 상호 병행적으로 추진되어야 할 과정으로서, 정책과정의 모든 단계에 걸쳐 이루어져야 한다. 이를 정책과정 단계별로 구분하여 설명하면 다음과 같다(제주발전연구원, 2009: 249).

첫째, 정책입안단계에서는 공공기관이 추진하고자 하는 정책이나 사업과 관련된 신뢰할 수 있는 정책정보를 공개하여 이에 대한 여론을 수렴하고 정책입안에 반영하여야 할 것이다. 이와 함께 해당 정책이나 사업을 추진할 때에 예상되는 갈등을 파악하고 그를 예방하기 위한 다양한 대책을 마련하여 정책입안과 병행적으로 추진하여야 한다.

둘째, 정책결정단계에서는 정부에 의한 일방적 결정이 아니라 시민참여에 토대를 둔 합의적이고 협력적 방식으로 결정이 이루어져야 한다. 정책결정과정에서 시민참여가 정당성을 확보하기 위해서는 명목적 참여가 아닌 실질적 참여가 보장되는 쌍방향적이고 소통적인 의사결정방식이 도입되어야 한다. 그 대표적 방식으로는 정책당국이 경제적·기술적 타당성을 검토하여 정책을 입안하면 이해관계자 및 시민들이 정책당국과 협의를 통해 결정하는 참여적 의사결정방식을 들 수 있다.

셋째, 정책집행단계에서는 시민참여에 의한 합의형성을 토대로 시민들의 감시 아래 정책이 집행되어야 하지만, 그 과정에서 또 다른 갈등이 발생할 수도 있기 때문에 이를 조정할 수 있는 체계를 구축하여야 한다. 갈등조정체계는 갈등당사자 간의 합의에 의해 구성되고 상호존중과 신뢰를 바탕으로 대안을 창출해 나가는 기제이지만 당사자 간에 조정이 여의치 않을 경우에는 대체적 분쟁해결방식을 통해 조정해 나갈 수 있는 방안을 마련할 필요가 있다.

마. 통합적 갈등관리 전담조직의 설치

현재 대부분의 중앙행정기관은 갈등관리업무를 담당하는 전담조직이 없기 때문에 갈등관리부서 및 담당인력이 분산되어 있어서 업무가 유기적으로 연결되지 못하고 있다. 그러므로 갈등이 빈번하게 발생하거나 발생할 우려가 큰 업무를 수행하는 중앙행정기관에서는 갈등관리를 위한 통합적인 전담조직을 설치할 필요가 있으며, 그 조직에 갈등예방을 위한 각종 조사와 활동, 갈등해결을 위한 조정·중재 등의 기능을 부여하는 것이 바람직하다고 본다(임동진, 2010: 320).

한편 지방정부에도 갈등관리 전담조직을 설치할 필요가 있다. 현재 시·도를 비롯한 지방정부에서는 공공갈등예방과해결규정에 근거를 둔 조례를 제정하여 갈등조정을 위한 상설기구로 갈등조정협의회 등을 설치·운영하고 있다. 그런데 이 협의회는 갈등의 조정이라는 제한된 기능과 성과지향적인 조직운영 때문에 포괄적인 갈등관리기능을 제대로 수행하지 못하고 있다.

따라서 지방정부별로 공공갈등을 합리적으로 예방하고 해결해 나갈 수 있기 위해서는 갈등조정협의회를 갈등조정지원센터로 확대 개편하여 갈등의 조사 및 연구, 갈등관리 지원, 갈등관리 교육훈련 등 갈등관리 전반을 포괄하는 기능을 담당하도록 하는 것이 바람직하다고 본다. 그리고 갈등조정협의회가 폐지될 경우에 이 협의회가 담당하던 갈등조정업무는 갈등사안별로 갈등관리전문가들로 구성되는 한시적 기구에 맡긴다면 좀 더 유연하게 대처할 수 있을 것으로 생각된다.

(3) 역량적 측면의 개선방안

가. 공무원에 대한 갈등관리교육 강화

공공갈등관리시스템을 합리적으로 운영하기 위해서는 관련 공무원들의 역량이 강화되어야 한다. 공무원들은 공공갈등에 있어서 직접적인 갈등의 당사자가 되거나 갈등의 조정자 또는 중재자가 되기도 하므로 상황에 따른 다양한 역할의 수행을 요구받고 있다. 따라서 갈등을 합리적으로 관리하기 위해서는 공무원들의 역량과 전문성이 강화되어야 한다.

이러한 역량과 전문성을 강화하는데 필수적인 것이 교육훈련이다. 현재 공무원들에 대한 갈등관련 교육프로그램은 공공갈등을 합리적으로 예방하고 해결하기에는 그 내용이 매우 빈약하다. 더구나 공무원들에게는 효율성을 중시하는 행정문화와 전통적인 갈등해결방식에 대한 인식이 아직도 남아 있어서 합리적 갈등관리가 제대로 이루어지지 못하고 있다.

그러므로 공무원들이 합리적으로 갈등상황에 대처하고 해결하는데 필요한 교육훈련을 강화함으로써 그들의 가치관 및 행태를 변화시키고 갈등관리 업무의 효율성을 제고시켜야 할 것이다(임동진, 2010 : 324). 그러기 위해서는 다양한 갈등이론과 해결방안을 제시하는 프로그램을 개발할 필요가 있는데, 그 예의 하나로 모의갈등 프로그램을 도입하여 이해관계자의 요구사항을 파악하는 단계에서부터 이해관계가 조정되어 갈등이 해결되는 전 과정을 체험해 볼 수 있도록 하는 것도 바람직하다.

나. 갈등관리를 위한 전문인력 양성

갈등관리시스템이 제대로 구축되었다 하더라도 이를 담당할 전문인력이 없으면 시스템을 효과적으로 운영할 수 없기 때문에 갈등을 체계적으로 예방하고 해결하기 위해서는 갈등을 조정·중재하는 다수의 전문인력을 필요로 한다.

우리나라에서는 2005년부터 공공갈등관리에 관한 워크숍(workshop) 프로그램을 운영하면서 전문인력을 양성하기 시작하였으며, 현재 중앙부처의 교육훈련기관에서 공무원을 대상으로 갈등관리와 합의형성에 관한 프로그램을 운영하고 있으나 아직도 다양한 이론과 식견을 갖춘 전문인력이 크게 부족한 실정이다. 그러므로 보다 많은 갈등관리 전문인력을 양성하기 위해서는 다양한 교육프로그램을 개발함과 함께 갈등조정인(葛藤調停人) 양성기관 인증제도 등 필요한 시책을 추진할 필요가 있다.

이러한 교육을 통해 전문인력이 지속적으로 배출되어 갈등관리 프로세스의 구성요소인 갈등영향분석, 참여적 의사결정, 갈등조정회의의 운영 등이 모두 전문인력을 통해 이루어진다면 공공갈등을 합리적·효율적으로 관리할 수 있을 뿐만 아니라 사회전반에 걸쳐 합의형성에 관한 경험과 기술이 축적됨으로써 합의형성의 효과가 제고되며 합의문화의 형성에도 기여할 수 있게 될 것이다(김선희 외, 2008: 73).

(4) 환경적 측면의 개선방안

가. 갈등관리 거버넌스 구조의 확립

공공갈등은 이해관계자의 수가 많고 갈등에 개입 또는 참여하는 유형이 다양한데다 갈등쟁점도 복잡하게 얽혀 있는 경우가 많기 때문에 관련된 이해관계자 모두를 만족시킬 수 있는 예방대책이나 해결방안을 마련하기가 쉽지 않다. 이런 점에서 공공갈등의 관리는 정부가 일방적으로 주도하기보다 공공과 민간의 파트너십(partnership)을 기반으로 하는 협력체계 구축에 바탕을 두는 것이 바람직하다.

그러므로 공공갈등을 합리적·민주적으로 관리하기 위해서는 협력적 거버넌스(governance) 구조를 확립하고 갈등관리 프로세스의 구성요소인 갈등영향분석, 참여적 의사결정, 합의형성이 이러한 거버넌스의 틀 속에서 이루어지도록 해야 할 것이다. 공공갈등관리에 있어서 거버넌스란 공공 및 민간부문의 다양한 행위자들이 참여를 통해 서로 대등한 입장에서 협력적 네트워크를 구성하여 상호의존적 관계 아래서 갈등쟁점에 대한 민주적 심의와 자율적 협의를 통해 갈등을 해결해 나가는 체제이다(제주발전연구원, 2009: 34).

이러한 협력적 거버넌스가 확립되기 위해서는 적극적인 정보공개와 함께 절차적 합리성이 보장되어야 한다. 정보의 공개 및 공유는 공공기관이 추진하는 정책이나 사업의 정당성을 인식시키는 한편 이해관계자들에게는 그것이 추진될 때 자신들에게 돌아오는 영향을 판단할 수 있는 근거를 제시한다는 점에서 매우 중요하다. 따라서 공공기관은 정책이나 사업의 추진단계별로 관련정보를 공개하여 다양한 참여주체들이 정보를 공유하고 토론함으로써 절차적 합리성을 확보함과 동시에 의사결정의 신뢰도를 높이도록 해야 할 것이다.

나. 협상의식의 제고

공공갈등을 합리적으로 해결하기 위해서는 사회구성원들의 협상의식이 제고되어야 한다. 공공갈등은 근본적으로 정부를 비롯한 공공기관과 국민들간에 이해관계나 가치의 차이로 발생하는 것이기 때문에 갈등쟁점에 대한 이해관계나 가치의 동질성을 확대하는 것이 갈등을 해결하는 중요한 방안이 될 수 있다. 그런 점에서 사회구성원들의 협상의식의 확립은 공공갈등관리의 바탕이 된다고 할 수 있다(임동진, 2010: 333).

협상(negotiation)은 서로 다른 이해관계를 갖고 있는 사람들이 대화와 타협을 통해 상충되는 이해에 따른 갈등을 조정해 나가는 행위로서, 일방적인 해결방안을 강요하기보다는 당사자 간의 합의를 통해 이해관계를 최대한 반영한 공동해결을 모색하는 것이기 때문에 타인과 더불어 살아가는 공동체에서 필수적인 행위이며, 성공적인 협상은 사회통합에도 기여하게 된다.

그런데 우리 국민들은 협상의식이 약하다고 평가되고 있는데, 그 이유로는 다음의 몇 가지를 들 수 있다(신군재. 2013: 195-197). 첫째, 유교문화적 전통 때문이다. 명분(名分)을 중시하는 유교문화의 영향으로 협상은 야합과 같아 도덕적이지 못하다는 편견을 가지는 경향이 적지 않으며, 협상과정에서도 명분이나 체면 때문에 실리를 추구하는 내용보다는 형식에 얽매어 '입장(立場)'을 고수함으로써 협상의 진행을 어렵게 하는 경우가 많다.

둘째, 객관적 기준이나 원칙보다는 지연·학연·혈연 등 연줄관계를 중시하는 의식 때문에 비공개적인 담합을 선호하고 공식적 협상보다는 비공식적 친분관계를 중시하는 성향을 갖고 있다. 셋째, 양보와 타협의식이 약하기 때문에 협상과정에서 상대방의 입장과 이익을 고려하지 않고 자신의 입장과 이익만을 추구하려는 이기주의적 성향이 강하다.

따라서 협상을 통해 사회갈등을 보다 합리적으로 해결하기 위해서는 사회구성원들의 협상의식이 강화되어야 한다. 그 방안으로는 첫째, 협상교육을 강화해야 한다. 우리 사회는 오랫동안 권위주의적 체제 아래서 강압적·일방적인 의사소통에 길들어 오면서 협상에 의한 합의를 통해 문제를 해결할 수 있는 능력을 습득하기 위한 학습기회를 거의 갖지 못하였다.

이러한 협상문화의 부재는 정책결정과 공공사업의 추진과정에서 이해당사자가 참여할 수 있는 기회를 차단하였고, 이해당사자의 입장에서도 자신들의 이해를 관철하기 위해 사업시행주체와 대화 및 토론, 타협과 합의를 통해 문제를 해결하기보다는 시위 등 집단행동에 의존하려는 성향을 갖도록 하였다. 따라서 우리 사회에서 심화되고 있는 각종 갈등을 합리적으로 관리하기 위해서는 학교교육과 사회교육에서 협상교육을 강화하여 사회구성원들이 타인을 공존의 파트너로 인식하고 서로의 이해관계를 배려하면서 입장대립을 원만하게 조정해 나가는 협상의식을 내면화시켜야 할 것이다.

둘째, 협상당사자 간에 상호신뢰 및 관계가 형성되어야 한다. 공공갈등의 협상에서 합의점을 찾지 못하여 실패하는 가장 큰 원인은 상대방을 불신하기 때문이라고 할 수 있는데, 특히 공공기관에 대한 불신은 공공협상에서 큰 걸림돌로 작용하고 있다. 공공협상과정에서 상호신뢰를 구축하기 위해서는 협상당사자들이 상대를 진정한 파트너로 인정하여 상대의 입장을 이해하고 협상과정에서 일관되고 정직한 자세를 가져야 하며, 협상사안과 관련된 정보를 공유할 수 있어야 한다. 아울러 협상과정에 공정성이 유지되어야 할 것이다.

다. 시민단체의 역할 강화

시민단체의 영향력은 시민단체가 공공의 이익을 위해 비판적 시각으로 사회현안을 분석하고 문제를 제기하며 사회적 약자에게 관심을 쏟아야 한다는 합의에 근거하고 있다. 그러한 맥락에서 시민단체들은 갈등이 발생할 때 그것의 사회에 미치는 영향을 시민들에게 알리고 갈등과 관련된 구조적 문제를 지적하면서 공공이익이 보호되는 방향으로 문제가 해결되어야 한다고 주장하며 다양한 사회갈등에 관여하고 있다(정주진, 2010: 316).

시민단체의 갈등관여는 사회가 시민단체에 기대되는 역할을 고려한다면 바람직한 현상이라고 할 수 있다. 공공갈등에서 시민단체가 갈등의 한쪽 당사자인 주민들 편에 서게 되면 주민들은 공공기관과 어느 정도 힘의 균형을 이룰 수 있기 때문에 보다 강력한 주장을 할 수 있으며 갈등과정에서 시민단체들이 가진 정보와 자료를 활용할 수 있다. 또 시민단체들이 가진 전문적 지식과 경험은 주민들의 갈등사안에 대한 이해를 돕고 교육하는데도 기여할 수 있다.

그러나 갈등과정에서 시민단체의 역할은 갈등당사자인 주민들과 협력하고 지원하는데 한정되어야 하며 갈등상황을 주도하는 것은 바람직하지 않다고 본다. 공공갈등에서 시민단체가 주민의 편에 서서 마치 갈등당사자인 것 같이 이를 주도해 나간다면 조직화가 덜 된 갈등당사자인 주민들은 주변으로 밀려나게 되거나 시민단체에 지나치게 의존하는 상황이 발생하게 된다.

그리하여 주민들의 요구보다는 시민단체의 이념이나 가치관이 강하게 부각되어 갈등과정이 정치화되고 갈등이 공공기관 또는 기업과 시민단체의 대립으로 변질되어 갈등해결을 오히려 어렵게 하는 경우도 적지 않다. 그러므로 시민단체들은 갈등해결과정에서 특정사안에 대한 입장과 이해관계를 주장하는 선을 넘어 자신의 가치와 이념을 강요함이 없이 그 주된 역할을 갈등사안에 대한 주민교육 및 전문성을 바탕으로 지식과 정보를 제공하는 등 주민들을 지원하는 역할을 하는 것이 바람직하다고 본다.

6. 대체적 분쟁해결방식(ADR)의 활용

1) 대체적 분쟁해결방식의 대두 배경과 특징

(1) 대체적 분쟁해결방식의 대두 배경

대체적 분쟁해결(alternative dispute resolution : ADR)이란 형식적으로는 법원의 소송 이외의 방식으로 이루어지는 분쟁해결방식을 의미하며, 실질적으로는 법원의 판결형태가 아니라 조정·중재와 같이 제3자의 관여나 직접 당사자간에 교섭과 타협으로 이루어지는 분쟁해결방식을 의미한다. 여기에서 대체(alternative)란 재판제도에 대한 대체(代替)를 의미하는 것으로 전통적 수단인 강제성의 의미에 대체하여 자율성을 강조하는 용어라고 할 수 있다.

현대사회는 법치주의를 근간으로 유지되고 있기 때문에 시민과 정부 간에 발생하는 분쟁이라 할지라도 최종적으로는 법원의 판단에 의해서 해결하는 것이 바람직하다. 그러나 재판에 의한 분쟁해결의 경우는 여러 가지 문제가 있다. 많은 소송비용이 드는데다 소송이 종료되기까지 오랜 시간이 걸리기 때문에 갈등해결의 적시성을 놓쳐 현실적 이익을 반감시킬 수도 있다.

그리고 복잡한 소송절차로 국민들에게 적절한 법률서비스를 받기 어렵게 하며 재판결과 갈등당사자들에게 치유될 수 없는 감정적 괴리감을 낳게 할 수도 있다. 더구나 공공사업 추진을 둘러싼 분쟁은 국민의 요구나 정치적 판단에 의해 결정되는 정치행위 또는 통치행위에 관련된 것이어서, 이것에 대하여 사법부가 법률적 근거를 들어 판단한다는 자체가 문제가 있을 수도 있다(김상권, 2008: 56).

그러므로 환경갈등을 비롯한 여러 분야의 분쟁에 있어서 소송을 통한 분쟁해결의 한계를 극복하고 보다 신속하고 저렴한 비용으로 편리하게 분쟁을 해결하기 위한 소송 외적 해결방안을 모색할 필요가 있게 되었다. 그러한 필요성에서 등장한 것이 대체적 분쟁해결제도로서, 이 제도의 의의는 무엇보다도 갈등당사자 모두가 수용할 수 있는 해결책을 발견하고 당사자 모두에게 이익이 되는 방향으로 갈등해결을 도모한다는데 있다(사득환, 1998: 114).

예를 들어 우리나라의 대표적인 대체적 분쟁해결제도의 하나인 환경분쟁조정제도는 분쟁의 신속한 해결, 피해사실의 입증에 기술적·경제적 부담의 경감, 비용과 시간의 절감, 전문성과 과학적 지식 및 정보의 활용 등에서 소송제도에 대한 비교우위를 목표로 설계된 제도라고 할 수 있다. 이러한 대체적 분쟁해결방식은 원래 소송을 대체하기 위한 수단으로 등장하였지만 분쟁당사자들이 분쟁을 자체적으로 해결함으로써 쌍방 모두가 승리하는 윈-윈(win-win) 결과를 추구하는 등 다양한 가치를 내포하고 있다. 이 분쟁해결방식은 그동안 단순한 이해관계에 관련된 분쟁에 국한되어 적용되어 왔으나 최근에는 그 영역이 확대되어 적용되는 추세이다(지속가능발전위원회a, 200: 255).

(2) 대체적 분쟁해결방식의 특징

대체적(代替的) 분쟁해결은 공정하고 객관적 입장에서 당사자들의 갈등해소를 용이하게 해주는 사전적(事前的)인 장치로서 재판 등 강제적 갈등해결방식과는 다른 다음과 같은 특징을 가지고 있다(사득환, 1998: 115).

즉 대체적 분쟁해결은 개입자의 조정 및 해결과정이 자발적이며 각 당사자들이 협력해서 쟁점을 탐색 논의한다. 대체적 분쟁해결에서 조정자는 갈등당사자들이 갈등해결을 위한 합의에 도달할 수 있도록 도와주는 역할을 한다. 조정자는 이러한 합의에 도달하기 위하여 당사자들과 책임을 공유하지만 문제해결을 위한 권한은 주어져 있지 않다. 대체적 분쟁해결방법에서 합의는 당사자 쌍방의 지지가 있어야 한다는 것이다.

이같이 대체적 분쟁해결은 당사자들이 서로 적대적 관계에 서지 않기 때문에 지속되어야 할 관계를 가진 갈등당사자들에게 유용한 방법이며 당사자들이 융통성 있고 창의적으로 갈등해결에 임할 수 있다. 따라서 제3자에 의한 대체적 분쟁해결은 재판 등 강제적 갈등해결이 갖는 단점을 보완하면서 사전적이며 신속하고 효율적인 방식으로 갈등을 해결할 수 있다는 점에서 그 활용가치가 높다고 할 수 있다(사득환, 1998: 15).

2) 대체적 분쟁해결방식의 유용성

대체적 분쟁해결제도는 다음과 같은 유용성을 갖고 있다(정정화, 2012: 4. 지속가능발전위원회a, 2005: 420-426). 첫째, 이 제도는 재판에 비해 시간과 비용을 절감할 수 있을 뿐만 아니라 협의과정을 통해 분쟁당사자들 간의 감정적 대립과 적대적인 관계를 해소함으로써 지속적 관계를 유지하는데 도움을 줄 수 있다. 둘째, 다수의 이해당사자가 관련된 집단분쟁은 법적 기준만으로 판단하기 어려운 정치적 의미를 내포하고 있기 때문에 대체적 분쟁해결제도로 접근하는 것이 유용하다. 이해집단 간의 분쟁은 이익분배적인 차원에서 상호조정을 통하여 해결하는 것이 바람직하기 때문이다.

셋째, 분쟁해결과정에서 분쟁당사자 간의 힘의 불균형을 완화시켜 준다. 공공갈등의 경우에 한쪽 당사자인 정부를 비롯한 공공기관은 다른 당사자보다 월등한 정보력과 자원활용 능력을 가지고 있다. 이 때문에 갈등이 당사자 간의 자율적·상생적인 합의보다는 공식적 권위나 정치적 결단에 의해 공공기관에 유리한 방향으로 타결되어버리는 경우가 많다. 따라서 분쟁당사자 간의 힘의 불균형상태에서 중립적이고 전문성을 가진 조정자의 개입은 이러한 불균형을 완화시키는데 기여하게 된다.

넷째, 행정내용이 더욱 복잡해지고 전문화되면서 소송에 의해서는 법관이 판단하기 어려운 영역의 분쟁사안들이 계속 증가하고 있는데, 이런 영역에서는 해당분야의 전문적인 지식과 경험을 가진 조정인이나 중재인을 통하는 것이 타당성 있는 해결을 유도할 수 있다. 다섯째, 대체적 분쟁해결방식은 당사자들이 적합하다고 판단하는 분쟁해결방법을 자율적으로 선택할 수 있는 장점이 있다. 대체적 분쟁해결제도는 위와 같은 유용성을 갖고 있지만, 원래 이 제도는 민사법분야에서 개인 간의 분쟁을 소송 이외의 방식으로 해결하기 위해 발전한 제도이기 때문에 가치를 둘러싼 갈등이나 공법영역에 적용하는 데는 다음과 같은 일정한 한계가 있다.

첫째, 조정은 개인 간, 집단 간의 이익갈등을 해결하는 데에는 유용하지만 가치를 둘러싼 갈등에는 적절하지 않다는 점이다. 공공갈등이 이념이나 가치관이 개입된 갈등일 경우에는 당사자들이 자신의 입장을 수정하기 어려우며 공공기관이 수행하는 공공사업의 공익성도 도외시할 수 없기 때문에 조정을 통한 갈등해결은 한계가 있다.

둘째, 대체적 분쟁해결제도를 통한 공공갈등의 해결은 그 과정에 참여하지 않은 이해관계인을 배제한 채 개인적 협상을 통해 공공적 가치판단을 내릴 위험성이 있다. 이 때문에 공법영역에서의 대체적 분쟁해결제도는 공익 또는 공동체의 가치가 사적 협상에 의해 훼손되지 않는 범위 내에서, 그리고 제3자의 이익을 침해하지 않는 범위에서 허용되어야 할 것이다(김유환, 2008: 61-63).

3) 대체적 분쟁해결방식의 내용

대체적 분쟁해결제도는 주관기관에 따라 사법형, 행정형, 민간형 등 세 가지 유형으로 구분된다. 사법형 대체적 분쟁해결은 법원이 주관하여 해결하는 유형으로서 우리나라에서 이러한 분쟁해결 방식에는 민사조정, 가사조정, 재판상 화해제도 등이 있다.

민간형 대체적 분쟁해결은 민사분쟁의 해결을 사업으로 하는 자가 분쟁당사자의 의뢰를 받아 계약에 의해 화해나 중재와 같은 재판외 분쟁해결절차를 이용하여 해결하는 유형이다. 우리나라에서 이 유형의 분쟁해결기관으로는 민간단체로 설치된 가맹사업거래분쟁조정위원회, 신뢰성분쟁조정위원회, 무역분쟁조정위원회 등을 들 수 있으나, 이들 단체 역시 정부시책에 의해 운영되고 있어 순수한 민간차원의 기구라고는 할 수 없다.

한편 행정형 대체적 분쟁해결은 법령에 근거해서 행정부나 그 산하 공공기관이 해결을 주관하는 유형이다. 행정형은 행정소송 전단계(前段階)인 권리구제절차의 성격을 가진 분쟁해결방식으로서, 그 내용으로는 알선·중재·조정의 세 가지가 있다. 우리나라에서 이 유형의 분쟁조정기관으로는 환경분쟁조정위원회, 건설분쟁조정위원회, 소비자분쟁조정위원회 등을 들 수 있다. 여기에서는 행정형 대체적 분쟁해결방식인 알선·조정·중재의 세 가지에 한정하여 살펴보고자 한다.

(1) 알선

알선(斡旋)은 대체적 분쟁해결절차 중에서 형식성이 가장 약한 약식절차로서, 알선위원이 분쟁당사자의 의견을 듣고 그 요점을 정리하는 등 사건이 공정하게 해결되도록 주선함으로써 분쟁당사자들의 화해를 유도하고 합의에 이르게 하여 분쟁을 해결하는 절차를 말한다. 알선은 그것이 주효할 경우에 분쟁당사자 간의 민법상 화해계약 체결이라는 결과를 가져오게 된다.

즉 알선은 갈등당사자 간의 의견 차이에 대한 원인과 정도를 확인하고, 그 해결을 위한 대안을 개발하여 당사자들에게 제시하여 합의할 수 있도록 지원해 주는 것이다. 이같이 알선은 분쟁당사자들이 합의에 도달하도록 돕는다는데 특징이 있지만 그 구체적 결과는 제3자가 조성한 분위기 속에서 분쟁당사자가 직접적이고 자주적 교섭에 의하여 의견의 차이를 해소해 나가는 협상의 경우로 나타나거나 제3자의 전문적 감정의견을 받아 이를 토대로 합의에 도달하는 경우로 나타나는 것이 일반적이다.

때문에 알선은 실제로는 중재나 조정을 하기에 앞서 시도하거나 또는 그와 동시에 시도하게 되므로 대부분 중재나 조정 속에 포함되게 된다. 그러나 우리나라의 환경오염피해분쟁조정법은 알선을 별도의 절차로 제도화하여 알선인의 권한을 통상적인 알선인의 경우보다 강화하고 있다.

(2) 조정

조정(調停)이란 중립적인 제3자적 지위를 가진 조정인 또는 조정기관의 중개를 통하여 분쟁당사자들이 합의에 도달하도록 함으로써 분쟁을 해결하는 방법이다. 조정은 분쟁당사자의 신청에 의하여 제3자인 조정인이나 조정기관이 일정한 절차에 따라 당사자들의 주장과 쟁점을 조사한 후 조정안을 마련하여 수락을 권고하고 당사자들이 그것을 받아들임으로써 분쟁을 해결한다. 따라서 분쟁당사자가 제출한 증거나 주장을 듣고 중립적인 제3자로서 판정을 내리는 중재와 구별된다.

조정제도의 장점은 분쟁당사자들이 전문적인 제3자의 도움을 받아 적대적이 아닌 협력적 관계 속에서 문제해결을 할 수 있도록 함으로써 향후에도 상호관계가 지속되기를 원하는 분쟁당사자들에게 바람직한 방법으로서 융통성 있고 창의적으로 분쟁해결에 임할 수 있다는 것이다(홍준형a, 2008: 156).

조정에 의한 당사자 간의 합의는 재판상 화해와 같은 법적 효력을 갖는다. 그러나 조정은 양 당사자의 합의에 의하여 행해지므로 일방이 조정을 신청해도 상대방이 이에 응하지 않으면 조정절차를 진행할 수 없으며 조정인 또는 조정기관이 제시한 조정안은 구속력이 없기 때문에 당사자들이 이를 받아들이지 않으면 효력이 없다는 한계를 가지고 있다.

그런데 우리나라의 환경분쟁조정법(제30조)은 조정절차의 하나로 직권조정을 인정하고 있다. 즉 중앙조정위원회는 중대한 환경피해가 발생하여 이를 방치하면 사회적으로 중대한 영향을 미칠 우려가 있다고 인정하는 경우의 분쟁으로서 대통령령이 정하는 분쟁에 대하여는 당사자의 신청이 없는 경우에도 직권으로 조정절차를 개시할 수 있도록 하고 있다.

(3) 중재

중재(仲裁)는 중립적 제3자인 중재기관이 분쟁당사자의 주장을 청취한 후 내린 판정에 당사자들의 수락을 강제하여 법률적으로 구속하는 준사법적 분쟁해결방식이다. 중재에서 중재회부 여부는 분쟁당사자가 결정할 수 있지만 일단 중재판정이 내려지면 그 내용에 당사자들이 복종한다는 점에서 조정인 또는 조정기관이 제시한 조정안을 분쟁당사자가 거부할 수 있는 조정과 차이가 있다.

이러한 중재는 다음과 같은 특징을 가지고 있다.

첫째, 분쟁당사자들에 대한 중재판정은 법원의 확정판결과 동일한 효력을 가지기 때문에 재판에서와 같은 항소절차가 없다. 둘째, 중재는 공정성을 보장하기 위하여 분쟁당사자들에게 스스로 중재인을 선임할 권리를 부여한다. 셋째, 중재는 분쟁분야에 대해서 해박한 지식과 경험을 가진 전문가가 사건을 검토하고 판정한다. 넷째, 중재심리는 분쟁당사자가 허락하지 않는 한 사건과 무관한 제3자의 심문과정 참여를 허용하지 않으며 그 절차도 공개하지 않는다는 것이다(신군재, 2013: 186-187).

이같이 중재판정의 효력은 법원의 확정판결과 같은 효력을 가지고 집행될 수 있으나 절차의 개시여부 및 절차진행에 관해서는 당사자의 합의에 의하는 것이 일반적이다. 따라서 중재는 당사자 간에 사적(私的) 자치의 여지를 부여하면서, 동시에 최종적 단계에서는 중재판정을 통하여 구속적인 분쟁해결을 기할 수 있다는 점에서 법적 융통성과 확실성을 동시에 달성할 수 있다는 장점을 가진다.

그러나 이러한 장점들은 당사자들이 처음부터 중재조항이나 중재계약에 합의하지 않거나 중재과정에 협력하지 않을 경우에는 원천적으로 기대할 수 없다는데 한계가 있다(홍준형a, 2008: 155). 이상에서 대체적 분쟁해결방식으로 세 가지를 살펴보았는데, 그 중에서 조정과 중재가 현실적으로 활용도가 높은 방식이라고 할 수 있다.

4) 대체적 분쟁해결의 활성화 방안

환경갈등과 같이 가치갈등적 성격을 가지며 사실관계 규명에 어려움이 따르는 갈등의 경우에는 소송방식보다는 대체적 분쟁해결방식이 갈등해결에 더 유용하다고 할 수 있다. 그러나 법리적·제도적 제약 때문에 우리나라에서는 아직도 이 제도가 제대로 활용되지 못하고 있는데, 그 활성화를 위해서는 제도와 운영방식을 다음과 같이 개선하는 것이 바람직하다고 본다.

첫째, 대체적 분쟁해결제도를 활용하는 과정에서 갈등당사자의 자율성을 보장하고 조정인의 중립성과 독립성을 강화하는 한편 중복적인 분쟁조정기구를 정비할 필요가 있다. 그리고 조정과정에서 분쟁당사자들이 자발적으로 조정을 신청하고 조정인을 선정할 수 있는 권한을 부여함으로써 자율성을 확보할 수 있도록 해야 한다(정정화, 2012: 16). 또 전문적인 조정교육과 훈련을 받은 자들을 조정위원으로 위촉하여 전문성을 강화해야 하며 부처별로 설치되었거나 또는 개별 법률에 따라 산재되어 있는 분쟁조정위원회를 분쟁 유형별로 통폐합할 필요가 있다.

둘째, 대체적 분쟁해결기관 간의 연계를 강화해야 하며 공공갈등조정센터를 설치할 필요가 있다. 조정제도가 정착되기 위해서는 조정관계기관이 분야를 초월하여 종합적인 조정지식과 경험을 축적해 나가야 하며, 사법형·행정형·민간형의 대체적 분쟁해결방식을 연계시키기 위해서는 국가적 이슈나 대규모 분쟁사안을 다루는 공공갈등조정센터를 설치·운영하는 방안이 적극 검토되어야 한다(김준환, 1996: 50).

셋째, 시·도별로 환경분쟁조정센터를 설치·운영할 필요가 있다. 현재 지방정부 단위에서 환경갈등을 해결하기 위한 대체적 분쟁해결 장치는 많은 한계를 갖고 있다. 지방환경분쟁조정위원회는 위원회의 위상과 전문성 측면에서 주민들의 신뢰를 얻지 못하고 있는데다 환경갈등에 대해 사전적 개입을 할 수 없으며 사후적으로도 분쟁당사자로부터 조정신청이 있는 경우에만 조정역할을 수행하는 등 제도상의 한계를 갖고 있다(사득환, 1998: 127).

이러한 한계를 극복하기 위해서는 이 위원회를 환경분쟁조정센터로 확대 개편하여 좀 더 역동적인 조직으로 전환시킬 필요가 있다. 현재 선진국들에서는 지방정부 수준에서 환경분쟁조정센터를 설치하여 환경분쟁에 적극적으로 대처해 나가고 있는데, 우리나라에 이 조정센터가 설치될 경우에 최우선적으로 갖추어야 할 요건은 기구의 독립성과 중립성 그리고 신뢰성을 확보하는 일이다. 이와 함께 공정성과 전문성, 협상기법을 갖춘 민간전문가를 적극 활용하여 갈등에 따른 지역 내의 분쟁과 관련한 문제를 종합적으로 조사·조정·연구할 수 있도록 해야 할 것이다.

제 4 장

사회통합을 위한 지역공동체 형성

제4장

사회통합을 위한 지역공동체 형성

일반적 의미에서 지역공동체란 삶의 터전인 지역을 공유하고 공동의 문화와 가치를 지향하면서 연대감을 가지고 사회적으로 상호작용을 하는 집단을 의미한다.

우리나라에서는 일제강점기까지만 해도 마을을 중심으로 한 전통적 공동체인 촌락공동체가 존재하였다. 당시의 마을은 단순한 행정단위가 아니라 하나의 사회적 통일체로서 생태적인 취락인 동시에 사회생활의 단위이며, 마을자체가 주민들의 생활권을 형성하여 그들의 사회관계가 거의 마을을 중심으로 이루어졌다.

그러나 해방 이후 6·25동란으로 수많은 인구의 공간적 이동이 초래된 데다 1960년대부터 본격화된 도시화와 산업화는 도시로의 급격한 인구집중과 함께 도시 내의 높은 이사율에 의한 정주체계의 불안정이 초래됨으로써 사람들은 사회공간적 소속감을 상실하고 삶의 공간으로부터 소외되어 갔다. 또 압축적 근대화에 따른 개인주의문화의 확산은 타인에 대한 배려를 약화시키고 사회적 규범의 지속성을 무너뜨렸으며 원자화된 개인주의, 관계의 단절에 따른 사회적 배제 및 불평등을 초래하게 되었다. 그리하여 대면적(對面的) 의사소통과 상호협력에 기초한 공유가치와 규범, 그리고 장소적 정체성을 형성할 수 있었던 공동체적 사회의 해체가 초래되게 되었다(최병두, 2003: 57).

이렇게 전통적 지역공동체가 해체되고 공동체의식이 약화되면서 여러 가지 사회문제가 야기됨에 따라 지역의 중요성이 부각되는 한편 비인간적 사회관계를 인간화시키고 갈등을 완화하여 사회적 통합성을 증진시키기 위한 현대적 의미의 지역공동체를 형성해야 할 필요성이 커지게 되었다. 현대 사회에서의 지역공동체는 자연발생적으로 동질성을 갖춘 전통적 의미의 '자연적 공동체'가 아니라 새로운 맥락에서 공통의 목적과 이념·가치를 추구하는 '의도적 공동체'라고 할 수 있다(이종수 외, 2008: 130).

즉 현대적 공동체는 전통적 가치와 생활양식에 기초한 자급자족적 공동체가 아니라 지역의 자립성을 확보하면서 시민적 공공성을 토대로 주민들과 지역집단들 상호간에 연대를 모색하고 외부사회에 대해서도 협력적 상호작용을 하면서 더불어 발전해 나가는 공공성과 개방성을 속성으로 하는 공동체이다.

전통적 공동체가 전통적인 도덕적 가치·규범과 의무를 공유하는 통합성의 강조를 중요한 특성으로 했다면, 현대적 공동체는 구성원들의 개성적인 생활양식, 다양한 가치관과 이해관계를 허용하는 차별성을 주요 특징으로 한다고 할 수 있다. 다시 말해서 현대적 지역공동체는 구성원들이 동등한 입장에서 자율성을 가지고 상호신뢰와 협력의 토대아래 서로의 차이를 인정하는 다원적인 가치가 공존하고 조화를 이루며 구성원들의 자발적 참여를 통해 자치를 강화하는 것을 주요 내용을 하는 공동체라고 할 수 있다.

이러한 의미의 지역공동체가 형성되기 위해서는 일정지역 주민들이 연대의식에 기초하여 개인의 문제를 넘어서는 공동의 문제를 인식하고 그것을 협력하여 해결하며 살아가려는 공동체의식을 내면화하고 실천해 나가는 것이 무엇보다 중요하다고 하겠다.

1. 지역공동체의 개념

1) 공동체의 개념

일반적으로 공동체(community)는 정주의 단위를 기초로 하여 소속감과 연대감을 공유하는 집단을 지칭하지만, 때로는 정책공동체, 문화공동체, 신앙공동체 등과 같이 특정한 속성을 공유하는 집단을 지칭하는 경우도 있다.

현재 공동체라는 용어는 가족단위에서부터 마을·지역·도시는 물론이고 국가를 넘어 지구차원에까지 적용되고 있으며 정치·경제·사회·문화 등 다양한 영역에서도 사용되고 있다. 더욱이 최근에는 온라인상의 운영체계나 다양한 사이버활동 모임에까지 이 용어가 사용되고 있다. 이러한 현상은 공간과 사회관계의 변화에 따라 공동체의 개념이 다양하게 변화되어 온데 기인한 것이라고 할 수 있다.

공동체의 원형이라고 할 수 있는 전근대사회의 촌락공동체가 근대화와 산업화의 과정을 거치면서 해체되고, 그 대신 효율성을 중심으로 한 기능적이고 계획적인 공간전략으로서 공동체 개념이 대신 자리를 잡게 됨에 따라 공동체의 본래적 의미와 역할도 변화하게 된 것이다. 여기에다 정보통신 및 교통의 발달에 따라 장소적 밀착성이 사회관계의 친밀성을 더 이상 담보해 주지 못하게 되면서 공동체는 탈장소적인 관계중심의 의미로 자리를 잡게 되었다.

이에 따라 공동체에 대한 인식이 일정한 공간 또는 지역차원의 지리적 근접성을 중심으로 한 개념에서 공통의 정체성, 이해관계, 신념 등 집단 구성요소의 동질성을 중심으로 한 개념을 넘어 이제는 자율적 개인들의 자발적 선택과 협력을 통한 신뢰관계의 개념으로까지 변화하게 되었다(국토연구원 도시재생지원사업단, 2011: 18).

이같이 공동체는 다의적 개념이지만 공동체 연구자들이 그 개념을 정의하는 경향은 크게 다음과 같은 세 가지로 구분할 수 있다(신용하, 1987: 14-15). 첫째, 공동체를 동질성을 가진 소집단과 동일한 것으로 정의하려는 경향으로서 D.W Miinar, S.Greer 등의 견해이다. 둘째, 공동체를 타인과 일체가 되어 협동적 관계를 맺고자 하는 심성적·정신적 현상과 관계를 가리키는 것으로 정의하려는 경향으로서 R.M McClver, R.A Nisbet 등의 견해이다. 이들은 심성적 공동체와 대중사회를 대조적인 것으로 보아 공동체는 일체감, 심성적 통일, 자발성, 전체성이 특징인 반면 대중사회는 소외, 심성적 단절, 비참여, 분절화가 특징이 된다고 비교개념을 설정한다.

셋째, 공동체를 지역과 결부된 조직체의 단위들로 정의하려는 경향으로서 D.E Popin, M.B Sussman등의 견해이다. 이들은 인간이 공간을 초월할 수 없는데다 사회적·심리적 욕구충족이 근린성을 수반하는 것이기 때문에 공동체가 형성되는 것으로 보아 공동체를 공간적 단위로서 특정한 지역 내에 거주하는 사람들의 집단으로 본다.

이러한 다양한 정의에도 불구하고 M.Taylor(2000)는 일반적으로 공동체는 공유된 가치와 신념, 직접적이며 다면적 관계, 호혜성의 실천이라는 세 가지 중요한 특성을 갖고 있다고 한다(방영준, 2007: 113-114 재인용). 따라서 일반적 관점에서 공동체란"일정한 공간을 공유하고 공동의 문화와 가치를 지향하면서 연대감을 가지고 사회적으로 상호작용을 하는 집단"이라고 정의할 수 있다.

2) 지역공동체의 개념

(1) 지역공동체의 개념

지역공동체(local community)는 여러 유형의 공동체 중에서도 물리적 공간인 지역을 기반으로 하는 공동체로서, 그 자체가 생활단위이며 지역주민들의 삶과 밀접히 관련된 복합적 기능을 가진 공동체라고 할 수 있다. 지역공동체의 개념에 대해서는 많은 연구자들이 다양한 시각에서 접근하고 있다.

G.H Hillery(1955)는 지역공동체를 "일정한 영역에서 공동의 유대감을 가지고 상호작용하는 주민집단"으로 정의하면서 그 특징으로 집단에 대한 소속감, 공동목적을 추구하는 일체감, 자발적 참여의식과 공동체의식을 들고 있다. Nelson은 "제한된 지역에 거주하면서 공통의 의식을 가지고 조직된 관계를 통하여 공동의 이익을 추구하며 여러 가지 활동을 분담하여 수행하는 인간집단"이라고 하고 있다(임광현, 2010: 14 재인용).

한편 정기환은 "지리적 경계를 가지는 일정한 공간적 범위 안에서 경제·사회·문화적으로 상호유대와 의존적인 관계를 형성하면서 지역적·문화적 정체성을 지니고 살아가는 사람들"이라고 정의하고 있으며, 박병춘은 "물리적 공간인 일정한 지역을 기반으로 하며, 지역주민과 생활전반에 걸쳐 서로 긴밀하게 상호작용하고 공동의 목표와 가치라는 정서적 유대감을 공유하는 사회적 조직단위체"라고 하고 있다. 여기에서는 위의 여러 연구자들의 견해를 종합하여 지역공동체를 "어떤 지역을 함께 하면서 지속적인 사회적 상호작용을 통해 소속감과 연대감을 가지고 공동의 목적과 가치를 실현하는 집단"으로 정의하고자 한다.

그런데 여기에서 유념해야 할 것은 일정한 장소를 공유하며 구성원 간의 지속적 상호작용이 이루어진다고 해서 그 자체로 지역공동체라고 보기는 어렵다는 것이다. 일정한 장소를 공유하고 그 안에서 사회적 상호작용이 이루어지며 공통의 연대감을 갖는다 하더라도 인근지역 주민과의 상호작용이 활발하지 못하고 지역정체성을 공유하지 못한다면 이는 지역공동체라기보다는 일종의 특수한 생활공동체로 볼 수 있다.

생활공동체는 비교적 소수의 사람들이 작은 범위의 지역에 함께 모여 공동의 가치관과 이념을 갖고 공동의 목적을 추구하며 생활하는 관심공동체의 일종이라고 할 수 있다. 이때의 지역은 공동의 역사와 문화 등 지역성을 반영하는 장소가 아니라 단지 물리적 공간인 경우가 많으며, 일반적으로 외부와 성격상 뚜렷하게 구별되는 공간이다. 이러한 생활공동체는 그 자체로 지역공동체로 보기는 어렵지만 그 영역이 확대되고 지역사회와의 관련성이 커지게 되면 지역공동체의 주요 기반이 될 수 있다.

반면에 지역공동체는 생활공동체에 비해 비교적 넓은 지역에서 많은 주민들이 특정한 이념이나 신앙의 장벽을 넘어 지역의 문화와 역사에 대한 정체성을 공유하며 정치·경제·사회·문화 등 생활의 전 영역에 걸쳐 지속적이고 긴밀하게 상호작용하는 공동체라고 할 수 있다(오혁진, 2014: 91-92).

(2) 지역공동체의 유사개념

위와 같은 지역공동체의 유사개념으로는 지역사회, 농촌공동체와 도시공동체, 도시지역공동체(Urban local community) 등이 있다. 먼저 '지역사회'에 대해 살펴보면, 지역사회와 공동체의 영어식 표현은 모두 'community'로서 양자가 동의어로 사용되는 경우가 많다.

오혁진(2014: 89)에 의하면 전통적으로 community는 일정한 장소를 기반으로 하여 사회적 상호작용과 공동의 유대감을 공통의 요소로 하는 지역공동체를 의미하였으나 산업화의 영향으로 community를 구성하는 요소 중에서 지리적 영역의 중요성이 약화됨에 따라 개념상의 혼란이 오게 되었다.

이에 따라 community는 한국어로 보통 '지역사회'로 번역되기도 하고, 맥락에 따라서는 '공동체'로 번역되기도 한다. 이는 community가 공동체로서의 community와 지역사회로서의 community라는 이중성을 가지고 있음을 의미한다.

공동체로서의 community는 공동의 유대감, 공동의 목적의식을 기본요소로 하는 것에 비해, 지역사회로서의 community는 일정한 지역생활권을 기본요소로 한다. 따라서 community가 지역성을 주로 반영할 때에는 '지역사회'로, 공동성을 주로 반영할 때에는'공동체'로 번역되는 경향이 있다(오혁진, 2014: 90).

한편 농촌공동체는 도시공동체와 함께 지역공동체의 하위유형으로서 농촌이라는 취락유형의 공간 안에서 형성되는 모든 공동체를 말하며, 도시공동체는 공동체 형성의 일차적 계기를 이루는 공동의 요소가 무엇이든 간에 도시라는 취락유형의 공간 안에서 형성되는 모든 공동체를 지칭한다. 이러한 도시공동체의 하위유형으로는 아파트공동체와 같은 도시주거공동체, 생활협동조합과 같은 소비공동체, 생활환경의 개선을 목표로 하는 자연생태공동체를 비롯한 도시생태공동체, 생산자공동체와 같은 도시경제공동체 등이 있다(황익주 외, 2017: 36).

이와 함께 도시공동체 안에는 하위 지역공동체인 도시지역공동체도 존재한다. 도시지역공동체는 도시공동체와 지역공동체의 교집합에 해당하는 공동체로서, 도시 내의 특정한 지역사회가 구성원들의 생활터전이 된다는 사실을 바탕으로 형성되는 공동체이다(황익주 외, 2017: 38).

2. 지역공동체의 구성요소

지역공동체가 어떤 요소로 구성되는가에 대해서는 다양한 견해가 제시되고 있다. G. Hillery(1955)는 지역공동체의 구성요소로 물리적 공간인 지리적 영역, 사회관계를 나타내는 사회적 상호작용, 집단의식을 나타내는 공통의 연대 등 세 가지를 들고 있으며, R.M McClver(1930)는 지역의 특정범위, 공통된 사회적 특징, 공동감정을 지적하고 있다.

그리고 W.Davies와 D.Herbert(1993)는 지역적 영역, 상호작용적 행동, 인지적 정체성, 역동적 변화를 들고 있으며, M.Ross(1958)는 공간적 차원에서 일정한 영역을 공유하는 지역성, 사회문화적 차원에서 상호작용을 함께 하면서 집단적 정체성을 형성하는 공동체성, 구조적 차원에서 독자적 실체로 존속하기를 도모하는 유기체성을 지적하고 있다(김현호, 2013: 12-13 재인용). 이러한 여러 견해 중에서 가장 많이 인용되고 있는 G.Hillery의 견해에 따라 지역공동체의 구성요소를 설명하면 다음과 같다.

(1) 지리적 영역

지리적 영역은 공동체의 형성기반으로서 주민들이 함께 거주하며 공동의 관심사를 생산하고 교류·소비하는 사회적 공간을 말한다. 지역은 사회적 활동이 이루어지는 구체적 공간이며 사회적 상호작용을 하는 물리적·상황적 조건으로서, 인간의 삶은 기본적으로 일정한 지역에 근거함으로써 안정성과 정체성을 가질 수 있다.

이러한 지리적 정체성을 공유하는 것은 공동체의 정서적 결속을 유지하고 공동체성원으로서의 주체의식 및 자율의식을 강화시키는 중요한 조건이 된다. 따라서 지역공동체가 형성되기 위해서는 주민들의 공동생활 터전으로서 지리적 영역인 공간단위가 있어야 하며, 이러한 공간단위는 주민들의 상호교류가 가능한 근접성을 지니고 있어야 한다.

이같이 지리적 영역은 공동체 형성의 상황조건으로서 교통과 통신이 발달하지 못했던 예전에는 공동체를 출현시키는 가장 중요한 요소로 작용하였다. 그러나 산업화로 인해 사람들의 경제활동이 주거지역에 국한되지 않고 교통·통신의 발달로 원거리에서도 관계형성이 가능해지면서 일상의 범위가 시공간적 규제의 범위를 벗어나게 됨에 따라 공동체 구성요소로서의 지역성은 약화되고 있다.

(2) 사회적 상호작용

사회적 상호작용(interaction)은 공동체 구성원 간의 사회적 관계와 조직, 사회체계 및 제도를 포괄하는 것으로서 공동체가 형성되고 유지되는 과정과 구조를 의미한다. 공동체의 형성은 인간의 상호작용에서 시작되기 때문에 지리적 상황조건보다도 직접적인 대면관계에 의한 상호작용이 더 중요하게 작용하게 된다. 공동체 구성원들은 사회적 상호작용을 통해 집단적 정체성과 상호간에 유대감이 형성되는 공동체를 이룰 수 있다.

지역공동체의 사회적 상호작용은 일시적인 사회적 관계가 아니라 지속적이며 정형화된 관계로서 일반적으로 일정한 지리적 영역 내에서 공동생활을 영위하는 주민들 간의 상호교류를 통해 형성된다. 이러한 상호작용을 통해 사회관계가 유형화되며, 그 과정에서 공동체적 규범과 가치가 제도화된다. 그런 점에서 공동체는 무수히 많은 사회관계들로 얽혀 있는 관계의 망이라고 할 수 있다

그런데 공동체 구성요소로서의 상호작용은 교통통신의 발달에 따라 과거의 본연의지(本然意志)의 관계가 합리적 의지의 관계를 거쳐 감각적 관계로 변형되고 있으며, 과거의 직접적인 대면관계가 통신매체를 통한 간접적 매개관계로 변형되는 동시에 일대일이던 대인관계는 다수 대 다수의 의사소통방식으로 확대되고 있다. 또 제도적 차원에서 보면 수직적 권위관계가 수평적 자율관계로 변형되면서 경직되어 있던 관료적 조직구조가 유연적 수평구조로 변화되고 있다(강대가, 2003: 32).

(3) 공통의 연대

공통의 연대(common tie)란 태어나면서부터 지니고 있는 혈연·지연으로부터 나오는 원초적 공동의식이라기보다는 그 지역의 주민들이 상호교류를 통해 나타나는 획득적 공동의식을 의미한다. 이러한 공통의 연대 가운데 가장 중요한 것은 구성원 간의 동질성으로 얻어지는 일체감과 협동정신이라고 할 수 있다.

공동체는 지속성이 강한 사회집단으로서 그것이 유지되기 위해서는 그 구성원들 간에 연대가 필수적이다. 공통의 연대에서 나오는 의식이 구성원들의 공동생활의 기초가 되어 전통을 형성하고 규범을 공유하게 하여 지역문화의 토대가 된다.

이러한 공통의 연대감은 지역의 전통 및 각종 제도의 영향을 받는데, 공

동체 구성원들은 이러한 연대를 바탕으로 공동의 가치체계와 상징을 형성하며, 공동체의 문제에 함께 참여하고 협력을 통해 해결방안을 모색하게 된다. 공통의 연대는 의미론적 관점에서 공동체의 가장 중요한 특성으로 인식되고 있는데, 그 이유는 공동체의 개념이 어떤 형태로 분절되더라도 공동체의 구성요소로서 공통의 연대가 포함되지 않으면 그것은 공동체라고 할 수 없기 때문이다.

위에서 지역공동체의 구성요소에 대해 살펴보았는데, 지리적 영역과 상호작용은 공동체 출현의 과정이며 공동체의 궁극적 실체는 공통의 연대라고 할 수 있다(강대기, 2003: 30). 그런데 이러한 구성요소들은 서로 영향을 주고받는다. 같은 지역을 공유하는 구성원들은 직접적 대면방식을 통해 서로를 이해하고 협력을 통한 공통의 연대에 보다 적극적일 수 있다. 이 때 사회적 상호작용이 활발해짐으로 인해 다시 공통의 연대가 강화되고 지역에 오래 머물고자 하는 욕구가 생기게 되는 것이다.

3. 지역공동체의 유형

(1) 가치지향에 따른 유형

지역공동체의 유형은 공동체가 지향하는 가치, 공간 및 공동목적, 구성형태에 따라 다양하게 분류할 수 있다. 먼저, 공동체가 지향하는 가치에 따른 공동체유형으로는 주거공동체, 생태환경공동체, 대안교육공동체, 경제공동체, 문화공동체를 들 수 있다.

생태환경공동체는 현대문명이 가져온 생태계의 파괴와 인간성 상실로부터 벗어나기 위한 대안사회의 한 형태로 형성되는 공동체이다. 이 공동체는 인간과 자연이 선순환을 이루는 지속가능한 삶을 목표로 하는데 자연 및 생태계와 인간사회 간의 상호작용에 초점을 맞추어 이들이 서로 선순환을 할 수 있도록 오염 없는 생태환경 조성, 자원절약형 생활환경 조성 등을 지향한다.

교육공동체는 학교와 학부모 간의 유기적인 네트워크를 통해 다양한 교육문제를 해결하기 위해 형성되는 공동체이다. 교육공동체는 대안교육의 일환으로 제도교육의 한계를 극복하여 민주시민의 육성과 평생학습을 통한 시민성의 획득을 목표로 한다. 그런 점에서 교육공동체는 지식과 정보의 주입이라는 전통적 교육방식에서 벗어나 자율성과 창의성을 강조하며 지역의 문제를 자신의 문제로 함께 인식하고 공동으로 해결해 나가기 위한 민주주의원리에 입각한 교육을 지향한다(김기곤, 2012: 8).

한편 주거공동체는 특정한 주거단위를 중심으로 형성되는 공동체이다. 이 공동체는 주거유형별로 단독주택, 연립주택, 다세대주택, 아파트단지 등 다양한 형태로 존재한다. 이러한 주거공동체는 주거에 기초한 생활공간을 개선하고 이웃 간의 만남의 기회를 넓히며 공동의 노력으로 동네를 재구성하려는 목적을 갖는다.

문화공동체는 문화·예술 활동을 매개로 하여 형성되는 공동체로서 문화·예술 활동을 통해 삶의 질을 향상시키고 지역의 정체성을 형성하며 공동체적 연대의 삶을 형성하는 것을 목적으로 한다. 문화공동체는 전통 및 고급문화의 확산을 통한 문화적 권리의 신장, 경관(景觀) 및 건축미관 개선 등을 지향한다.

경제공동체는 고도화된 산업경제체제에서 배제되어 일자리와 경제력을 상실한 집단들이 실직 등의 사회적 위험을 대처하기 위해 자발적이고 집합적으로 형성되는 공동체이다. 이 공동체는 사회적 기업이나 협동조합의 형태로 운영되면서 지역의 필요를 충족하고 구성원들의 경제적 이익을 실현하기 위한 목적을 갖는다. 경제공동체는 지역단위에서 지역·기업·주민 등 3대 주체가 상생과 공존의 경제활동을 위해 상호 협력하는 방식으로 운영된다(김기곤, 2012: 8).

(2) 공간 및 공동목적에 따른 유형

현대사회에서는 공간적 접근성과 상호접촉의 기회가 많은 지역적 조건을 활용하는 공동체는 물론이고 생활영역 가운데 주된 관심사 및 가치공유 등을 기반으로 하는 공동체들이 형성되고 있다. 공동체를 공간 및 공동목적을 기준으로 유형화하면 정주공동체, 지역공동체, 관심공동체로 분류할 수 있다.

정주공동체는 동일지역에 거주하는 사람들로 구성된 집단으로서, 혈연관계나 공동의 이념·목적 등에 의하여 형성되는 공동체라기보다는 같은 지역에 살고 있다는 연대감에 기초하여 형성된 공동체이다. 현대사회의 정주공동체는 전통적 공동체처럼 지역에 대한 강한 애착심은 없지만 공동의 관심사에 기초한 일종의 통합성을 가지고 있다.

정주공동체의 대표적 형태는 마을(동네)이다. 그러나 현대사회에서 마을의 범위는 물리적·인지적·목적적 경계 등의 형태로 다양하게 논의되고 있고, 주민들이 인식하는 마을의 범위 또한 다양하며 공동체 활동의 목적이 지역에 대한 공동관심을 전제로 하고 있다는 점에서 정주공동체는 지역공동체의 개념과 유사하고 오히려 지역공동체에서의 지역성을 강조한 개념으로 이해할 수 있다(신예철, 2012: 34).

지역공동체는 지역 및 공동의 목표와 가치의 공유에서 비롯되는 연대감을 갖는 공동체로서 근본적으로 지역 내에서의 정치·경제·사회·문화·교육의 기능을 수행하는 특징이 있다. 지역공동체는 초기에는 하나의 목적 또는 가치로 형성되었지만 규모가 커지고 활동범위가 확대되고 다양화되면서 지역공동체 안에 주거·경제·환경·문화 등 다양한 성격의 공동체가 복합적으로 중복되어 있는 경우가 많다.

한편 관심공동체는 특정한 지역적 기반보다는 공동의 연대나 공동의 목적의식을 기본적 요소로 하는 공동체이다. 관심공동체는 합리적 절차를 밟아 의도적으로 형성된 결사체적인 성격을 갖는 공동체로서, 공동의 목적이나 관심사를 가지고 오프라인의 특정 공간을 기반으로 형성된 공동체와 가상공간(假想空間)에서 형성된 사이버공동체가 있다. 오늘날 관심공동체는 교제 및 친목, 정보교류 및 교육, 여가 및 취미, 정서적 공유 및 사회적 지원 등 다양한 목적으로 활발하게 형성·운영되고 있다(신예철, 2012: 35).

(3) 구성형태에 따른 유형

공동체는 그 구성형태에 따라 기업형 지역공동체, 협업형 지역공동체, 풀뿌리운동형 지역공동체의 세 가지로 분류할 수 있다. 기업형 지역공동체는 기업활동에 기반을 두어 사회적 가치를 추구하는 것을 목적으로 하는 공동체이며, 협업형 지역공동체는 상부상조의 전통적 가치에 기반을 두어 공동 또는 협업을 통한 활동을 목적으로 하는 공동체이다. 그리고 풀뿌리운동형 지역공동체는 지역사회에서 주민들과 함께 시민운동차원에서 사회문제를 해결하고 이를 기반으로 전체사회의 공동체적 변화를 도모하려는 활동을 목적으로 하는 공동체이다.

4. 지역공동체의 기능

지역공동체는 개인이 그 속에서 태어나 그 지역주민의 한 사람이 되기 위하여 규범과 역할을 익혀나가는 지역단위인 동시에 그 지역의 특유한 문화를 이어받고 변형시키며 후손에게 전달하는 사회조직의 단위이다. 따라서 지역공동체는 그 성원들의 생활에 필요한 자원의 생산과 분배, 사회화, 사회통제와 사회통합 등의 기능을 수행한다. 이러한 기능은 지리적으로 동일한 사회적 단위들과 사회체계에 의해서 수행되며 상호의존적으로 이루어진다(이근홍, 2011: 341).

지역공동체 기능의 구체적 내용은 다음과 같다. 첫째, 지역공동체는 그 성원들의 일상생활에 필요한 재화와 서비스를 생산해 내고 주민들에게 적절히 분배하며 주민들의 욕구충족을 위해서 그것을 활용하는 역할을 한다. 이러한 역할은 지역공동체의 산업을 비롯한 다양한 전문기관을 통하여 이루어진다.

둘째, 지역공동체는 성원들에게 그 사회가 가지고 있는 일반적 지식, 사회적 가치, 그리고 행동양식을 사회화시키는 역할을 한다. 사회화는 사람들이 태어나면서부터 그 공동체의 문화를 배우고 공동체의 가치를 내면화시키는 과정으로서, 이를 통하여 사람들은 사회유산을 전승하고 퍼스낼리티를 형성하여 사회성원으로서의 역할을 하게 된다.

셋째, 지역공동체는 그 성원들이 사회규범에 순응하도록 행동을 통제하는 역할을 한다. 지역공동체에서는 성원들의 사회규범에 대한 일탈을 막고, 일탈이 일어나면 그것을 제재하고 더 나아가서 일탈자를 재사회화하는 사회적 노력이 통제라는 기제(機制)를 통하여 이루어진다. 넷째, 지역공동체는 그 성원들의 상호부조를 통하여 인간다운 삶을 영위하도록 한다. 여기에서의 상호부조는 공동체성원들이 자신들의 욕구를 스스로 충족할 수 없을 경우에 공동체의 공식적·비공식적 지원체계로부터 필요한 서비스를 제공받는 것을 말한다.

다섯째, 지역공동체는 성원들의 사회참여를 촉진시키는 역할을 한다. 지역공동체는 그 성원들에게 개인적 발전이나 공동체의 목적을 달성하기 위해서 공동체의 제반 활동에 참여할 수 있도록 기회를 제공한다. 이러한 참여는 성원들 자신의 이해관계를 더 큰 공공선의 가치와 조절하고 타협하도록 하며 사회에 대한 책임 있는 행동을 가능하게 한다(조현성, 2009: 65).

여섯째, 지역공동체는 사회통합을 촉진하는 역할을 한다. 지역공동체는 성원들이 기꺼이 공동체에 헌신할 수 있도록 동기를 부여하여 결속시키며 지역문화를 유지시킴으로써 사회통합에 기여한다. 사회통제의 역할이 그 성원들에게 사회규범에 순응하도록 하는 것이라면, 사회통합의 역할은 성원들이 스스로 법을 준수하고 관습과 문화를 존중하며 서로 대등한 입장에서 지역사회를 위하여 기꺼이 참여하도록 하는 것이다.

5. 전통적 지역공동체의 특징과 해체 원인

1) 전통적 지역공동체의 특징

우리나라의 전통적 공동체는 크게 두 가지로 구분할 수 있는데, 하나는 가족과 친족 등의 혈연을 중심으로 한 씨족공동체(氏族共同體)이고, 다른 하나는 동리(마을) 등의 지연을 중심으로 하는 촌락공동체라고 할 수 있다. 농업사회인 조선시대에서 지역공동체의 기본은 동리를 중심으로 한 촌락공동체(村落共同體)였다.

조선시대(朝鮮時代)에 동리(마을)는 단순한 행정단위가 아니라 하나의 사회적 통일체로서 생태적인 취락인 동시에 사회생활의 단위이며, 동리(洞里) 자체가 주민들의 생활권을 형성하여 그들의 중요한 사회관계가 거의 동리 안에 한정되어 있었다. 그리고 주요 집단들이 자치단체적인 성격을 띠고 있었다. 당시는 농업위주 사회였기 때문에 동리가 여러 면에서 자족적 생활단위를 이루고 있었으며, 동리의 인구와 가구 수가 많지 않을 뿐만 아니라 지리적 영역도 한정되어 동리사람들은 일상적으로 대면적인 상호작용이 가능하였다.

더구나 벼농사를 위주로 하는 자급적 생계농업의 특수성 때문에 동리사람들이 서로 협동하지 않고서는 생산활동을 영위할 수가 없었다. 따라서 조선시대에는 동리의 지역적 범위가 마을사람들의 생활영역 및 행동범위와 일치되어 있었으며, 이러한 사실들은 주민들의 이동을 막고 그들에게 강한 구속력과 규제력을 행사할 수 있었다. 이와 함께 동리는 사회적 위험을 줄이고 안전을 확보하기 위하여 경지·임야·제언과 혼상구(婚喪具) 등 일부의 자원을 공유함으로써 공동의 이해가 발생하고 이를 위한 경제적 협동의 규범이 만들어졌으며(한준상 외. 2003: 43), 그 재산을 처분할 때에도 동리주민 전부 또는 유력자들이 협의해서 결정함으로써 그 동리에 사는 사람들은 누구나 평등하게 공유재산의 이익을 향수하였다.

주민들의 협동적 사회관계 측면에서도 동리는 하나의 지역적 공동생활체를 이루고 있었다. 동리의 공공시설을 유지하기 위해 도로·교량·우물 등의 수축작업을 주민들이 공동으로 시행했는데, 그러한 일들은 대동회(大同會)의 결의를 거쳐 호구별로 얼마씩 비용을 배분하여 갹출하고 노역을 부과하여 이루어졌다.

동리에서 두레와 품앗이를 조직하여 협동하는 관행도 동리사람들의 평등관계를 전제로 하였다. 그리고 동리에 길흉사가 있을 때에 협력하고 상호 부조하는 관행이나 평상시에 행하는 동리사람들의 사회·경제적 거래도 대등한 상호작용을 통하여 이루어짐으로써 동리가 하나의 사회적 통일체로서 공동생활체적 성격을 띠고 있었다(http://terms.naver.com/print.nhn?docld=523492&categolyld=1607).

이같이 전통사회인 조선시대에서는 행정의 지역단위인 동리가 생활공동체로서의 마을과 일치되어 있었고, 그러한 지역구조가 주민들 상호 간에 친밀감과 일체감을 증진시켜 동리사람들의 연대의식과 응집력을 강화시켰다. 당시의 촌락공동체는 경제적 자족성과 정치적 자율성 및 사회적 상호의존성을 주요 특성으로 가지고 있었다고 할 수 있다.

이러한 공동체적 성격 때문에 동리라는 지역집단이 그 동리사람들 상호 간에 공동운명체로서의 '우리 집단'이 되고, 그 동리를 벗어난 외부사람들에 대해서는 자기의 신원을 밝혀주는 준거집단이 되었다(김필동, 1985: 35). 이처럼 조선시대의 촌락공동체는 전통적 지역공동체의 일반적 특징인 안정적이고 폐쇄적 체계, 구성원들의 대면적 관계, 문화적 전통과 도덕률을 근간으로 하는 전통적 공동체의 특성을 모두 가진 공동체였다.

한편 1910년 한반도를 병합시킨 일본은 식민지지배체제를 구축하기 위한 조치로 전통적으로 독립된 생활권을 이루어 왔던 생활공동체인 동리를 통폐합하여 하나의 법정동리로 묶어 개편하는 한편 토지조사사업을 실시하여 전통적인 지역구조를 변화시켰다. 그럼에도 불구하고 사람들은 조선시대에 형성되었던 전통적인 동리(마을)를 중심으로 면대면의 인간관계 및 공통적 의식을 가져왔으며 공동체의 사회보장적 성격으로서 평등성이 강조되었다.

또 동리사람들끼리 일부의 자원을 공유함으로써 공동의 이해가 발생하고 이를 위해 경제적 협동규범이 만들어졌다. 따라서 일제강점기까지만 해도 지역공동체는 단지 개인들이 한 지역에 모여 산다는 차원을 넘어 운명공동체적 성격을 띠었으며, 공동체의 안정을 개인의 이익보다 더 중요하게 여기는 도덕적 사회규범이 유지되었다고 할 수 있다(한준상, 2003: 43).

2) 전통적 지역공동체의 해체 원인

1945년 일제의 식민통치에서 벗어난 우리나라는 급격한 사회변화를 겪게 되었다. 6·25동란으로 수많은 인구의 공간적 이동이 초래된 데다, 1960년대부터 본격화된 산업화와 도시화는 우리 사회의 전통적 공동체생활을 크게 변화시킴으로써 공동체가 해체되는 커다란 원인으로 작용하였다.

농촌은 젊은 세대의 대규모 도시유출로 활력이 저하되어 농업적 생산활동을 기반으로 협력적이면서 집단적 사회생활을 해 오던 전통적 공동체가 급격하게 해체되게 되었다. 반면에 인구가 집중된 도시사회는 산업화와 사회적 분화에 적합한 공동체의식이 뿌리를 내리지 못함으로써 공동체가 제대로 형성되지 못하는 결과를 초래하게 되었다.

그동안 한국사회는 사회경제적 측면에서 변화와 발전이 급속하게 이루어졌기 때문에 전통적 공동체가 해체되는 속도와 시간이 서구(西歐)의 여러 국가들보다 훨씬 빠르게 진행되었다. 이러한 공동체의 해체에 따른 공동체적 삶의 상실은 어떤 특정개인의 성향과 관련된 문제라기보다는 사회구조적으로 초래된 결과라고 할 수 있다(최병두, 2003: 57).

공동체의 해체란 일반적으로 공동체가 지닌 공동체행동(community action)의 능력이 약화되는 현상을 말한다. 다시 말하면 공동체 성원들이 공동행동을 통해 공동체의 당면한 문제들을 자발적으로 해결해 나가는 능력이 현저하게 약화되었거나 결함을 지닌 상태라고 할 수 있다.

공동체의 해체는 심리적·문화적·조직적 차원으로 구분하여 그 내용을 설명할 수 있다(임희섭, 1991: 121-122). 심리적 차원에서의 공동체 해체는 공동체에 대한 성원들의 낮은 소속감과 충성심, 공동체의 다른 성원들에 대한 낮은 동일시 감정, 공동체 문제에 대한 무관심 등의 현상을 의미하며, 문화적 차원에서는 문화적 이질성으로 인한 가치·규범·생활양식 등의 차이로 일어날 수 있는 문화갈등을 의미한다. 그리고 조직적 차원에서는 공동체 내의 공식적·비공식적 조직에의 낮은 자발적 참여, 공공행정에 대한 불신과 무관심, 이익갈등 조정기제의 비효율성 등을 의미한다.

우리나라에서 지역공동체가 해체된 구체적 원인을 사회변동과 관련하여 설명하면 다음과 같다.

(1) 급속한 도시화

우리나라의 도시화율은 1969년에 28%이던 것이 1980년에 57%, 2000년에 80%가 되었으며, 2015년에는 84%가 되어 국민 100명 중에서 84명이 도시에서 살고 있다. 이러한 도시화는 전통적 지역공동체가 해체되는 가장 중요한 요인으로 작용하였다. G.Simmel(1971)은 많은 사람이 모여 사는 도시에서는 사람들은 공간적으로 가깝지만 사회적으로 멀어지는 삶을 살게 되어 주변에 대한 무관심과 냉정한 태도를 갖게 됨으로써 지배적 인간관계가 상인과 고객, 고용주와 피고용자 사이와 같이 사무적이 되었다고 지적한다(한준상 외, 2003: 36 재인용).

이같이 도시에서는 많은 사람이 밀집되어 살면서도 서로 감성적 교류를 갖지 못하기 때문에 이웃과의 소통이 어려워 인간관계가 파편화되고 피상적·일시적·부분적이 되어 치열한 경쟁과 특정한 이해관계를 중심으로 계산적인 삶을 살아가게 된다. 이에 따라 공공의 이익과 공동체적 가치에 대한 관심과 배려는 상대적으로 약해지게 되었다.

또 도시에서 개인은 분자화되고 많은 사람들 속에서 익명의 존재가 됨으로써 사회규범이 해이해지고 범죄와 비행 등이 많아지게 되었다. 이와 함께 도시의 삶에서 사람들은 하루의 대부분을 직장이나 학교 등 자신이 거주하는 지역과 관계없는 곳에서 보내기 때문에 거주하는 지역은 단지 개인적 휴식을 취하는 장소로 인식하고 삶에서 부차적 영역으로 여기게 됨으로써 지역공동체성이 약화되게 되었다.

더욱이 최근에는 신자유주의적 경제체제가 일상생활에 크게 영향을 미치면서 사회적 경쟁이 더욱 치열해지고 공동체의식이 약해지면서 개인주의나 집단이기주의가 사회전반에 만연되고 있다. 이같이 급속한 도시화현상은 지역공동체 해체의 큰 원인으로 작용하였다.

(2) 정주체계의 불안정

우리나라 경제의 고도성장을 견인한 급속한 산업화와 도시화는 그 과정에서 국민들의 높은 이사율과 그에 따른 정주체계의 불안정을 가져옴으로써 대면적 의사소통과 상호협력에 기초하여 가치 및 규범을 공유하고 장소적 정체성을 형성할 수 있었던 지역공동체의 해체를 초래하는 결정적 원인의 하나가 되었다.

우리 국민 중에서 읍·면·동의 경계를 넘어 이사하는 인구비율은 연간 20% 내외를 기록하고 있어서 일본·대만·미국이나 유럽 여러 국가의 수준에 비하여 매우 높게 나타나고 있다. 이렇듯 이사의 비율이 높아지면서 도시에서의 거주는 주민들의 삶에 안정적 기반을 제공하지 못하게 되었다. 거주지의 빈번한 이동은 이웃과의 안정된 근린관계를 형성하기 어렵게 함으로써 '우리 동네', '우리 지역'이라는 정착성에 기반을 둔 정체성을 형성하기 어렵게 만들었다.

공동체의 토대가 되는 정체성은 장기적인 상호작용과 축적된 경험을 토대로 형성되는데도 주거지의 빈번한 이동으로 주민들은 자기가 살고 있는 지역에 대한 애착과 자부심, 귀속감을 느끼지 못하게 됨으로써 자신을 그 지역의 정착자가 아니라 일종의 체류자로 인식하도록 하여 주민들 간의 상호부조조의식이 약해지고 지역에서 발생하는 각종 문제들에 무관심하도록 만들게 되었다.

(3) 압축적 근대화와 다양한 사회갈등

도시로의 급격한 인구이동과 도시 내의 높은 이사율, 그로 인한 정주체계의 불안정이 공동체를 와해시킨 원인이었다고 한다면, 이러한 현상을 초래한 또 다른 선행적 이유는 압축적 근대화에서 찾아볼 수 있다. 1960년대부터 진행된 압축적 근대화는 물질적 풍요를 가져온 반면에 사회문화적 가치체계의 지속성을 어렵게 하는 한편 다양한 갈등적 상황을 초래하여 구성원 간에 안정적 관계형성이 어려워지고 사회적 성층(成層)이 파편화됨으로써 공동체적 삶의 의미를 상실하게 하였다.

근대화에 따른 개인주의문화의 확산은 타인에 대한 배려를 약화시키고 사회적 규범의 지속성을 무너뜨렸으며 무분별한 경쟁의 심화, 원자화된 개인주의, 관계의 단절에 따른 사회적 배제 및 불평등과 같은 병리적 현상을 초래하게 하였다.

또 사람들은 압축적 근대화과정에서 사회공간적 소속감을 잃어버리고 자신의 삶의 공간으로부터 소외되어 갔다. 그리하여 대면적 의사소통과 상호협력에 기초하여 공유한 가치와 규범, 그리고 장소적 정체성을 형성할 수 있었던 공동체적 사회의 해체를 초래하게 되었다. 따라서 현대사회에서 공동체적 삶의 상실은 사회구조적으로 초래된 결과라고 할 수 있다(최병두, 2003: 57).

6. 현대적 지역공동체의 형성 필요성

교통통신의 급속한 발달과 생활영역이 확대됨에 따라 지역성이 약해지고 있음에도 불구하고 최근 들어 지역공동체의 중요성이 다시 부각되고 있다. 이는 농촌은 물론이고 산업화의 산물이며 익명성과 비인격성을 특징으로 하는 도시에서도 마찬가지이다. 현대사회에서 지역공동체의 중요성이 커지고 있는 이유를 지역이 가지고 있는 본질적 가치에서 살펴보면 다음과 같다(오혁진, 2014: 98-101).

첫째, 지역은 면대면의 인간적인 만남이 이루어지는 물리적 공간으로서 중요성을 갖는다.

현대사회에는 정보통신기술의 발달로 많은 가상공동체(假想共同體)가 형성되고 있지만 인간은 물리적 공간을 완전히 초월할 수 없는 유기체이기 때문에 가상공동체는 그 자체로 완전한 공동체가 될 수는 없으며 어디까지나 장소중심의 지역공동체를 보완하기 위한 수단으로 고려될 수밖에 없다. 인간은 서로 얼굴을 알고 직접 소통할 수 있는 작은 규모의 집단에서 정서적 안정을 느낀다. 그런 의미에서 지역은 사람들이 서로 만나 직접 소통할 수 있는 중요한 장(場)이라고 할 수 있다.

둘째, 지역은 보다 지속적인 인간관계 형성을 통한 밀도 높은 공동체를 만들 수 있는 장으로서 중요하다. R.Frazee(2003)는 성숙한 공동체를 이루기 위한 조건으로 자발성, 유용성, 빈번한 만남, 지역성 등을 들고 있는데(오혁진, 2014: 99 재인용), 사람들은 가까운 지역에서 빈번한 만남을 통해 상호작용이 더욱 높아지고 장소의 공유를 통해서 발생하는 연대감으로 구성원들 간에 가치를 공유하게 된다.

셋째, 지역은 공동의 문제를 해결하기 위한 사회단위로서의 중요성을 갖는다.

산업화와 도시화로 인해 지역주민들의 동질성이 많이 약화된 것은 사실이지만, 여전히 지역에는 모든 구성원들에게 영향을 미치는 문제들이 많이 발생한다. 특히 최근에는 교통·환경·교육·경제문제 등 전 지역차원에서 공동으로 해결해야 할 새로운 성격의 문제들이 많이 발생하고 있기 때문에 이런 문제들을 공동으로 해결하기 위해서는 지역주민들이 서로 연대해야 할 필요성이 커지게 된다(한국도시연구소, 2003: 88).

이같이 지역은 주민들의 구체적 삶의 공간이고 소통의 장이며, 공통의 문제를 함께 해결해야 하는 기본적인 사회단위이기 때문에 새로운 지역공동체를 형성하는 것은 전통적 공동체의 상실로 우리 사회가 직면하고 있는 여러 가지 사회문제를 해결하는 방안이 될 수 있다. 이러한 새로운 지역공동체 형성이 필요한 이유를 구체적으로 설명하면 다음과 같다.

1) 사회문제의 해결

지역공동체는 특정한 공간에 토대를 두고 구성원들 간의 연대감을 토대로 삶의 질을 개선하고 공통의 사회경제적 이익을 보호하는 목적을 가진 조직으로서, 구성원들의 소속감과 호혜성(互惠性)을 생산할 수 있는 사회적 작용이 이루어지는 최소단위이다. 이러한 지역공동체 형성이 필요한 이유는 지역은 주민들의 밀도 높은 면대면 관계의 삶의 단위이며 주거·교육·의료·환경 등 수많은 사회문제가 응축되어 표출되는 구체적 삶의 현장으로서, 이러한 여러 문제를 공동으로 해결해 나가야 하는 중요한 사회단위이기 때문이다.

그동안 우리 사회는 압축적 근대화의 영향으로 공동체적 인간의 삶은 급격한 변화를 겪게 되었다. 원자화된 개인주의, 관계단절에 따른 사회적 배제와 불평등과 같은 사회적·문화적 병리현상들이 커짐에 따라 빈부격차, 사회적 갈등, 약자계층의 소외감과 박탈감, 이웃에 대한 배려의 부족에 의한 주민들의 삶의 질 저하 등 국가와 시장만으로는 해결하기 어려운 여러 가지 심각한 사회문제들이 대두되게 되었다.

또한 그동안 이루어진 산업화는 과학기술의 발전에 힘입어 물질적 풍요를 가져왔지만 자원고갈, 환경파괴와 같은 심각한 사회문제들을 발생시켰다. 이에 따라 인간소외를 극복하고 산업사회가 안고 있는 근본적 문제인 불안, 불평등, 생태계 파괴 등의 확산을 막기 위해서는 지역주민들 간에 교류를 통한 연대감 형성 및 인간성 회복이 무엇보다도 중요해졌는데, 이와 같은 사회문제를 해결하기 위해서는 현대적 의미의 새로운 지역공동체 형성을 필요로 하게 되었다.

이러한 지역공동체는 이해관계에만 집착한 비인간적 사회관계를 인간화시키는 대안이며, 사회구성원들 간의 연대의식에 기초하여 개인의 문제를 넘어서는 공동의 문제를 인식하고 그것의 해결을 위해 함께 참여하는 가운데 삶의 의미와 심리적 안정감을 되찾을 수 있는 공간으로서의 의미를 가진다. 아울러 지역공동체는 구성원들 간의 갈등과 무분별한 경쟁을 완화하고 생산적인 협력과 공정한 경쟁을 증진시킬 수 있는 바탕이 된다고 할 수 있다.

2) 가족구조 및 삶의 변화에 대한 대응

우리 사회의 가족구조 및 인간의 삶의 변화가 지역공동체 형성을 필요로 한다. 대가족제도의 해체와 고령화로 독거노인이 많아지고 있으며, 더 이상 자녀의 효도에 노년을 의탁할 수 없는 현실에서 누구나 사망하기 전의 수 년 간은 대부분 독거노인으로 살아야 하는 시대를 맞고 있다. 또 1인 가구와 이혼가구가 증가하고 있으며 계층 간에 상승이동이 어려운 양극화 현상이 심화되고 있기 때문에 사회로부터 정서적·물질적 도움을 필요로 하는 사람들이 많아지고 있다.

그런데 우리 사회는 이제 전통적 가족제도로의 회귀가 거의 불가능한 상황인데다 국가복지가 발달되지 못하고 시장복지도 미흡하여 제 기능을 다하지 못하고 있기 때문에 가족과 국가의 중간영역인 지역공동체가 복지와 상호부조의 제공 및 교환을 통하여 대안적 복지를 담당해야 할 필요성이 커지고 있다.

3) 풀뿌리 자치의 추구

지역공동체는 지방자치의 정착과 발전을 위해서도 그 형성을 필요로 한다. 지역공동체는 시민성을 키워내는 토양으로서 상호성·연계성·호혜성을 지향하고 있다는 점에서 풀뿌리 자치를 활성화시키고 구성원들의 삶의 질을 향상시키는데 기여하게 된다.

지역공동체가 형성되면 지방자치에 필수적인 주민참여를 실질적으로 가능하게 하며 지역 내의 소외계층에게 공공서비스의 일부를 제공하는 등 일정한 사회문제에 대한 지방정부의 해결능력을 보완해 줄 수 있다. 또 지역주민들의 생활에 직접적인 영향을 미칠 수 있는 지방정부의 정책결정에 지역공동체가 실질적인 참여수단이 될 수 있다(임호, 2007: 32).

4) 지역의 내생적 발전 추구

최근 들어 지역발전의 추세가 종래 중앙정부가 주도하던 외생적 발전과는 달리 지방정부, 나아가 지역공동체가 주도하는 내생적 발전의 중요성이 더 커지고 있는 것도 지역공동체의 형성을 필요로 하는 요인이 되고 있다. 외생적 지역발전이 지역의 내부적 자극이나 잠재력에 의한 것이 아니라 외부의 주도와 자원에 의해 이루어지는 하향적 발전방식인데 비하여 내생적 지역발전은 발전의 주체와 동인(動因)을 지역 내부에서 잡고 발전성과도 지역에 귀속되는 상향적 발전방식을 말한다.

지역이 주도하고 해당 지역의 인적·물적·상징적 자원을 활용하여 지역발전의 선순환(善循環) 관계를 형성하고자하는 내생적 발전전략에서는 지역발전이 지역경제성장이라는 총량적 목표보다는 주민의 소득증대, 일자리 창출, 복지증진 등을 추구하며 지역주민의 체감적 행복을 중시한다.

그리고 발전전략도 지역이 주도하며 지역의 사회적 자본을 활용할 수 있는 주민자치회, 협동조합, 마을기업 등 주민조직의 주체적 역할을 중요시한다. 그러므로 지역주민들의 욕구와 지역특성에 적합한 내용의 내생적 지역발전은 지역공동체가 주도하여 추진하는 것이 바람직하다.

7. 현대적 지역공동체의 의미와 성격

현대사회에서 지역공동체의 의미는 자연발생적으로 동질성을 갖춘 전통적 의미의 '자연적 공동체'가 아니라 새로운 맥락에서 공동의 목적과 이념·가치를 추구하는 '의도적 공동체'로 이해되어야 할 것이다(이종수 외, 2008: 130).

전통적 공동체는 지리적 영역, 사회적 상호작용, 공통의 연대라는 3개 요소로 구성되고 있으나 정보통신 및 교통의 급속한 발달은 이러한 구성요소들의 특징을 크게 변화시켰다. 과거 농업사회의 공동체는 이동성의 한계에 따른 지역적 고립성과 함께 빈번한 직접적 접촉과 긴밀한 사회적 상호작용, 그리고 공통의 연대감이 일상적으로 확인될 수 있는 전통적 공동체였다.

그러나 현대사회의 공동체는 전통적 공동체에 비해 물리적 경계가 명확하지 않다. 산업화와 함께 교통 및 정보통신이 발달됨에 따라 사람들의 경제활동이 주거지역에 국한되지 않고 원거리에 있어도 관계형성이 가능해지면서 일상의 범위가 시·공간적인 규제를 벗어나게 됨으로써 공동체 형성의 물리적 토대인 지리적 근접성에 대한 중요성이 약해지고 있다. 또한 사회적 상호작용도 긴밀한 대면관계에서 통신매체를 통한 간접적 매개관계로 변형되고 있으며 공동체 내의 구조도 수직적 권위관계에서 수평적 자율관계로 변화되고 있다(신예철, 2012: 26-27).

이렇게 현대사회에서 사회구조의 변화에 따라 사람들의 인식과 삶의 방식이 변화되었음에도 불구하고 공동체를 형성하고 유지하기 위해서는 세 가지 특성이 존재한다. 공유된 신념과 가치, 구성원들 간의 직접적이고 대면적인 관계, 그리고 호혜성이 그것이다(김수영 외, 2013: 335-336). 이러한 특성 속에는 지리적 영역이 포함되어 있지 않지만 구성원들 간의 상호작용이 직접적·복합적 관계 속에서 이루어지고 호혜적 관계가 일상화되기 위해서는 불가피하게 지리적 근접성이 전제되어야 한다.

그러면 현대적인 새로운 지역공동체는 어떠한 성격을 가지는가.

현대사회의 지역공동체는 과거의 전통적 공동체와 같이 고립된 단위지역의 폐쇄적 공동체가 아니라 다른 지역들과 더불어 발전해 나가는 개방적 공동체이다. 즉 현대적 지역공동체는 전통적 가치와 생활양식에 기초한 자급자족적 공동체가 아니라 지역의 자립성을 확보하면서 시민적 공공성을 토대로 공공선을 실현하기 위해 주민들과 지역집단들 간에 연대를 모색하고 외부사회에 대해서도 협력적 상호작용을 하는 개방성과 공익성을 속성으로 하는 공동체이다.

전통적 공동체가 전통적인 도덕적 가치·규범과 의무를 공유하는 통합성의 강조를 중요한 특징으로 했다면 현대적인 지역공동체는 참여주체들의 개성적인 생활양식, 가치관과 이해관계를 인정하는 다원성과 차별성을 주요 특징으로 한다고 할 수 있다(김수영 외, 2013: 334). 다시 말해서 현대적 지역공동체는 구성원 개개인의 주체성과 공동체의 유대감이 조화를 이루면서 구성원들이 동등한 입장에서 자율성을 가지고 상호신뢰와 협력의 토대 아래 서로의 차이를 인정하는 다원화된 가치가 조화를 이루며, 구성원들의 자발적 참여를 통해 자치를 강화하고 구성원 개개인의 성장과 지역발전이 동시에 추구되는 공동체라고 할 수 있다.

8. 지역공동체 형성을 위한 공동체의식

1) 공동체의식의 개념

현대사회에서 공동체는 물리적 공간 속에서 형성되기도 하고 사회구성원들이 지향하는 신념이나 가치 또는 외부의 지원을 통해 형성되기도 하는 등 다양한 요인에 의해서 형성된다. 그럼에도 공동체에 대한 논의에서 중요한 것은 공동체성, 즉 공동체의식이다.

공동체는 기본적으로 '공동체적 인간'에 의해 형성된다. 그러므로 공동체의 형성 및 성격은 공동체를 구성하는 사람들의 의식 및 태도에 의해 결정된다. 그리고 사람들의 의식이 공동체적으로 변하는 것은 곧 사람과 사람의 관계가 공동체적 관계로 바뀌는 것을 의미한다(한국도시연구소, 2003: 140).

일반적 관점에서 공동체의식은 공동체구성원들에 의해 형성된 사상·감정·견해 등에 대한 집합의식을 의미한다고 할 수 있다. 공동체 속에 살고 있는 사람들은 각기 서로 다른 개인의 인성에 상응하는 개인의식을 가지는 동시에 그들이 속해 있는 공동체에 대한 집합의식을 가지고 있다.

공동체의식의 개념에 대해서 W,B Davison과 P.R Cotter(1991)는 "사람들과 그들 지역사회 간의 강력한 애착심을 의미하는 개인감정"이라고 정의하고 있으며, B.W McMillan과 D.Chavis(1986)는 "구성원들이 소속감을 가지며 집단의 일부라는 느낌, 구성원의 요구는 그들의 공동의 헌신을 통해 충족된다는 공유된 믿음, 그리고 구성원들이 경험을 공유하고 있고 또 공유하게 될 것이라는 믿음"(이나영, 2009: 26-27 재인용)이라고 하고 있다.

또 김남선(1992)은 "그 지역사회의 주민들이 사회생활을 통하여 나타난 획득적 공동의식"이라고 정의하고 있다. 이러한 여러 견해를 종합하여 여기에서는 공동체의식을 "일정한 지역에 사는 사람들이 연대의식에 기초하여 개인의 문제를 넘어서는 공동의 문제를 인식하고 그것을 더불어 해결하며 살아가려는 마음의 상태"라고 정의하고자 한다.

공동체의식은 이주의 자유가 제한되었던 근대사회 이전의 전통적 공동체에서는 물리적 공간으로부터 가장 큰 영향을 받았지만 현대사회에서는 공동체구성원들 간의 사회적 관계를 통해서 형성되는 주관적·심리적 감정으로부터 더 큰 영향을 받는다(김수영, 2013: 345). 이러한 공동체의식의 핵심적 논제는 구성원들 간의 사회적 관계에서 비롯되는 주관적·심리적 감정이며, 이것이 정형화된 것이 가치와 신념이라고 할 수 있다.

2) 공동체의식의 구성요소

공동체의식은 어떤 요소로 구성되는가. 이에 대하여 R.M McClver(1917)는 지역사회의 토대는 지역성과 공동체의식임을 강조하면서, 공동체의식의 구성요소로 공통된 이해를 갖는데서 생기는 우리의식, 공동체 성원으로서의 역할의식과 상호의존의식의 세 가지를 제시하고 있다(이나영, 2009: 31 재인용).

그리고 B.W McMillan과 D.Chavis는 구성원의식, 상호영향의식, 욕구의 충족과 통합, 공유된 정서적 친밀감의 네 가지를 제시하고 있으며(이나영, 2009: 34-36 재인용), 김경준은 충족감, 연대감, 소속감 및 상호영향의식, 정서적 친밀감을 들고 있다(채종헌, 2014: 47 재인용). 이 밖에도 많은 연구자들이 여러 요소들을 제시하고 있으나 여기에서는 공동체의식의 구성요소로 가장 많이 인용되고 있는 B.W McMillan과 D.Chavis의 견해에 따라 그 내용을 고찰하고자 한다.

첫째, 소속감은 공동체의 구성원으로서 개인이 가지는 집단에 대한 인식이다. 소속감은 공동체의 상징체계와 신념 및 목표들을 공유함으로써 혼자가 아니라 더불어 살고 있다는 존재감을 인식하게 해 준다. 이러한 소속감은 구성원들의 유대와 통합을 위한 기반요소로 기능하며 문화적 일체감과 심리적 안정감을 제공함으로써 지역정체성을 확립하는데 기여한다.

둘째, 상호영향의식은 구성원들이 공동체로부터 영향을 받고 있으며, 구성원들 역시 공동체에 일정한 영향을 행사할 수 있다는 인식이다. 이는 개인과 공동체의 관계가 지속적인 의사소통과 상호작용을 담보해야 함을 의미하는데, 구성원들 간에 상호 영향의식이 강할수록 공동체의식도 강해진다.

셋째, 욕구의 통합과 충족은 공동체에서 자신의 욕구가 다른 구성원들과의 협력적 관계를 통하여 충족될 수 있을 것이라는 인식이 구성원들 간에 받아들여지고 공유되는 것을 의미한다. 이는 구성원들이 공동체 활동에 참여하게 되는 동기로 해석할 수 있으며, 욕구의 충족을 통하여 얻게 되는 만족감은 공동체 구성원으로서의 정체성을 고취시킬 수 있다. 따라서 자신이 원할 때 욕구를 충적시킬 수 있는 서비스의 유무와 다양한 경험을 할 수 있는 기회 등이 주요 변인으로 작용한다(김미연·김민설, 2008: 115).

넷째, 정서적 연계는 구성원들의 빈번한 접촉과 상호작용을 통해 함께 활동하고 경험함으로써 가치와 역사, 경험을 공유하고 있으며, 앞으로도 공유할 것이라는 인식이다. 이렇게 구성원이 인식하는 정서와 유대감은 상호신뢰의 바탕이 되고 자신의 행동을 스스로 조절할 수 있도록 함으로써 협동을 가능하게 한다. 협동과정에서의 경험과 관계가 긍정적일수록, 구성원들이 공유한 사안이 개인들에게 중요할수록 집단 내의 유대감이 커지며, 활동이 성공적으로 수행되고 있다고 인식할수록 정서적 연계가 이루어질 가능성이 높다(김미연·김민설, 2008: 116).

3) 지역공동체 형성을 위한 공동체의식의 중요성

공동체의식은 공동체 구성원들에게 동일시의 근거를 제공함으로써 심리적 안정과 소속감을 제공해 주며 구성원들의 건전한 퍼스낼리티의 형성과 발전에 기여한다. 또 공동체의식은 구성원들에게 연대성과 참여성을 갖도록 함으로써 그 공동체의 가치와 규범에 순응하도록 하는 사회통제 기능을 수행하며, 그들이 속한 공동체와 일체감을 갖도록 하여 사회통합에 기여하게 된다.

공동체의식이 강한 사회에서는 구성원들은 자신의 사익만을 추구하는 개인주의적이고 자기중심적인 존재가 아니라 사회구성원으로서의 소속감과 연대감, 책임감을 가져 공동의 문제를 함께 해결하려 협력하게 된다. 그리고 상대방의 입장을 이해하고 관용하며 공동의 이익을 위해서 사적 이익의 일부를 희생해야 한다는 것을 이해하게 한다.

이러한 사회에서는 공동체의 문제를 자신의 문제로 인식하기 때문에 공공문제에 적극적으로 참여하게 되고 호혜성이 높아져 공동노력에 불참하려는 무임승차의 욕구를 감소시켜 구성원들 간의 협력적 노력이 촉진되며, 집단행동의 딜레마(dilemma)가 사라지고 공공재의 원활한 공급이 기능해지게 된다(유재원, 2003: 106-109). 또 구성원들 간의 갈등과 무분별한 경쟁도 완화되게 된다.

반면에 공동체의식이 강하지 않은 사회에서는 구성원들이 원자화·파편화되어 개별적으로 행동하며 공동의 문제를 해결하기 위해 참여하고 협력하려는 성향이 약화되고 무임승차 욕구를 유발하여 공공재의 원활한 공급을 방해한다(유재원, 2003: 116). 또 구성원들이 자신의 이해와 무관한 공동의 문제에 함께 참여하여 해결하려는 성향이 약화되게 된다. 이같이 공동체의식은 구성원들이 공동체중심의 활동을 할 수 있게 하는 기반을 제공해주기 때문에 공동체의 형성과 발전을 위해서는 구성원들이 공동체의식을 내재화해야 할 것이다.

9. 지역공동체의 형성모형과 추진기조

1) 지역공동체의 형성모형

지역공동체의 형성은 지역 내의 사회적 자본을 포함한 유·무형의 주요 자원들을 동원하는 내생적 자원동원체계의 구축을 통해 지역주민들의 물질적 풍요뿐만 아니라 인간적 유대관계의 강화를 통한 생활의 안정 및 정체성의 고양을 도모하기 위한 것이다(최병두, 2006: 523). 또 지역공동체 형성은 과거의 급속한 도시화·산업화과정에서 비인간적 획일성과 비장소적 보편성에 따라 추진되어 온 개발주의에 기초한 공간환경의 조성에 따른 폐해를 청산하고 지역생활환경의 질을 향상시키기 위한 것이다.

지역공동체를 형성하기 위한 모형으로 곽현근 외(2003)와 최병두는 공동체 형성의 주체와 역할에 따라 관리주의모형, 파트너십모형, 주민협치모형을 제시하고 있으며, 정규호(2012) 역시 주도하는 주체에 따라 정부주도형, 주민주도형, 주민·정부협력형을 제시하고 있다(김필두 외, 2013: 19-22 재인용). 이 밖에도 여러 연구자들이 형성모형을 제시하고 있는데, 그 대부분이 형성주체에 따른 구분으로서 내용이 서로 유사하기 때문에 여기에서는 관리주의모형, 파트너십모형, 주민협치모형으로 구분하여 고찰하고자 한다. 이러한 구분은 지역공동체 형성에 있어서 관련주체들의 역할이나 기능을 판단하는데 중요한 길잡이 역할을 할 수 있다.

첫째, 관리주의모형은 행정서비스 전달체계의 중요성에 바탕을 두고 지역주민을 서비스의 대상인 수요자(고객)로 간주하고 행정을 서비스의 공급자로 설정하여 정부가 주도하여 공공서비스를 제공하고 지역사회개발을 추진하는 모형이다. 관리주의모형은 중앙정부 주도형과 지방정부 주도형으로 구분할 수 있는데, 이 모형에서 '지역'의 의미는 행정이 제공하는 서비스를 공동으로 소비·향유하는 장이 된다. 관리주의모형은 현재 우리나라에서 시행되고 있는 읍·면·동 단위 주민자치센터의 활동에서 찾아볼 수 있지만, 행정의 일방적 유도와 주민들의 피동적 동원으로 인해 실질적인 지역공동체의 형성과는 거리가 멀다 하겠다(최병두, 2006: 524-525).

둘째, 파트너십모형은 지역사회에서 행정이 지역주민들을 파트너로 간주하고 공공서비스를 주민들과 공동으로 생산하는 모형이다. 대표적인 사례로는 우리나라의 마을만들기사업과 일본의 마치츠쿠리사업을 들 수 있다. 파트너십모형은 정부와 주민들 간의 대등한 관계를 전제로 하여 지역문제를 해결해 나가는데, 이러한 과정에서 지역주민들 간의 소속감, 연대감, 정체성을 형성하게 된다. 이 모형에서 지역은 대의민주주의를 실현하고 공동체의식을 함양하는 공간으로서의 역할을 하며, 읍·면·동의 주민자치센터는 민관협력의 네트워크를 구축하는데 중요한 역할을 한다. 그러나 이 모형 역시 완전한 자치공동체모형이라고는 할 수 없다.

셋째, 주민협치모형은 지역주민들이 지역문제에 대한 실질적인 권한을 행사하는 협치자의 역할을 담당하고, 행정은 주민들이 지역문제를 자신들의 문제로 인식하고 관심을 가지도록 유도 또는 지원하는 촉매자의 역할을 수행한다. 이 모형은 주민을 지역의 실질적 주체로 인정하고 지역문제 해결을 위한 의사결정에 자발적으로 참여하도록 하여 지역사회의 공동체성을 형성하는데 목적을 둔다.

주민협치모형에서 지역은 직접민주주의 실현과 공동체의식을 함양하는 장으로서 주민들이 소속감, 연대감, 정체성을 형성하고 유지하는 차원뿐만 아니라 공동의 관심사를 지방정부와 협상할 수 있는 기반을 제공한다(김수영 외, 2013: 343). 그리고 주민자치센터는 주민자치를 지원하는 역할을 한다. 이 모형은 주민들의 강한 자율성을 통한 자치를 전제로 하고 있는데, 대표적 사례로는 도시지역의 아파트공동체를 들 수 있다.

2) 지역공동체 형성의 추진기조

현대적 지역공동체의 형성은 자연적으로 주어지는 것이 아니라 일정한 지리적 영역에 거주하는 구성원들로 하여금 목적과 가치를 공유할 수 있도록 여건을 조성하고, 그러한 목적을 달성할 수 있는 사회적 역량을 구축해 나가는 일련의 조직화된 활동을 통하여 이루어지는 것이다. 이러한 지역공동체의 형성은 지역적 특성의 종합적 고려, 자생적 지역자원의 효율적 활용, 독특한 지역문화의 진흥이라는 기조 아래 추진되어야 할 것이다. 이를 구체적으로 설명하면 다음과 같다.

(1) 지역적 특성의 종합적 고려

각각의 지역은 서로 다른 물리적·사회공간적 조건을 가지고 있기 때문에 지역공동체 형성을 위해서는 우선 그 지역의 정치경제적, 사회문화적, 환경적인 여건과 특성들을 종합적으로 고려해야 하며, 이러한 여러 여건과 특성들은 전체사회 또는 세계화와 관련하여 고찰되고 그 의미가 부여되어야 할 것이다(최병두, 2006: 525).

다시 말하면 지역공동체의 형성을 위해서는 과거 급속한 산업화와 도시화과정에서 지역적 생태와 환경, 지역주민의 정서와 가치를 경시한 채 획일성과 비장소적인 보편성에 따라 추진되어 온 개발전략에서 탈피하여 지역의 고유한 가치와 특성을 종합적으로 고려하여 추진함으로써 지역별 특성과 가치가 더욱 발양되어 구성원들의 정체성 확립과 공동체 발전에 기여할 수 있어야 한다는 것이다.

이러한 지역별 특성에 적합한 공동체형성은 부문별 공동체운동과 결합된 형태로 추진하는 것이 바람직하다. 그 예의 하나로 도시 및 농촌지역에 적합한 지역공동체형성과 교육공동체운동을 결합시키는 방법을 생각할 수 있다. 이는 도시화와 산업화과정에서 해체된 도시와 농촌의 공동체를 지역사회의 거점인 학교를 통해 새롭게 형성하고 활성화시키는 것으로서, 도시지역의 경우에는 학교에서 문화·환경분야 등의 교육을 통해 도시민들의 자발적 참여에 의한 지역공동체 형성을 유도하며, 농촌지역의 경우는 학교를 통해 정보화교육, 영농교육, 건강교육 등을 실시하는 방안을 모색하는 것이다(최병두, 2006: 523).

(2) 자생적 지역자원의 효율적 활용

지역공동체 형성은 지역에 주어져 있는 자생적 자원과 지역적 역량을 통하여 추진하는 것이 바람직하다. 지역의 주요 자원을 발굴하고 창의적으로 활용하는 것은 공동체형성을 위한 토대가 된다. 지역의 자생적 자원으로는 자연자원, 산업시설, 문화·관광시설 등의 유형자원과 문화축제, 지역이미지를 비롯한 여러 가지 무형자원이 있다. 이같이 지역공동체 형성을 위하여 동원되는 자원은 단지 지역에 산재한 물리적 자원만이 아니라 다양한 형태의 사회적 자본을 포함한다.

특히 구성원들 간의 상호이익을 증진하기 위한 조정과 합의를 이끌어내는 기본적 동력으로서 신뢰와 규범, 정서와 가치 등은 중요한 사회적 자본이 된다. 지역공동체 형성은 이러한 자생적 자원동원체계의 구축과 함께 주민을 포함한 다양한 주체들 간의 동반자적 관계를 통해 추진함으로써 물질적 풍요뿐만 아니라 인간적 유대관계 및 지역정체성을 강화시켜야 한다.

(3) 개성 있는 지역문화의 진흥

지역공동체의 형성과 지속적 발전을 위해서는 개성 있는 지역문화가 진흥되어야 한다. 지역문화란 일정지역 주민들이 오랜 세월에 걸쳐 지역환경에서 생활하는 과정에서 이루어 놓은 특징적인 생활양식 및 정서체계를 말한다. 이러한 지역문화는 지역주민들의 연대감을 강화시키고 생존방식과 관련된 정체성과 공동체의식을 확립해 주며 삶의 질을 향상시키는 1차적 요소로 작용한다.

지역문화는 주민들의 정서적·심미적 욕구를 충족시키고 활력과 창의력을 증진시킴으로써 인간다운 삶을 살아가는 토대를 제공해 주며 지역발전을 촉진시키는 동력이 된다. 또 지역문화는 자기가 살고 있는 지역에 대한 자부심과 함께 지역산업의 부가가치를 창출함으로써 지역경쟁력을 높이고 지역의 생산성을 증대시키는 역할을 한다.

그러므로 지역공동체의 형성과 발전을 위해서는 지역별로 특화되고 다른 지역과 경쟁력을 가질 수 있는 지역문화가 정착되어야 하는데, 지역문화의 특화는 지역의 문화예술축제, 문화시설, 도시이미지 형성, 가로환경 등 관련 사업들과 연계하는 총체적 접근을 통하여 추진하는 것이 바람직하다.

10. 지역공동체 형성을 위한 시민사회의 역할

1) 지역주민들의 적극 참여

지역공동체 형성의 궁극적 목표는 인간중심적 가치에 기반을 두어 자기가 살고 있는 지역의 문제를 공동으로 해결하여 좋은 지역으로 만드는 것이다. 이러한 좋은 지역은 역량 있는 주민들의 참여를 통해 만들어진다. 그러므로 공동체형성을 위해서 주민들은 자기지역의 문제에 관심을 갖고 공동체적 삶이 만들어지는 과정에 주체적·적극적으로 참여해야 한다.

다시 말해서 지역주민들은 연대의식에 기초해서 개인의 문제를 넘어서는 지역적 공동의 문제를 인식하여 공공선을 추구하고, 그것의 해결에 함께 참여하는 적극적 시민으로서의 역할을 해야 한다. H.L Schachtet(1995)는 이러한 적극적 시민은 공익에 대한 관심을 가지고 공공분야의 의사결정에 적극 참여하는 사람이며, 이러한 적극적 시민이야말로 지역의 문제를 담론을 통해 해결하는데 필수적 요소라고 강조하고 있다(김용동, 2001: 174 재인용).

적극적 시민으로서 주민들의 지역문제에 대한 참여는 공동체의식을 배양하는데 기여한다. 참여를 통해 다른 사람들과 함께 공동의 목표를 추구하는 과정에서 상대방의 입장을 이해하고 관용하며 사적 이익의 일부를 희생해야 한다는 것을 배우게 된다. 이런 이타적인 태도가 확산되면 구성원들 간의 결속과 협력이 촉진되고 상호이익이 되는 공동선의 발견이 쉬워지며, 이렇게 발견된 공동선을 추구하는 과정에서 공동체의 유대가 강화된다(김찬동, 2012: 17).

또 주민참여는 주민들 간의 이해관계 조정과 협동의 증진에 기여한다. 주민참여는 행정이 산출하는 정책내용에 이해관계를 갖고 있는 주민들이 참여하여 대화와 토론을 통해 그들의 요구를 반영하여 이해관계를 조정하고 공익에 도달하게 함으로써 주민들 간의 협동증진에 기여하게 된다.

뿐만 아니라 주민참여는 관련 정책에 대해 정당성을 부여하여 주민들의 헌신을 유도함으로써 주민들의 잠재적 역량을 이끌어낼 수 있는 계기로 작용한다. 그러므로 지역공동체를 형성하여 살기 좋은 지역을 만들고 주민자치를 활성화시키기 위해서 행정은 주민들이 자발적·적극적으로 참여할 수 있는 기반을 조성해 주어야 할 것이다.

2) 주민조직의 활성화

주민조직은 시민으로서의 자주성과 책임감을 자각한 사람들로 이루어진 지역성과 공동목표를 가지고 상호작용을 하는 주민집단을 말한다. 이러한 주민조직은 다양한 지역주민들의 가치와 여망을 구체적으로 표출하게 하여 이를 지역공동체 전체의 가치와 목표로 조정하고 통합하는 역할을 하며, 지역에 필요한 사업을 제안하고 집행에 자발적으로 참여함으로써 공동체 형성에 매우 중요한 역할을 한다.

주민조직은 몇 가지 기준에 따라 유형화할 수 있다. 첫째, 조직의 목적에 따라 이익단체, 사회운동단체, 봉사단체, 친목단체로 구분되는데, 그 중에서 공동체 형성과 직접 관련되는 주민조직은 사회운동단체와 봉사단체라고 할 수 있다. 둘째, 주민조직은 공동체와 행정과의 상호작용에 따라 근린형 전통적 조직, 근린형 주민조직, 자치형 주민조직으로 구분할 수 있다(채은경 외, 2013: 21-22).

근린형 전통적 조직은 자발적인 주민조직이 형성되지 않은 상태에서 행정주도적으로 주민들이 동원되는 유형이며, 근린형 주민조직은 주민조직의 형태를 갖추었으나 주민들은 행정에 의해 동원된 형태로 참여하는 유형이다. 한편 자치형 주민조직은 제도적으로 인정받는 주민조직들이 지역현안에 대한 문제를 제기하며 자발적·적극적으로 참여하는 유형으로서, 지역공동체 형성을 위해 바람직한 주민조직은 바로 자치형 주민조직이라고 할 수 있다.

우리 사회에는 지역별로 많은 주민조직들이 있으나 주민들의 자발적 의사에 따라 결성된 자생적·자주적 조직은 그다지 많지 않고 대부분은 행정에 의해 타율적·하향적으로 조직된 것들이다. 그래서 구성원들의 여망을 결집하여 공동체 형성사업을 제안하고 집행에 자발적으로 참여하기보다는 행정이 주도적으로 결정한 사업에 수동적으로 참여하는 경우가 대부분인 실정이다.

주민들이 자발적으로 결성하고 자주적으로 운영되는 주민조직은 지역공동체 형성에 긍정적 역할을 수행한다. 주민조직은 주민들의 요구와 주장을 결집·조정·표출하는 역할을 하며, 행정과 주민들의 중간에서 의사소통을 강화하여 양측의 요구를 매개하기도 한다. 또 주민조직을 통한 지역의 공동문제에 대한 참여는 주민들의 공동체의식과 자치의식을 계발하는 토대가 된다.

그러므로 지역공동체를 형성하기 위해서는 주민조직을 적극 육성하고 그 활동을 활성화시켜 나가야 할 것이다. 그 방안으로는 첫째, 주민조직의 중요한 목표가 공동체의 형성과 지속가능한 발전에 있기 때문에 주민조직화는 행정이 수행하는 정책사업 등을 지원하기 위한 것이 아니라 주민들이 공동체 발전에 대한 가치를 공유하고 이를 함께 실천하기 위한 방향으로 이루어져야 한다.

둘째, 주민조직화의 과정에서 주민들의 자율성이 존중되어야 하며 행정의 지나친 간섭은 지양되어야 한다. 셋째, 주민조직이 수행하는 주민자치, 지역만들기 등의 활동과 관련한 구체적 정보를 적시에 제공하고 필요한 지원을 할 수 있는 민관협력체제가 구축되어야 한다.

넷째, 주민조직화를 위해서는 지역의 욕구를 조정하고 문제를 제기하며, 그에 대한 해결을 위해 노력할 수 있는 주민들을 찾아내고 교육하는 것이 필요하다. 주민조직의 조직화과정에서의 교육은 주민들의 공동체의식 향상과 조직의 리더를 육성하는 토대가 되며 조직의 정착단계에서의 교육은 조직 내실의 공고화와 함께 공동체 형성사업을 위한 실천적 힘을 가질 수 있게 한다.

3) 지역시민단체의 역할 강화

비정부조직인 시민단체는 시민의 자발적 참여에 의해 결성되고 자원주의(voluntarism)와 상호연대에 기초하여 시민사회의 다양한 집합적 가치증진을 목적으로 활동하는 단체로서 공동체 형성에 중요한 역할을 한다. 이러한 시민단체 중에서 지역시민단체는 지역을 기반으로 활동하는 단체로서, 지역공동체에서 다음과 같은 역할을 수행한다(김용동, 2001: 174-175).

지역시민단체는 첫째, 주민들과 정치·행정체제의 중간에서 양자 간의 의사소통을 원활하게 한다. 둘째, 시민참여를 확대시킨다. 시민단체는 시민운동을 비롯한 여러 활동을 통해 시민들을 편협한 이기주의에서 벗어나게 하고 공공의 이익을 추구하는 토론과 행동의 장으로 유도함으로써 시민참여를 확대시킨다(김대환, 1997: 22).

셋째, 자원봉사활동을 강화시킨다. 지역시민단체는 국가권력을 견제하든, 시장을 감시하든, 사회적 약자의 이익을 옹호하든 간에 그 활동이 개인의 자발적 참여와 자원주의(自願主義)에 기초하고 있다. 따라서 자원봉사를 통한 시민단체의 활동은 공동체에 대한 인식을 넓히고 구성원들의 상호연대를 강화함으로써 결과적으로 공동체의식을 제고시킨다.

넷째, 시민들의 사회교육을 담당한다. 시민단체는 이런 시민교육을 통하여 제도권교육이 가지는 체제지향적인 한계를 극복하고 주민들로 하여금 자율성 및 공동체에 대한 관심과 강한 책임성을 갖도록 한다. 지역시민단체가 위와 같은 역할을 효과적으로 수행하기 위해서는 도덕성 및 전문성을 가져야 하며 다수 주민들의 참여가 적극 요청된다.

지역주민들의 시민단체에의 참여는 정치참여와 사회참여의 성격을 동시에 갖고 있다. 따라서 시민단체에 참여하는 주민들은 정부기관에 대한 요구와 압력을 비롯한 정치과정에 영향력을 행사하기 위한 활동을 하기도 하며 자원봉사, 지역사회개발, 환경보전 등 지역공동체를 위한 다양한 활동을 수행하기도 한다. 주민들은 이러한 참여활동을 통하여 절제·합의·호혜성과 같은 시민적 덕목과 협동능력을 강화하고 집단적 행위에 대한 공유된 책임성을 인식하게 된다.

또 공익적 가치를 학습하고 구성원들과 상호작용하면서 민주적 토론과 설득, 그리고 협상의 경험을 통하여 공공선을 추구하는 시민성을 함양하는 계기를 갖게 된다. 그러므로 주민들은 지역시민단체에 적극 참여하여 활동함으로써 지역공동체 형성에 필요한 시민성을 함양해 나가야 할 것이다.

4) 주민들의 자원봉사활동 활성화

자원봉사란 개인 또는 단체가 지역사회·국가 등을 위하여 대가 없이 자발적으로 시간과 노력을 제공하는 이타적 행위이다. 자원봉사는 사회구성원들의 연대의식을 고취하여 공동체의식을 제고하며 지역정체성을 강화시켜준다. 그리고 사회적 신뢰 및 호혜적 규범을 강화하여 사회적 자본을 증진시킴으로써 건강한 시민문화 형성에 기여하며, 공공복지의 한계를 보충해줌으로써 우리 사회의 불완전한 복지시스템을 보완해 준다.

또 자원봉사는 참여자들에게 정서적 만족감과 소속감을 제고시키며 자아발전과 인간적 성숙의 기반이 되는 가치관의 형성과 사회성을 함양할 수 있게 한다. 이와 같이 자원봉사는 사회구성원들의 자발적 참여를 통해 우리 사회가 당면하고 있는 여러 가지 문제를 예방하고 해결하는 데 중요한 기능을 수행하기 때문에 그 활동이 활성화되어야 한다(김용동, 2001: 175).

자원봉사가 활성화되기 위해서는 자원봉사활동에 대한 민간역량이 강화되어야 한다. 이를 위해서는 자원봉사의 가치를 존중하고 일상적으로 참여를 유도하기 위한 교육의 강화와 함께 사회지도층의 자발적·적극적 참여가 이루어져야 하며 기업과 시민단체가 자원봉사 프로그램을 공동으로 운영할 필요가 있다. 또 자원봉사를 위한 인프라가 확충되어야 한다. 이를 위해서는 자원봉사의 지원 및 관리를 위한 민관협력체제 구축, 전문자원봉사에 대한 정보체계 구축 및 연계지원, 전문직 은퇴자의 자원봉사 프로그램의 확충과 함께 지방자치단체에 설치되어 있는 자원봉사센터를 민영화할 필요가 있다.

11. 지역공동체 형성을 위한 지방정부의 역할

지역공동체 형성에 있어서 지방정부는 주도자이기 보다는 지역주민들의 관심사항을 실행하며 공동체가 역량을 구축할 수 있도록 도와주는 촉진자·협력자로서의 역할을 해야 한다. 즉 지방정부는 지역공동체 형성에 있어서 행정의 계층성과 전문성에서 파생되는 하향적 논리를 강요함이 없이 지역사회의 자율성을 존중하며 촉진자·협력자로서의 역할을 하는 것이 바람직하다. 그러한 역할로는 주민참여 활성화 지원, 주민조직의 육성지원, 자원봉사활동 지원, 민관공동생산의 활성화, 행정서비스의 형평성 제고 등을 들 수 있다.

1) 주민참여의 활성화 지원

주민참여가 활성화되기 위해서는 주민참여의 통로 및 정보공개의 내용을 개선하는 한편 주민자치센터 운영의 활성화가 이루어져야 할 것이다. 첫째, 지방정부는 주민참여의 통로로 설치된 각종 위원회의 위원을 사회지도층 중심의 구성을 지양하고 여러 계층을 망라하여 구성함으로써 주민대표성을 가질 수 있도록 해야 하며 위원회의 결정사항을 정책에 적극 반영함으로써 주민참여의 영향력을 제고시켜야 한다.

둘째, 행정정보 공개의 형태와 내용은 주민참여 활성화 여부를 결정짓는 중요한 요건이 된다. 그러므로 주민들이 지역상황을 제대로 파악하고 정책과정에 참여하는데 필요한 기본적 정보 및 행정서비스의 실효성을 높이는데 필요한 정보는 지방정부가 의무적으로 주민들에게 공개함으로써 행정과 주민의 정보공유가 이루어져야 한다.

셋째, 주민자치센터를 활성화해야 한다. 현재 읍·면·동 단위에는 주민의 편익과 복지증진을 도모하고 지역공동체 형성에 기여할 목적으로 주민자치센터가 설치되어 주민자치, 보건복지, 문화교육, 주민편익, 청소년활동 지원 등의 기능을 수행하고 있다. 그러나 아직은 공동체의식의 강화를 비롯한 본래의 기능을 제대로 수행하지 못하고 있다.

주민자치센터가 활성화되기 위해서는 그 구성과 운영방식을 개선하여 주민들의 자발적·적극적 참여를 유도해야 할 것이다. 그 방안으로는 주민자치센터의 프로그램을 개선해야 한다. 현재 주민자치센터는 주민참여가 저조한데다 마치 문화센터처럼 문화·교양 및 오락을 위주로 하는 프로그램에 치중하고 있어서 지역문제 및 구성원들의 연대와 협력에 관한 내용은 소홀하게 다루어지고 있다.

그러므로 주민센터의 프로그램을 주민들과 주민조직이 지역문제에 적극적으로 참여하고 더불어 살아가는 공동체의식이 제고될 수 있는 방향으로 개편해야 한다. 그리고 지역마다 자연적·인문적 특성이 서로 다른 점을 감안하여 주민센터별로 지역실정에 부합되도록 프로그램을 특화시킬 필요가 있다.

이와 함께 주민센터에 설치된 주민자치위원회의 구성과 운영이 개선되어야 한다. 시민단체를 포함한 여러 지역조직에서 위원들을 선정함으로써 대표성을 확보할 수 있어야 하며 전문가의 참여를 권장하되 전문성의 기준으로 주민자치활동과 자생단체 활동경험 등을 중시할 필요가 있다. 또 주민자치위원회에 일정 사안에 대한 의결권을 부여함으로써, 이 위원회가 공동체의식 강화를 위한 다양한 프로그램을 기획하고 시행·평가하는 실질적 역할을 수행할 수 있도록 해야 할 것이다.

또 주민센터 운영의 활성화를 위해서는 활발한 자원봉사활동을 필요로 하기 때문에 자원봉사자를 다수 확보할 수 있어야 한다. 현재 이 센터의 실무운영은 자원봉사자 중심으로 이루어지고 있으나 이들의 참여가 저조한 실정이므로 시민단체, 직능단체 등 조직단위의 봉사참여를 유도하는 방안이 적극 강구되어야 할 것이다.

2) 주민조직의 육성지원

주민조직은 지역공동체 형성에 있어서 중심이 되는 조직이기 때문에 공동체 형성의 사회적 가치를 확산시키기 위해서는 행정이 주민조직의 활성화를 적극 지원해야 할 것이다. 그 방안으로는 첫째, 주민조직이 수행하는 활동에 관한 정보제공 및 필요한 지원을 제공하는 민관협력체를 구성·운영함으로써 지역 내의 다양한 주민들과 집단으로 구성되는 주민조직이 효율적으로 지역공동체 형성에 참여할 수 있도록 해야 한다.

그리고 지방정부는 이 협력체의 운영을 일방적으로 주도할 것이 아니라 지역의 필요와 요구를 반영하여 정책화할 수 있는 범위에서 다양한 이해당사자 중의 하나로 참여하는 수준이어야 할 것이다(채은경 외, 2013: 110-112). 둘째, 주민조직의 조직화과정에서 주민의 자율성을 존중해야 하며 행정의 지나친 개입을 지양해야 한다. 그런데 주민조직들은 재정상의 어려움을 겪는 경우가 많기 때문에 조직의 자주성을 약화시키지 않는 범위에서 행정이 이를 지원하는 방안도 강구되어야 할 것이다.

3) 민관 공동생산의 활성화

공동생산이란 공공서비스의 생산 및 공급과정에서 서비스의 소비자이자 수혜자인 주민들이 능동적으로 참여하여 행정과 주민이 서비스를 함께 생산하는 연합적 노력을 말한다. 따라서 공동생산은 민관협력의 한 유형으로서 정부와 주민이 그 권한과 책임을 공유한다는 특징을 갖는다.

이러한 공동생산은 주민들의 생활이 다원화되면서 지역에서 분출하는 각종 행정수요가 양적으로 대규모화하고 질적으로 다양해지고 있으나, 이에 대응해야 할 지방정부의 공급역량이 부족하기 때문에 이를 보완하기 위한 방안의 하나로 서비스 소비자인 지역주민들이 공급책임을 분담한다는 배경에서 등장하였다.

개별주민 또는 주민집단이 공공서비스의 생산이나 공급에 참여하는 방법에는 자원봉사, 시설물 제공, 금품 기부 등의 형식이 있으며 공동생산의 범주에 속하는 공공서비스의 종류로는 환경미화, 도로보수, 가로등 관리, 치안유지를 위한 방범대 운영, 응급치료, 노인 및 유아 돌봄, 무료 법률상담 등 매우 다양하다.

이러한 공동생산은 다음과 같은 효과를 가져 온다. 첫째, 공동생산은 서비스 제공의 능률성을 높여준다. 공동생산은 서비스의 생산과정에 주민들이 참여하고 시간·금품이나 노력의 제공을 통하여 공공부문의 투입물을 대체하거나 보완함으로써 기술적 능률성을 제고시켜 준다(이수장, 1992: 49). 둘째, 공동생산은 사회적 형평성을 제고하는데 기여한다.

셋째, 공동생산은 시민의식을 제고시켜 주며 지역공동체 형성에 기여한다. 공동생산자로서의 주민은 서비스의 일방적 수혜자가 아니라 서비스의 생산과 공급에 대한 책임과 권위를 행정과 공유하게 된다. 이같이 공동생산을 통하여 주민들은 직접 행정과 협력하여 지역에 필요로 하는 서비스생산에 기여할 기회를 가짐으로써 지역공동체에 대한 관심을 갖게 되어 공동체의식을 함양할 수 있다.

또 주민들의 공동생산에 참여하는 것은 자아실현을 위한 기회가 되며, 자신들의 부담과 노력이 유용했다는 사회적 평가를 받게 될 경우에 인정감과 정서적 만족감을 얻게 됨으로써 또 다른 형태의 참여를 자극하는 계기가 될 수 있다. 공동생산은 위와 같은 효과가 기대되므로 행정은 지역공공서비스의 공동생산을 촉진시킬 필요가 있다.

그러기 위해서는 서비스의 전달체계가 개선되어야 한다. 공공서비스기관이 주민들의 행정수요에 대응할만한 재량권이 적고 행정과 주민 간에 의사소통이 어려운 서비스 전달체계에서는 주민들이 공동생산에 참여할 가능성이 적어진다. 그러므로 지방정부는 공동생산을 촉진하기 위하여 행정수요에 대한 대응성을 강화하고 분권화된 서비스 전달체계를 구축하여야 한다.

이와 함께 지방정부는 주민조직에 대해서 공동생산에 필요한 지식과 기술을 제공함으로써 잠재적 공동생산자들의 참여를 촉진시키는 한편 행정과 주민들이 공동생산한 공공서비스의 결과물을 주기적으로 평가하고 문제가 있다면 이를 시정하는 방안도 마련해야 할 것이다.

4) 지역리더의 발굴·육성

지역공동체 형성을 촉진시키기 위한 중요한 인적요소로는 행위주체인 구성원들의 역량강화와 함께 구성원들의 관계를 잘 이끌어 갈 수 있는 지역리더의 발굴·육성을 들 수 있다. 지역공동체 형성에서 지역리더의 역할은 내부적 결속 및 외부적 협력관계의 강화로 요약할 수 있는데, 이를 구체적으로 살펴보면 다음과 같다.

첫째, 지역리더는 지역사회 구성원들이 공감할 수 있는 비전을 제시함으로써 다양한 이해관계를 조정하고 지역사회의 에너지를 하나로 모아 구성원들을 조직화하는 관리자의 역할을 한다. 둘째, 지역사회 발전에 필요한 실천적 발전계획을 구상하고 구성원들을 설득할 수 있는 계획가의 역할을 한다. 셋째, 지역사회의 관심과 필요로 하는 사업에 대한 의사소통을 원활히 하는 촉진자의 역할을 한다.

넷째, 지역사회에 존재하는 인적·물적·상징적 자원의 가치를 발굴하고 이를 효율적으로 활용해 나가는 동원자의 역할을 한다. 다섯째, 지역사회 내의 유관기관은 물론 출향인사와 지역 외의 유관기관 등을 효과적으로 연계하는 네트워킹 구축자의 역할을 한다.

위와 같이 지역리더의 역할은 지역공동체 형성의 성패를 좌우할 정도로 중요하기 때문에 공동체 형성과정에서 지역주민들의 입장과 이해관계를 조정하면서 참여를 효과적으로 이끌어내기 위해서는 지방정부가 공공의 필요와 이익을 위해 자신의 시간과 노력, 그리고 열정을 투입할 수 있는 능력있는 지역리더들을 발굴해야 하며, 그들의 전문성을 강화하기 위한 교육훈련이 체계적으로 실시되어야 할 것이다.

12. 지역공동체 형성으로서의 마을만들기

1) 마을만들기의 개념

(1) 마을의 개념

생태적 관점에서 보면 마을은 구체적인 물리적·상징적 경계를 지닌 지리적 장소이지만 사람들이 거주하고 상호작용하는 사회적 의미도 내포하고 있다. 이러한 특성을 고려할 때, 마을은 "비공식적이고 대면적인 일련의 상호작용인 이웃과의 교류에 사람들이 관여하는 거주지 주변의 장소"라고 정의할 수 있다(곽현근, 2008: 136).

마을은 사람들이 한 지역에 모여 서로 돕고 살아가는 삶의 터전이자 지역단위의 공동체이다. 예전의 마을은 전통적인 농업경제를 기반으로 하였기 때문에 물리적 경계를 가지고 마을사람 모두가 공동체적 삶을 영위할 수밖에 없었다. 그러나 현대사회, 특히 도시에서 마을은 공동체 활동에 참여하는 사람들의 수와 가구의 위치가 산발적일 수 있기 때문에 물리적 경계가 분명하지 않다.

그럼에도 불구하고 현대도시에서 마을을 정의해 보면 경제·문화·복지·환경 등의 공동체 활동을 토대로 연결된 사람들의 관계망으로서, 행정구역상 최소단위인 동(洞)보다 작은 규모를 가지며 주민들이 서로 얼굴을 알 수 있거나 소통이 가능한 범위에서 형성되는 공동체라고 할 수 있다(대전발전연구원, 2013: 9).

이러한 마을과 유사한 개념으로 '동네'가 있다. 동네(neighborhood)는 일반적으로 "자기가 사는 집을 중심으로 사람들이 모여 사는 일정한 공간"이라고 할 수 있다. 이러한 동네와 마을의 차이를 보면 동네는 비교적 중립적이고 장소적 성격이 강한 개념인데 비하여 마을은 규범적으로 공동체적 의미를 함축한 다분히 가치지향적 개념으로 볼 수 있다.

그런 점에서 동네단위에서 주민들 간의 공동체적 삶이 강화되었을 때 동네를 마을로 부를 수 있다고 할 수 있다(곽현근, 2013: 127). 그러나 여기에서는 마을과 동네가 모두 '사람들이 모여 사는' 지역성을 토대로 한 지역사회의 최소 공간단위라는 점에서 같은 의미로 사용하고자 한다. 현재 마을이라는 용어는 농촌지역에서 많이 사용하는 표현인데 비해서 동네는 도시지역에서 많이 사용되고 있다.

(2) 마을만들기의 개념

'마을만들기'란 일본의 마치 즈쿠리(まちっくり)를 직역한 것으로서 학술용어가 아니라 정책적 용어이다. 일반적으로 마을만들기란 "주민참여를 기반으로 마을의 물리적·사회적·경제적 환경을 개선함으로써 지속가능한 마을공동체를 형성하기 위한 활동"이라고 할 수 있다.

다시 말해서 마을만들기는 마을에 존재하는 자원을 기반으로 주민들 스스로가 주체가 되어 연대·협력을 통하여 환경을 개선하고 마을의 매력과 활력을 증진하여 더불어 살아가는 공동체를 형성하기 위한 활동이라고 할 수 있다. 이러한 마을만들기는 도시화·산업화로 삭막해진 현대사회에 대한 처방으로서 주거지를 중심으로 주민들 간에 공동체적 성격을 형성하고 강화하려는 사회운동적 성격을 띠고 있다(대전발전연구원, 2013: 10).

마을만들기에서 '만들기'의 의미는 하드웨어적 부분과 소프트웨어적 부분의 두 가지로 구분하여 살펴 볼 수 있다. 도로·상하수도와 같은 기반시설의 정비에서부터 작은 화단을 만드는 일까지 물리적 변화를 일으키는 요소를 하드웨어적 요소라고 한다면, 주민들의 삶을 풍요롭게 해 줄 수 있는 각종 프로그램, 주민의식의 개선, 주민모임과 같은 조직을 만드는 등의 일들은 소프트웨어적 요소라고 볼 수 있다(국토연구원, 2013: 21).

2) 마을만들기의 중요성

마을만들기는 마을중심의 공동체를 형성하는 것이다. 마을중심의 공동체 형성이 필요한 이유는 첫째, 마을은 소규모 지역이어서 주민들의 일상생활에서 근접성이 높기 때문에 마을문제를 중심으로 한 자발적 주민참여를 실천할 수 있는 유리한 공간이다. 둘째, 마을은 서비스 간의 조정 및 통합을 통해 종합적인 서비스를 실현할 수 있는 실용적 차원에서 중요한 공간단위이다.

셋째, 마을은 제한된 지리적 공간에서 다양한 자원들을 집약적으로 활용함으로써 시너지효과가 발생할 수 있는 적절한 규모가 된다. 넷째, 마을수준의 지역적 규모는 지역사회의 문제해결과 관련한 정보의 접근을 상대적으로 용이하게 하며 새로운 정책 또는 제도의 효과를 평가하기에 유용한 규모라고 할 수 있다(곽현근, 2008: 139-140).

마을만들기는 주민들의 자발적 참여를 통해 사회적·물리적·문화적·역사적 특성을 지닌 마을의 자원을 활용하여 보다 좋은 공동체를 형성하기 위해서 다양한 상호작용과정을 거치게 된다. 이러한 마을만들기는 그동안 계획 및 정책의 수혜대상이자 객체로 인식되어 왔던 주민들이 자기가 살고 있는 마을의 문제를 해결하는 주체가 되며, 주민들의 참여와 상호작용을 통해 창출되는 공동체적 가치를 중시한다는 점에서 공동체주의적 정의론(正義論)을 실현하는 중요한 장이 될 수 있다.

마을만들기는 다음과 같은 중요성을 갖고 있다.

첫째, 마을만들기는 마을이 갖고 있는 인적·물적·상징적 자원을 동원하여 내발적 지역발전을 실천하는 것이다. 내발적 지역발전은 발전의 주체와 동인(動因)을 지역 내부에서 잡고 발전성과도 지역에 귀속되는 상향적 발전 방식이기 때문에 마을만들기는 마을에 주어져 있는 내생적 자원과 역량을 통하여 추진해야 할 것이다.

마을만들기를 위해 동원되는 자원은 단지 마을에 산재한 물리적 자원만이 아니라 다양한 유형의 사회적 자본을 포함한다. 특히 주민들 간의 상호이익의 증진을 위한 조정과 합의를 이끌어내는 기본적 동력으로서 신뢰와 규범 등은 중요한 사회적 자본이 된다. 마을만들기는 이러한 내생적 자원동원체계의 구축과 함께 주민을 비롯한 다양한 주체들 간의 동반자적 관계를 통해 추진함으로써 물질적 풍요뿐만 아니라 인간적 유대강화를 통한 생활의 안정감을 높여 나가야 한다.

둘째, 마을만들기는 주민자치의 대상이자 과정이 된다.

마을만들기는 그동안 정부의 계획 및 정책의 수혜대상이자 객체로 인식되었던 개개 주민들이 주체가 되어 지방자치와 지역활성화라는 궁극적 목적을 현장에서 실천하는 구체적 프로그램인 동시에 주민스스로 자치와 소통·참여를 실천하는 교육의 장으로서 역할을 한다. 주민들은 마을이라는 생활공간에서 마을만들기를 통해 생활과 관련된 문제를 스스로 해결해 나가고, 그 과정을 통해 공감대 형성과 자치역량을 키우게 됨으로써 마을만들기는 주민이 마을의 주체가 되는 기회를 제공한다(민현정 외, 2012: 2).

셋째, 마을만들기는 지역공동체 활성화의 수단이 된다.

도시화와 산업화의 영향으로 공동체가 해체됨에 따라 가치대립과 이해갈등으로 사회적 균열을 겪고 있는 상황에서 마을만들기는 이러한 대립을 완화하고 지역공동체 형성과 활성화의 필수적 수단이 된다. 또 마을만들기는 마을이라는 공간에서 다양한 행위주체들이 참여하여 관련 사업을 추진함으로써 주민들 간의 관계망을 통하여 호혜적 인간관계를 강화시켜 주며 삶의 방식을 터득하게 함으로써 지역문화의 발전과 정체성을 확립하는데 기여한다.

3) 마을만들기의 추진배경과 전개과정

우리나라에서 마을만들기에 대한 관심이 높아진 이유는 크게 지방자치의 실시, 시민운동의 변화, 주민의식의 변화 등 세 가지를 들 수 있다. 첫째, 지방자치의 실시이다. 1995년에 지방자치제가 실시되면서 자치단체별로 지역문제에 대한 관심이 커지게 되고 주민들과 함께 그 개선방향을 찾으려는 움직임이 활발해지면서 마을만들기에 대한 관심이 높아지기 시작하였다.

둘째, 시민운동의 변화이다. 1970-1980년대에 정치투쟁을 위주로 하던 시민운동이 1990년대에 들어와 지역공동체의 형성과 삶의 질의 향상을 위한 지역단위의 생활운동으로 그 성격이 전환되면서 마을만들기에 대한 관심이 높아지게 되었다. 셋째, 주민의식의 변화이다. 1990년대 들어와 주민들의 생활수준이 향상되면서 시민으로서의 자각과 함께 지역의 사회경제적 여건에 대한 비판적 인식이 커지게 됨에 따라 생활의 질을 향상시키기 위한 방안의 하나로 마을만들기에 대한 관심이 높아지게 되었다(국토연구원, 2013: 21).

그런데 우리나라에서는 지방자치제 실시 이전에도 마을을 근거로 한 사업으로 정부주도의 새마을사업이 실시되었으며, 주민과 민간단체들이 주축이 된 도시빈민운동 또는 아파트공동체운동 등도 부분적으로 추진되었다. 그러다가 일본의 마을만들기운동(마찌츠쿠리운동)이 소개되고 1990년대에 들어와 지방자치가 실시되면서 마을을 단위로 하여 주거지 재생, 기초생활 기반확충, 지역역량 강화사업 등 중앙정부의 부처별 특성에 근거한 사업들이 추진되기 시작하였다.

그러나 이들 사업들은 지역공동체의 삶의 방식과 지역주민들의 생활상의 욕구가 적절히 반영되지 못한 행정주도의 사업들이었기 때문에 마을자원의 활용과 주민의 자발적 참여가 기대에 미치지 못하였다. 그러다가 2000년대에 들어와 주민자치이념이 확산되고 마을만들기의 중요성이 커지게 되면서 정부가 정보화마을 육성, 문화마을 조성, 색깔 있는 마을육성 등 주민들의 공동체생활과 관련된 마을단위의 사업들을 지원하게 되었다.

이러한 일련의 변화는 지방화라는 시대적 추세에 대응하려면 주민참여의 활성화를 통한 지역정체성 확립, 마을공동체 형성, 풀뿌리 민주주의의 확산 등을 도모해 나가야 하며, 그러기 위해서는 마을만들기사업의 적극적 추진과 공공지원이 필요하다는 것을 정부가 인식한 결과라고 할 수 있다(남원석 외, 2012: 10).

현재 마을만들기사업으로는 행정자치부, 해양수산부, 환경부, 문화체육관광부, 농림축산식품부 등 여러 부처에 의해 녹색마을만들기, 희망마을, 문화마을, 전원마을, 정보화마을, 농촌체험마을, 어촌체험마을, 자활공동체만들기 등 다양한 사업들이 추진되고 있다. 그리고 지방정부차원에서도 관내의 마을들을 대상으로 여러 명칭과 형태의 마을만들기사업들이 추진되고 있다.

4) 마을만들기의 내용과 유형

(1) 마을만들기의 내용

마을만들기는 주민들의 생활환경을 개선하고 삶의 질을 향상시키기 위한 삶터가꾸기, 마을주민들이 이웃과의 관계를 회복하고 의사소통 경로와 활동체계를 만들어 가는 공동체이루기, 책임감 있고 건전한 마을사람들을 기르는 사람만들기 등 세 가지를 그 내용으로 하고 있다(김선기 외, 2006: 14).

삶터가꾸기는 생활기반을 조성하는 일로서, 주민들이 생활하는데 불편을 주는 생활환경을 스스로 개선하여 편익을 제고하고 삶의 질을 향상시키는데 필요한 공간이나 시설·장소를 만들어 나가는 일이다. 마을만들기는 지속가능한 마을공동체를 형성하는데 목적이 있기 때문에 삶터가꾸기에는 기반시설 정비, 환경가꾸기 등 물리적 요소뿐만 아니라 주민들의 삶의 질과 관련되는 교육·문화프로그램, 일자리 창출 등 비물리적 요소도 포함된다.

공동체이루기는 주민조직을 통해 마을공동체를 형성하는 일로서, 마을이라는 공유공간에서 공동의 문제를 함께 해결하거나 새롭게 만들어가는 과정을 통해 단절된 이웃과의 관계를 회복하고 의사소통의 경로와 활동체계를 구축하여 주민공동체를 이루어 나가는 일이다. 한편 사람만들기는 공유공간에서 각자의 책임과 역할을 다하는 주민들을 육성하는 일로서, 개인공간에 집착하던 개개인들이 마을의 공동문제에 관심을 갖고 상호학습과 체험을 통해 이웃과 더불어 스스로 문제를 해결해 나가는 공동체의 구성원으로 변화시켜 나가는 일이다.

(2) 마을만들기의 유형

마을만들기의 유형은 다양하지만 크게 마을만들기의 추진주체, 사업내용, 그리고 마을만들기가 이루어지는 공간적 특성에 따라 구분할 수 있다(김진아, 2013: 27-29).

첫째, 마을만들기는 그 추진주체에 따라 주민주도형, 행정주도형, 파트너십형, 거버넌스형으로 구분할 수 있다. 주민주도형은 주민들이 주축이 되어 이루어지는 마을만들기로서 주민들이 자발적으로 참여하여 자체능력을 가지고 추진된다. 행정주도형은 행정기관이 마을만들기를 주도적으로 추진하는 유형으로서 주민들의 참여는 동원형의 성격을 가진다.

파트너십형(partnership型)은 지역주민들이 주체가 되지만 시민단체와 전문가들도 함께 참여하여 마을을 만들어 나가는 유형으로서, 시민단체나 전문가는 마을만들기의 방향과 기술적 문제에 대한 지원과 함께 지역주민들의 교육훈련 등을 담당한다. 거버넌스형(governance型)은 주민들이 마을만들기의 주체가 되지만 정부·시민단체·전문가들도 참여하여 주민들이 해결할 수 없는 분야를 지원해주는 유형이다. 이 유형에서 각 참여주체들은 공동의 목표를 달성하기 위해 협력적 관계를 구축하게 된다.

둘째, 마을만들기는 사업내용에 따라 지역사회개발형, 사회서비스형, 커뮤니티 비즈니스형, 지역공동체 조성형(종합형)으로 구분할 수 있다. 지역사회개발형은 물리적·공간적 요소를 중심으로 주민생활의 질을 개선하기 위한 마을만들기이다. 이 유형의 주요 주제는 마을의 자연환경 보전, 하천 살리기, 문화공간 및 가로경관 조성, 순환형 주택공간 확보 등 주민들의 삶에 직결된 물리적 요소가 중심이 된다.

사회서비스형은 물리적 요소보다는 보육·의료서비스·생활협동조합 등 비물리적 요소를 중심으로 마을공동체에 필요한 사회적 서비스를 공급함으로써 주민의 삶의 질을 향상시키기 위한 마을만들기이다. 이 유형의 주요 주제는 마을주민들의 욕구충족 및 문제해결 등 다양한 생활영역과 관련된 대안서비스(代案service)가 중심이 된다.

커뮤니티 비즈니스형(community business型)은 마을의 산업 및 경제활동 활성화, 고용증진, 소득보장 등 경제 및 고용과 관련되는 마을만들기이다. 이 유형의 주요 주제는 지역 내 자원의 활용을 통한 고용창출, 경제적 효과의 지역내 순환, 공공서비스의 효율화 등이 중심이 된다. 한편 지역공동체 조성형은 특정영역에 국한됨이 없이 마을공동체 자체의 발전을 목적으로 다양한 사업을 결합시켜 종합적으로 추진되는 마을만들기이다.

셋째, 마을만들기는 공간적 특성에 따라 일터중심 마을만들기. 삶터중심 마을만들기, 쉼터중심 마을만들기로 구분할 수 있다(김진아, 2013: 28-29). 일터중심 마을만들기는 지역경제 활성화와 관련된 활동이 중심이 되며, 삶터중심 마을만들기는 생활환경의 개선을 위한 활동들이 중심이 된다. 한편 쉼터중심 마을만들기는 환경 및 문화활동이 중심이 되어 추진되는 마을만들기이다.

넷째, 마을만들기는 그 사업의 주제에 따라 공동체문화 조성, 쾌적한 생태환경 조성, 생활환경 정비 및 개선, 지역활성화 도모 등 네 가지로 구분할 수 있다. 공동체문화 조성은 주민자치조직이나 주민 소모임 등의 운영을 통하여 함께 하는 문화행사 및 축제를 추진하고 지역정체성과 공동체의식을 함양시키기 위한 프로그램 및 주민강좌 운영 등을 통하여 공동체마을을 형성하는 것이다.

쾌적한 생태환경 조성은 쓰레기 줄이기, 자원재활용운동 등을 통해 쾌적한 환경을 조성하고 자연과 더불어 생활하는 생태마을을 형성하는 것이며, 생활환경 정비 및 개선은 공공공간의 정비 및 불편하고 안전하지 못한 생활에 관련된 주변 환경을 편리하고 안전하게 개선하는 것을 말한다. 그리고 지역활성화 도모는 지역주민의 생활권과 복지증진을 도모하고 지역가치의 재발견을 통하여 지역경제를 활성화시켜 주민들의 소득을 증대시키는 것이다.

5) 마을만들기를 통한 마을공동체 성장단계

마을공동체 성장에 대한 일반화된 단계구분은 아직 정립되지 않고 있기 때문에 마을공동체에 대한 연구목적과 배경에 따라 다각적 관점에서 그 단계가 제시되고 있다. 그리하여 성장단계를 3단계로 구분(차진영, 2017: 32-33)하기도 하고 4단계(김찬동, 2012: 13-14), 심지어는 6단계나 7단계로 구분하는 경우도 있다(김현호, 2013: 12-13). 이처럼 마을공동체의 성장단계가 쉽게 일반화되지 못하는 이유는 각각의 마을이 가지는 고유자원 및 환경적 특성, 문제 상황, 추진사업 등이 서로 다르기 때문이다(김현호, 2013: 12).

그러나 다수의 연구에서는 마을공동체의 성장단계를 공동체의 형성과정과 사업의 수행과정을 중심으로 형성단계-발전단계-정착단계 또는 신생기-성장기-성숙기라는 3단계로 구분하고 있다. 이는 일반적인 조직성장단계의 연구에서 대표적으로 제시되고 있는 탄생-성장-성숙의 3단계 과정과 유사한 형태로 거시적 관점에서 마을공동체의 성장단계를 구분하는 것이다(차진영, 2017: 33). 따라서 본 연구에서도 마을공동체의 성장단계를 형성단계-발전단계-정착단계라는 3단계로 구분하고 각각의 단계별 특성을 물리적 자원, 계획 및 목표, 사업의 수행, 공동체성 및 네트워크의 측면에서 고찰하고자 한다.

가. 형성단계

마을공동체 성장의 첫 단계인 형성단계는 초기 마을공동체가 형성되고 공동체의 역량과 지역자원을 파악하며, 지역문제의 해결을 위한 공동체 활동기반이 구축되기 시작하는 단계이다(김수영 외, 2014). 이 단계에서 주민들은 마을이 가지는 문제의식을 공유하게 되면서 주민조직화가 나타나게 되는데, 이러한 주민조직은 모임과 토론을 통하여 지역현안에 대한 공론의 장을 만들고 사업수행을 위한 기초역량을 확보함으로써 마을의제 및 사업계획을 탐색하기 시작한다.

그런데 형성단계에서는 공동체성과 신뢰, 제도적 인프라, 주민역량 및 참여의지 등 기반요인이 제대로 구축되지 못했기 때문에 공동체 형성은 주민참여 중심이 아니라 추진조직과 정부의 제도적 지원 아래 협력적 체제로 추진되게 됨으로써 마을리더 및 주도조직의 역량과 리더십이 중요한 기제로 작용한다(김현호, 2014). 이 과정에서 주민 간 또는 주민과 행정 간에 네트워크가 형성된다. 그리고 사업적 측면에서 주로 추진조직을 중심으로 아이디어 공모, 환경개선 등 소규모 단위사업들이 추진된다(차진영, 2017: 35).

나. 발전단계

마을공동체 성장의 둘째 단계인 발전단계는 형성단계에서 파악·구축된 지역의 고유자원과 기반 인프라 및 주민조직을 바탕으로 하여 중·장기적인 마을공동체사업을 위한 구체적이고 체계적인 마을의제와 발전계획을 합의하고 실행하는 단계이다. 따라서 형성단계에 비하여 구성원 간의 연대 및 상호작용이 증가하고 활동내용, 사업유형, 조직체계 등 공동체 내·외적 특성들이 명확하게 결정된다(여관현, 2013).

이 단계에서 지역주민들은 지역현안의 해결과 경제적 편익을 창출하기 위한 공동체 활동과 사업에 적극적으로 참여하기 시작하며, 이를 토대로 공동체의 의사결정구조는 다양한 지역주민들의 욕구와 필요가 마을의제 및 계획의 실행에 반영되어지는 주민주도적 방향으로 점차 변화한다(차진영, 2017: 35). 이처럼 발전단계는 주민들의 적극적 참여가 일어나는 공동체활동의 실행과 확장의 단계로서 합의된 비전과 마을계획에 따라 마을 또는 권역단위의 종합개발 등 중규모나 대규모 사업까지 다양한 형태의 사업들이 추진될 수 있다(김현호, 2013).

또한 이 단계에서는 마을공동체 구성원의 참여가 높아지고 조직이 확대되면서 주민간, 주민-정부간의 네트워크가 강화되며, 중간지원조직 등 외부 참여자들과의 협력적 연계구조 및 네트워크도 강화된다(한국지역진흥재단, 2016). 이같이 발전단계는 성장기반 및 네트워크를 형성하는 단계로서 비전 및 목표의 설정, 공동체의식의 함양, 주민조직체계 구축을 수행하는 단계라고 할 수 있다.

다. 정착단계

마을공동체 성장의 셋째 단계인 정착단계는 발전단계에서 다져진 주민조직의 역량을 바탕으로 물적·재정적 기반을 구축하여 마을공동체의 자율적이고 독립적인 운영역량을 확보하고 마을현안을 해결해 나가기 위한 활동방안을 다각적으로 모색하는 단계이다(한국지역진흥재단, 2016).

정착단계에서 마을공동체는 내부의 운영동력을 확보하기 위한 주민 간의 네트워크를 확대하고 공동체성을 강화하기 위해 노력하며, 주민주도적 활동 및 사업을 자립적으로 이어가기 위해 지역의 가치 및 사업의 재탐색, 마을자원의 개발, 환경 및 시설개선을 위한 투자 등을 수행하면서 마을경제의 활성화와 주민소득 증대를 위해 노력한다. 또 사업 및 활동의 효과적 수행을 위해 각종 주민교육을 제공함으로써 공동체 역량을 지속적으로 유지하기 위한 노력도 이루어진다.

뿐만 아니라 이 단계에서는 마을공동체의 활동 및 사업의 지속가능한 운영과 확장을 위해 주민조직, 전문가, 시민단체, 행정, 중간지원조직들의 협력적 상호작용과 거버넌스가 적극적으로 이루어진다. 이같이 정착단계는 구성원들 간에 신뢰와 공동체성을 공고이 하여 주민들이 자율적·주도적으로 마을문제를 해결하고 상황적 변화를 극복해 나가는 단계이며, 이를 위해 목표 재설정, 지역산업 및 사업의 재탐색, 구성원의 역량강화, 네트워크 강화 및 확장 등이 일어나는 과정으로 이해할 수 있다(차진영, 2017: 36).

6) 마을만들기의 추진방향

(1) 성공적 마을만들기의 전제조건

가. 사회적 자본의 증진

마을만들기를 추진함에 있어서는 사업의 성과도 당연히 중요하지만 추진과정에서 주민들 간의 관계형성이 최우선으로 고려되어야 한다. 마을만들기가 지나치게 사업위주로 추진되고 물리적 성과에만 초점을 두게 되면 사회적 자본으로서의 주민들 간의 관계형성은 소홀히 다루어질 수밖에 없게 된다. 여기에서 사회적 자본이란 신뢰, 네트워크, 호혜성 등과 같이 행위자들 간에 상호 협력적인 활동을 촉진하기 위하여 의존하는 특별한 형태의 자본을 말한다.

R.D Putnam을 비롯한 많은 연구자들은 사회적 자본을 형성하는 데에는 국가 또는 광역단위보다는 작은 지리적 단위가 접근이 용이하고 실용적

임을 주장하고 있는데(곽현근, 2013: 126), 그러한 차원에서 공간단위로 주목받고 있는 것이 바로 마을이라고 할 수 있다. 그 이유는 마을문제와 같이 구체적이고 직접적인 의제를 중심으로 주민들의 관심과 참여를 이끌어낼 때 신뢰를 토대로 한 협력관계가 보다 크게 형성하게 됨으로써 문제해결 가능성이 높아지기 때문이다.

도시화·산업화된 현대사회에서 지역공동체인 마을을 만들기 위해서 무엇보다 중요한 것은 주민들의 조직화 및 연대형성을 위한 의식적 노력을 통해 사회적 자본을 증진하고 집합적 역량을 강화하는 것이라고 할 수 있다. 그런 점에서 사회적 자본인 주민들 상호 간의 신뢰와 호혜성은 마을만들기가 추구하는 핵심가치이자 마을발전의 지속성을 담보해 주는 것이라고 할 수 있다(곽현근, 2013: 129). 이같이 사회적 자본의 증진은 마을만들기를 성공적으로 추진하기 위한 하나의 전제가 된다고 할 수 있다.

나. 마을 리더의 발굴·육성

마을만들기에서 중요한 것 중의 하나는 마을주민 및 주민조직을 이끌어 나가는 리더의 존재와 역할이다. 마을만들기에서 리더가 담당해야 할 역할은 비전의 제시자, 지역계획자, 네트워킹 구축자, 조직의 관리자, 의사소통 촉진자, 지역자원 발굴자 등 매우 다양하다(한국정책분석평가학회, 2007: 227-228). 그러므로 마을의 리더들은 이러한 역할을 제대로 수행하기 위한 지도역량, 진정성, 헌신성과 함께 군림하기 보다는 민주적이고 봉사적 자세를 가져야 한다.

그러나 우리 사회에는 그동안 행정주도적으로 추진되어 온 지역사회 개발사업의 영향으로 진정성과 역량을 가진 민주적인 마을리더가 적을 뿐만 아니라 리더십에 대한 체계적 교육훈련도 미흡한 실정이다. 앞으로 마을만들기의 성패는 주민들의 욕구를 조정하고 문제를 제기하며 그 해결을 위해 헌신할 수 있는 진정성과 민주의식을 가진 마을리더들을 어떻게 발굴하고 양성하는가에 달려있다고 해도 과언이 아니다. 바람직한 마을만들기를 위해서는 체계적인 리더십 육성과 전문화가 필수적이므로 지방정부는 마을을 위해 헌신할 수 있는 사명감과 능력을 갖춘 주민들을 발굴하고 그들을 마을 리더로 양성하는 교육훈련에 필요한 지원을 강화해야 할 것이다.

다. 마을의 규모에 대한 고려

마을만들기를 추진하는 데에는 마을의 규모에 대한 고려가 필요하다. 주민들 간의 상호신뢰와 호혜의 규범을 조성하는 대면적인 상호작용이 쉽게 작동할 수 있는 지역적 범위는 현재의 읍·면·동보다 작은 규모여야 할 것이다. 우리나라의 동이나 읍·면은 인구가 많고 면적이 넓기 때문에, 그 안에 다른 조건과 환경을 가진 다양한 마을(동네)들이 존재하고 있어서 동·읍·면 구역을 단위로 지역공동체 형성을 위해 접근할 경우에는 마을들 간의 특성과 차이를 간과할 수 있다(곽현근, 2008: 154).

그러므로 마을만들기의 공간적 단위는 읍·면·동보다는 작은 규모로 하되, 주민들이 정체성을 가지고 자발적 참여와 관심 속에 자연스럽게 받아들일 수 있는 규모에 기초하여 유연하게 결정할 필요가 있다. 인근의 몇 개 마을을 묶어 마을만들기를 추진하는 것도 그 방법의 하나가 될 수 있다.

그런데 작은 공간적 단위의 마을만들기를 추진하다보면 폐쇄성이나 지역이기주의가 초래될 우려도 있기 때문에 읍·면·동 단위에서는 기존의 주민자치위원회와 같은 제도적 장치를 활용하여 이러한 폐쇄성이나 지역이기주의를 완화하고 개방적 입장에서 마을들을 서로 연결하는 사회적 자본이 형성될 수 있어야 할 것이다.

(2) 마을만들기의 추진방향

가. 지역주민 공통의 관심사를 토대로 한 추진

마을만들기는 그 기본원칙을 주민들 상호간의 긴밀한 관계형성을 통한 공동체 회복 지향, 주민들의 자발적·주도적 참여, 마을의 개성과 문화다양성 존중, 주민과 행정의 상호신뢰 및 협력, 환경과의 조화, 차세대와의 공영(共榮)을 지향하는데 두어야 한다. 이러한 원칙 아래 마을만들기는 주민들이 중심이 되고 행정, 전문가, 시민사회단체들과 파트너십을 형성하여 필요한 전략들을 다양하게 활용하면서 추진되어야 할 것이다.

무엇보다도 마을만들기는 지역주민 공통의 관심사를 바탕으로 추진되어야 한다. 그런 점에서 마을만들기를 추진하는 데에는 주민들에게 가장 절실하고 특성화된 사업을 선정하는 것이 매우 중요한데, 지역주민들의 관심사는 물리적 환경정비나 소득창출 등의 경제활동일 수도 있으며 때로는 교육·문화의 향상일 수도 있기 때문에 마을의 여건과 주민들의 관심사를 고려하여 다양한 내용과 형식으로 추진할 필요가 있다(남원석 외, 2012: 23).

나. 사업의 결과보다 과정의 중시

마을만들기에서는 프로젝트 결과중심이 아닌 과정중심의 접근방식을 취할 필요가 있다. 마을만들기의 핵심은 근사한 물리적 시설을 조성하거나 환경을 개선하는 것도 중요하지만 주민들에게 자신의 욕구를 표출하고 실현시킬 수 있는 계기 및 기회를 많이 제공함으로써 주민들 스스로가 공통의 연대와 참여·협력의 상호작용을 통하여 마을의 실정에 적합한 사업을 우선순위에 따라 추진하는데 있다. 그런 점에서 마을만들기는 외형적 결과보다 과정을 중시할 필요가 있다.

또 마을만들기는 단기적 결과보다는 장기적 안목에서 추진되어야 한다. 마을만들기의 성과는 단기간에 나타나지 않으며 주민들이 지속적 참여, 상호학습과 협력, 시행착오 등을 경험하면서 문제해결 역량을 축적하기까지는 장기간이 소요된다. 주민참여에 바탕을 둔 마을만들기는 환경의 물리적 정비에 그치는 것이 아니라 주민들의 손으로 마을을 가꾸어 가면서 지속적으로 새로운 매력을 조성해 나가는 것이기 때문에 보다 장기적 안목을 필요로 한다고 할 수 있다(남원석 외, 2012: 24).

다. 지속가능성을 위한 종합적 접근

마을만들기는 전략적 차원에서 초기에는 특정사업에 목표를 두고 추진하되 궁극적으로는 지속가능한 공동체형성이라는 목표 아래 종합적 접근이 이루어져야 한다. 마을만들기에서 주민들의 관심과 결속을 이끌어내기 위해서는 가시적이고 구체적 성과를 보여줄 수 있는 특정한 사업을 전략적으로 추진함으로써 참여자들의 자신감과 역량을 구축하는 것이 중요하다.

그러나 그러한 사업을 통해 형성된 주민들의 신뢰와 네트워크 등 사회적 자본은 후속사업이 계속 추진되지 않을 경우에 소멸될 수 있기 때문에 마을만들기를 특정사업에 국한시키지 말고 장기적 관점에서 공동체의 지속가능성과 연계하여 추진하는 전략이 필요하다고 하겠다(곽현근, 2013: 30).

라. 주민들의 자발적·적극적 참여

마을만들기에 주민참여가 필요한 이유는 매우 다양하다. 먼저 이념적으로 볼 때 주민은 주권자이자 생활의 주체로서 자신이 살고 있는 마을의 발전방향과 사업추진 등에 대한 선택권을 가진다는 점에서 주민참여는 주민들의 기본적 권리라고 할 수 있다. 마을만들기에서 주민참여는 이러한 이념적 이유에서 뿐만 아니라 실질적으로도 매우 중요한 의미를 가진다.

첫째, 주민참여에 의해 수립된 계획에 따라 추진되는 마을만들기사업은 특정집단에 의해 수립된 계획보다 지역사회의 실질적 요구가 반영될 가능성이 높다. 둘째, 시민참여는 마을만들기 과정에서 다양한 아이디어와 가능성을 검토할 수 있도록 함으로써 보다 합리적인 목표와 사업선정을 가능하게 한다. 셋째, 지역사회 내의 모든 집단성원들의 고른 참여는 사회·경제·정치적 계파 간의 상호교류를 촉진시킨다.

넷째, 주민들은 자기가 참여해 추진한 사업에 대해 주인의식과 책임감을 인식하고 사업의 사후관리에 보다 많은 관심을 가지게 된다. 다섯째, 주민들은 마을만들기에 참여를 통해 자신들의 살고 있는 지역사회를 살고 싶은 곳으로 인식하여 지역의 이미지를 유지하기 위해 노력하게 된다. 그러므로 주민들의 마을만들기에의 참여는 소극적으로 의견제시 수준에 머물러서는 안 되며 사업의 기획·시행·관리의 모든 분야에 자발적으로 참여하여 적극적 역할을 수행하여야 할 것이다. 그러기 위해서는 주민들의 에너지를 결속시킬 수 있는 주민조직화를 통한 참여가 바람직하다고 본다.

마. 참여주체들의 합리적 역할 분담

마을만들기는 마을주민들이 주도하여 자율적으로 추진하는 것이 바람직하다. 그러나 현실적으로 거의 모든 마을은 사업추진을 위한 인적·물적 자원이 부족한 실정이어서 주민들의 참여 및 역량만으로는 성공하기 어렵기 때문에 이를 보완하기 위해 지역 내외의 다양한 주체들의 협력이 필요하다.

따라서 마을만들기의 성공은 주민·행정·전문가·시민사회단체들이 각자의 고유한 역량과 자원을 결합시켜 파트너십을 형성하고 시너지효과를 발휘할 때에 가능해 진다고 할 수 있다.

이를 위해서는 참여주체들이 안정적이고 지속적인 상호관계를 형성하고 적절한 역할분담이 이루어져야 하므로 지속적인 협력이 가능할 수 있는 제도적 장치가 강구되어야 한다(남원석 외, 2012: 25). 따라서 행정은 조력자로서의 역할을 담당하며, 전문가나 외부단체는 주민역량의 개발을 지원함과 함께 행정과 주민 간을 연결하고 중재하는 역할을 하는 것이 바람직하다.

이를 구체적으로 설명하면 지방정부는 첫째, 마을만들기계획의 수립을 지원해야 한다. 마을만들기계획은 그 수립과정을 통해 주민참여의 계기를 마련하고 마을발전의 비전에 대한 공감대를 형성하는데 중요한 역할을 하기 때문에 지방정부는 마을주민들이 계획을 합리적으로 수립하는데 필요한 전문적 지식과 정보·비용 등을 적절하게 지원해 주어야 한다.

둘째, 마을만들기의 외부지원 중개자로서의 역할을 강화해야 한다.

성공적인 마을만들기를 위해서는 지역내부의 결속 못지않게 외부의 협력이 중요하다. 그러나 마을이나 주민들의 자체 능력으로 얻을 수 있는 외부협력과 정보는 한정되어 있는 경우가 대부분이며, 또 공동체의식이 강한 마을의 경우는 폐쇄성을 갖는 경향도 있어서 외부와의 원활한 협력이 어렵게 되는 경우도 생기게 된다. 그러므로 지방정부는 마을과 외부 간에 다양한 협력체제가 구축될 수 있도록 외부지원을 중개해 주는 한편 사업에 필요한 다양한 정보를 제공해 주어야 한다.

셋째, 마을만들기의 중간지원조직인 마을만들기지원센터를 설치·운영할 필요가 있다. 주민역량이 제한적인 상황에서 안정적으로 마을만들기를 추진하기 위해서는 외부의 지원을 필요로 하지만 전문가나 외부단체의 지원은 사업추진에 단기적인 성과를 얻을 수는 있으나 지속성을 담보하기가 어렵다. 따라서 지방정부가 마을만들기지원센터를 설치하여 마을만들기의 현장을 상시적·체계적으로 지원할 수 있도록 하는 것이 바람직하다고 본다(남원석 외, 2012: 28).

이 지원센터는 지방정부가 직접 설치하거나 또는 시민단체 등 민간전문단체와 공동으로 설치하되, 마을만들기에 대한 상담 및 기술적 지원, 관련 정보의 축적 및 소통, 전문가 및 전문기관과의 연계, 주민교육 등을 담당하도록 하여 마을만들기가 안정적으로 추진할 수 있도록 해야 할 것이다.

한편 마을만들기가 성공적으로 추진되기 위해서는 전문가들의 협력도 중요한데, 마을만들기에 관련한 위원회 등의 활동을 통하여 이론과 실제의 양면에서 마을만들기 사업계획의 보완, 주민참여방법의 제시, 마을의제의 발굴 및 지속적 의제실천에 대한 자문, 사업결과에 대한 평가·분석 및 대안 제시 등 전문성을 통한 조력자로서의 역할을 해 주어야 할 것이다.

제 5 장

사회통합을 위한 지역거버넌스 체계 구축

제5장

사회통합을 위한 지역거버넌스 체계 구축

1990년대에 들어와 지방자치제의 실시로 행정의 분권화가 촉진되면서 중앙정부 차원의 일방적 통치와 획일적 관리가 한계를 드러내게 됨에 따라 지방정부 차원에서 지역문제를 합리적으로 해결하기 위한 새로운 체제가 요구되었다.

이러한 요구는 지방정부로 하여금 지역 내외의 다양한 제휴와 협력의 가능성을 적극적으로 모색하게 하지 않을 수 없도록 함으로써 지역의 다양한 주체들이 정책과정에 참여하는 지역거버넌스(local governance)가 대두되게 되었다. 그리하여 지방정부들은 정책과정에 이해관계 주민들과 시민사회단체들을 참여시켜 함께 공동의 문제를 해결하거나 공통의 필요서비스를 창출하기 위한 참여적 지역거버넌스를 구축하기 위해 나름대로 노력해 왔다.

그러나 거버넌스 구축에 필요한 법적·제도적 뒷받침 부족, 행정위주의 경로의존성, 효율성만을 강조하는 계층제적 인식 등으로 시민사회의 실질적 참여가 아닌 명목적 참여가 이루어지는 경우가 많았고, 결국에는 지방정부 주도의 형식적 거버넌스에 그치는 경우가 적지 않았다.

이제 지식정보사회에서 지역의 다양한 주체들이 지방정부의 정책과정에 참여하여 상호협력을 통해 지역의 공공문제를 보다 합리적이고 효과적으로 해결하기 위해서는 참여적 거버넌스에서 한 단계 더 나아가 정책과정에 이해관계자들의 실질적 참여뿐만 아니라 수평적 입장에서 서로 협력하여 합의를 이루어내는 협력적 거버넌스체계를 구축해 나갈 필요가 있다.

이러한 협력적 거버넌스는 많은 유용성을 갖고 있는데, 첫째, 다양한 주체들이 참여하여 상호협력을 통하여 의사결정을 하는 것이기 때문에 관료제의 획일적 틀에서 탈피하여 정책의 결정과 집행에 유연성을 확보할 수 있다. 둘째, 참여자들이 다양하게 보유하고 있는 자원을 총체적으로 집약하여 시너지효과를 극대화함으로써 지방정부의 문제해결능력을 제고할 수 있다.

셋째, 거버넌스를 통한 시민사회의 참여는 정책에 대한 참신한 아이디어와 다양한 정보를 교환할 수 있게 함으로써 결정되는 정책의 실효성을 제고할 수 있다. 넷째, 공공서비스 수요자인 주민들의 정책과정에의 참여는 행정수요의 변화에 대한 지방정부의 대응성을 높일 수 있다. 다섯째, 협력적 거버넌스는 정부·시민사회단체·일반시민 등이 서로 긴밀하게 협력하면서 사회적 이슈에 대응함으로써 갈등을 완화하고 궁극적으로 사회통합에 기여하게 된다.

지방정부의 정책과정에 이러한 협력적 거버넌스가 잘 운영되기 위해서는 다양한 이해당사자들이 대화·토론·숙의를 통하여 자신들의 선호와 가치체계를 변화시켜 가면서 합의된 집단의사를 만들어 가는 숙의민주주의(熟議民主主義)를 적용하는 것이 바람직하다. 또 그 과정에 이해관계자와 시민사회단체들의 참여가 강화되어야 하며, 참여주체들 간에 협력적 파트너십을 형성하여 공동의 지역문제에 적극적으로 대응해 나가야 한다. 이와 함께 참여주체들 간에 생산적 네트워크를 구축하는 한편 관련 제도들을 거버넌스 친화적으로 정비해야 하며 권위주의적 행정문화가 민주적 행정문화로 개선되어야 할 것이다.

1. 거버넌스에 관한 일반론

1) 거버넌스의 개념과 대두 배경

(1) 거버넌스의 개념

거버넌스(governance)는 정부의 전통적인 통치(goverment)와 대비되는 새로운 통치방식을 의미한다. 거버넌스라는 용어는 학문분야의 성격과 관심영역에 따라 다양하게 이해되고 있다. 정치학에서는 통치와 권력의 관점에서 다양한 주체들 간의 협력적 통치체제로 이해되고 있으며, 사회학에서는 국가와 시장 및 시민사회의 새로운 파트너십 형성을 통한 자발적·자율적인 네트워크로 이해되고 있다. 그리고 행정학에서는 기존의 경직된 국정운영시스템에 고객만족의 행정관리 및 성과중심의 경쟁원리와 같은 민간부문의 관리방식을 도입하는 새로운 국가통치방식을 의미하는 국정관리로 이해되고 있다(최영출 외, 2006: 32).

이같이 거버넌스라는 용어는 다양한 의미로 사용되고 있는데, 내용적 차원에서는 이를 광의 및 협의의 거버넌스 그리고 제도로서의 거버넌스 등 세 가지로 구분하여 설명할 수 있다. 그 중 광의의 거버넌스는 정부부문과 민간부문 간의 경계가 무너지면서 나타난 새로운 상호 협력적인 조정양식으로서 정부·시장·시민사회 간의 파트너십을 통한 협력의 한 형태라고 할 수 있다.

협의의 거버넌스는 공식적 권위가 없이도 다양한 행위자들이 자율적이며 호혜적인 상호의존성에 토대를 두어 협력하도록 하는 제도 및 조정의 한 형태이며, 제도로서의 거버넌스는 정부·시민사회단체·주민·기업 등 다양한 이해관계자가 공식적 제도와 비공식적 맥락 속에서 각자의 전략적인 목표와 이해관계를 반영하면서 통합·조정해 나가는 구조와 과정이라고 할 수 있다(한국지방행정연구원, 2011: 11-12).

이와 같이 거버넌스의 개념은 다양하게 설명되고 있으나, 여기에서는 이를 종합하여 거버넌스를 "공공분야의 이슈를 중심으로 정부·시민사회·시장의 다양한 행위자가 참여하고 합의를 통하여 민주적인 의사결정과 집행을 하기 위해 만들어진 유형 또는 무형의 제도로 구성된 통치체제"로 정의하고자 한다. 이렇게 정의할 때 거버넌스는 사회 각 부문의 다양한 행위자들이 참여하여 당면한 문제를 찾아내고 공동해결을 모색하며 공동의 합의된 결론에 이르는 공동권력과 공동책임에 기초한 수평적 통치방식이자 문제해결 방식이라고 할 수 있다(김은영, 2009: 12-13).

그런데 우리나라에서는 '거버넌스'를 협력하여 다스린다는 의미에서 협치(協治), 공동으로 다스린다는 의미에서 공치(共治)로 번역하여 사용하는 경우도 있다. 그러나 이들 용어들은 거버넌스가 가지는 본래의 의미를 정확히 전달할 수는 없다는 점에서 거버넌스라는 용어를 그대로 사용하는 경우가 많으므로 여기에서도 이를 따르고자 한다.

(2) 거버넌스의 대두 배경

전통적인 국가-시민관계에 큰 변화를 가져온 거버넌스가 대두된 배경으로 J.Pierre와 B.G.Peters는 정책의 영향을 받는 민간부문이 공공정책에 관여하겠다는 요구의 급격한 증대, 후기관료국가로의 이동과 새로운 행정관리 방식인 신공공관리론의 대두, 정책에 영향을 받는 집단이나 개인의 제도적 참여의 필수화 등을 지적하고 있다. 그리고 김석준 등(2000)은 세계화, 정보화, 민주주의 및 신자유주의의 확산과 그에 따른 국가의 기능변화를 들고 있다(김석준 외, 2000: 33-36 참조).

이 밖에도 여러 연구자들이 거버넌스가 등장하게 된 배경을 설명하고 있는데. 그 내용을 보면 국가의 재정위기, 시장지향적 이념의 확산, 세계화와 지방화의 대두, 국가의 정책실패, 정책결정의 부분화와 전문화, 그리고 시민참여 확대를 비롯한 사회적 변화와 복잡성의 증가 등 매우 다양하다. 여기에서는 그 중에서도 거버넌스의 대두 배경으로 매우 중요하다고 판단되는 세 가지에 한정하여 살펴보고자 한다.

첫째, 정부의 역할과 위상의 약화이다.

그동안 국가중심의 통치체제는 능률성과 효과성을 기본가치로 삼아 위계적인 권위와 기능적 전문화를 통해 국정을 운영하고 관리해 왔으나 세계화와 신자유주의 등의 확산으로 자본과 시장을 통제하던 국민국가의 역할 및 정부기능이 약화됨에 따라 국가·시장 및 세계체제와의 관계를 재구축하지 않으면 안 되게 되었다.

또 정보화의 진전으로 사회가 점차 다원화·전문화되고 시민들과 비정부기구(NGO)가 정부정책에 대한 관심이 커지면서 정부의 능력만으로는 복합적인 사회경제적 문제해결이 어려워짐에 따라 국가기능과 권한이 민간부문으로 이전되기 시작하였다. 그리하여 더 이상 전통적인 중앙집권적 행정국가의 형태를 유지할 수 없게 됨에 따라 정부가 국정운영을 효율적이고 민주적으로 수행하기 위해서는 정부의 권력과 기능을 민간부문과 공유하고 협력하는 새로운 국정운영 시스템을 필요로 하게 되었다.

둘째, 새로운 공공관리의 필요성이다.

1980년대 이후 세계의 여러 국가들이 비능률과 재정위기 등의 정부실패에 봉착하게 되면서 정부규모의 지나친 비대화가 비판을 받게 되고 정부능력에 대한 불신이 심화되게 되었다. 이에 따라 이른바 '작은 정부'를 추구하는 움직임이 일어나게 되고, 그 방안의 하나로 민간부문의 관리방식인 신공공관리(新公共管理)가 정부부문에 도입되게 되었다.

신공공관리론은 정부의 기능 및 규모의 축소와 행정서비스의 민영화 등에 중점을 두며 산출되는 성과를 강조한다. 또 공공서비스의 시장지향을 추구하고 고객지향적 행정을 중시하며 작은 정부를 지향한다. 이는 정부의 역할을 종래의 계층제적 통제에 의한 일방적 통치가 아니라 분권화·민영화·시장화 등에 따라 정부와 국민을 동반자적 관계로 보고 국민의 복리증진과 질서유지를 위한 방향키(key)의 역할을 하는 것을 주된 임무로 인식하는 것으로서, 이러한 신공공관리의 필요성이 거버넌스를 대두시킨 배경의 하나가 되었다.

셋째, 사회적 변화와 복잡성의 증가이다.

사회적 변화와 복잡성이 증가됨에 따라 사회적 가치와 이해관계가 다원화되면서 이들을 조정·통합하여 공동의 이해기반을 마련할 필요성이 커지게 되었다. 현대사회는 서로 상반되는 가치들이 혼재하고 있으며, 또 그러한 가치들의 사회적 비중이 달라지는 등 가치의 복잡성과 다양성이 증가하고 있다. 즉 시민사회가 성숙해지면서 종래에 중요한 가치로 존중되어 온 경제발전, 국가안보와 같은 가치들을 넘어서서 문화·인권·환경과 같은 새로운 가치들이 등장하고, 또 그 중요성도 커지게 되었다.

이러한 경향은 정부의 제도와 기능을 발전적으로 분화시키고 전문화하여 다양한 사회적 가치와 시민들의 욕구를 반영하도록 요구하고 있지만 정부의 능력만으로는 이에 대응하기가 어렵게 되었다. 이와 함께 기존의 대의정치시스템도 다원화된 집단 간의 이해와 갈등을 조정하고 합의를 도출하는 역할을 하는데 한계에 직면하게 되었다. 이에 따라 정부가 사회적인 다양한 가치와 욕구를 공공정책에 반영하기 위해서는 일반시민들과 시민사회단체들의 참여와 협력이 불가피해지게 되었다.

2) 거버넌스의 특징

거버넌스의 개념은 1970년대까지는 통치(government)와 같은 의미로 해석되었고, 경제·사회발전을 위한 공공서비스의 제공 및 관리와 관련된 것으로 이해되었다. 그러나 정부중심의 공공서비스의 제공 및 관리가 한계를 드러내기 시작하고 이에 대한 비판이 제기됨에 따라 1980년대에 와서는 정부중심의 민관 협력체제를 강조하는 형태로 변화되었다. 그러나 이 당시의 거버넌스에 대한 논의는 다양한 주체적 행위자를 강조하는 패러다임(paradigm)보다는 파트너십의 형태를 더 강조하는 경향이 있었다.

그러다가 1990년대에 들어와 거버넌스는 시민단체를 포함한 민주주의적 특성을 강조하는 패러다임으로 전환되어 참여와 합의형성 등의 기능이 강조되면서 현재와 같이 정부·시장·시민사회의 자발적인 네트워크를 강조하게 되었다(한국지방행정연구원, 2013: 14-15). 그리고 2000년대에 와서는 거버넌스를 교육·문화·환경·여성을 비롯한 사회 각 부문의 공공의사결정에 적용되는 새로운 통치시스템으로 이해하게 되었다.

이상에서 보듯이 거버넌스는 시대별로 다양한 의미로 이해되어 왔는데 오늘날의 거버넌스는 다음과 같은 특징을 가지고 있다(최길수, 2010: 7-8. 양현모, 2008: 8-9). 첫째, 거버넌스는 정부중심의 위계구조(位階構造) 또는 조정형태의 문제점과 한계를 극복하기 위해 요구되는 새로운 통치양식이다. 둘째, 거버넌스는 정부·시장·시민사회를 경계 짓는 전통적 구분을 넘어서서 행위자들 간에 소통하고 연대하는 방식을 통해 보다 나은 사회를 향해 나아가는 협력적 관리체제이다.

셋째, 거버넌스는 목표를 공유하고 자원을 교환할 필요성을 가진 네트워크 참여자 간의 호혜적인 상호의존성을 토대로 한 조정형태이다. 그래서 거버넌스에서는 정부도 시민들과 같이 네트워크를 구성하는 참여주체의 하나이기 때문에 주도적 역할을 할 수는 없으나 참여주체들과 협력이 필요한 영역에서 조정자로서의 역할을 하게 된다. 넷째, 거버넌스에서의 상호작용은 신뢰와 협력이 뒷받침 되어야 하며 네트워크 참여자 간의 협의를 통하여 설정한 게임의 규칙에 의하여 규율된다. 따라서 참여자 상호 간에 신뢰가 확보되지 못하면 실질적 거버넌스의 작동은 불가능하다고 할 수 있다.

3) 거버넌스의 유형

(1) 접근시각에 따른 분류

거버넌스는 그 접근시각에 따라 국가중심적 거버넌스, 시장중심적 거버넌스, 시민사회중심적 거버넌스로 구분할 수 있다(홍정화 외, 2010: 528). 국가중심적 거버넌스는 기본적으로 국가가 시장과 시민사회를 주도적으로 관리하는 거버넌스로서, 관료적 구조를 수용하고 정부목표를 달성하기 위한 공조직의 대국민 서비스와 정책운영의 효율성을 강조한다.

시장중심적 거버넌스는 가격을 매개로 한 자원배분 및 경쟁원리와 고객주의를 근간으로 한 시장주의를 지향하는 거버넌스로서, 전통적 관료제도의 독점적 국정관리를 부정하며 시민을 고객으로 하는 서비스의 창출을 위해서 공공부문의 수평적 조직분산과 사부문(私部門)의 관리기법의 적용을 강조한다. 한편 시민사회중심적 거버넌스는 대의민주주의가 지니는 대리인(代理人)체제의 한계를 인정하고 시민들의 직접참여 욕구와 자기결정권의 요구를 수용하는 거버넌스로서, 기존에 정책과정에서 배제되었던 시민들의 참여기회 확대와 참여를 통한 권력의 수평적 실현 및 참여민주주의의 구현을 강조한다.

그런데 시장중심적 거버넌스와 시민사회중심적 거버넌스에서 시민은 국정운영 변화에 핵심이 되는 변수이지만 그 구체적 의미에는 큰 차이가 있다. 전자의 경우에 시민은 국가서비스의 수혜자로서 소비자의 개념에 주목하는 반면에 후자의 경우에 시민은 정부운영에 참여자로서의 개념에 주목한다.

(2) 비정부조직의 형성수준에 따른 구분

지역거버넌스는 비정부조직의 형성수준과 정책참여에 대한 정부의 태도를 기준으로 대립형, 참여형, 친화형으로 구분된다. 대립형은 비정부조직들이 형성되어 참여욕구를 가지고 있는데도 그들의 정책참여에 대한 정부의 태도가 부정적인 경우에 나타나는 거버넌스로서 정부와 비정부조직은 서로 불신하면서 대립하게 된다. 그러므로 이 유형의 거버넌스는 엄밀한 의미에서 거버넌스라고 할 수 없다.

친화형은 정책참여 네트워크에 대한 정부의 입장은 긍정적이나 비정부조직이 제대로 활성화되지 못한 경우에 형성되는 거버넌스이다. 이 유형에서는 주로 관변 비정부조직이 정부의 정책과정에 참여하기는 하지만, 그 참여가 자문에 그치는 등 실질적인 정책과정에 영향력을 행사하지 못한다.

한편 참여형은 비정부조직이 잘 형성되어 있고 그들의 정책참여에 대한 정부의 태도도 긍정적인 경우에 형성되는 거버넌스이다. 이 유형의 거버넌스는 비정부조직이 정부의 정책과정에 실질적인 영향력을 행사하는 경우로서 시민사회가 성숙되고 정부도 민주적으로 운영될 때 나타난다.

(3) 정부와 비정부조직 간의 의사소통망 구성에 따른 구분

지역거버넌스는 정부와 비정부조직 간의 의사소통망 구성을 기준으로 일방형, 특혜형, 집합형, 별거형, 집중형, 네트워크형으로 구분된다(권필상, 2008: 11). 일방형은 정부가 일방적으로 정책참여집단을 통제하고자 하는 경우에 나타나는 형태로서, 거버넌스 참여자의 능력이 모자라는 경우에 형성된다. 특혜형은 정부가 자신에게 유리한 정책결정을 유도하기 위하여 특정한 비정부조직에게는 정책참여를 허용하지만 다른 조직에게는 거부하는 경우에 흔히 나타나는 형태의 거버넌스이다.

집합형은 다양한 정책참여집단이 형성되어 있고 정부도 개방적으로 참여를 유도하는 경우에 나타나는 형태로서, 참여집단과 정부 간에 개별적 상호작용은 이루어지지만 참여집단 간의 정보공유와 의사소통은 미흡하다. 이 유형은 주로 전문성과 효율성을 중시하기 때문에 정책과정에서 정부가 주도권을 행사하게 된다.

별거형은 정책참여집단 간의 네트워크는 형성되어 있으나 정부와의 네트워크는 단절된 형태의 거버넌스로서 지역주민들의 시민의식이 낮은 경우에 나타난다. 집중형은 정책참여집단 간의 네트워크가 형성되어 의사소통이 이루어지지만 정책은 정부가 주도하는 형태의 거버넌스이다. 한편 네트워크형은 정부와 정책참여집단이 함께 정책네트워크를 구성하는 형태의 네트워크로서, 정부가 정책을 주도하기보다는 정책네트워크의 조정자 역할을 수행한다.

(4) 거버넌스에 대한 사고방식에 따른 분류

거버넌스를 거버넌스에 대한 사고방식을 중심으로 유형화하면 크게 구조로서의 거버넌스와 과정으로서의 거버넌스로 구분된다. 그 중 구조로서의 거버넌스는 다시 계층제로서의 거버넌스, 시장으로서의 거버넌스, 연결망으로서의 거버넌스, 공동체로서의 거버넌스로 세분할 수 있다.

계층제로서의 거버넌스는 계층제적 시스템이 정부와 시민사회의 연결관계에 크게 영향을 미친다는 점을 강조하며, 시장으로서의 거버넌스는 시장이 가장 효율적이고 공정하게 자원을 배분하는 메커니즘으로 본다. 공동체로서의 거버넌스는 국가의 간섭이 최소화된 상태에서 공동체 스스로가 자신들의 문제를 해결해 나가는 것을 강조한다(한국지방행정연구원, 2011: 12-13).

그리고 연결망으로서의 거버넌스는 정책연결망으로서의 거버넌스를 의미하는데, 정책연결망은 정책영역에서 다양한 참여자로 구성되어 있으며 공익과 사익의 조정을 용이하게 하고 공공정책의 집행에서 효율성을 증대시킨다. 한편 과정으로서의 거버넌스는 거버넌스를 방향잡기 및 조정과정으로 파악하는 것이다.

(5) 이해관계에 따른 구분

거버넌스는 이해관계에 따라 갈등적 거버넌스와 협력적 거버넌스로 구분할 수 있다. 갈등적 거버넌스는 이해가 대립적이고 갈등상태에 있는 경우로서 이해당사자들은 상호배타적인 입장에서 적대적이고 대립적인 관계를 형성한다. 이 거버넌스에서 행위자들의 대응방식은 주로 항의·시위 등을 통해 이루어지며, 공식적이고 지속적인 협의의 공간이 존재하기 보다는 사안에 따라 갈등과 논쟁이 존재한다.

협력적 거버넌스는 이해관계를 상당 수준으로 조정할 수 있을 때 나타나며 행위자들의 대응방식은 주로 대화와 타협을 통해 이루어진다. 따라서 협력적 거버넌스에서는 공식적이며 지속적인 협의의 공간이 존재하는데, 그러한 공간은 위원회나 협의회 등의 형식으로 제도화될 가능성도 있다. 이

거버넌스에서 행위자들은 서로 자신의 요구를 합리적으로 표출하고 상대를 설득함으로써 자신의 이익을 어느 정도 관철할 수 있기 때문에 상호이해와 협력관계를 형성할 수 있다(한국지방행정연구원, 2006: 33).

2. 지역거버넌스

1) 지역거버넌스의 개념과 대두 배경

(1) 지역거버넌스의 개념

거버넌스를 정부·시장·시민사회가 자발적으로 상호의존하고 협력하는 통치방식 또는 협력체제라고 한다면, 지역거버넌스(local governance)는 지역 차원에서 지방정부와 주민, 그리고 시민사회단체 등이 참여와 협력을 통하여 지역의 공동문제를 해결해 나가는 체제이다. 다시 말하면 지역거버넌스란 "지방정부와 그 지역의 주민 및 자발적 조직들이 보다 민주적이고 효율적인 지방정책을 구현하기 위하여 수평적 관계에서 정책참여의 네트워크를 통해 서로 협력하면서 이해관계를 조정하는 체제"라고 정의할 수 있다.

이러한 지역거버넌스는 구조적 측면에서 보면 지방정부의 각 수준에서 형성되는 지방정부, 기업, 시민사회단체 간의 네트워크 구조라고 할 수 있다. 이 네트워크 구조는 지방수준에서의 자원배분, 정책결정, 서비스제공에 대한 자율성 및 재량권을 가지는데, 그 보유 정도에 따라 행위주체들 간에 다양한 관계가 형성된다(최영출, 2006: 24).

또한 지역거버넌스는 과정적 측면에서 보면 지역사회가 의사결정권한을 공유하며 시민사회의 자치권 확대를 통해 지역의 주요 문제를 다양한 지역사회의 행위자들이 참여하여 협력을 통해 해결해 나가는 기제(機制)라고 할 수 있다. 그런데 일반적으로 지방정부는 중앙정부보다도 거버넌스의 이념을 더 충실하게 실천할 수 있다. 그 이유는 지방정부가 더 많은 대민접촉을 하고 있으며 주민들이 체감할 수 있는 생활형 공공서비스를 제공하고 있기 때문이다.

(2) 지역거버넌스의 대두 배경

우리나라에서 지역문제의 해결을 위한 거버넌스적 접근이 대두되게 된 것은 시민사회의 성장과 함께 지방자치가 실시되면서부터이다. 1990년대에 들어와 정치적 민주화와 함께 지방자치제의 실시에 따라 행정적 분권화가 촉진되면서 중앙정부 차원의 일방적 통치와 획일적인 관리가 한계를 드러내게 됨에 따라 지방정부 차원에서 지역문제를 합리적으로 해결하기 위한 새로운 체제가 요구되었다.

그러한 요구는 지방정부로 하여금 지역 내외의 다양한 제휴와 협력의 가능성을 적극적으로 모색하지 않을 수 없도록 함으로써 지방정부·기업·시민사회단체와 같은 지역의 다양한 주체들의 자발적 참여와 수평적 협력을 필요로 하는 지역거버넌스의 형성을 촉진시키게 되었다. 지역거버넌스가 대두하게 된 구체적 배경은 다음과 같다.

첫째, 정치적 민주화와 함께 행정적 분권화가 진전됨에 따라 중앙정부 차원의 일방적 통치와 관리를 통한 사회문제 해결이 한계에 직면하게 되었다. 이에 따라 지역차원에서 지방정부와 지역주민 등 다양한 이해당사자들이 직접 참여하여 지역적 특성을 고려한 정책을 형성하고 문제를 해결해 나갈 수 있는 새로운 형태의 체제구축이 필요하게 되었다(김용웅 외, 2001: 238).

둘째, 가치관과 이해관계의 다원화와 함께 사회기능과 조직이 분절화 되면서 정부의 능력만으로는 복합적인 사회·경제적 문제의 해결이 어려워짐에 따라 지역문제에 이해관계를 갖고 있는 주민조직, 시민사회민단체 등의 참여와 합의가 필요하게 되었다. 셋째, 세계화의 진전으로 국가의 역할이 약화되는 대신 지방정부가 국가발전에 기여하는 주체로서의 역할이 증대하게 되면서 지역경쟁력 강화를 위한 더 적극적인 대책의 수립이 필요하게 되었다(최영출 외, 200 : 24).

2) 지역거버넌스의 특징

지역거버넌스의 특징은 지방정부를 중심으로 한 제도적이고 공식적인 관계보다는 행정기관, 시민사회단체, 기업들이 각자의 목표와 이해관계를 비공식적인 네트워크를 통해 반영하여 조정하고 이를 통합해 나가는데 있다. 따라서 지방정부 주도로 정책과 행정을 일방적으로 운영해 나가는 전통적 통치방식과는 상당한 차별성을 갖고 있는데, 지역거버넌스에 내재된 주요 특징들을 설명하면 다음과 같다(김명현, 2010: 14-15).

첫째, 지역거버넌스는 주민의식의 향상과 참여의 활성화를 전제로 한다. 이는 주민 개개인이 지역의 주체라는 권리의식과 책임의식을 가지고 문제해결을 위한 자발적 참여가 이루어져야 한다는 것이다. 둘째, 지역거버넌스는 그동안 지방통치에 주도적 역할을 해온 지방정부권한의 분화를 전제로 전문분야별 성과관리를 필요로 한다. 이는 공공재 공급의 비능률을 방지하고 효율화를 도모하기 위해서는 공공서비스 공급주체의 다원화와 전문화가 요구된다는 것이다.

셋째, 지역거버넌스는 지방정부와 지역시민조직 등의 실질적 참여에 기초한 파트너십을 통해 집합적 목표를 설정하여 공동책임 아래 정책을 결정하고 집행한다. 넷째, 지역거버넌스는 제한된 지역을 대상으로 하며 이해관계집단의 규모가 보다 한정적이고 지역주민과 시민조직과의 접촉성이 상대적으로 높다(최병두, 2003: 158). 다섯째, 지역거버넌스는 참여자들의 상호신뢰와 협력이라는 규칙에 따라 규율되기 때문에 전통적 지방정부체제보다 시민사회와 시장의 요구에 대한 대응성이 높다는 특징을 가지고 있다.

3) 지역거버넌스의 이론모형

네트워크 형성의 3대 행위주체는 국가, 시장, 시민사회이다. 거버넌스모형은 이 행위주체들이 어떤 관계이며, 어떤 역할을 하는가를 중심으로 하여 크게 독립형, 연립병존형, 네트워크형의 세 가지 유형으로 구분할 수 있다(김석준 외, 2000: 153-157). 지역거버넌스의 모형도 이와 같다고 할 수 있다. 다만, 거버넌스에서 행위주체의 하나인 '국가'가 지역거버넌스에서는 '지방정부'로 대체된다고 하겠다. 지역거버넌스 모형의 내용은 다음과 같다.

첫째, 독립형은 국가, 시장, 시민사회가 서로 독립적인 위치에서 서로 다른 원리에 따라 운영되는 체제이다. 국가는 관리주의와 관료주의에 따라 활동하고, 시장은 자본주의와 경쟁원리 및 고객주의에 따라 지배되며, 시민사회는 참여주의와 공동체주의를 지향하면서 민주주의를 기반으로 작동하게 된다(홍종득, 2007: 19). 이 모형에서는 국가, 시장 및 시민사회는 상호 협조적 관계를 유지할 수도 있지만, 많은 경우에 한 주체가 나머지 두 주체를 통치하는 관계가 형성되면 이들 간에 갈등과 대결상황이 자주 발생될 수 있는 모형이다(김석준 외, 2000: 154).

둘째, 연립병존형은 독립형과 네트워크형의 중간에 위치한 모형으로서 행위주체들인 국가, 시장, 시민사회의 작동원리가 그대로 존재하면서 불안정하게 정립하고 있는 모형이다. 이 모형은 잘 작동될 경우에는 상호 장점을 살리면서 사회를 유지·발전시킬 수 있으나 세계화의 확산 및 정보화의 급속한 진행 등 급격한 국내·외적 환경변화에 대응하지 못할 경우 잠정적인 연립상태는 변화하려는 요인들로 작용하게 된다. 기존의 행정에 있어서 민관협력 파트너십은 이러한 형태를 취하는 경우가 많다(홍종득, 2007: 19-20).

셋째, 네트워크형은 국가, 시장, 시민사회가 각각의 작동원리를 기반으로 상호 변화하는 새로운 질서에 공동으로 대응하기 위한 제도적 장치를 마련한다. 이 모형은 독립형이나 연립병존형과는 달리 개별주체들이 자율성을 유지하면서도 상호 공동목표와 기본가치를 공유하면서 하나의 실체로 존재할 수 있는 방식으로 연결된 관리체제를 형성하는 것이다(홍종득, 2007: 20). 따라서 네트워크형에서는 행위주체 중 어느 하나가 다른 주체를 배타적으로 통치하는 대신 상호존중의 파트너십을 통해 하나로 묶여지게 된다. 따라서 이 모형에서는 공통된 가치와 목표를 지니면서 다양한 이슈들을 별다른 갈등 없이 관리할 수 있게 된다(김석준 외, 2000: 157).

이상에서 지역네트워크의 모형을 살펴보았는데, 바람직한 모형을 도출하기 위해서는 모형을 구성하는데 포함될 세부적 내용에 대한 검토가 필요하다. 그러한 내용으로는 거버넌스의 관리주체, 이해관계자의 범위, 네트워크 형태, 책임소재, 참여방식, 정책분야, 참여단체 등 여러 가지를 들 수 있는데(최영출 외, 2006: 183-187), 이를 고려한다면 우리 지역사회에서 취해야 할 바람직한 거버넌스모형은 국가, 시장, 시민사회가 공존·협력·경쟁하는 네트워크형이라고 할 수 있다.

4) 지역거버넌스의 구성체계

지역거버넌스의 구성체계는 거버넌스의 역할정도와 성패를 측정하는 중요한 기준이 된다. 그 중에서 가장 많이 언급되는 것은 참여, 네트워크(network) 및 파트너십(partnership)이라고 할 수 있다. 지역거버넌스가 보다 민주적이고 합리적으로 되기 위해서는 먼저 다양한 이해관계집단의 참여와 함께 이들을 연결시켜주는 네트워크가 구축되고, 그러한 네트워크를 원활하게 운영할 수 있게 해주는 민관(民官) 파트너십이 필요하다. 네트워크가 의사결정과정에서 협력적 행동을 이끌어내기 위한 물리적 구조로서 거버넌스 형성의 필요조건이라면, 파트너십은 네트워크 내에서 참여자들 간에 이루어지는 상호작용으로서 거버넌스의 충분조건이라고 할 수 있다(김광구 외, 2006: 23). 이러한 네트워크와 파트너십의 내용을 구체적으로 살펴보자.

(1) 참여

지역의 중요한 의사결정과정에 지방정부, 시민단체, 주민조직과 일반주민 등 이해관계자들의 직접적이고 폭넓은 참여는 지역거버넌스 구성의 핵심적 요소로서 공동의 문제를 해결하기 위한 필수조건이라고 할 수 있다. 지역거버넌스는 지역의 공공문제 해결에 다양한 이해관계자들이 참여하여 상호의존하면서 공동으로 의사결정을 하게 된다. 이러한 의사결정의 상황에서 문제를 해결하기 위해서는 이해관계자들의 적극적 토론과 논변과정을 통하여 합의안을 도출해 내어야 하기 때문에 참여주체들의 자발적이고 실질적인 참여가 중요하다.

이를 위해서는 첫째, 자율성을 바탕으로 한 의사결정과정의 모든 단계에 참여의 기회를 공정하게 보장하여 가능한 한 지역의 계층 및 집단을 대표할 수 있는 사람들을 참여시킴으로써 대표성을 강화해야 한다. 둘째, 의사결정과정에 지방정부를 비롯한 참여주체들이 평등한 입장에서 동등한 지위와 권한을 가져야 한다. 거버넌스체제에서 자칫 지방정부가 그들이 가지고 있는 다른 참여자에 비해 월등한 자원·정보·권력을 통해 의사결정을 좌우하게 된다면 지방정부와 상충되는 이해관계를 가진 참여자들의 의견은 의사결정과정에서 배제되는 등 편파성을 띠기 쉽다. 거버넌스체제에서는 참여자들의 의사결정에 필요한 권한을 공유할 수 있을 때 자발적으로 참여하게 되며, 그 기능과 역할에 대한 정당성을 높일 수 있다.

셋째, 참여범위의 포괄성이 보장되어야 한다. 의사결정의 결과는 그 결정으로부터 영향을 받는 모든 사람들이 토의와 결정과정에 참여할 때 규범적으로 정당화될 수 있기 때문에 가능한 한 많은 이해관계자들을 참여시켜 의사결정의 정당성을 제고해야 하며 권력의 역학관계를 고려하여 사회적 소수자들의 의견이 반영될 수 있어야 한다.

(2) 네트워크

가. 네트워크의 특징

일반적으로 네트워크란 “일단의 사람·사물 또는 사건들 간에 연계가 이루어지는 특정한 관계유형”으로서 각각의 집단들이 자율성을 유지하면서 공유된 자원을 가지고 서비스나 프로그램을 제공하기 위하여 상호 결합하는 협력시스템이다.

거버넌스 구성체계로서의 네트워크는 공동목표, 독립적 구성원, 다수의 지도자라는 세 가지를 기본원리로 하고 있다. 네트워크에서는 바람직한 결과를 달성하려는 공동목표가 업무과정에서 유지·보존되어야 하며, 절대적 권한을 가진 지도자보다는 역량 있는 지도자들을 필요로 한다. 그리고 네트워크의 각 구성원들은 가입이 자유로워야 하고 자신의 능력을 발휘하기 위해 독립적이어야 한다. 이런 점에서 구성원들의 독립성은 네트워크의 독립성을 위한 필요조건이라고 할 수 있다(한국지방행정연구원, 2011: 40).

위와 같은 기본원리를 갖고 있는 거버넌스에서의 네트워크는 상호의존성, 복잡성, 거래비용의 감소라는 세 가지 특징을 갖고 있다(최영출 외, 2006: 63-64).

첫째, 상호의존성이다. 거버넌스는 상호의존성을 바탕으로 한 네트워크 형태의 협력을 의미한다. 거버넌스의 네트워크에서는 행위주체들의 상호의존성이 증가하는데, 이는 어느 행위주체의 목표달성에 필요로 하는 자원과 기술이 다른 행위주체가 가지고 있기 때문이다. 따라서 상호의존성을 갖기 위해서는 거버넌스를 구성하고 있는 상대방으로부터 내가 원하는 자원이나 정보를 얻을 수 있다는 것이 중요하다. 즉 자금·물자·정보 등 자신이 갖지 못하는 것을 상대방에게 얻을 수 있다고 인식할 때 상호의존성이 높아질 수 있다.

둘째, 복잡성이다. 네트워크체제에서는 공동의 목표를 달성하기 위해 상호의존적 자원을 보유한 각 행위자들이 각자의 인식과 전략을 가지고 상호작용과 협상에 참여하기 때문에 네트워크는 복잡성을 갖는다. 이러한 행위자들이 갖고 있는 각기 다른 인식과 전략이 서로 충돌할 때 복잡성은 더욱 커지게 된다.

셋째, 거래비용의 감소이다. 네트워크체제는 참여자들의 구체적이며 장기적인 신뢰를 기반으로 하기 때문에 거래비용이 감소하게 된다. 그러므로 거버넌스 차원에서 네트워크의 형성과 운영에는 행위주체들 간에 신뢰가 구축되어야 하며, 이를 바탕으로 한 지속적인 상호작용을 통하여 협력체제를 형성하는 것이 필요하다. 또 네트워크가 지속적으로 유지되고 발전해 나가기 위해서는 명확한 목표를 설정하고 일정한 규칙을 정하여 활동하는 것이 거래비용을 감소시킬 수 있다.

나. 네트워크의 구성요소

첫째, 행위자이다.

네트워크의 핵심적인 구성요소로는 행위자, 행위자 간의 상호작용, 관계구조를 들 수 있 수 있는데(윤병철, 2010: 27), 그 가운데 가장 중요한 구성요소는 행위자라고 할 수 있다. 여기에서의 행위자란 정책이나 공공사업의 추진과정에 일정한 목표를 가지고 참여하는 자들이다. 이들 행위자들은 거버넌스를 통한 의사결정과정에서 자신의 주장이나 이해를 최대한 반영시키기 위해 노력하게 되는데, 행위자들이 지향하는 목표와 이를 달성하기 위해 구사하는 전략에 따라 결정되는 정책의 성격이나 내용에 영향을 미치게 된다.

그리고 정책과정에 참여하는 행위자들이 가지고 있는 권력자원은 동일하지 않고 서로 다르기 때문에 자신이 보유하지 못한 자원을 획득하기 위해 행위자들 간에 상호작용의 과정을 거치게 된다. 그 과정에서 개별행위자들이 획득할 수 있는 자원의 정도에 따라 거버넌스의 주도적 행위자가 달라질 수 있으며 정책의 결정에 미치는 영향력도 차별성을 갖게 된다.

둘째, 행위자간의 상호작용이다.

네트워크에 참여하는 다양한 행위자들은 상호작용을 통하여 신념·욕구·자원 및 전략을 교환함으로써 서로의 이해관계와 관심에 대해 알게 되며 신뢰와 이해의 정도를 넓히게 된다. 이같이 네트워크는 다양한 행위자들의 상호접촉 통로로서의 역할을 담당한다(강동완, 2008: 39).

상호작용의 성격은 행위자들 간에 정책목표의 상이성에 따른 전략의 차별성과 연관된다. 상호작용과정에서 행위자들은 달성하고자 하는 정책목표의 일치 여부에 따라 협력 또는 갈등의 양상을 보이게 된다. 즉 행위자들 간에 동일한 정책목표를 지향할 때에는 상호 전략적 제휴나 협력적 관계를 형성하게 되는 반면에 정책목표의 지향점이 서로 다를 때에는 갈등관계를 가질 수 있기 때문에 행위자들 간의 상호작용의 성격에 따라 정책과정의 진척이 달리 나타나게 된다.

셋째, 관계구조이다.

네트워크에서의 관계구조는 행위자들 간의 관계의 유형으로서, 네트워크가 어떠한 구조와 형태로 구성되는가 하는 것이다. 정책네트워크에 참여하는 행위자들의 영향력은 동일하지 않으며 관계의 속성 및 상호작용을 통한 연계방식에 따라 구조적 측면에서 다양하게 나타난다(강동완, 2008: 41). 이러한 행위자들 간의 관계구조는 네트워크에 참여할 수 있는 진입구조의 개방성 여부, 행위자들의 보유자원의 차이 등에 따라 달라진다.

진입구조의 개방성 여부는 참여자들이 얼마나 쉽게 네트워크에 참여할 수 있는가의 정도로서, 행위자들이 네트워크에 참여하는데 자유로운 진입과 전출이 가능하다면 다양한 행위자들의 참여가 확대되어 정책이 특정집단에게 유리한 방향으로 결정되고 집행되는 것을 막을 수 있다.

또 네트워크에 참여하는 행위자들은 자신의 부족한 자원을 다른 행위자로부터 획득하고자 하는데, 이 때 행위자가 보유하고 있는 자원은 네트워크 내에서 영향력을 행사할 수 있는 실질적인 권력으로 나타나난다. 행위자들의 특성 및 규모에 따라 동원할 수 있는 자원의 양과 질은 서로 다르며, 그에 따라 정책네트워크에서 행위자들이 가지는 지위도 달라지게 된다.

(3) 파트너십

파트너십은 거버넌스에 참여하는 행위주체들이 공통의 문제에 대응하거나 공공목표를 달성하기 위하여 서로 역량을 모아 협력하는 것을 의미한다. 즉 거버넌스에 참여하는 행위주체들이 대등한 관계를 전제로 상호 이익을 위하여 협력체제를 형성하는 것을 말한다. 이러한 파트너십은 행위주체들이 독자적으로는 해결하기 어려운 문제를 자발적이고 서로 대등한 관계에서 정보교환, 자원제공 등의 형태를 통하여 공동으로 수행함으로써 서로 간에 도움이 될 것이라는 판단을 전제로 하여 형성된다(최영출 외, 2006: 77).

따라서 파트너십을 형성하는 참여자들은 상대방이 필요로 하는 자원을 서로 제공할 수 있어야 한다. 그 자원에는 물질적 자원뿐만 아니라 정보·기술 등 상대방에게 가치 있는 것이라면 모두 포함되는데 당사자들 간에 자원의존도가 클수록 파트너십의 형성가능성이 높아진다고 할 수 있다.

파트너십의 특징으로는 의사결정과정에 정부(공공영역)를 포함하는 둘 이상의 행위자가 참여하여야 하고, 참여하는 행위자는 상당한 정도의 자율성과 자기대표성을 가져야 하며 행위자간의 자원을 교환할 수 있는 상호작용관계가 지속되어야 한다는 것이다. 또 모든 참여자는 대등한 입장에서 참여하여야 하며 파트너십 활동의 결과에 대한 책임을 공유해야 한다는 것이다(김태영, 2002: 141-142).

이와 같은 특성에서 보는 것처럼 정부와 시민사회 간의 진정한 파트너십 형성의 조건은 상대방에 대한 상호인정을 바탕으로 하는 대등한 관계라고 할 수 있다. 파트너십은 결국 권력의 공유를 전제로 하여 형성되는 것인데, 이러한 공유의식은 상대방의 자율성과 독립성의 인정을 통한 상호 대등한 관계의 성립에서 비롯되는 것이기 때문에 참여자들의 상대방에 대한 태도와 인식은 파트너십 형성에 주요한 요인이 된다고 할 수 있다.

위에서 지역거버넌스의 구성체계로서 네트워크와 파트너십에 대해 살펴보았는데, 지역거버넌스가 효과적으로 작동하기 위해서는 네트워크 차원과 파트너십 차원이 유기적으로 결합됨으로써 공식적이고 제도적인 기반조성과 함께 비공식적인 사회적 조절기제가 상호보완적으로 연계되어야 할 것이다. 즉 시민사회의 자발적 참여와 합의에 기반을 둔 자치양식(自治樣式)으로서의 네트워크의 활성화와 함께 지역차원에서 시민사회와 행정 간의 관계재설정 및 제도적 변화를 통해 효과적인 파트너십 체제를 구축하는 노력이 동시적으로 이루어질 필요가 있다.

5) 지역거버넌스 능력의 결정요인

지역거버넌스의 능력이란 거버넌스 주체인 다양한 이해관계자들 간에 자율적인 협력체제를 구성하고 이를 운영하는 자체적 능력을 말한다. 지역거버넌스의 능력을 결정하는 요인들은 연구자들의 접근시각에 따라 다양하게 제시되고 있으나 여기에서는 이해관계자들의 자치역량, 제도적인 중재장치, 이해관계자들의 상호신뢰 및 리더십에 한정하여 살펴보고자 한다.

첫째, 이해관계자들의 자치역량이다.

거버넌스 체제를 합리적으로 운영하기 위한 중요한 방안 중의 하나는 이해관계자들이 자율적으로 조직을 관리하고 다른 관계자들과의 갈등상황에서 원만하게 문제에 접근하고 해결할 수 있는 능력을 갖추는 것이다. 각 이해관계자들의 자체적인 상호협력과 조정능력이 없을 때는 지역거버넌스 체제가 원만하게 운영될 수 없다.

지역거버넌스 체제에서 지방정부 이외의 가장 주된 이해관계자는 시민사회단체들이다. 시민사회단체가 일반시민의 이해를 대변하고 다른 단체 또는 지방정부와 파트너로서 존재하고자 할 때 이들 단체들은 일반시민들에 대한 대표성과 함께 의제(議題)를 다룰 수 있는 전문성 등 자체적인 역량을 보유하고 있어야 한다(강황선·최병대, 2001: 35). 또한 지방정부 간에, 시민사회단체와 지방정부 간에 갈등이 발생했을 때에 각 이해관계자들이 사회공공선을 위해서 자체적인 이해관계를 조정하고 소속성원들을 설득할 수 있는 역량이 있어야 한다.

둘째, 이해관계자들 간의 상호신뢰이다.

지역거버넌스 체제에 참여하는 이해관계자들은 상호의존적인 신뢰관계가 형성되어야 한다. 이는 가장 포괄적이고 추상적인 조건이면서 동시에 성공적인 거버넌스를 위한 가장 중요한 전제조건이기도 하다. 이질성을 가진 파트너들이 서로 긴밀하게 협력하기 위해서는 상대방이 자신들의 이익만을 추구하지 않을 것이며 공동의 목표를 위하여 노력할 것이라는 신뢰를 가질 수 있어야 한다. 거버넌스 체제에서 다양한 이해관계자들의 상호신뢰를 유도해 낼 수 있는 가장 효과적인 방법은 체제 내부에서 이루어지는 의사결정과정에서 이해관계자들이 서로 정보를 교환하여 공유하는 것이라고 할 수 있다.

셋째, 제도적인 중재이다.

지역거버넌스 체제에서는 크고 작은 대립과 갈등상황이 나타나기 마련이므로 그러한 갈등상황을 중재할 수 있는 제도적 장치가 마련되어 있어야 한다. 일반적으로 제도적 중재자로서 가장 적합한 기구는 지방정부기구라고 할 수 있으나 지방정부는 때때로 다른 이해관계자들과 갈등과 경쟁관계에 서게 될 수도 있기 때문에, 그런 경우에는 다른 제3의 중재기구를 설치하는 것이 필요하다고 할 수 있다(강황선 외, 2001: 37). 예를 들어 이해관계자 양측으로부터 신뢰를 받을 수 있는 위원회형태의 중재 장치를 마련하여 갈등상황에 합리적으로 대처하는 것도 그 방안의 하나가 될 수 있다.

넷째, 리더십이다.

지역거버넌스 체제를 운영하는데 있어서 지방정부조직의 리더들은 이해관계자들 간의 협력체제를 구축하는데 결정적 역할을 한다. 지역거버넌스 능력을 결정하는 요인들의 대부분은 이들의 리더십의 형태로 나타나는 경우가 많다. 즉 조직의 리더가 정보의 공유를 보장할 수도 있고 각 이해관계자들의 자치역량을 함양시킬 수도 있는 것이다.

또한 거버넌스 체제 내부에서 갈등상황이 발생했을 때에 조직의 리더들은 적극적인 중재자로 개입할 수도 있다. 따라서 이들의 리더십은 거버넌스 체제의 성공적 운영을 위한 결정적인 요인의 하나가 된다고 할 수 있다(강황선 외, 2001: 39). 지역거버넌스 체제를 운영하는데 가장 바람직한 리더십은 협력적 리더십이라고 할 수 있다.

6) 지역거버넌스 체계의 구축 방안

지역거버넌스 체제가 제대로 구축되기 위해서는 몇 가지 전제조건이 충족되어야 한다. 첫째, 지방정부가 시민사회에 대한 인식을 개선하여 거버넌스에 참여하는 시민들을 동등한 파트너로 인정하고 이들의 입장과 역량을 존중해 주어야 한다. 시민들이 정책과정에 참여한다 하더라도 지방정부가 이들을 행정과 대등한 권한과 책임을 가진 파트너로 인정하지 않는다면 참여가 형식적인 수준에 그쳐 거버넌스의 실효성을 거두기 어렵게 된다.

둘째, 지역거버넌스의 참여주체인 시민사회단체가 정책대안을 제시할 수 있는 능력을 가져야 한다. 시민사회단체가 사회적 이슈에 대해 합리성을 가진 대안을 제시할 수 없다면 거버넌스에 대한 참여는 형식적인 것에 그치고 말 것이기 때문에 보다 적극적인 정책제시 능력을 가져야 한다. 셋째, 시민사회단체가 책임성을 가져야 한다. 시민사회단체는 거버넌스 체제에서 사회적 이슈를 제기하기만 할 것이 아니라 정책의 결정과 집행에 대한 책임을 공유해야 한다. 그럴 경우에 상호신뢰가 형성되고 정부와 공동의 가치를 수행할 수 있는 토대가 마련될 수 있을 것이다.

넷째, 인식의 공유를 바탕으로 하는 낮은 차원의 거버넌스를 구축할 필요가 있다. 국가정책이나 이념적 대립 또는 사회분열적인 큰 이슈보다는 지역사회 전체가 합의할 수 있고 공동으로 해결하고 공동으로 책임을 질 수 있는 이슈를 중심으로 거버넌스를 구축하는 것이 그 실효성을 제고하는데 바람직하다고 할 수 있다(이동수 외, 2011: 199-200).

이러한 전제조건이 충족된 가운데 지역거버넌스가 합리적으로 운영되기 위해서는 첫째, 이해관계자들이 정책과정에 폭넓게 참여해야 한다. 거버넌스는 다양한 이해당사자들이 참여하여 충분한 논의과정을 거쳐 정책을 결정하고 결정된 내용을 성숙하게 받아들이는 과정을 통해 형성될 수 있기 때문에(이용식, 2011: 18) 시민사회단체, 전문가, 일반시민 등 이해당사자들의 적극적 참여가 보장되어야 한다.

둘째, 네트워크의 활성화와 합리적 조정이 이루어져야 한다. 지역거버넌스는 지방정부, 기업, 시민사회단체 등 다양한 구성원들로 이루어진 네트워크를 강조하지만, 이들 구성원들은 네트워크상에서 서로 독립적인 존재로 기능하게 된다. 그러므로 지방정부는 참여자들과 동등한 입장에서 전체 네트워크를 활성화시키고 관리하는 조정자 역할을 해야 한다. 셋째, 지역거버넌스가 안정적으로 운영되기 위해서는 제도적 장치가 마련되어야 한다. 지방정부의 조례(條例)나 규칙(規則) 등을 통해 단체장의 교체나 정치적 환경변화 등 여건의 변화에도 안정적으로 거버넌스가 운영될 수 있는 근거를 확보하는 것이 중요하다.

3. 지역거버넌스 활성화 수단으로서의 협력적 거버넌스

1) 협력적 거버넌스의 개념과 특징

(1) 협력적 거버넌스의 개념

협력적 거버넌스(collaborative governance)의 개념에 대해 홍성만(2004)은 "지역수준에서 중앙정부, 지방정부, 시민사회단체, 지역주민을 포함하는 행위자들의 자발적 상호협력에 바탕을 둔 문제해결방식"으로 정의하고 있으며, 김홍희(2008)는 "공유된 문제영역을 논의하고 해결하기 위하여 관련 이해당사자가 가시적(자금, 노동 등), 비가시적(이해, 권위, 정보 등) 자원을 동원하고 분배하며 공동의 비전을 개발해 나가는 공동의사결정과정"이라고 하고 있다(김광희, 2014: 393 재인용).

또 조승현 외(2007)는 협력적 거버넌스를 "지역의 공동문제에 대해 다양한 이해관계 및 자원을 가진 다수의 행위자(지방정부·전문가집단, 이익단체, 시민단체, 지역주민 등)들이 대등한 관계 속에서 참여와 협력을 통해 자발적으로 문제를 해결해 나가는 과정 또는 방식"이라고 정의하고 있다.

협력적 거버넌스에 대해서는 이 밖에도 여러 연구자들이 다양한 관점에서 개념을 정의하고 있는데, 여기에서는 이를 종합하여 "지역의 공공문제 해결을 위해 지방정부와 함께 이해관계 주민들 및 시민사회단체들이 대등한 입장에서 직접 참여하여 상호협력에 의한 집합적 의사결정을 통해 합의를 추구해 나가는 체제"로 정의하고자 한다.

(2) 협력적 거버넌스와 참여적 거버넌스의 관계

지방자치가 실시된 1990년대부터 우리 사회에서 거버넌스에 대한 관심이 높아지고 지역사회의 주요 현안에 대한 새로운 문제해결 방식에 대한 논의가 활발하게 진행되면서 지방정부들은 대표성 있는 주민들을 실질적으로 참여시켜 지방정부와 함께 공동으로 문제를 해결하거나 공동의 필요서비스를 창출하는 참여적 거버넌스를 구축하기 위하여 나름대로 노력해 왔다.

그러나 실제로는 법적·제도적인 뒷받침 부족, 행정위주의 경로의존성(經路依存性), 효율성만을 강조하는 계층제적 인식 등으로 시민사회의 실질적 참여가 아닌 맹목적 참여가 이루어진 경우가 많았고, 결국에는 지방정부 주도의 형식적인 거버넌스에 그치는 경우가 흔하였다. 심지어는 참여적 거버넌스를 행정의 책임회피 수단으로 이용하는 경우도 적지 않았다.

이제 지역거버넌스는 참여적 거버넌스 단계에서 더 나아가 우리 사회에 적합한 협력적 거버넌스 체계를 구축함으로써 더욱 투명하고 실효성 있는 관리시스템을 운영하고 발전시켜 나가야 한다. 그러면 참여적 거버넌스와 협력적 거버넌스는 어떻게 다른가. 협력적 거버넌스와 참여적 거버넌스는 모두 참여민주주의라는 이념적 맥락을 이론적 기반으로 하고 있으나 엄밀하게 보아 서로 구별되는 개념이다.

참여적 거버넌스는 협력적 거버넌스보다 더 포괄적인 개념으로서 참여의 핵심을 정책과정에 일반시민 다수의 실질적 참여에 두고 있다. 이에 비해 협력적 거버넌스는 그 핵심을 정책과정에 이해관계자들의 실질적 참여뿐만 아니라 참여자들이 수평적 입장에서 서로 협력하여 합의를 이루어내는데 두고 있다. 이같이 협력적 거버넌스는 다양한 행위자들의 참여로 특징지어지는 참여적 거버넌스의 한 유형이지만, 다양한 행위자들의 자발적 참여에 더하여 참여자 간의 상호협력을 특히 강조한다는 점에서 참여적 거버넌스와 구별된다고 할 수 있다.

이러한 협력적 거버넌스를 구체적으로 설명하면 다음과 같다. 첫째, 협력적 거버넌스는 사익과 관련된 분쟁이나 갈등해결이 아닌 공공기관이 주도하는 공공문제 해결과 관련된 상호작용을 의미한다. 둘째, 협력적 거버넌스의 본질은 정부와 민간조직, 그리고 일반시민 등 해당 사회문제에 관심을 갖는 모든 이해관계자들 간의 상호작용을 의미한다. 셋째, 협력적 거버넌스는 일반시민이나 시민단체 등 이해관계자들의 단순한 의견제시나 자문 이상의 실질적이고 직접적인 참여를 의미한다.

협력적 거버넌스는 쌍방향의 의사소통과 다자적인 협의를 통해 사회문제 해결을 위해 합의를 이루는 과정으로서 비정부 이해관계자들의 상담이나 의견제시 수준을 넘어 실질적이고 직접적인 참여가 보장되는데 그 의의가 있다. 따라서 정부가 특정정책을 추진하는 과정에서 반대의견을 무마하거나 완화시키는 수단으로 친정부 성향의 일반시민이나 시민사회단체로부터 일방적인 의견청취 형식을 취하면서 거버넌스 방식을 취하는 것은 진정한 의미의 협력적 거버넌스가 아니다.

넷째, 협력적 거버넌스는 일정한 형식을 갖추고 공개적으로 조직되는 집합적 행동을 의미한다. 다섯째, 협력적 거버넌스는 의도적으로 협력을 추구하기 위한 상호작용을 통하여 공통의 사회문제를 해결하는 것을 의미한다. 때문에 당사자 간에 충분한 정보제공과 토론의 절차가 보장되지 않거나 적대적인 이해당사자들이 모여 서로 의견의 소통과 토론보다는 힘겨루기 등을 통한 승자독식 형태의 갈등조정을 시도하는 것은 협력적 거버넌스라고 할 수 없다(서정철, 2013: 34).

(3) 협력적 거버넌스의 특징

협력적 거버넌스는 전통적인 행정이 공식적 권위를 가진 정부에 의해 주도적·수직적으로 수행되던 것과는 달리 행정에 해당 사회문제와 관련되거나 관심 있는 민간부문을 적극 참여시켜 상호 협력하면서 문제를 해결해 나가는 방식으로서, 관료제와는 달리 문제해결 중심이며 성과중심적 책임구조와 수평적 조직형태 등을 특징으로 한다. 이를 구체적으로 설명하면 다음과 같다(김광희, 2012: 17).

첫째, 협력적 거버넌스의 구조는 문제해결 중심으로 구조화되기 때문에 전통적 관료제와는 달리 무형적이고 비정형적이다. 둘째, 협력적 거버넌스는 수직적 권위보다는 수평적 관계, 조직내부 지향적이기 보다는 외부지향적이다. 셋째, 협력적 거버넌스는 공식적 지위나 권위보다는 지식과 정보, 문제해결능력, 그리고 리더십이 조직운영의 기초가 된다.

넷째, 협력적 거버넌스는 책임구조에 있어서도 사후적 통제보다는 대화와 소통을 근간으로 하는 과정적 통제에 중점을 둠으로써 궁극적으로 성과 중심적 책임구조를 가진다. 다섯째, 협력적 거버넌스는 경쟁보다는 협력의 원리를, 갈등보다는 공동의 비전을, 기회주의적 계산보다는 신뢰에 토대를 둔 장기적인 거래관계와 공동체적 관계를 중시한다는 특징을 갖고 있다.

2) 협력적 거버넌스의 유용성

협력적 거버넌스는 다음과 같은 유용성을 갖고 있다.

첫째, 협력적 거버넌스는 다양한 주체들이 참여하여 상호협력을 통하여 의사결정을 하는 것이기 때문에 관료제의 획일적 틀을 벗어날 수 있어 정책의 결정과 집행에 유연성을 확보할 수 있다. 둘째, 협력적 거버넌스는 다양한 행위자들의 이해관계를 적절히 조율할 수 있는 조정기제가 되며, 나아가 각각의 행위자들이 보유하고 있는 자원을 총체적으로 집약하여 시너지 효과를 극대화함으로써 지방정부의 문제해결 능력을 향상시킬 수 있다.

셋째, 협력적 거버넌스를 통한 시민참여는 정책에 대한 참신한 아이디어의 제공과 다양한 정보를 교환할 수 있게 함으로써 결정되는 정책의 실효성을 제고할 수 있다. 넷째, 협력적 거버넌스를 통해 공공서비스 수요자인 주민들의 정책결정과정 참여는 사회 및 행정의 수요변화에 대한 지방정부의 대응성을 높일 수 있다. 다섯째, 협력적 거버넌스는 정부·시민사회단체·일반주민 등이 서로 긴밀하게 협력하면서 사회적 이슈에 대응함으로써 민주성을 지향할 수 있다(최길수, 2010: 8-9).

협력적 거버넌스는 위와 같은 유용성과 함께 일정한 한계도 가지고 있다. 협력적 거버넌스에서 협력의 과정은 비용과 시간이 많이 소요되며, 누가 참여하는가에 대한 대표성의 문제와 함께 사회적 배제를 당하고 있는 소수집단이 어느 정도 대등하게 참여할 수 있느냐하는 문제가 있다. 또 파트너십을 형성하는 참여자들의 참여목적과 욕구가 각기 다를 수 있기 때문에 네트워크 내에서 갈등이 일어나 문제해결이 어려워질 수도 있다.

그리고 의사결정과정에서 타협의 결과가 모든 참여집단의 목표에 부합되지 않을 수도 있으며, 참여집단들이 추구하는 공통의 목표보다는 우월한 힘을 가진 특정집단의 의도대로 정책결정이 이루어질 수도 있다. 이와 함께 다양한 주체들이 참여하기 때문에 결과에 대한 책임의 소재가 불분명하여 책임회피의 근거가 될 우려도 있다. 따라서 지방정부가 민간과 파트너십을 형성하려고 할 때는 이러한 한계에 따르는 위험 또한 감수하려는 의지를 가지는 것이 필요하다고 하겠다(정정화, 2011: 585).

3) 협력적 거버넌스의 활성화를 위한 조건

협력적 거버넌스 체제를 성공적으로 운영하는데 영향을 미치는 요인은 이해당사자들의 포괄적 참여, 중립적 토론구조 정립, 의사결정을 위한 운영규칙 마련, 토론당사자들의 정보공유 및 학습기제 구축, 파트너십 형성, 생산적 네트워크 구축 여부 등 매우 다양하다. 그 중에서 협력적 거버넌스를 활성화하기 위한 전제조건으로서 중요한 것으로는 지역주체들의 참여 강화, 협력적 파트너십의 형성, 생산적 네트워크 구축, 제도적 기반의 정비·강화 등 네 가지를 들 수 있다(이용식, 2011: 68).

첫째, 지역주체들의 참여가 강화되어야 한다.

지방정부, 시민사회단체, 일반주민 등 이해관계자들의 직접적이고 폭넓은 참여는 협력적 거버넌스 구성의 기본적 전제이자 공동문제를 해결하기 위한 필수조건이다. 따라서 자율성을 바탕으로 정책과정의 모든 단계에 참여의 기회를 공정하게 보장하여 가능한 한 지역사회의 여러 계층 및 집단을 대표할 수 있는 사람들을 참여시킴으로써 다양성과 대표성을 강화해야 한다.

이를 위해서는 주민참여를 확대할 수 있는 조례의 제정, 각종 법정계획 수립과정에 시민참여 제도화, 주민참여예산제도의 실효성 확보, 참여적 의사결정방법의 활용 등이 이루어져야 한다. 또 지역시민단체 및 중간지원조직 등 다양한 주민조직에 대한 지원방안이 마련되어야 하며 양적·질적 측면에서 정보공개를 확대하여 참여자들이 정책이나 공공사업의 내용을 제대로 이해하도록 함으로써 공공기관에 대한 신뢰가 형성될 수 있어야 한다.

둘째, 협력적 파트너십이 형성되어야 한다. 이를 위해서는 참여주체들 간의 돈독한 신뢰 아래 협력적 관계를 조성하여 지역공동의 과제에 적극적으로 대응하는 자세를 가져야 한다. 그러려면 행정의 역할이 특히 중요하며 주민자치센터의 실질적 기능강화 등이 이루어져야 할 것이다.

셋째, 생산적인 네트워크가 구축되어야 한다.

이를 위해서는 상호이해와 각자의 전문성을 전제로 책임 있는 자세와 역할이 요구되기 때문에 네트워크의 두 축이라고 할 수 있는 행정과 시민사회 모두가 전문적 책임성을 확보해야 한다(이용식, 2011: 68). 공무원들은 안일함과 무소신을 해소하고 전문성을 발휘해야 하며 지방정부 내부의 실무부서 간에 협력을 촉진하고 주민자치센터와 지역 내의 다양한 자생조직 및 주민단체 간에 활발한 소통과 교류가 이루어지도록 해야 한다.

한편 시민사회단체 역시 전문성을 바탕으로 대안을 제시할 수 있어야 하며, 지역의 고유자원을 적극 활용할 수 있는 거버넌스 사업을 개발하기 위하여 각 영역별로 전문가들의 참여를 유도할 수 있는 다양한 방안이 마련되어야 한다. 넷째, 제도적 기반의 정비·강화가 이루어져야 한다. 이를 위해서는 지역의 시민사회단체에 대한 법적·재정적 지원체계를 강화하고 법과 제도를 거버넌스 친화적으로 정비해야 하며 행정의 생산성과 민주성을 강화하기 위한 조직문화가 개선되어야 할 것이다.

4) 협력적 거버넌스에서 참여주체들의 역할

(1) 지방정부의 역할

협력적 거버넌스를 활성화하기 위해서는 지방정부, 시민단체, 주민조직, 일반주민 등 거버넌스 참여주체들이 제 역할을 합리적으로 수행할 수 있어야 하는데, 여기에서는 지방정부와 지역시민단체의 역할에 한정하여 살펴보고자 한다. 먼저 지방정부의 역할이다. 지방정부가 협력적 거버넌스를 합리적으로 설계하고 공식적 권위에 의존함이 없이 거버넌스를 제대로 관리하기 위해서는 전문적인 역량을 필요로 한다. 협력적 거버넌스의 성패는 핵심적 관리자인 지방정부가 거버넌스를 얼마나 잘 관리하는가 여부에 달려 있다고 할 수 있다.

도구적(道具的) 의미로 본다면 지역거버넌스의 관리는 바로 네트워크를 관리하는 것이라고 할 수 있다. 지역거버넌스를 구성하는 네트워크에는 시민, 시민사회단체, 시장(市場) 등 다양한 이해관계자들이 참여하게 되는데 지방정부도 그 참여주체 중의 하나이다. 과거에 지방정부는 민간부문을 앞장서서 이끄는 역할을 담당해 왔었지만, 지역거버넌스 네트워크가 여러 참여자들이 가지고 있는 지식과 자원 등을 한데 모아 목적을 달성하는 체제라는 속성에서 볼 때, 지방정부가 예전처럼 일방적으로 네트워크를 주도하는 역할을 수행하기가 어렵게 되었으며, 또 수행해서도 안 되게 되었다.

협력적 거버넌스에서 지방정부의 주도적 역할을 지나치게 강조하게 되면 거버넌스의 장점을 활용하기 어렵게 될 우려가 있으며 심한 경우에는 정부가 사회문제 해결의 책임을 교묘하게 회피하면서 민간부문에 대한 통제력을 유지하거나 오히려 강화하는 수단으로 악용할 위험성도 존재한다.

그러므로 지역네트워크 관리측면에서 보면 지방정부의 역할은 네트워크를 이끄는 것이라기보다 네트워크가 올바른 방향으로 나아갈 수 있도록 방향타(方向舵)를 잡아주는 것이어야 할 것이다. 이같이 협력적 거버넌스에서 지방정부의 역할은 규제자·통제자로서가 아니라 거버넌스가 목표를 실현할 수 있도록 과정자체를 설계하고 협력대상인 다양한 참여주체들의 요구를 종합적으로 수렴하여 조화시키며 참여자들이 제 역할을 다할 수 있도록 하는 조정자·지원자로서의 역할을 해야 한다.

협력적 거버넌스에서 조정자·지원자로서의 지방정부의 역할은 구체적으로 다음과 같다.

첫째, 효과적인 의사소통 채널을 구축해야 한다. 지역거버넌스에서 의사소통의 부족은 정보와 아이디어의 흐름을 심각하게 왜곡하고 거버넌스 파트너들 간에 목표와 기대에 대한 혼란을 야기하여 결과적으로 성공적인 정책결정을 어렵게 한다. 특히 파트너들 간에 문화적 차이가 크게 존재하는 경우에 의사소통의 중요성은 더욱 커지게 된다. 그러므로 다양한 참여자들 간의 공통의 문제인식과 가치공유, 역할분담과 책임의 공유로 이어지는 선순환구조를 형성하기 위해서는 적절한 의사소통과 정보공유를 촉진할 수 있는 채널을 구축해 나가야 한다.

둘째, 정교한 업무조정이 이루어져야 한다. 지방정부는 거버넌스 파트너들 간의 경쟁과 협력이 균형이 유지될 수 있도록 관계를 적절히 조정하고 업무의 내용 및 처리절차에 대한 조정과 함께 업무처리과정의 가시성과 투명성을 제고시켜야 한다.

셋째, 파트너들 간의 강력한 연결망 또는 관계를 유지하도록 해야 한다. 지방정부는 사회문제 해결을 위해 참여하는 파트너들 간의 지속적 관계를 유지시키기 위하여 신뢰의 구축과 함께 정부와 민간부문, 영리조직과 비영리조직 간의 문화와 가치의 차이를 극복할 수 있는 방안을 마련해야 한다.

넷째, 거버넌스에 대해 높은 책임성을 가져야 한다. 지방정부는 거버넌스에 참여하는 파트너들의 실질적인 협력을 얻기 위하여 그들과 목표와 가치를 공유하기 위해 노력해야 하며 인센티브 구조를 체계화시켜야 한다(양세현, 2011: 40-41). 또 재정적 위험과 성과측면의 위험뿐만 아니라 정치적 위험까지도 민간부문의 파트너들과 공유해 나가야 할 것이다.

다섯째, 거버넌스가 가능한 분야들을 발굴하는데 노력해야 한다. 지방정부의 기능과 지역실정을 감안할 때 지역전체의 모든 분야에서 거버넌스 구축은 적합하지 않다고 판단되므로 이를 지양하는 대신 분야별로 거버넌스가 필요한 영역을 찾아내어 실행하는 것이 현실적으로 바람직하다고 할 수 있다. 그런 점에서 환경이나 문화, 관광 또는 시민교육문제 등에 대하여 선택적으로 거버넌스의 적용을 적극 추진해 나갈 필요가 있다고 본다.

(2) 지역시민단체의 역할

지역거버넌스에서 지방정부와 시민단체의 파트너십은 현실적으로 정책과정에 시민단체들이 다양하게 참여하는 방식으로 이루어진다. 그러므로 정책의 기획단계에서부터 지역시민단체가 주요 이해당사자로 참여하여 정부와 대등한 입장에서 권한과 책임을 공유하는 정책파트너십이 형성되어야 한다. 그러나 우리나라에서 정부와 시민단체의 관계는 아직도 정부우위의 형식적·위계적 관계에 머물러 있어서 참여자들 간의 대등한 파트너십을 기반으로 하는 협력적 거버넌스의 실현을 어렵게 하고 있다.

시민단체는 공공성을 참여적 방식으로 재구성하는데 핵심적인 역할을 할뿐만 아니라 시민사회의 소통의 문화를 확산하는데 실질적인 역할을 한다. 그러므로 지방정부는 거버넌스에 참여하는 시민단체를 대등한 권한을 갖는 파트너로 인정해야 하며, 그러한 바탕 아래서 시민단체는 다음과 같은 역할을 수행해야 할 것이다(최영출 외, 2006: 46-47).

첫째, 지방정치와 공적 문제에 대한 시민들의 관심과 참여를 유도해야 한다.

그동안 지역의 전통적인 이익집단이나 여론주도 세력들은 자금력과 조직력을 바탕으로 정책과정에서 영향력을 행사해 왔지만 그 과정에서 일반 시민들은 대부분 배제되었다. 시민단체는 이러한 시민들을 정치적 영역으로 끌어들여 시민적 이슈를 조직화함으로써 그들의 무력감을 극복하고 주체적·참여적 행위자로 전환시키는 역할을 해야 한다. 시민단체는 국가와 시장의 횡포를 견제하고 시민들의 참여를 확대시켜 그들의 이해와 관심사를 공공정책에 반영시켜야 하며, 또 사회적 신뢰를 바탕으로 이익집단 간의 갈등을 조정해 나갈 수 있어야 한다.

둘째, 지방정부의 투명성 제고와 공공정보의 확산에 기여해야 한다. 시민단체는 행정부의 정책과정 감시, 정책문제에 대한 정보공개, 정책과 관련한 출판물 보급 등을 통해 지방정부를 감시·통제함으로써 지방정부의 정책과정이 투명하고 공정하게 이루어지도록 하고 정보를 확산시키는 역할을 해야 한다.

셋째, 정책과정에서 지역주민들의 욕구를 충족시켜 주어야 한다. 지역시민단체는 지역에 근거를 두어 활동하고 있기 때문에 특정분야에 대해서는 오히려 지방정부보다도 유리한 접근성과 현장 감각을 가지고 있다. 그러므로 거버넌스과정에서 이러한 강점을 활용하여 공공서비스를 더욱 효과적으로 산출할 수 있도록 지방정부와 협력함으로써 정부의 성과를 높여주는 동시에 지역주민의 욕구를 충족시켜 줄 수 있어야 한다.

시민단체가 지역거버넌스에서 위와 같은 역할을 제대로 수행하기 위해서는 지역문제 해결을 위한 정책결정의 과정 및 결과에 대해 강한 공동책임의식을 가져야 한다. 그래야 거버넌스 파트너들 간의 신뢰가 형성되며 함께 공동의 가치를 수행할 수 있는 토대가 마련되게 된다. 또 시민단체는 전문성을 가져야 한다. 시민단체의 활동이 시민적 공감대를 얻고 있는 기반은 도덕적 권위라고 할 수 있다. 그러나 극단적 주관주의의 갈등문화가 확대된 현실의 복합갈등 국면에서 이러한 도덕적 권위는 그것을 너무 강조할 경우에 오히려 사회적 균열과 대립의 요소로 작용될 소지가 있다(조대엽, 2007: 319-320).

시민단체가 도덕적 우위를 과도하게 강조하여 일방적으로 정부와 시장부문을 비도덕적이라고 매도할 경우에는 정치의 도덕화현상이 나타나게 되어 정치적 토론과 상호작용의 성격을 지나치게 이분법적이고 극단적인 방향으로 흐르게 하기 쉽다는 문제가 있다. 이러한 상황에서 전문성은 시민단체의 활동에 도덕성을 보강해 줄 수 있는 강력한 무기가 되는 동시에 점점 다양화되고 복잡해지고 있는 지역문제에 대하여 지방정부와 대등한 입장에서서 협력하면서 합의를 이루어 나가는 토대가 된다고 할 수 있다.

4. 협력적 거버넌스에 숙의과정의 적용

1) 숙의민주주의의 개념과 특징

(1) 숙의민주주의의 개념

현재 우리 사회에는 정부정책이나 공공사업을 둘러싸고 이념갈등 또는 이해갈등이 빈발하고 있어서 사회적 비용이 급증하고 있으나 기존이 행정적·사법적 접근이나 대의민주주의의 선호집합적(選好集合的) 방식으로는 그 해결이 한계에 봉착하고 있다. 이에 따라 공공갈등에 대한 전통적 해결방식 또는 협상의 차원을 넘어 갈등당사자간의 소통과 신뢰에 토대를 둔 합의형성의 중요성이 부각되면서 숙의민주주의(deliberative democracy)가 공공갈등의 새로운 해결방식으로 관심을 모으고 있다(정규호, 2007: 91).

숙의민주주의는 다원화시대에 다양한 이해관계자들의 자발적인 참여와 민주적이고 이성적인 토론을 통해 합의를 도출해 냄으로써 갈등을 사전에 예방하고 의사결정의 정당성을 제고하는데 기여한다. 아울러 숙의민주주의는 기존의 대의민주주의의 약점으로 지적되어 온 소수대표자들에 의한 결정이 초래하는 정당성의 문제와 선호집합적 의사결정의 한계를 보완하는 이론적 토대를 제공하고 있다(정정화, 2011: 578).

숙의민주주의(熟議民主主義)는 시민들 간의 대화·토론·숙의를 통하여 자신들의 선호를 계속 변화시켜 가면서 합의된 집단의사를 만들어 가는 참여민주주의의 한 형태이다(정책기획위원회, 2006: 29). 다시 말하면 숙의민주주의는 다양한 이해당사자들이 숙의과정에 참여함으로써 자신들이 처음에 가지고 있던 선호와 가치체계를 변화시켜 가면서 합의형성의 토대를 만들어 가는 것으로서, 여기에서의 숙의(deliberative)란 이해당사자 상호간의 이해와 설득을 바탕으로 한 성찰적 합의에 도달하는 것을 말한다.

숙의민주주의는 대의제민주주의가 안고 있는 결함을 극복할 수 있는 대안을 찾으려는 데서부터 출발하고 있다. 현대의 대의제민주주의는 시민과 대표 간의 주인과 대리인(代理人)의 문제를 해결하지 못하고 있는데다, 대의제민주주의 아래서의 정치적 분업은 시민과 대표간의 거리를 더욱 넓힘으로써 정치적 문제를 기술관료적으로 해결하려는 경향이 있으며 강력한 이익집단의 정치적 영향력을 제어하지 못하고 있다.

또한 대의제민주주의가 채택하고 있는 다수결주의는 소수파의 의사를 배제함으로써 민주적 공동체의 분열을 초래할 위험성을 내포하고 있다(정책기획위원회, 2006: 30). 이에 비해 숙의민주주의는 정책결정과정에서 그 결정으로부터 영향을 받는 사람들의 선호를 직접 투입함으로써 결정과정에서 소수의 의견들이 대표되지 못하는 대의민주주의의 대표성의 문제를 해결할 수 있다는 장점을 갖는다. 따라서 숙의민주주의는 대의민주주의의 대안적 제도라기보다는 보완적 제도로 이해하는 것이 바람직하다(문태현, 2010: 471).

이러한 숙의민주주의는 두 가지 핵심적인 요소를 갖는다. 즉 의사결정으로부터 영향을 받는 모든 사람들 또는 그들 대표자들이 참여하는 민주주의적 요소와, 합리적이고 공평무사한 참여자들 간의 논증(論證)에 의하여 정책결정을 한다는 숙의적 측면이 그것이다.

(2) 숙의민주주의의 특징

숙의민주주의는 다음과 같은 특징을 갖고 있다. 첫째, 숙의민주주의에서 참여는 의사결정과정의 포용성을 의미한다. 의사결정과정에서 이해관계자의 참여가 성공적으로 이루어지기 위해서는 평등하고 실질적인 참여기회가 보장되어야 하고, 직접적 이해관계자의 참여를 통해 결정내용의 질적 제고가 이루어져야 하며 공정한 절차를 통하여 정당성을 부여받은 참여자들의 대표성이 확보되어야 한다.

둘째, 숙의과정이 제대로 이루어지기 위해서는 자율성·신뢰성을 토대로 한 논의기구가 운영되어야 하며, 이 기구의 효과성을 제고하기 위한 토론의 개방성, 절차적 합리성의 확보와 함께 정보의 공개 및 공유가 이루어져야 한다. 셋째, 숙의과정은 합의를 통하여 민주적 정당성뿐만 아니라 의사결정의 책임성을 보장한다. 합의는 숙의과정의 최종결론이며 민주적 갈등관리의 최종결정으로서의 의의를 갖는다(윤종설, 2014: 68).

2) 숙의민주주의의 구성요소

(1) 참여

숙의민주주의는 참여, 숙의, 합의의 세 가지를 구성요소로 하고 있는데, 그 내용은 다음과 같다(정정화, 2011: 580-581). 먼저 참여에 대해 살펴보면, 숙의민주주의는 집합적 의사결정이라는 측면에서 정책결정과 이해관계가 있는 각 분야의 주체들이 배제되지 않고 자유롭게 참여할 수 있어야 한다.

만약 특정한 주체들에게만 참여의 기회가 주어진다면 참여를 통한 상호이해와 합의형성은 제한된 특정한 주체들 간에만 가능하게 된다. 그리고 숙의과정에서 각 참여주체들은 서로의 존재를 인정하고 동등한 지위를 가져야 한다. 이같이 숙의민주주의는 모든 이해관계자의 참여를 구성요소로 하고 있으나 현실적으로 제도화된 의사결정기구에는 제한된 사람들만이 참여할 수 있기 때문에 참여주체의 대표성이 확보되어야 하며 참여범위의 포괄성이 보장되어야 한다.

첫째, 참여주체의 대표성이다. 참여주체는 소속집단이나 단체로부터 대표성을 인정받아야 함은 물론 가능한 많은 이해당사자들로부터 대표성이 확보되어야 정당성이 강화될 수 있다. 또 힘 있는 특정집단의 목소리가 과다대표되지 않도록 계층적 대표성을 고려한 참여구조가 설계되어야 하고 직·간접적인 이해관계자들을 고르게 대표할 수 있는 방안이 마련되어야 한다.

둘째, 참여범위의 포괄성이다. 합의의 결과는 의사결정으로부터 영향을 받는 모든 사람들이 토의와 결정과정에 참여할 때 규범적으로 정당화될 수 있다. 그러므로 가능한 한 많은 이해관계자들을 참여시켜 의사결정의 정당성을 제고시켜야 하며 권력의 역학관계를 고려하여 사회적 소수자들의 의견이 반영될 수 있어야 한다.

(2) 숙의

참여가 의사결정의 폭을 확장시킨다면 숙의(熟議)는 의사결정의 깊이를 심화시키는 역할을 한다. 숙의는 참여자들이 토론과 성찰을 통해서 자신들의 판단·선호·관점을 변화시켜 나가는 사회적 과정으로서(정정화, 2011: 580), 숙의과정에서 이러한 변화가 일어나기 위해서는 소통성과 숙의절차의 공정성이 확보되어야 한다.

첫째, 숙의과정의 소통성이다. 숙의적 의사결정은 참여자들에 대한 지속적이고 깊이 있는 정보와 지식의 제공을 토대로 한 학습을 전제로 한다. 상대방의 의사를 존중하고 경청하는 관용과 개방적 태도는 소통성을 판단하는 중요한 기준이 되는데, 참여자들 간에 신뢰와 호혜의 규범이 작동하고 상호성의 문화가 정착되어야 소통이 원활하게 이루어질 수 있다.

둘째, 숙의절차의 공정성이다. 의사소통과정의 왜곡을 방지하기 위해서는 토론과정에 내외적 제약이나 이데올르기적 왜곡이 없어야 하며 모든 참여자들의 발언에 균등한 기회가 주어져야 한다. 숙의민주주의정신에 가장 부합되는 합의도출 방식은 만장일치이지만 실제로는 이에 도달하기 어렵기 때문에 합의를 위한 기본규칙을 마련하는 것도 필요하다(정정화, 2011: 585).

(3) 합의

합의형성은 서로 다른 이해관계를 가진 개인이나 집단들이 대면적인 토론과정에 참여하여 공동의 문제를 탐색하고 정책에 관한 동의를 얻어가는 과정이다. 숙의민주주의적 의사결정은 다양한 참여자들의 이성적 논증을 통해 사회적 합의를 도출하는 것을 목표로 한다는 점에서 합의결과는 성찰성과 지속성이 있어야 한다.

첫째는 합의결과의 성찰성이다. 숙의민주주의에서 추구하는 합의는 이성적 논증의 형태로 이루어져야 한다. 합의안이 피상적 수준에 머물게 되면 갈등이 재연될 소지가 많다. 합의는 단순한 선호의 집합이 아니라 개별 참여자나 집단의 선호가 성찰적으로 묻어나는 내용의 질이 중요하다.

둘째, 합의결과의 지속성이다. 숙의과정을 통해 도출된 합의는 이해당사자들이 수용함으로써 합의내용이 구속력을 가져야 한다. 이성적 논증과정을 거쳐 이루어진 합의라고 하더라도 토론참여자들이 속한 집단성원들의 승인을 받지 못하면 합의내용은 실행할 수가 없게 된다. 그러므로 합의가 지속성을 담보할 수 있기 위해서는 합의내용의 추진주체와 방법 등 이행계획을 명문화하여 불이행시에 제재를 할 수 있는 근거를 명시하는 등 대응절차를 마련할 필요가 있다(정정화, 2011 : 585).

3) 협력적 거버넌스에 숙의과정의 적용 필요성

(1) 숙의과정 적용의 필요성

숙의는 참여자들이 토론과 성찰을 통해 자신들의 판단·선호·관점을 변화시켜 나가는 사회적 과정으로서, 협력적 거버넌스가 잘 운영되기 위해서는 숙의과정을 적용하는 것이 바람직하다고 본다. 그 이유는 거버넌스를 통한 의사결정에 있어서 숙의과정을 거침으로써 참여주체인 이해관계자들의 제한된 지식 및 판단능력과 자기이해관계를 뛰어넘는 인식의 전환을 가져올 수 있기 때문이다.

따라서 협력적 거버넌스 체제에서 숙의과정은 다양한 이해관계자들의 사회적 합의를 형성하기 위해 필요불가결한 요소라고 할 수 있다. 이러한 숙의의 유용성에 대해서 D.Elster(1998)는 개인의 정보표출, 제한된 합리성의 극복, 요구를 정당화하는 양식, 궁극적 선택의 정당화, 배분적 정의를 위한 보다 좋은 의사결정, 참여자들의 도덕적·지적 능력의 향상을 지적하고 있다. 그리고 A.Gutmann과 D.Thompson(1996)은 도덕적 정당성의 확보, 공적 이슈에 대한 공공정신의 고양, 상호 존중하는 의사결정과정의 확보, 과거의 잘못에 대한 교정 등을 들고 있으며, A.Fung(2005)은 공적 행위에 대한 정당성 확보, 정의의 구현, 효과성 등을 지적하고 있다. 이 밖에도 여러 연구자들이 숙의의 유용성을 제시하고 있는데, 협력적 거버넌스에 숙의과정 적용의 유용성을 구체적으로 설명하면 다음과 같다(문태현, 2010: 483-484).

첫째 숙의적 정책결정은 정책의 정당성 확보에 기여한다.

이해관계자들이 폭넓게 참여하여 동등한 입장에서 이성적 토론을 거쳐 합의를 이루어내는 숙의적 정책결정은 절차적 합리성과 사회정의 측면에서 정당성을 가지게 된다. 정책의 정당성은 다수결원리에 의해 확보되는 것이 아니고 정책으로부터 영향을 받는 사람들의 동의에 의해 확보되는 것이기 때문에 정책결정이 정당성을 확보하려면 자유롭고 평등한 참여자들의 숙의 과정이 전제되어야 한다. 정책숙의를 통하여 참여자들이 자신의 의견과 논거를 제시하고 토론과정에서 논리에 따라 의견을 변경하며 토론과정을 거쳐 나타난 제안들 가운데 가장 합당하다고 판단되는 견해에 따라 결정이 이루어져야 참여자들로부터 정당성을 인정받을 수 있게 된다.

둘째, 숙의적 정책결정은 정책내용의 질을 제고시켜 문제해결능력을 높이는데 기여한다. 정책숙의는 정보의 확산을 가져오게 하고 정책문제나 해결책에 대한 이해를 높이며, 정책결정을 위한 인간의 제한된 합리성을 확대시킴으로써 정책의 품질을 제고한다. 그리고 숙의적 정책결정은 그 과정이 다양한 참여자들을 공적 토론에 노출하게 하기 때문에 자신에게만 이익이 되는 이기적인 주장을 어느 정도 억제할 수 있도록 한다.

셋째, 숙의적 정책결정은 자유로운 토론을 통해 정책과정의 민주화에 기여한다. 숙의적 정책결정은 다양한 참여자들이 토론과정에서 정책이슈에 대한 선호나 입장을 명확하게 이해할 수 있게 하며 자기와 다른 견해도 경청하고 이해하는 관용의 자세를 갖게 함으로서 정책과정의 민주화에 기여한다.

넷째, 숙의적 정책결정은 그 과정을 통해 정책결정에 대한 민주적 가치와 규범을 내면화시키는 교육적 기능을 수행한다. 참여자들 간의 정책숙의는 민주적 가치와 규범을 내면화시키고 건강한 여론을 조성하는데 기여하며 정책문제에 영향력을 행사할 수 있다는 효능감이 높아져 정치참여를 촉진시킴으로서 민주시민을 육성하는 교육적 기능을 수행한다.

다섯째, 숙의적 정책결정은 비용과 시간을 절감시킬 수 있다. 숙의를 통한 합의형성 방법은 참여-숙의-합의의 과정을 거치기 때문에 시작단계에서는 시간이 걸릴 수도 있겠지만 합의의 과정을 거치지 않고 정부가 일방적으로 추진하다가 사회적 갈등을 초래하여 그 추진이 장기간 지연되거나 중단되는 정책들에 비하면 오히려 시간과 비용을 크게 절감할 수 있다.

여섯째, 숙의적 정책결정은 결과적으로 사회갈등을 해결하고 사회통합을 실현하는데 기여한다(정책기획위원회, 2006: 30). 숙의적 정책결정은 이해당사자들의 직접적 대화와 토론, 그리고 숙의를 통한 시민적 합의에 기초해서 결정을 내리기 때문에 정당성이 높아 그 결정에 이해당사자들이 승복하게 함으로써 갈등을 완화하고 궁극적으로 사회통합에 기여하게 된다.

(2) 숙의과정 적용의 한계

숙의민주주의를 통한 정책결정방식은 매우 규범적이고 이상적인 상황을 가정하고 있지만 현실의 정책환경은 시간과 정보의 제약, 권력의 불균형, 참여자의 대표성 확보 등 많은 제약여건 아래서 이루어지기 때문에 숙의민주주의가 제대로 작동하기가 어렵다. 특히 가치갈등 및 생존권 문제와 관련된 이해갈등의 경우는 협력적 거버넌스가 구축되고 숙의과정이 진행된다 하더라도 사회적 합의를 이끌어내기가 쉽지 않다. 그러한 이유로 숙의민주주의는 그 유용성과 정당성에도 불구하고 이를 적용하여 정책결정을 하는 데는 다음과 같은 적지 않은 한계를 내포하고 있다.

첫째, 권력과 자원의 불균형문제이다.

참여자 간에 권력 및 지식·정보 등 자원의 불균형한 배분이 합리적이고 공정한 숙의를 저해할 수 있다. 정책숙의과정에서 권력과 정보가 불균형하면 이를 많이 가진 엘리트 집단이나 목소리가 큰 집단이 의사결정을 주도하는 현상이 나타날 수 있으며(정정화, 2011: 582), 특정한 이해관계를 가진 집단이나 참여자가 의사결정을 왜곡·지연시킴으로써 오히려 갈등을 증폭시킬 수도 있다.

특히 지방정부는 지역의 다른 이해당사자들에 비해 권력과 자원이 월등한 위치에 있기 때문에 숙의과정에 주도적으로 개입할 경우 성찰적 논의를 왜곡시키고 정부의 의도대로 결정될 가능성이 높아지게 된다. 지방정부의 주도적 개입은 이해당사자들의 수용성 저하로 이어져 결국 합의결과의 지속성을 떨어뜨림으로써 갈등해결의 기제로 작용하지 못하게 하는 요인이 된다.

둘째, 정책숙의에 참여하는 사람들의 대표성 확보문제이다. 원칙적으로 숙의적 정책결정에서는 정책으로부터 영향을 받는 사람들은 누구나 참여할 수 있어야 하지만 제도화된 정책결정기구에는 현실적으로 제한된 사람들만이 참여할 수 있는 것이 사실이다. 그리고 이해관계집단의 규모가 크고 집단의 특성이 이질적일수록 참여자들의 대표성은 저하되게 된다. 그렇게 되면 다원적 가치와 이해관계가 균형 있게 반영되어야 한다는 정책숙의의 본래적 가치는 훼손될 수밖에 없다(문태현, 2010: 484).

셋째, 시민적 덕성의 문제이다. 숙의과정이 제대로 작동하기 위해서는 공공문제에 대한 관심, 관용과 개방적 태도, 상호존중과 공동선의 추구와 같은 시민적 덕성이 그 전제가 된다. 숙의적 방식에 의한 합의형성에 있어서는 이와 같은 시민적 덕성을 갖춘 사람들이 공적인 사회문제에 대해 이성적 논의를 통해 합의에 도달할 자세가 되어 있어야 한다(정정화, 2011: 582).

그러나 아직도 우리 사회는 숙의민주주의 실현에 필요한 문화가 제대로 정착되지 않고 있어 공적 문제에 대한 이성적인 숙의가 이루어지지 못하고 여전히 편협하고 자기주장이 강한 사람들의 주장이 특권화되는 경향이 있다(정책기획위원회, 2006: 31). 그리고 자기와 타자의 차이(다름)를 인정하고 수용하려는 다원주의적 가치가 제대로 형성되어 있지 못한 실정이다. 또 자신의 책임아래 문제를 해결하는 자치적이고 참여적인 정치문화가 정착되지 못하고 있기 때문에 문제해결에 실패할 경우에는 정부를 불신하고 대표들에게 책임을 전가하는 경향이 있으며 자신의 문제를 스스로 해결하려는 모습을 보여주지 못하고 있다.

넷째, 숙의에 따르는 거래비용의 문제이다. 거래비용은 행정이 일방적으로 정책을 추진하다가 주민들과 갈등을 빚는 경우에 많이 발생하지만 정책숙의과정에서도 적지 않게 발생할 가능성이 있다. 시민과 시민단체의 입장에서는 정책숙의에 참여하기 위한 시간과 금전이 과다하게 발생할 가능성이 있으며, 행정의 입장에서는 정책숙의가 시간과 금전의 투입뿐만 아니라 정책결정의 효율성과 시의성을 떨어뜨리는 동시에 정책을 둘러싼 조정비용도 증가될 가능성이 있다. 정책숙의에 따른 거래비용이 정책결정의 효율성을 크게 능가한다면 그 정책의 정당성은 약화되게 마련이다.

위에서 살펴본 숙의적 정책결정의 한계와 문제점으로 볼 때, 아직도 수직적인 정치·행정문화가 지배하는 우리 사회에서는 이 제도의 정착이 쉬운 일이 아니다. 하지만 사회적으로 정책을 둘러싸고 이념 및 계층갈등이 증폭되고 있을 뿐만 아니라 참여자들의 다양한 요구가 폭발적으로 증대하고 있는 현실은 협력적 거버넌스에 있어서 숙의적 정책결정방식의 적용을 불가피하게 하고 있다고 할 수 있다(문태현, 2010: 486).

4) 숙의적 정책결정의 효율화를 위한 조건

(1) 참여주체의 대표성 확보

거버넌스를 통한 숙의적 정책결정에서는 그 과정에 누가 참여하며, 무엇을 어떠한 방법으로 숙의하는가가 정책의 내용에 큰 영향을 미치게 된다. 따라서 거버넌스에 숙의적 정책결정방식을 도입하여 합리적으로 정책을 결정하기 위해서는 숙의에 필요로 하는 조건들이 충족되어야 한다. 여기에서는 그러한 조건을 숙의의 주체, 숙의의 대상, 숙의의 절차와 방법 등 등 세 가지로 구분하여 살펴보고자 한다.

숙의과정에서 누구를 참여시킬 것인가의 문제는 숙의적 정책결정의 성패를 좌우할 정도로 중요한 문제이다. 원래 숙의적 정책결정에는 결정으로 인하여 영향을 받는 모든 사람들이 참여하는 것이 바람직하지만 현실적으로는 소수인 대표자만이 참여할 수밖에 없다. 따라서 정책숙의에서 참여주체는 그 대표성이 확보되어야 하며 참여범위가 포괄성을 가져야 한다.

참여주체의 대표성은 토론과 의사결정에 참여하는 대표자의 선정이 공정하고 합리적 절차를 거쳐 선정되어야 한다는 것이다. 참여주체는 소속 집단(단체)으로부터 대표성을 인정받아야 함은 물론 가능한 한 많은 이해당사자들로부터 대표성을 확보해야 정당성을 높일 수 있다. 따라서 정당한 사유 없이 참여에 배제되는 집단이 있어서는 안 되며, 또 힘 있는 특정집단의 목소리가 과대 대표되지 않도록 대표성을 고려한 참여구조가 설계되어야 한다.

다음은 참여범위의 포괄성 문제인데, 합의의 결과는 정책결정으로부터 영향을 받는 모든 사람들이 토론과 결정과정에 참여할 때 규범적으로 정당화될 수 있다. 가능한 이해관계자들이 참여할수록 집합적 의사결정의 정당성이 강화될 수 있기 때문에 사회적 약자계층도 참여시켜 그들의 의사가 결정과정에 반영되어야 할 것이다.

그리고 정책숙의의 참여자들은 서로 상대를 존중하면서 정책토론을 할 수 있는 품성과 자질을 갖추어야 한다. 유능한 숙의자가 되기 위해서는 자신의 목표를 성찰하고 자신의 이해관계를 다른 사람들의 그것과 관련시켜 생각할 수 있는 능력과 함께 다른 참여자의 의견을 경청하고 정책담론과정에서 이성적이고 합리적인 대안(代案)을 개발할 수 있는 능력도 있어야 한다.

(2) 정책숙의 대상의 확대

어떤 정책문제가 숙의대상이 되어야 할 것인가에 대해서는 그 대상을 특정 분야로 제한해야 한다는 입장과 어떤 제한도 두어서는 안 된다는 입장이 대립되고 있다. 숙의민주주의를 공적 이성(理性)의 관점에서 이해하는 J.A Rawls는 정책숙의의 대상을 헌법과 관련된 중요한 정치적 주제로 제한시키고 합의가 어려운 도덕적 문제는 배제되어야 한다고 주장한다(김명식, 2004: 262 재인용).

이에 비해 숙의민주주의를 의사소통적 합리성의 관점에서 이해하는 J.Habermas는 숙의의 절차를 강조하고, 숙의의 내용과 범위에 대해서는 어떤 제한도 두지 않아야 한다면서 숙의의 영역을 공론장과 생활정치의 영역으로 확대시킬 것을 강조한다(정규호, 2005: 41 재인용).

오늘날 한국사회에서 환경문제, 평화문제, 생태문제 등 중요한 정책문제는 근본적으로 도덕적 불일치와 관련되는 것들이 적지 않다. 만약 정책숙의 과정에서 위와 같이 도덕적 문제를 제외하고 헌법과 관련된 정치적 문제나 기본적 정의의 문제에만 국한하여 다룬다면 정책숙의의 공간을 지나치게 축소시켜 숙의의 실효성을 약화시킬 수가 있다(문태현, 2010: 476). 그러므로 정책을 통하여 해결하려는 중요한 사회문제는 모두 정책숙의의 대상으로 하는 것이 바람직하다고 본다.

(3) 정책숙의 과정과 방법의 개선

가. 자유롭고 평등한 숙의과정의 확보

정책숙의의 역할은 일차적으로는 정책결정의 질을 제고하는데 있지만, 궁극적으로는 정책의 영향을 받는 사람들로부터 정책의 정당성을 확보하는데 있다(문태현, 2010: 477). 따라서 정책숙의에서 자유로운 분위기와 공정한 숙의과정의 확보가 무엇보다 중요하다. 자유로운 정책숙의란 참여자들이 숙의과정에서 필요한 정보와 지식 등에서 대내외적 제약이나 이데올르기적 왜곡이 없는 상태를 의미한다. 하지만 현실적으로 정책결정은 시간·정보 및 권력으로부터의 제약 등 수많은 대내외적 제약 속에서 이루어지고 있기 때문에, 이러한 제약요건을 감소시켜 정당성을 확보하기 위한 참여주체들의 노력이 필요하다고 하겠다.

그리고 숙의민주주의 정신에 가장 부합되는 합의의 도출방식은 만장일치이지만 실제로는 시간적 제약 등으로 대부분의 경우에 만장일치에 도달하기가 어렵기 때문에 궁극적으로는 다수결원리에 의존할 수밖에 없다. 그러나 숙의를 거친 다수결은 단순히 선호(選好)를 집합하는 것과는 달리 논증(論證)을 통한 주장과 반박이 계속되는 동안 자신들의 견해를 성찰적으로 반성하는 과정을 거쳐 다수가 형성됨으로써 결과의 정당성은 그만큼 높아지게 된다(김성훈, 2003: 41).

다음으로 정책숙의과정에서 공정성의 확보는 참여자들이 균등한 발언의 기회를 갖는 것이다. 이러한 공정성과 관련하여 주목할 것은 소수자의 목소리를 어떻게 균형 있게 반영할 것인가에 있다. 만약 소수자들이 숙의에 참여하더라도 자신의 의견을 제시하고 상대방을 설득하는 것이 강자들에 비해 심히 불리하게 이루어진다면 정책숙의는 형식적 수준에 머물고 공정성이 훼손되게 될 것이다.

나. 자원과 권력의 균형성 확보

참여자들 간에 자원과 권력이 비대칭적으로 분포하게 되면 정책숙의과정이 왜곡되어 자유롭고 공정하고 이성적 논쟁 속에서 자신들의 의견을 성찰적으로 수정해 나가는 합의가 이루어지지 못할 가능성이 높다. 따라서 정책숙의과정에서 참여자들 간에 자원과 권력을 어떻게 균형 있게 배분하는가가 중요한 문제로 대두된다.

정책논증에서 가장 중요한 자원은 바로 지식과 정보이다. 참여자들이 지식과 정보를 갖지 못할 경우 정책논쟁에서 유리한 위치를 차지하기가 거의 불가능하기 때문이다. 따라서 숙의적 정책결정을 위해서는 다양한 참여자들로 하여금 어느 정도 균형있게 지식과 정보를 가질 수 있도록 정책숙의구조의 제도화방안이 마련되어야 할 것이다.

그리고 정책숙의과정에서는 참여자들 간에 이해관계가 대립되기 때문에 자신의 의견을 관철하기 위한 수단으로 권력이 개입될 가능성이 크다. 숙의과정에 권력이 개입하게 되면 참여자들 간에 자유로운 토론이나 대등한 지위에서의 숙의는 원천적으로 불가능하다. 그러므로 숙의적 정책결정을 설계할 때에는 참여자들 간의 권력관계가 어느 정도 균형을 유지할 수 있는 방향으로 구성하는 것이 중요하다고 본다(문태현, 2010: 479).

다. 논증방식에 의한 숙의과정의 확보

정책결정과정은 다양한 정책대안들이 경쟁적으로 대립하고 평가되고 정당화되는 과정으로서, 정책숙의는 본질적으로 논쟁지향적인 활동이라고 할 수 있다. 즉 정책결정은 상호성과 이성의 교류가 수반되는 활동으로서 합리적인 논쟁과정을 필요로 한다. 정책논쟁과정이란 어느 정도 불확실성을 인정하면서 정책에 대한 주장을 정당화할 수 있도록 논거를 체계적으로 전개하는 논쟁과정이다.

이 과정에서는 정책문제에 대한 자료와 정보를 출발점으로 하여 문제해결을 위한 주장이 이루어지고 본증-보증-반증에 의해 정책주장에 대한 증거가 제시되면 그 증거의 신뢰성 내지 설득력에 따라 정책주장의 정당성이 결정된다. 여기에서 본증(本證)이란 특정주장을 뒷받침할 수 있는 근본적 이유이며, 보증이란 본증만으로는 정책주장의 정당성이 자명하지 않을 때 추가적으로 보완해 주는 것을 말한다(문태현, 2010: 480).

숙의적 정책결정이 이러한 논증방식에 의존하는 이유는 정책문제를 합리적으로 파악할 수 있는 기회를 제공하기 때문이다. 그러나 사회문제는 다양하고 복합적인 성격을 지니고 있기 때문에 합리적이고 과학적인 논증만으로 사회문제의 다양한 측면을 모두 파악하기에는 한계가 있다. 그러므로 정책대화를 비롯한 대안도 함께 검토하여 보조적 수단으로 활용하는 것이 바람직하다고 본다.

제 6 장

사회통합을 위한 시민의식 강화

제6장

사회통합을 위한 시민의식 강화

사회통합을 구현하기 위해서 제도적 장치보다 우선해야 할 것은 시민의식의 선진화라고 할 수 있다. 아무리 사회통합에 필요한 제도가 갖추어졌다 할지라도 시민들의 의식수준이 이를 제대로 활용할 수 있는 단계에 이르지 못한다면 사회통합은 실현하기가 어렵게 된다.

민주시민의식이란 민주사회에서 건전한 시민으로서 갖추어야 할 의식을 의미하는데, 여기에서 민주시민이란 민주적 기본가치와 이념을 내면화하고 자신이 속한 정치체제에 대한 지식과 가치를 조화시켜 공공의 의사결정과정에 적극적으로 참여하고 실천할 수 있는 능력을 가진 사람이라고 할 수 있다.

이러한 민주시민으로서 내면화해야 할 시민의식의 주요 요소들을 생활영역별로 구분하여 살펴보면, 먼저 개인생활에서는 인간존엄의식, 권리와 책임의식, 자주의식이 요구되며, 가정 및 이웃생활에서는 협동의식, 배려의식, 질서의식이 요구된다. 그리고 사회생활에서는 준법의식, 환경보호의식, 협상의식, 공동체의식이 요구되며, 국가·민족생활에서는 국가의식, 민족의식, 안보의식, 통일의식, 세계시민의식이 요구된다.

여기에서는 이러한 민주시민의식 중에서 사회갈등을 완화하고 사회통합을 구현하기 위해 우리 사회에서 시급히 요청되는 준법의식 및 협상의식의 제고방안과 함께 사회통합에 부정적 영향을 주고 있는 것으로 판단되는 연고주의 및 지역이기주의의 완화방안에 대해 살펴보고자 한다. 또 사회통합은 시민의식의 선전화가 전제되어야 한다는 점에서 국민들이 시민의식을 내면화하고 실천할 수 있도록 하는 내용의 민주시민교육 강화방안에 대해서도 함께 살펴보고자 한다.

제1절 준법의식의 제고

1. 법규범의 성격과 특징

일반적으로 규범이란 인간의 사회생활에 있어서 판단·행위·평가의 기준이 되는 행동양식이다. 즉 사회에서 지지를 얻은 일정의 가치관에 따라 행위를 규율하는 규칙을 말한다. 규범은 집단의 행위에 대한 기준을 제공해 주어 사회질서를 유지시키며 협력을 촉진하고 사회적 유대를 강화시키는 역할을 하며 사회적 기대에 대한 일탈을 제재하는 기준이 된다(오태원, 2009: 27). 이러한 규범은 그 기원(起源)과 강도(强度)에 따라 크게 관습, 도덕, 법규범의 세 가지로 구분할 수 있다.

관습이나 도덕은 어느 시대, 어느 사회에서나 존재하며 비교적 널리 준수되기를 기대할 수 있는 규범들이다. 그런데 사회의 통제와 질서를 유지하기 위해서는 특정규범을 공식화시킴으로써 개별적이고 무작위적인 통제를 정돈할 필요가 생기게 되는데, 이와 같은 요구에 따라 만들어지고 특정 권위에 의하여 집행되는 규범이 바로 법이라고 할 수 있다. 따라서 법은 사람과 사람과의 외면적 관계를 규제하는 규범으로써 내면적 관계를 규제하는 도덕 및 관습과 구별된다.

법은 다른 사회규범과 비교할 때 다음과 같은 특징을 갖는다. 첫째, 법은 국가 및 공공기관이 공식적으로 제정·공포하는 규범으로서, 법의 정당성은 바로 공식적인 제정과 공포에 있다. 둘째, 법은 합리적인 해석이 가능하도록 정확한 용어와 조문으로 문서화하는 규범이다. 셋째, 법은 그것을 집행하는 기관에 종사하는 전문직 대행자들에 의하여 집행되는 규범이다. 넷째, 법은 제재의 형식과 방법을 명백하고 확실하게 규정하는 규범이다.

이러한 법규범은 관습을 공식화하는 수도 있고 사회질서에 커다란 영향을 미칠 수 있는 도덕규범을 공식화하는 경우도 있지만, 모든 도덕규범이 반드시 법제화되지도 않으며 법의 내용이 전통적 도덕규범과 관습에 일치하지 않을 수도 있다. 이런 경우에 다른 사회규범과 법규범 간에 갈등이 발생하여 사회적 긴장을 초래하는 수도 있다(오태원, 2009: 30-31).

2. 준법의식이 낮은 이유

(1) 법제도와 현실 간의 괴리

법은 사회질서를 유지하기 위한 국가의 강제력을 수반하는 사회규범으로서 국가 및 공공기관이 제정한 법률·명령·규칙·조례 등을 통칭한다. 우리 사회는 법질서가 제대로 지켜지지 않고 있다는 평가를 받고 있는데, 그 가장 큰 이유로는 국민들의 낮은 법질서 준수의식을 들 수 있다. 한국형사정책연구원이 실시한 '법집행의 공정성에 대한 국민의식 조사연구'에 의하면 조사대상자의 34.2%가 법을 지키는 것이 손해일 때는 법을 어겨도 좋다고 보고 있으며 17.7%가 다른 사람들이 법을 위반한다면 나도 법을 지키지 않아도 된다고 응답하고 있다(한국형사정책연구원, 2012: 80).

이렇게 준법의식이 낮은 것은 우리 사회에서 법이 국민들의 권리신장과 복지향상에 합리적으로 기여하지 못함으로써 법질서에 대한 신뢰도가 낮다는 것을 의미하는 것이다. 법제도와 현실간의 괴리현상은 법질서의 준수를 저해하는 중요한 요인으로 작용한다. 우리나라에서는 지나치게 비현실적인 내용의 법령들이 양산되고 있는데, 규제가 과다하고 내용이 번거로운 법령은 국민들로 하여금 이를 지키기 어렵게 함으로써 법을 어기는 행위를 관용하는 사회적 분위기를 조성하고 있다.

우리나라에서 법제도와 현실 간에 괴리현상이 큰 이유는 조선시대(朝鮮時代)인 19세기 말부터 근대적 법제도가 이식된 이후 그것이 제대로 정착되지 못한 채 급격한 정치·사회적 변동을 겪었으며 대한민국(大韓民國)정부가 수립된 이후에는 권위주의 정부아래서 비현실적인 법과 규제가 양산되고, 또 자주 개정됨으로써 일관성을 유지하지 못한데 있다고 할 수 있다. 이렇게 법이 현실과 괴리되다 보니 국민들은 서로의 탈법을 용인하게 되고 복잡한 내용의 법을 지키기가 어려울 때에는 청탁 등 편법을 동원하여 자신의 목표를 달성하려는 성향을 갖도록 만들었다.

(2) 법 집행의 공정성 결여

법에 대해 국민들이 거부감이나 부정적 의식을 갖고 있는 중요한 이유 중의 하나는 법집행의 공정성에 대한 불신을 갖고 있기 때문이다. 2012년 한국형사정책연구원이 실시한 '법집행의 공정성에 관한 국민의식 조사연구'에 의하면 조사대상자의 50% 이상이 권력과 돈 등의 영향을 받아 법이 공정하게 집행되지 않고 있다고 응답하고 있으며, 조사대상자의 79.1%가 같은 범죄를 저질러도 가난하고 힘없는 사람이 더 심한 처벌을 받는다고 인식하고 있다(한국형사정책연구원, 2012: 118).

또 2015년 한국보건사회연구원이 실시한 '사회이동과 사회통합 실태조사'에서도 법집행의 공정성 여부에 대한 질문에 조사대상자의 16.5%가 "공정하다", 38.6%가 "보통이다"라고 응답한 반면 거의 절반에 이르는 45.3%가 "불공정하다"고 응답하고 있다(한국보건사회연구원, 2015: 254). 법과 규칙은 모든 사람에게 예외 없이 공정하게 적용될 때 그 정당성과 엄정성을 인정받을 수 있다. 법이 공정하게 집행되는 사회는 안정이 이루어지고 장래에 대한 예측을 가능하게 하며 남을 신뢰하는데 따르는 위험이 감소되기 때문에 사회적 신뢰수준이 높아진다.

그러나 법집행이 공정하지 못할 경우에는 법에 대한 신뢰가 약화되며 법을 지키는 사람들만 손해를 본다는 인식 때문에 법질서 준수에 대한 의식이 낮아질 수밖에 없다. 불공정하고 일관성 없는 법의 집행은 위법·탈법·편법·범법의 소지를 증폭시키고 법 따로 관행 따로 식의 이원적 규범문화를 조성하게 된다. 이러한 법감정이 일반화되면 법규의 힘이 마비될 뿐만 아니라 법일반의 구속력까지 약화시킴으로써 심각한 불신사회를 초래하게 된다(정신문화연구원, 2005: 22).

(3) 집단행동과 연고주의를 통한 법의 무력화

우리 사회에서는 법제도의 틀을 벗어난 집단행동이나 비공식적 연고를 통해 이해관계를 실현하려고 함으로써 법제도를 무력화시키는 경우가 적지 않다(이동원 외, 2009: 20). 법집행이 공정하지 않고 현실과 괴리된 법제도가 자신의 이익을 지켜주지 못한다고 인식할 경우에 시민들은 법보다는 집단

행동을 통해서 자신의 이해관계를 실현하려고 하는 경향이 강해지게 된다. 자신의 이해관계를 법과 규칙에 맡기고 따르려는 태도보다 법과 규칙을 벗어나서 집단행동방식으로 실현하려는 성향이 커지게 되면 사회의 합의된 권위구조가 붕괴되고 법질서가 취약해지게 된다.

이렇게 불법적인 집단행동이 일어나는 중요한 원인은 법에 대한 국민들의 신뢰가 약한데다가, 과거 개발독재시대에 정부가 공권력을 정권연장과 민주화운동에 대한 억압수단으로 활용하는 과정에서 국민의 반발이 두려워 체제유지에 관계가 크지 않은 불법시위는 묵인하는 등 법에 대한 지나친 예외를 적용함으로써 국민들로 하여금 법을 어겨도 예외가 허용될 것이라는 기대심리를 갖도록 한데 있었다고 할 수 있다.

법질서 준수를 어렵게 만들고 법제도를 무력화시키는 또 하나의 요인은 공식적인 법규나 제도가 아닌 비공식적인 연고나 청탁을 통해 이해관계를 실현하고자 하는 사회적 분위기이다. 집단행동이 주로 권력에 대한 접근기회가 비교적 높지 못한 사람들이 법제도를 우회하기 위한 선택이라면, 권력에 대한 접근가능성이 높은 편에 속하는 사람들은 법제도의 공식적 측면이 아닌 비공식적 연고에 의존하려는 경향이 높은 것으로 나타나고 있다.

사회활동이나 행정업무에 대해서 연고관계를 이용하려는 경향이 높은 사람들일수록 법제도에 대한 존중 수준이 낮으며 탈법적 행동에 가담하게 될 확률이 높아지기 때문에 연고주의가 강하면 강할수록 그 사회의 법질서 수준은 낮을 수밖에 없다(이동원 외, 2009: 217-218).

3. 준법의식의 제고 방안

(1) 공정하고 일관성 있는 법집행체계 구축

법과 규칙을 준수하는 문화를 확립하기 위해서는 법이 공정하고 엄정하게 집행되어야 하며 범법행위를 할 경우에는 공정하게 제재해야 한다. 법집행은 법률·명령·처분 등 국가와 공공기관이 제정한 강제규정을 실행하는 것으로서 법집행의 공정성은 법을 직접적으로 적용하는 과정, 특히 법집행기관의 재량권 행사과정에 특정한 사회경제적 요인에 의하여 차별을 두지 않는 것을 의미한다.

사람들은 일상생활에서 자신의 행동에 대한 사회적·경제적·법적 결과를 고려하면서 살아가기 때문에 법이 공정하게 집행되는 사회에서는 신뢰수준이 높아진다. 우리 사회는 과거 개발독재의 유산과 민주화투쟁을 거치면서 법규를 위반하는 행위가 사회적으로 어느 정도 용인되는 문화가 존재해 왔는데, 이제는 법을 공정하고 일관성 있게 집행해 나가야 한다.

그리하여 국민들에게 법은 모두에게 예외 없이 동등하게 적용되는 것으로서, 법을 지키면 이익이 되고, 지키지 않으면 손해를 보고 처벌을 받는다는 확실한 인식을 심어주어야 하며, 동시에 불법적 행위로 인해 피해를 입는 개인이나 집단이 가해자로부터 적절한 배상을 받을 수 있도록 법률적 지원을 해줄 필요가 있다. 법이 모든 국민에게 동등하게 적용되고 공정하게 적용될 때 사회적 안정성이 높아지고 결과적으로 사회통합에 기여하게 된다.

(2) 사회지도층에 대한 엄격한 법적용

현재 우리 사회에서 법질서 경시풍조가 심화된 주요 요인의 하나는 사회지도층이 법질서를 무시하는데 있다고 할 수 있다. 빈번하게 발생하고 있는 사회지도층의 범법행위와 비리는 일반국민들에게 서민들만 법을 지킬 필요가 없다는 인식을 심어주어 법질서를 무시하게 하는 요인이 되고 있다. 그러므로 사회지도층의 법질서 위반행위에 대해서는 처벌을 보다 엄정하게 함으로써 국민들에게 법이 모든 사람에게 공정하게 적용되고 있다는 신뢰감을 심어줄 필요가 있다.

우리 사회에는 권력층인 정치인, 고위공직자들과 그 측근의 특권적 관행에 따른 비리 또는 재벌의 범죄에 대해 일반국민들보다 훨씬 관대한 처벌을 함으로써 권력과 돈이면 모든 것이 해결된다고 생각하는 풍조가 만연해 있는데, 이를 시정하기 위해서는 권력과 금력을 가진 사람들의 범죄에 대해서는 법적용을 더욱 엄격하게 할 필요가 있다.

그리고 고소득 전문직의 탈세에 대한 처벌을 보다 강화해야 하며, 국민의 법감정과 법집행의 형평성을 감안하지 않고 빈번하게 행사되는 사면과 복권은 법치주의에 대한 신뢰를 손상시키는 요인이 되므로, 이를 제한적으로 실시하는 것이 바람직하다.

(3) 비현실적인 법과 규제의 정비

법의 내용이 너무 복잡하고 비현실적이거나 규제가 과다할 경우에 시민들은 일상생활에서 법을 어기기 쉽다. 실제로 우리 사회에서는 비현실적인 법의 내용으로 인해 지키기 어려운 규제가 많기 때문에 시민들이 법에 따라 일을 처리하는 것보다 오히려 편법을 동원하는 것이 더 수월하다고 인식하는 경우가 적지 않다.

그러므로 시민들의 준법의식을 제고하기 위해서는 비현실적인 법과 규제를 정비해야 한다. 하나의 예로서 기초질서 유지에 큰 역할을 하고 있는 경범죄처벌법에 규정하고 있는 경범죄 가운데는 현실과 맞지 않는 내용들이 적지 않은데, 그러한 규정들은 시대상황을 반영하여 개정하는 것이 법의 실효성을 높이는데 도움이 될 것이다.

또 입법과정에 이해관계자들의 의사를 합리적으로 반영시켜 현실적이고 타당성 있는 법, 특수이익이 아니라 국민전체의 보편적 이익을 위한 실체적 공정성이 담보되는 법을 만들어 법의 수용성을 제고시켜야 한다. 이와 함께 사전·사후 입법영향평가시스템을 구축하여 입법관리의 효율성과 정당성을 제고시키는 것이 바람직한데, 입법영향평가는 과도하거나 불필요한 규제, 시대상황에 부합되지 않는 규제 등을 발굴하고 현실에 적합하도록 개선하는데 유용한 수단이 될 수 있을 것이다(이동원 외, 2009: 223).

(4) 무료 법률상담 서비스의 확대

법질서가 확립되기 위해서는 시민들의 법적 권리가 보호되고 피해구제가 제때에 이루어져야 한다. 그런 점에서 시민들이 법률전문가를 찾아 상담하지 않더라도 손쉽게 접근 가능한 생활공간에서 무료로 법률자문을 받을 수 있는 방안이 마련되어야 한다.

현재 우리나라에는 법률서비스의 보편화를 위해 법률구조공단, 가정법률상담소 등이 운영되고 있으나 제대로 활용되지 못하고 있는 실정이다. 그러므로 지방자치단체의 민원실에 상설기구로 생활법률상담소를 설치하여 주민들의 법률상담에 응할 수 있는 시스템을 구축하는 것이 바람직하다고 본다. 아울러 법원 등 법률관련기관에서도 무료 법률상담 서비스를 대폭 확대할 필요가 있다.

(5) 준법의식 함양을 위한 교육의 강화

법질서의 유지는 법적 강제를 통해서만 이루어질 수는 없으며, 법질서 자체가 시민의식과 감정에 부합되어야 하고 법을 준수하겠다는 의식이 높아질 때라야 가능한 것이다. 그를 위해서는 학교교육과 사회교육을 통해서 법교육을 강화하여 법의 원칙, 법절차, 법제도, 법질서 등에 관한 기본지식과 기술 및 그의 바탕이 되는 가치들을 습득하도록 해야 할 것이다.

이러한 법교육을 통해 시민들은 법은 공정한 사회를 실현하기 위해 누구에게나 차별없이 공정하게 적용되는 규범이기 때문에 자발적으로 지켜야 한다는 준법의식을 함양할 수 있다. 또 시민들이 생활과정에서 발생하는 제반 문제를 법적인 사고를 바탕으로 적법절차를 통해 합리적으로 해결할 수 있는 능력을 기를 수 있으며, 더 나아가서는 공동체의 질서를 유지하기 위한 각종 분쟁처리절차를 활용하는 방법을 숙지할 수 있게 될 것이다.

제2절 협상의식의 제고

1. 협상의 개념과 특징

1) 협상의 개념

협상(negotiation)의 개념은 학문분야, 접근방법 및 연구자들에 따라 다양하게 정의되고 있다. P.H Gulliver(1979)는 협상을 "서로가 합의를 도출하기 위하여 상호작용하는 의사결정과정"이라고 정의하고 있으며, P.D Cameral 등(1986)은 "서로 다른 이해관계를 가진 둘 이상의 상호의존적인 사회개체들이 갈등을 해소하기 위하여 공동으로 의사결정을 내리는 과정"이라고 하고 있다.

한편 김상구는 "상반된 이해관계를 갖고 있는 당사자들이 토론·의견교환 등의 상호작용을 통하여 상호이익이 되는 해결대안을 강구하고 합의를 구하는 연속적 과정 내지 활동"이라고 정의하고 있으며(김상권, 2008: 56), 박호숙은 "어떤 공통된 문제에 대하여 서로 간의 합의를 형성함으로써 서로 상충되는 이익을 조정해 나가는 과정"이라고 하고 있다. 이상의 정의(定義)들을 통해 협상에 관한 공통적 요소들을 추출해 보면 협상은 둘 이상의 당사자가 있고 이해관계자들은 특정한 목적을 가지며 일종의 갈등상황 아래서 이해관계를 조정하는 의사결정과정이라는 것이다.

따라서 여기에서는 위와 같은 개념정의들을 종합하여 협상을 "이해당사자들이 갈등해결을 위하여 가능하다고 인정되는 방안들 중에서 서로 수용할 수 있는 대안을 찾아가는 일련의 의사결정과정"으로 정의하고자 한다. 이렇게 정의할 때 협상은 공통되면서 동시에 상반되는 이해관계 상황에서 한편으로 협력하고 다른 한편으로 경쟁하면서 전략적으로 자신의 이익을 증진시키기 위해서 조우하는 행위유형이라고 할 수 있다.

협상과 유사한 용어로는 교섭(交涉)이 있는데, 양자 모두 합의를 통한 해결을 위해 당사자 간의 토론과정을 강조한다는 점에서 같은 의미로 사용되는 경우도 있으나 양자는 서로 다른 개념이다. J.Cross(1969)도 협상과 교섭을 동의어로 사용하면서도 엄밀한 의미에서 교섭은 당사자 간의 합의에 이르기 위해 대안을 주고받는 과정으로서의 기본적인 형태인데 비해 협상은 교섭이 일어나는 전반적인 상황으로서 교섭에 비해 더 광범위한 개념으로 보고 있다(임동우, 2014: 10 재인용).

2) 협상의 일반적 특징

협상은 일반적으로 다음과 같은 특징을 가지고 있다(이달곤, 2002: 29-30. 백종섭, 2015: 67-68). 첫째, 협상은 두 사람 이상의 이해당사자가 있어야 한다. 여기에서 이해당사자란 개인이나 집단과 관련되는 문제 또는 사회적 문제나 쟁점 등에 영향을 받거나 주는 사람이다. 이해당사자에는 직접적으로 관계되는 사람뿐만 아니라 간접적으로 관계를 갖는 사람도 포함되지만 협상과정에는 대부분 직접적 이해당사자가 참여하게 되며, 이러한 이해당사자의 규모·성격·특성 등은 협상과정과 전략에 많은 영향을 미친다.

둘째, 협상에는 가치의 창출이나 배분과 관련하여 협상당사자들이 상반된 이해관계를 갖는다. 즉 협상에는 갈등과 대립을 빚는 서로 다른 입장이나 이익이 존재하게 된다. 셋째, 협상은 협상당사자가 갖게 되는 결과가 상대방에 의존한다는 점에서 결과의존적인 성격을 갖는다. 넷째, 협상은 상대방으로 하여금 그 자신이 바라는 대안(代案)으로 다가오도록 만드는 능력이 중요한 요소로 작용한다.

다섯째, 협상과정은 불완전한 관계 속에서 상호작용을 요소로 하는 정보의존적 성격을 갖는다. 협상은 한정된 자원을 나누어 가지려는 사람들 간에 대화를 통하여 자신의 몫을 주장하고 상대방의 몫을 확인하는 과정이기 때문에 협상당사자에게는 지속적인 정보교환과 소통을 위한 상호작용이 절대적으로 필요하다.

3) 공공협상과 민간협상의 차이

일반적으로 협상은 위에서 지적한 특징을 갖고 있지만 공공갈등에 관한 협상, 즉 공공협상은 일반적인 민간협상과는 다른 여러 가지 특징을 갖고 있다. 여기에서는 공공자원을 분배하는 과정에서의 공공협상과 노사협상을 중심으로 한 민간협상의 차이를 살펴보고자 한다(은재호 외, 2011: 291-292. 임동진, 2015: 83).

첫째, 공공협상과 민간협상은 협상대표자의 선정에 차이가 있다. 민간협상(노사협상)에서는 당사자가 누구인지를 쉽게 인식할 수 있으며 협상대표자 선정을 위한 절차가 제도화되어 있어서 대표자를 선정하기가 용이하지만 공공협상의 경우는 협상의 대표자 선정이 제도화되어 있지 않는 경우가 일반적이다. 둘째, 갈등의 쟁점에서 차이가 있다. 민간협상의 경우는 임금·근로조건 등 갈등쟁점을 명확하게 알 수 있어서 그에 따른 비용과 편익에 대한 예측이 가능하다. 그러나 공공협상에서는 갈등쟁점을 명확하게 정의하기 어렵고, 이를 구체적으로 수치화하는 것은 더욱 어려우며 갈등영향의 크기와 분포 등도 파악하기가 쉽지 않다.

셋째, 협상참여자의 규모에서 차이가 있다. 민간협상의 경우는 협상참여자의 규모가 대체로 동일하지만 대부분의 공공협상의 경우는 여러 공공기관과 이익단체들이 참여하는 경우가 많다. 따라서 다자간의 공공협상은 민간협상보다 협상을 더욱 복잡하게 하여 결과를 예측할 수 없도록 하는 경우가 많다.

넷째, 요구조건에서 차이가 있다. 노사협상과 같은 민간협상에서는 과도한 요구에 의한 잠재적 파급효과는 기준이 되는 조건들인 물가상승률, 소비자가격지수, 경제지표 등에 의해서 최소화될 수 있다. 그러나 공공협상의 경우는 이러한 제한적 조건이나 기준이 협상과정에서 제대로 활용되지 못하는 경우가 대부분이다.

다섯째, 협상당사자 간의 관계에서 차이가 있다. 단체교섭과 같은 민간협상의 경우에 협상당사자 간의 관계는 지속적이고 협상전략 역시 예측이 가능하다. 이에 비해 공공협상의 당사자들은 종전에 협상을 전혀 경험하지 못한 경우도 있고 협상을 많이 경험한 경우도 있는 등 매우 다양하다. 여섯째, 협의기구의 구성 여부에 차이가 있다. 민간협상의 경우에는 주로 대면협상의 형식을 위하지만 공공협상에서는 협의회와 같은 공식적 기구를 통해 협상이 이루어지는 경우가 많다.

2. 협상의 유형

1) 분배적 협상과 통합적 협상

협상은 전략적 측면에서 분배적 협상과 통합적 협상으로 구분할 수 있으며, 입장(立場)과 이해(利害)의 어느 쪽에 중점을 두는가에 따라 입장협상과 원칙협상으로 구분할 수 있다. 그 중에서 분배적 협상은 협상에서 분배해야 할 가치가 모두 고정되어 있으므로 협상당사자 양쪽 모두가 자신의 몫을 가능한 한 많이 차지하는 것을 목적으로 하는 협상유형이다.

분배적 협상은 협상당사자 간의 관계가 기본적으로 경쟁적이어서 상대방을 이겨야 하는 적으로 간주하게 되고, 그 결과 모든 협상은 승자와 패자를 이분법적으로 구분하게 된다. 그 때문에 협상당사자들은 자신의 이익만을 극대화시키려는 전략과 전술을 동원하다(신군재, 2013: 197). 한편 통합적 협상은 협상당사자들이 자신들의 이해관계를 통합한 합의를 도출해 냄으로써 서로 극대화된 이익을 얻기 위해 협력하는 협상유형이다. 즉 공동이익을 증진시키고자 하는 협상으로서 당사자 모두가 승리하는 협상을 말한다.

통합적 협상은 가치가 고정되어 있지 않고 양자의 협력에 의해 새로운 가치가 창출될 수 있다는 점을 전제하고 자신의 이익을 1차적으로 중시하지만 상대방의 이익까지도 고려한다. 그러므로 통합적 협상이 이루어지기 위해서는 협상당사자들의 공통의 이익과 결합이익을 발견할 수 있어야 하며, 동시에 이를 실현시킬 수 있는 과정이나 절차를 개발할 수 있어야 한다(신군재, 2013: 198).

분배적 협상과 통합적 협상은 구체적으로 다음과 같은 차이가 있다.

협상목표에서 보면 분배적 협상은 상대방의 희생을 통해 자신의 몫을 극대화하는 것인데 비해 통합적 협상은 공동의 이익을 극대화하는데 두며, 협상자세에서 보면 분배적 협상은 경쟁적·적대적인데 비해 통합적 협상은 상호 협력적이다. 또 협상원리에서 보면 분배적 협상은 입장중심(立場中心)

의 협상으로서 명분이나 논리에 집착하는데 비해 통합적 협상은 이해중심(利害中心)의 협상으로서 상호이해에 초점을 둔다.

그리고 협상과정에서 보면 분배적 협상은 자신은 가급적 양보하지 않고 상대방으로부터 최대한 양보를 얻어내고자 하며 정보가 일방향적인데 비하여 통합적 협상은 상호 몫의 확대와 모두에게 도움이 되는 대안을 탐색하며 쌍방향적 정보교환이 이루어진다. 그런데 현실적으로 대부분의 협상은 분배적 특성과 통합적 특성을 동시에 지닌 혼합동기적 속성을 가지고 있다. 따라서 협상당사자는 공동의 가치를 창출하기 위해 상대방과 협력해야 하면서 동시에 자신의 가치를 주장하기 위해 상대방과 경쟁을 해야 한다(은재호 외, 2011: 32).

2) 입장협상과 원칙협상

입장협상은 협상당사자가 자신의 입장에만 집착하여 자신의 입장을 상대방에게 이해시키고 상대방이 자신의 주장을 따르는 것을 최선의 결과라고 인식하는 협상유형으로서 협상목표를 승리에 두는 경성협상(硬性協商)을 지향한다. 한편 원칙협상은 협상의 상대방을 문제해결자로 인식하고 문제와 사람을 분리하며, 입장이 아닌 이해관계에 초점을 두어 상호이익이 되는 대안의 개발에 주력하는 협상유형이다.

입장협상의 대안적 성격을 갖는 원칙협상은 합의에 그 목표를 두는 연성협상(軟性協商)을 지향한다. 원칙협상은 특정결과 또는 행동노선에 대한 도덕적 정당성, 즉 공평성·합리성·객관성 등에 호소함으로써 갈등당사자의 욕구를 충족시키려는 방식으로서(은재호 외, 2011: 34), 협상과정에서 객관적인 원칙과 과학적 분석결과 등을 제시하여 상대방을 설득시키려고 노력한다.

3. 협상에 영향을 미치는 요소

협상에는 매우 다양한 요인들이 영향을 미치기 때문에, 이러한 요인들을 사전에 잘 확인하고 분석하여 적절한 협상전략을 수립하고 실행해야 성공적인 결과를 얻을 수 있다. 협상에 영향을 미치는 요소로는 협상의 목표, 협상력, 협상자 간의 관계, 대안, 시간, 정보, 협상전략과 전술 등 7가지를 들 수 있는데, 이를 구체적으로 설명하면 다음과 같다(백종섭, 2015: 75-80. 박영수, 2006: 40-51).

첫째, 협상의 목표이다.

협상의 목표란 협상자가 협상을 통해 얻고자 하는 협상성과 또는 협상이익이다. 협상의 목표를 무엇으로, 또 어느 정도로 설정하느냐가 협상에 큰 영향을 미치는데 협상목표를 명확하게 설정하여 노력할수록 보다 많은 성과를 얻을 수 있다. 일반적으로 높은 목표를 설정하면 협상자의 기대수준이 높아지고 이를 달성하기 위한 성취동기도 높아지면서 결과적으로 높은 협상성과를 얻을 수 있다.

둘째, 협상력이다.

협상력이란 협상에서 자신이 원하는 조건으로 합의를 얻어낼 수 있는 능력이다. 이러한 협상력은 협상에서 상대방이 자기의 의도에 접근하도록 하는 능력, 의도된 협상결과를 만들어낼 수 있는 능력, 협상의도 구현을 위해 협상요소를 종합적으로 활용할 수 있는 능력, 협상과정에서 상대를 통제하고 인식을 바꾸도록 하는 능력을 포함한다. 협상력은 이러한 자원들을 얼마나 효과적으로 동원하여 협상목표를 달성하는데 적절하게 사용하는가에 따라 그 크기가 달라지며 협상의 결과에 큰 영향을 미치게 된다.

셋째, 협상자 간의 관계이다.

협상은 협상당사자 간의 관계가 신뢰에 기초한 우호적 관계일수록 그 성과가 높다고 할 수 있다. 일반적으로 협상자 간의 관계는 호혜적 관계, 거래적 관계, 적대적 관계로 구분할 수 있는데, 호혜적 관계는 협상자가 협상을 통해 상호이익을 얻을 수 있다고 인식하는 관계이다. 그리고 거래적 관계는 협상자 간의 관계가 일회성을 띤 관계를 말하며, 적대적 관계는 협상자 간에 상대방을 적대자로 보는 관계이다.

거래적 관계와 적대적 관계에서는 협상자 간의 상호신뢰가 낮게 나타나는데, 그러한 신뢰성향이 낮은 협상자는 상대방이 조금이라도 경쟁적 행위를 하게 되면 실제 이상으로 부정적 의도를 가진 것으로 인식하여 협상과정을 경쟁적 악순환으로 치닫게 한다. 반면에 호혜적 관계 속에서는 협상에 협력적으로 임하게 되어 보다 문제해결식 협상행위가 가능해지게 된다.

넷째, 대안이다.

협상자는 협상이 성공하지 못할 경우를 대비하여 협상과정에서 항상 자신의 대안(代案)을 가져야 한다. 협상에서의 대안(BANTA : Best Alternative To a Negotiated Agreement)이란 합의에 도달하지 못했을 경우에 택할 수 있는 좋은 대안을 말한다. 협상자가 좋은 대안을 가지면 가질수록 강한 협상력을 발휘하여 좋은 성과를 거둘 수 있으며, 반면에 그러한 대안이 없는 경우에는 상대방에게 의존할 수밖에 없기 때문에 소극적으로 자신의 이익을 주장하거나 상당히 많은 양보를 해야 할 가능성이 크다. 따라서 협상과정에서 대안의 개발은 협상을 유리하게 이끌 수 있는 지렛대의 역할을 하게 된다(백종섭, 2015: 77).

다섯째, 시간이다.

협상자들은 모두 시간의 제약을 받게 된다. 협상에서 시간적 여유가 있는 협상자는 좋은 협상안과 대안을 개발할 수 있고 상대방의 전략을 탐색할 수 있게 되지만 시간의 제약에 쫓길수록 협상력은 약해진다. 대개의 협상자는 협상 초기에는 양보하려들지 않다가 마감시간이 임박해지면 큰 폭으로 양보하기 시작한다. 그 이유는 마감시간 전까지는 상대가 먼저 양보할 것이라고 기대하여 자기입장을 강하게 고수하려는 경향이 있는데다 미리 양보하면 상대에게 약하게 보일 것을 두려워하기 때문이다.

여섯째, 정보이다.

협상과정은 일종의 정보수집과 정보교환의 연속이라고 해도 과언이 아니다. 협상과정에서는 상대방에 대해 가능한 한 많은 정보를 수집하고 분석하여, 이를 바탕으로 요구나 주장을 할 때 설득력과 주장의 합리성을 제고할 수 있다. 이같이 정보는 협상과정에 있어서 협상의 우위를 좌우하는 힘의 원천이 된다. 또 협상과정에서 협상자 간에 정보를 교환하여 공유하는 것은 협상을 촉진시키며 통합적 합의를 이끌어내는데 크게 기여하게 되므로 진정한 선호(選好)와 우선순위에 따른 정보가 정확하고 충분하게 교환될 수 있어야 한다.

일곱째, 협상전략과 전술이다.

협상자들은 협상에서 보다 많은 이익을 얻기 위하여 다양한 협상전략과 전술을 구사한다. 협상전략과 전술은 협상의 목적, 협상의 주제, 협상자 간의 관계, 협상자들의 협상문화, 협상정보, 협상력, 자신과 상대방의 대안(BANTA), 협상시간의 제약 여부 등에 따라 달라질 수 있다. 협상의 전략과 전술은 상대방과의 관계에서 결정되기 때문에 상대의 의중을 파악할 수 있는 기술은 다양한 협상전략과 전술을 구사하는데 필수적 요소가 되는데, 이러한 전략과 전술의 선택은 협상의 목적이나 협상주제 등에 적합해야 한다(백종섭, 2015: 80).

4. 공공갈등에서의 협상의 목표

공공갈등에 있어서 협상의 목표는 왜 협상이 필요한가와 밀접히 관련된다. 협상을 통하지 않는 갈등해결방식도 많은데 협상을 하는 이유는 협상을 통한 문제해결이 다른 방식에 비해 장점이 많기 때문이다. 협상의 가장 큰 장점은 다양한 이해관계를 조정하고 의견차를 좁힐 수 있는 효과적인 수단으로서 갈등관리과정의 모든 단계에서 활용이 가능하다는 점이다.

예를 들어, 협상을 통하지 않고 물리력이나 소송에 의해 문제해결을 시도할 경우에는 투입되는 비용이 협상에 의하는 방식보다 훨씬 많을 가능성이 높고 해결에 필요한 기간도 장기화될 가능성이 크다. 또 대립되는 이해당사자 간의 관계가 악화되어 상호불신이 더욱 커질 우려가 있다. 그러나 협상은 소송 등에 비해 소요기간이 짧고 비용도 훨씬 적게 들며 협상을 통한 합의가 이루어지면 협상당사자들의 우호관계가 향후에도 지속될 수 있다.

협상의 목표는 협상의 어느 측면을 강조하느냐에 따라 다양하게 도출할 수 있지만 일반적으로 협상은 다음과 같은 목표를 가지고 있다(지속가능발전위원회b, 2005: 210). 첫째, 협상은 폭력이나 강압에 의한 문제해결을 지양하고 평화적이고 상호 납득할 수 있는 해결을 목표로 한다. 둘째, 협상은 공동의 가치창출을 목표로 한다. 협상은 협상자 간의 상호의존성을 확인하는 것에서 출발하는데, 여기에서 상호의존성은 각 당사자가 얻을 수 있는 개별적인 이익보다 상호 협력하여 창출되는 공동의 이익이 더욱 크다는 것을 의미한다. 따라서 협상은 더 큰 공동의 이익을 어떻게 창출할 것인가가 목표가 된다.

셋째, 협상은 일방적인 해결방안을 강요하기 보다는 합의를 통해 협상자의 다양한 이해관계를 최대한 반영한 공동해결을 목표로 한다. 넷째, 협상은 일회성인 거래나 흥정과는 달리 협상자 간에 장기적이고 건설적 관계를 형성하고 유지하는 것을 목표로 한다.

5. 공공갈등에서의 바람직한 협상전략

협상의 목표를 달성하기 위해서 협상자들은 다양한 협상전략을 활용하게 된다. 그러나 어떤 내용의 협상에도 적용되는 최선의 협상전략은 존재하지 않기 때문에 집단의 상황이나 특성, 구성원들의 관심도와 수준, 협상대상의 중요성 등을 종합적으로 분석하여 유연하게 선택하는 것이 바람직한 협상전략이라고 할 수 있다.

협상전략은 연구자들에 의해 다양하게 제시되고 있는데, J.T Savage 등(1989)은 협상당사자들에게 돌아 올 실질적 성과(목표·이익·비용·노력 등)와 상대방과의 거래관계에 미치는 관계적 성과(호의적이고 만족스러운 거래관계나 인간관계 등)를 중심으로 하여 신뢰적 협동, 공개적 복종, 확고한 경쟁, 적극적 회피의 네 가지 협상전략을 제시하면서 협상자들이 관계적 성과와 실질적 성과 중 어디에 우선순위를 두는가에 따라 네 가지 전략 중에서 하나가 선택된다고 하고 있다(임채승, 2004: 39 재인용).

그리고 D.G Pruitt와 J.Z Rubin(1986)은 협상전략을 협상자가 협상과정에서 자신에게 돌아 올 결과와 상대방에게 돌아 갈 결과에 대한 관심수준에 따라 문제해결전략, 순응전략, 타협전략, 공격전략, 무행위전략을 들고 있다. 그들은 이들 전략 중에서 문제해결전략과 타협전략이 가장 선호되는 전략이지만, 협상자들이 자신의 결과에 대한 관심이 높을수록 문제해결전략과 공격전략을 추구할 가능성이 크며 자신에 대한 관심이 약할수록 순응전략 또는 무행위전략을 추구할 가능성이 커진다고 하고 있다(임채승, 2004: 42-44 재인용).

한편 R.E Walton 등(1966)은 협상전략을 분배적 협상전략과 통합적 협상전략을(임동우, 2014: 19), R.Fisher와 W.Ury는 입장협상전략과 원칙협상전략을 제시하고 있다(정주진, 2010: 110). 여기에서는 위에서 제시된 전략들 중에서 바람직한 협상전략으로 가장 많이 인용되고 있는 통합적 협상전략과 원칙협상전략에 대해 설명하고자 한다.

1) 통합적 협상전략의 추구

분배적 협상전략은 협상자가 상대방을 희생시켜서라도 갈등의 대상이 되는 한정적 자원을 자기가 경쟁적으로 차지하기 위해 사용하는 전략이다. 따라서 분배적 협상은 승-패 혹은 자기이해관계 속에서 이익을 극대화하거나 손실을 극소화하려는 제로섬게임(zero-sum game)의 성격을 띠는 경쟁전략 또는 강압전략의 형태를 띤다.

이에 비해 통합적 협상전략은 협상과정에서 문제에 대한 공동이해와 협상자들의 욕구를 통합하는 전략으로서 협상자들의 목표는 서로 배타적이 아니라 양립할 수 있으며, 문제해결은 협상자들에게 이익이 되는 결과를 산출할 수 있다고 여긴다. 이같이 통합적 협상전략은 공동이익을 증가시켜 협상자 모두에게 이익이 되는 긍정적 합의결과를 얻는 것을 목표로 한다.

D.G Pruitt 등은 통합적 협상전략이 다음과 같은 유용성을 갖는다고 강조한다(임채승, 2004: 46 재인용). 첫째, 협상에 대한 기대가 클 경우에 통합적 협상은 협상자들 모두의 최소기대를 만족시켜 주는 대안을 창출해 냄으로써 협상이 실패할 가능성을 적게 해 준다. 둘째, 통합적 협상은 빠른 해결을 가져다준다. 분배적 협상은 그 과정에서 협상자들이 자신의 기대를 줄이려고 하지 않기 때문에 합의하는데 많은 시간이 소요되지만 통합적 협상을 통해 상호이익이 되는 대안을 찾게 되면 그 기대를 줄일 필요가 없으므로 더 빠른 합의에 이를 수 있다.

셋째, 통합적 협상에서는 합의의 결과가 협상자 모두에게 만족을 줌으로써 합의 후에 협상자의 일방 또는 양쪽 모두가 합의내용을 거부할 위험을 줄여준다. 통합적 협상전략은 위와 같은 장점이 있기 때문에 협상자 모두가 만족하는 성공적 협상이 되기 위해서는 이 전략을 활용하여야 할 것이다.

이러한 통합적 협상이 성공하기 위해서는 협상자들이 상대방의 진정한 필요와 목표를 이해할 수 있어야 하며 창의적인 아이디어를 교환하고 정보를 공유할 수 있어야 한다. 또 서로의 입장보다는 이해관계에 초점을 맞추어야 하며 협상을 순조롭게 진행하기 위한 절차적 측면과 과정이 중시되어야 한다(박영수, 2006: 14).

2) 원칙협상전략의 추구

공공갈등의 해결을 위한 협상은 원칙에 입각한 협상이 바람직하다. 원칙에 입각한 협상은 이해관계에 초점을 맞추고 문제해결 중심으로 협상과정을 합리적으로 이끌어 협상당사자 모두가 만족할 수 있는 결과를 도출하는데 중점을 두기 때문에 갈등을 다루는 가장 효과적인 협상방법으로 인정받고 있다.

원칙에 입각한 협상은 이해관계의 분석과 합리적 의사결정을 존중하면서 협상자들의 정당한 요구를 가능한 한 충족시키고 상충하는 이해를 공정하게 조정함으로써 협상과정에서 불필요한 행위나 자원낭비적인 소모전을 피하여 효율성을 기할 수 있으며, 이해관계에는 엄격하되 인간관계에는 유연하게 대함으로써 협상자들의 우호적 관계를 계속 유지할 수 있다는 장점이 있다(지속가능발전위원회b, 2005: 206).

R.Fisher와 W.Ury(1991)는 이러한 원칙협상이야말로 협상자들이 상호이익이 되는 윈-윈(win-win)결과를 도출할 수 있는 협상이라고 주장하면서 그 내용을 사람과 문제의 분리, 입장이 아닌 이해관계에 초점, 상호이익이 되는 대안개발, 객관적 기준의 적용 등 4단계로 구분하고 각 단계별로 세부전략을 제시하고 있다(정주진, 2010: 110-111 재인용). 이러한 사람, 이해관계. 대안, 기준은 원칙협상의 기본요소라고 할 수 있는데, 이하에서는 원칙협상의 단계별 내용과 세부전략을 구체적으로 살펴보고자 한다.

(1) 사람과 문제의 분리

협상에 참여하는 사람들은 협상을 사람자체의 문제로 인식하여 자기편과 견해를 달리하는 상대방을 적대적 관계로 인식하는 경향이 많다. 그러나 협상은 당사자 양쪽에 모두 이익이 되는 결과를 도출하는데 목적이 있기 때문에 협상에서 해결해야 할 사안은 반대하는 '사람'이 아니라 반대하는 '문제'인 것이다. 그러므로 성공적인 협상을 위해서는 협상자들이 사람과 문제를 분리하여 대응하는 것이 바람직하다.

협상과정에서 사람과 문제를 분리하여 상대를 적이 아닌 대화의 상대로 인정하고 그들의 의견을 경청하며 이해해 줄 때 상대방으로 하여금 결정과정에 동참했다는 확신을 가지게 함으로써 협상자들은 서로 다른 이해관계·인식·감정을 가지고 있다고 하더라도 갈등을 상대의 잘못이 아닌 공동으로 해결해야 할 문제로 인식하게 될 것이다(정주진, 2010: 110).

(2) 입장이 아닌 이해관계에 초점

원칙적 협상에 있어서는 협상자들의 '입장(立場)'이 아닌 '이해관계'에 중점을 두는 것이 바람직하다. '입장(position)'은 특정한 의제에 대한 명시적 선호로서, 당사자들이 진정으로 필요로 하는 것이 아니라 자신이 원하는 방향으로 문제가 해결되었을 때 기대할 수 있는 가장 바람직한 상황에 대한 언급이다. 반면에 '이해(利害)'는 당사자의 행동을 인도하는 근본적인 욕구로서(은재호 외, 2011: 69) 실제 자신에게 필요한 "이루려고 하는 것"이다.

입장은 자신의 존재를 정당화시키는 가치와 이념의 표현이기 때문에 바꾸기가 쉽지 않다. 때문에 상반된 입장에 치중한 협상은 하면 할수록 당사자들은 자신의 입장을 더욱 방어하게 되어 협상이 지연되고 합의에 이르기 어렵게 된다. 그러므로 바꾸기가 힘들고 선언적 성격이 강한 입장은 일단 접어두고, 겉으로 표명된 입장 뒤에 숨어 있는 이해관계를 찾아내어 그것에 초점을 맞추어 협상하는 것이 문제를 해결할 수 있는 효과적 방법이라고 할 수 있다.

협상에서 이처럼 이해관계에 초점을 두게 되면 상대방의 이해관계를 알고 각 이해관계에 따라 여러 가지 대안을 창출할 수 있으며, 복수의 여러 대안 중에서 협상자 양쪽의 요구를 만족시킬 수 있는 대안을 찾기가 보다 수월해질 수 있을 것이다(은재호 외, 2011: 71). 또 이해관계에 초점을 맞춘 협상은 당사자들의 높은 만족도 및 협력관계의 발전과 함께 갈등의 재발을 줄이는데도 기여할 수 있을 것이다(정주진, 2010: 93). 그러므로 성공적인 협상을 위해서는 입장보다 이해관계를 우선한 협상이 진행되어야 하며 서로의 이해관계를 잘 듣고 대안을 결정하는 것이 필요하다.

(3) 상호이익이 되는 대안의 개발

원칙협상은 협상의 목적이 자신의 이익을 극대화하는 대안(alternative)을 찾는 것이 아니라 상호작용을 통하여 협상의 상대방과 동시에 만족할만한 대안을 찾아내는 과정이다. 따라서 협상자에게는 항상 풍부한 대안을 모색하는 긍정적이고 적극적인 자세가 중요하다(백종섭, 2015: 133). 협상에서 상호이익이 되는 대안의 개발은 협상자 모두의 이익을 위한 해결책을 모색하는 것을 말한다.

상호이익이 되는 대안을 개발하는데 핵심은 공동의 이해관계를 확인하고 그에 필요한 대안을 많이 개발하는 것이다. 그러나 실제의 협상들에서는 성급한 판단, 문제를 해결하는데 대안은 하나라는 태도, 나눌 수 있는 몫은 정해져 있다는 인식, 상대방의 문제에 대한 무관심 때문에 많은 대안들을 개발하려고 하지 않고 양측이 이미 제시한 대안만을 가지고 협상에 임함으로써 '협상의 딜레마 상황'을 만드는 경우가 많다(은재호 외, 2011: 72).

그러므로 협상자들은 협상에서 자신의 이익은 물론 상대의 이익까지도 이해하고 양측의 이익을 충족시키기 위한 대안들을 공동으로 개발하는데 노력해야 한다. 협상과정에서 여러 대안들이 개발되면 될수록 협상자들이 문제해결을 위한 선택의 폭이 넓어지게 되며 추가로 발생하는 이익에 대해서는 서로 양보가 이루어질 가능성이 크다.

(4) 객관적 기준의 적용

협상과정에서 서로가 만족할만한 상호이익이 되는 대안이 모색되면 공정하고 객관적 기준에 따라 합의가 이루어져야 한다. 공공협상에서는 양측이 합의할만한 객관적이고 공정한 기준과 절차가 사전에 정해지지 않으면 협상의 정당성을 확보하기 어렵기 때문에 협상이 한층 더 복잡해지고 지속성을 담보하기도 어렵게 된다. 또 객관적이고 공정한 기준과 절차를 거치지 않은 합의는 진정한 합의라고 볼 수 없기 때문에 합의 후에 불만이나 또 다른 갈등이 발생할 소지가 높다.

그러므로 협상과정에서는 객관적 기준이 적용되어야 하는데, 그 적용과정에서는 협상자들이 공동으로 현안에 대한 공정하고 실용적인 절차를 탐색하고 그에 합의하는 과정을 거쳐야 한다. 아무리 공정성을 가진 절차라고 해도 합의가 없는 절차는 정당성을 확보하기 어렵다(은재호 외, 2011: 72-74).

이상에서 살펴본 바와 같이 원칙적 협상에 있어서는 입장이 아닌 이해관계에 초점을 두는 것이 성공적 협상을 위해 바람직한 방법이라고 할 수 있다. 그런데 한국의 문화는 개인주의보다는 집합주의적 성향이 강하며, 유교문화의 영향으로 문제해결에 있어서 아직도 명분이 중요한 역할을 한다. 그런 이유로 한국인들은 원칙협상이 강조하는 것처럼 입장은 접어두고 이해관계에 초점을 맞춘 협상을 하는 것이 현실적으로 쉽지 않을 수도 있다.

그러므로 실제의 협상과정에서는 협상자들이 입장을 접어두기만 할 것이 아니라 경우에 따라서는 입장의 차이를 당연한 것으로 인식하는 것도 바람직하다고 본다(정주진, 2010: 322). 협상자들 간에 효율적 의사소통과 신뢰형성이 이루어진다면 서로 다른 입장을 인정한 후 이해와 필요에 초점을 둔 논의가 자연스럽게 진행될 수도 있기 때문이다.

6. 성공적 협상을 위한 전제조건

1) 효율적 협상여건의 조성

성공적인 협상은 합의의 결과가 협상자 모두에게 이익이 되게 함으로써 그 내용을 수용할 수 있어야 하고, 합의과정은 협상자 간의 관계를 개선하는 데 기여하여야 하며 최소한의 시간과 비용이 소요되는 협상이라야 한다. 이러한 협상이 되기 위해서는 그 토대가 되는 여건들이 조성되어야 할 것이다.

첫째, 협상자들 간에 원활한 의사소통이 이루어져야 한다. 협상과정은 의사소통에 의하여 이루어지므로 효율적인 협상을 위해서는 의사소통이 핵심적 요소로 작용한다. 협상에서의 의사소통은 자신의 입장과 욕구를 구체적으로 명확하게 표현하는 것뿐만 아니라 상대의 주장을 열린 마음으로 경청하여 상대의 입장과 욕구를 정확하게 파악하는 것이라고 할 수 있다.

협상자들은 효과적인 의사소통을 통하여 자신의 입장·욕구를 상대방과 공유함은 물론이고 상대방의 입장·욕구도 이해할 수 있게 되며 점진적인 관계형성을 통해 상호협력에 의한 문제해결의 토대를 갖추어 나갈 수 있게 된다(정주진, 2010: 112). 그러나 협상자들 간에 심정적으로 만족할 수 있는 합의 가능영역이 존재하는 경우에도 의사소통이 원활하지 못하면 협상이 결렬되는 경우가 적지 않다.

협상은 협상자들로부터 제시된 정보의 교환을 통해 해결점을 찾아가는 과정이므로 원활한 의사소통을 위한 정보의 역할은 매우 중요하다. 협상자들 간의 진정한 선호도와 우선순위의 정보가 정확하고 충분하게 교환될 때 협상자들은 자기의 입장과 이해가 전적으로 옳다는 인지적 오류에서 벗어나 문제해결을 위한 대안을 발견하기 위하여 노력하게 되며, 협상쟁점에 대한 견해의 차이가 심한 경우에도 상대에 대한 감정적인 대응을 자제할 수 있게 된다.

둘째, 협상자들 간의 힘의 불균형이 완화되어야 한다. 협상에서 합의형성에 접근하는데 가장 큰 문제점은 협상자들 간의 힘의 불균형을 극복하는 일이다. 여기에서의 힘은 권력을 비롯한 지식·정보 등의 자원을 총칭하는 것으로서, 현실적으로 협상자들 간에는 교육수준, 사회적 지위, 전문지식 등 많은 면에서 힘의 균형을 이루지 못하는 경우가 많다.

이러한 힘의 불균형 상태에서는 협상자 모두가 승리할 수 있는 결과를 도출하기가 어렵다. 힘이 강한 어느 일방이 협상을 통한 문제의 해결보다는 다른 수단을 통해 문제를 해결하려 들 수도 있고 협상에 응할 경우에도 협상을 편파적으로 이끌어 불공정하게 진행될 수도 있으며, 그 결과로 나타난 합의도 쌍방의 선호를 제대로 반영되지 못할 가능성이 많다.

그러므로 성공적 협상이 이루어지기 위해서는 협상자들 간에 동등한 힘을 가질 수는 없더라도 한쪽 당사자가 독단적으로 행동하도록 방치하지 않을 만큼의 힘과 영향력을 확보할 수 있어야 한다. 협상에서 힘의 불균형을 완화하기 위한 방안의 하나로는 다자협상(multilateral negotiation)을 들 수 있다. 다자협상은 직접적 이해당사자는 협상력에 현격한 차이가 있더라도 이를 지원하기 위한 다른 협상자를 적정하게 배분함으로써 힘의 불균형을 어느 정도 완화할 시킬 수 있는 방법이라고 할 수 있다.

셋째, 협상자들 간에 상호신뢰 및 관계가 형성되어야 한다.

공공갈등의 협상에서 합의점을 찾지 못하여 실패하는 가장 큰 원인은 상대방을 불신하기 때문이라고 할 수 있는데, 특히 지방정부를 비롯한 공공기관에 대한 불신은 공공협상에서 큰 걸림돌로 작용하게 된다. 우리 사회에서는 그 동안 정부가 주로 권위주의적인 정책결정과 집행을 통해 공공사업을 추진해 왔는데, 그 과정에서 불리한 정보는 공개하지 않는 등 정보의 비대칭성으로 인해 이해당사자들이 정책의 공정성과 합리성에 대해 불신을 갖는 경우가 많았다.

그러므로 공공협상의 과정에서 상호신뢰를 구축하기 위해서는 협상자들이 상대방을 진정한 파트너로 인정하여 그들의 입장을 이해하고 협상과정에 일관되고 정직한 자세를 가져야 하며 협상사안과 관련된 정보를 공유할 수 있어야 한다. 아울러 협상과정에 절차적 공정성이 유지되어야 하는데, 공정한 절차는 협상자들로 하여금 결과도 공정할 것이라고 인식하게 함으로써 협상에 진지하게 임하도록 할 수 있다.

2) 협상능력 향상을 위한 교육의 강화

우리 사회는 오랫동안 권위주의적 체제 아래서 강압적·복종적인 일방적 의사소통에 길들여져 왔기 때문에 협상에 의한 타협과 합의를 통해 문제를 해결할 수 있는 능력을 습득하거나 학습할 기회를 별로 갖지 못하였다. 이에 따른 협상문화의 부재는 정책결정과 공공사업의 추진과정에서 이해당사자가 참여할 수 있는 기회를 거의 차단하였고, 이해당사자의 입장에서도 자신들의 이해를 관철하기 위해 정책 또는 사업의 시행주체와 대화와 토론, 타협과 합의를 통해 문제를 해결하기보다는 시위 등의 물리적 수단에 의존하려는 성향이 강하였다.

2012년 미국 노스웨스턴대학이 세계 16개국의 최고경영자(CEO)들을 대상으로 협상능력을 조사한 결과 한국은 조사대상 국가 중에서 최하위를 나타내고 있는데, 이같이 우리 국민들의 협상능력이 약한 이유로는 다음의 몇 가지를 들 수 있다(신군재, 2013: 195-197).

첫째, 유교문화적 전통 때문이다. 명분을 중시하는 유교문화의 영향으로 협상은 야합과 같아 도덕적이지 못하다는 편견을 가지는 성향이 적지 않으며, 협상과정에서도 유교문화에 의한 명분이나 체면 때문에 실리를 추구하기보다는 형식에 얽매어 '입장'에 집착함으로써 협상의 진행을 어렵게 하는 경우가 많다. 둘째, 객관적인 기준이나 원칙보다는 지연·학연·혈연 등 연줄관계를 중시하는 의식 때문에 비공개적인 담합을 선호하고 공식적 협상보다는 비공식적 친분관계를 중시하는 성향을 갖고 있다.

셋째, 양보와 타협에 약한 성격 때문이다. '빨리빨리 문화'로 인한 조급성 때문에 치밀한 준비 없이 협상에 임하는 경우가 많고, 실제의 협상과정에서도 정을 앞세우거나 권위적인 태도 등 비논리적으로 문제를 해결하려고 하며, 합리적이고 이성적 접근보다는 양보와 타협 없이 끝장을 봐야 한다는 인식이 강해 협상을 어렵게 하고 있다. 넷째, 협상과정에서 상대방의 입장과 이익을 고려하지 않고 자신의 입장과 이익만을 추구하려는 이기주의적 성향이 강하기 때문이다. 다섯째, 협상능력의 향상 및 협상기법을 함양하는 교육을 거의 받지 못하였기 때문이다.

그러므로 우리 국민들의 협상의식을 제고하고 협상능력을 향상시키기 위해서는 협상교육이 강화되어야 할 것이다. 그동안 우리 사회에서는 협상을 경제적 거래행위 또는 야합과 같은 비도적적 행위라는 잘못된 인식을 가져 교육과는 무관한 영역으로 치부하는 경향이 있었기 때문에 협상교육을 거의 실시하지 못하였다.

그러나 협상은 서로 다른 이해관계를 갖고 있는 사람들이 대화와 타협을 통해 상충되는 이해에 따른 갈등을 조정해 나가는 것으로서 타인과 더불어 살아가는 공동체에서 필수적인 행위이며 성공적인 협상은 사회통합에도 기여하게 된다. 따라서 우리 국민들의 협상의식을 제고시켜 타인을 공존의 파트너로 인식하고 그들의 이해관계를 배려하면서 '입장'과 '이해'의 대립을 원만하게 조정하는 능력을 기르기 위해서는 학교교육과 사회교육과정에서 협상교육이 강화되어야 할 것이다.

제3절 지역이기주의의 완화

1. 지역이기주의의 개념과 형태

1) 지역이기주의의 개념

민주화와 지방화가 진전되면서 우리 사회에서는 국가적 차원보다는 지역적 시각에서 이해관계를 따지는 이른바 지역이기주의 현상이 광범하게 확산되고 있다. 그동안 우리 사회에서 발생하였던 지역이기주의에 의한 대표적 갈등사례로는 안면도 핵폐기물처리장 건설을 둘러싼 지역주민들과 정부 간의 갈등, 경부고속철도 역사(驛舍) 설치를 둘러싼 중앙정부와 지방정부 간의 갈등, 용수관리 문제를 둘러싼 낙동강 상류지역과 하류지역 주민들 간의 갈등 등을 들 수 있다.

이러한 지역이기주의에 의한 갈등은 국가나 지역에 필수적인 공공시설의 건설에 막대한 지장을 주고 있을 뿐만 아니라 평화적이고 정당한 방법이 아닌 물리적 행위를 수반한 비합법적 집단행동으로 표출되는 경우가 많아 정치·사회적 안정에 위협적 요소로 작용하고 있다(서진영, 1998: 168).

일반적으로 지역이기주의라 함은 사회전체의 이익보다는 자기지역의 이익을 우선하는 성향으로서, 일반이익이 아니라 특정한 지역에 바탕을 둔 특수이익을 추구하는 것이다. 어떤 지역이 그 지역의 특수성에 입각하여 주민들의 지역에 대한 자긍심을 토대로 지역발전을 추구하는 것을 지역주의(地域主義)라고 한다면, 지역이기주의는 사회전체의 공공이익보다는 그 지역의 이익만을 배타적이고 편협하게 주장하고 관철하려는 성향으로서 지역주의의 부정적 측면을 지칭하는 것이라고 할 수 있다(부만근, 1997: 68).

2) 지역이기주의의 형태

지역이기주의는 저항적 지역이기주의, 보상적 지역이기주의, 적극적 지역이기주의라는 세 가지 형태로 나타난다. 저항적 지역이기주의는 지역주민 또는 지방정부가 특정한 정책이나 사업이 자기지역에 손해를 끼칠 것이라고 인식할 때 이에 저항하는 형태로 나타난다. 지역주민들이 쓰레기매립장, 하수종말처리장, 정신병원, 방사성 폐기물처리장 등 비선호시설의 자기지역 입지를 반대하는 것은 저항적 지역이기주의의 대표적인 예들이라고 할 수 있다.

저항적 지역이기주의에 의한 집단적 행동은 대부분의 경우 특정지역 주민들의 박탈감에서 비롯된다. 정부의 특정한 정책이나 공공사업이 자기지역에 손실을 가져올 것이라고 인식하거나, 다른 지역과 비교해 차별을 받고 있거나 불공정하다고 인식하는 경우에 주민들은 박탈감을 느끼게 된다. 또한 대기업이 사익을 추구하는 개발행위가 특정지역 주민들에게 박탈감을 불러일으킬 수도 있다(임희섭, 1995: 38).

보상적 지역이기주의는 주로 도시계획이나 지역개발의 추진과정에서 토지수용보상, 생활보상 등을 무리하게 요구하는 형태로 나타난다. 보상적 지역이기주의에서는 시설주체 또는 개발사업자의 지역주민들에 대한 소극적 자세와 그에 대한 지역주민들의 부정적 인식이 갈등을 일으키는 요인이 된다.

한편 적극적 지역이기주의는 자기지역에 주민복지 또는 경제적 이익과 관련되는 조치를 요구하거나 시설의 입지를 요구하는 형태로 나타난다. 적극적 지역이기주의에서는 시설입지의 합리성과 지역적 형평성 여부에 대한 주민들의 인식이 갈등의 주요 원인이 되는 수가 많다. 적극적 지역이기주의의 사례로는 경부고속철도 역사의 유치를 둘러싼 지역들의 유치경쟁, 신국제공항 건설을 둘러싼 부산지역과 경상남·북도 지역 간의 유치경쟁 등을 들 수 있다.

위와 같은 지역이기주의의 형태 중에서 우리 사회에서는 "내가 살고 있는 지역에는 비선호시설을 결코 받아들일 수 없다"는 이른바 님비(NYMBY)현상에 의한 저항적 지역이기주의가 가장 보편적인 모습으로 나타나고 있다. 따라서 지역이기주의가 강한 곳에서는 공공시설의 입지를 비롯한 정부의 정책 또는 사업이 자기지역에 조금이라도 부정적 영향을 미칠 것으로 인식될 때에는 그 사업의 내용 및 절차가 정당성과 합법성을 갖고 있다하더라도 주민들이 이를 반대함으로써 사회적 갈등과 대립을 초래할 개연성이 커지게 된다.

2. 지역이기주의에 관한 대립적 견해

1) 부정론

지역이기주의를 보는 시각은 긍정론과 부정론이 대립되고 있다. 부정론은 지역이기주의를 공익을 저해하는 비합리적이고 이기적인 행위로 보고 있으며, 긍정론은 지역이기주의를 자기지역을 아끼는 인간본능의 자연적 표현 내지 합리적 행위로 보고 있다.

지역이기주의에 대한 부정론은 최대다수의 최대행복이라는 공리주의적 윤리관에 토대를 두고 있다. 공리주의에 따르면 전체국민이나 다수주민의 이익과 소수의 지역주민들의 이익과 상충될 경우에는 공익적 차원에서 전자의 이익을 우선하는 것이 정당성과 합리성을 갖게 됨에도 불구하고 지역이기주의는 이에 정면으로 배치되는 것이므로 부정적 현상이라는 것이다(박관동, 2000: 16).

이러한 지역이기주의의 특성을 살펴보면, 지역이기주의는 특정지역의 이익을 전체사회의 이익에 우선하여 관철시키려는 성향을 가지고 있으며, 자기지역의 이익을 위해서는 전체사회의 이익 또는 다른 지역의 이익은 희생되어도 좋다고 하는 이율배반성을 갖는다. 또 지역이기주의는 다른 지역에 대하여 배타성을 가지며 공동체적 유대와 동일시의 범위를 자기지역에만 한정시키는 폐쇄성을 갖는다. 뿐만 아니라 지역이기주의는 자기지역의 이익을 추구하기 위해서 타협과 조정을 거부하는 극단적·비합리적인 행태를 나타내기도 한다. 따라서 극심한 지역이기주의는 지역 간에 단절과 갈등을 야기하고 더 나아가서는 심한 분리주의에 이를 수도 있다(부만근, 1997: 69).

위와 같은 지역이기주의는 공공시설의 특정지역 입지(立地)와 관련하여 다음과 같은 부정적 기능을 초래하게 된다(박관동, 2000: 17). 첫째, 쓰레기 매립장, 원자력발전소 등과 같은 공공시설의 입지는 기술적 타당성과 지리적 특성 등을 고려한 과학적 분석에 의하여 결정되어야 입지선정의 합리성과 정당성을 갖게 되는데, 지역이기주의로 인하여 정치적 타협 내지 힘의 관계에 의하여 입지가 결정되는 경우에는 입지선정의 질을 저하시키게 된다.

둘째, 지역이기주의로 인하여 정부가 결정한 정책, 특히 비선호시설의 입지선정과 관련된 정책들이 전면 백지화될 경우에는 정부의 권위와 공신력을 저하시키고 행정에 대한 국민들의 불신을 증폭시킴으로써 정책의 안정적이고 효율적 수행을 어렵게 한다. 셋째, 지역이기주의에 의해 주민생활에 반드시 필요한 비선호시설의 자기지역 입지를 반대하는 것은 사회적 갈등과 대립을 초래하고 개발에 소요되는 부담은 하지 않은 채 개발혜택만 누리려는 무임승차의식을 강화시킴으로써 결과적으로 사회통합을 저해하는 요인으로 작용하게 된다.

2) 긍정론

지역이기주의에 대한 긍정론은 정의론적(正義論的) 입장에 서 있다. 사회적 정의는 다수의 이익만을 위한 것이 아니라 다수이든 소수이든 정당한 권리 또는 이익을 보호하고 증진하기 위하여 존재하는 것이므로 소수의 정당한 권리는 다수의 이익과 상반되더라도 반드시 보호해야 한다는 것이다. 다시 말하면 소수의 정당한 권리가 다수의 이익에 비하여 사회적 효용가치가 적다고 해서 무시당하거나 침해될 수 없기 때문에 설사 최대다수의 최대행복에 필요한 공공시설이라고 하더라도 그것의 설치로 인해 소수의 정당한 권리가 침해된다면 정당화될 수 없다는 것이다(박관동, 2000: 19).

이러한 관점에서 보면 지역이기주의에 의한 비선호시설의 자기지역 입지반대는 그 시설로 인하여 위협받게 될 생활권과 환경권 등 기본적 권리를 보호하기 위한 지역주민들의 정당하고 당연한 권리행사의 일종으로서 건설적인 행위라고 할 수 있다(김홍식, 1993: 21-22). 더욱이 비선호시설의 입지로 파생되는 불이익은 그 시설이 입지한 지역에 집중되어 나타나는 반면에 그 지역주민들이 얻을 수 있는 혜택은 타 지역 주민들과 비교하여 동일하거나 별로 크지 않기 때문에 그러한 불이익에 대한 지역주민들의 반대는 정당한 자기방어행위로 볼 수 있다는 것이다.

위에서 살펴 본 부정론과 긍정론은 서로 상반된 철학적 사고와 경험적 사실에 근거를 두고 있다(박관동, 2000: 22). 부정론은 공리주의적(功利主義

的) 사고에 근거를 두어 지역이기주의를 비판하고 있으며, 긍정론은 정의론적 관점에서 그 정당성을 주장하고 있다. 또한 긍정론과 부정론은 서로 다른 경험적 사실에 기초하여 지역이기주의에 대해 상반된 평가를 하고 있다.

부정론에서는 공공시설 입지를 위한 정책과정에서 지역이기주의로 인해 야기되는 역기능을 중심으로 파악한 결과론적 시각에서 평가를 하고 있으며(설석환, 2006: 67), 반면에 긍정론에서는 지역이기주의의 결과보다는 주로 발생 원인에 초점을 두고, 그와 같은 원인들에 대한 당연한 반응 내지는 정당한 자기방어적 행위로 설명하고 있다.

그런데 지역이기주의는 그 발생 원인을 살펴보면 부정론에서처럼 반드시 역기능적이고 원천적으로 봉쇄되어야 할 것으로만 규정하기는 어려우며, 또 긍정론에서와 같이 당연시하거나 정당한 행위로 단정하는 것도 문제가 있다. 이렇게 볼 때 지역이기주의는 어느 한 쪽의 관점에 치우쳐 이해할 것이 아니라 부정론과 긍정론의 견해를 통합하는 시각에서 파악해야 그 본질이 정확히 이해될 수 있으며 그에 대한 적절한 대처방안이 도출될 수 있다고 본다(박관동, 2000: 24).

그러나 지역이기주의의 심화로 인해 실제 나타나고 있는 정부정책이나 사업에 대한 극심한 반대는 공공정책의 추진을 지연시키고 공익을 훼손시키며 사회적 대립과 갈등을 심화시킴으로 결과적으로 사회통합을 저해하는 중요한 요인의 하나가 되고 있다.

3. 지역이기주의의 발생원인

지역이기주의 현상은 지방자치제의 실시로 지방정부에 대한 중앙정부의 통제력 약화, 주민의 권리의식 향상과 시민의식의 미성숙, 보상 등 경제적 이해관계, 행정에 대한 불신, 정책과정에 주민참여 미흡 등이 그 원인이 되어 나타나고 있는데, 이를 구체적으로 설명하면 다음과 같다.

(1) 주민들의 권리의식 향상

우리 사회에서 1980년대 후반부터 진전되기 시작한 민주화·지방화 현상은 1990년대에 지방자치제가 실시되면서 가속화되었다. 이와 함께 주민들의 소득증가와 고학력화, 수평적 사회관계의 확대 등 사회환경의 변화는 시민들의 권리의식 향상과 함께 다양한 욕구의 분출을 가져왔으며 공익(公益) 때문에 사익(私益)이 무조건 희생되어서는 안 되며 사익의 추구도 정당한 것이라는 인식을 가지도록 만들었다.

그리하여 권위주의체제 아래서 정부정책에 순응적이었던 주민들이 그들의 이해와 상충되는 일방적이고 하향적인 정책관행에 저항하게 되었다. 이와 같은 권리의식의 향상은 지역이기주의를 초래하는 하나의 원인으로 작용하였다. 한편 권리의식의 향상을 따라가지 못하는 시민의식도 지역이기주의 발생원인의 하나가 되고 있다.

시민의식의 미성숙은 많은 경우에 지역주민들이 시민으로서의 권리와 이익을 주장하면서도 의무와 책임은 소홀히 여기게 되며 공익과 사익이 충돌할 경우 공익보다는 사익을 앞세우는 경향성을 크게 하고 있다. 또 자신의 이익을 주장하되 다른 사람이나 다른 지역(집단)의 이익은 존중하지 않는 배타성을 띠게 하고 있으며 지역이익을 주장하는 방법과 절차에서 비민주성과 비합리성을 드러내는 경우가 많아지게 되었다(임희섭, 1996: 36).

(2) 경제적 이해관계

지역이기주의가 발생하는 근저에는 경제적 이해관계가 깔려 있는 경우가 많다. 지역주민들이 기피하는 비선호시설이 지역 내에 입지할 경우에는 그 지역에 재산가치 하락, 환경오염, 건강상의 위험, 지역이미지 훼손 등 여러 가지 불이익이 나타나게 된다. 이러한 시설은 그것의 입지지역에 불이익이 집중되어 응집되는 반면에 혜택은 전체사회에 거의 균등하게 배분됨으로써 비용과 편익이 비대칭을 이루게 된다.

또 사업의 추진과정에서 주민들의 토지나 건물이 수용됨으로써 재산권은 물론 환경권까지 침해되는 경우도 생기게 된다. 그러나 시설의 입지로 인한 피해보상은 만족할만함 수준으로 이루어지지 않는 경우가 적지 않다. 그리하여 지역주민들은 원하지 않는 시설이 자기지역에 입지하게 된다는 상대적 박탈감과 함께 피해보상에도 불만을 가지게 되어 생존권 또는 생활권적 차원에서 사업주체인 공공기관 또는 기업과 갈등을 일으키게 되고 조직적인 집단운동으로 비화되는 경우가 많아지게 된다.

(3) 정부에 대한 불신

주민들의 정부에 대한 불신도 지역이기주의를 조장하는 원인으로 작용하고 있다. 국민들의 정부에 대한 기대는 정부의 도덕성에 대한 기대 및 문제해결과 관련된 구체적 성과에 대한 기대로 요약할 수 있는데 전자를 도덕적 차원의 신뢰로, 후자를 기능적 차원의 신뢰로 규정할 수 있다. 그 중에서 도덕적 차원의 신뢰를 구성하는 주요 내용으로는 정직성과 공정성을 지적할 수 있으며 기능적 차원의 신뢰에서는 정부의 능력 및 능률성 그리고 업무처리의 적정성 등을 들 수 있다.

주민들이 정부를 신뢰할 때에는 정책에 대한 반응이 순응(順應)으로 나타나는 경우가 많지만 정부를 불신할 때에는 불응(不應)으로 나타나 사회적 갈등이 초래되는 경우가 적지 않다. 그런데 우리 국민들은 전통적으로 정부의 능력과 공정성에 대한 신뢰가 높지 않은 편인데, 이렇게 정부를 믿지 못하는 불신현상은 주민들로 하여금 비선호시설을 비롯한 공공시설의 자기지역 입지를 반대하도록 하는 요인이 되고 있다.

정부불신과 관련하여 지역주민들의 공공시설 입지 및 정책을 반대하는 이유를 구체적으로 설명하면 다음과 같다. 첫째, 정부불신은 관료행태의 비민주성과 성과주의행정 때문에 일어난다. 관료들은 정책의 결정과 집행과정에서 관련 주민 및 관련 지역의 이해관계를 고려하거나 형평성(衡平性)을 확보하는 것보다는 목표달성을 위한 효율성에 중점을 두는 경우가 많기 때문에 비선호시설의 자기지역 입지에 지역주민들이 반대하는 요인으로 작용한다.

둘째, 정부불신은 정책의 결정이나 집행과정에서 공익보다는 특수이익을 보호하는 경우가 많기 때문에 일어난다. 이러한 불신은 지역주민들로 하여금 정부가 추진하는 개발정책이나 공공시설의 자기지역 입지가 객관적으로 보아 타당하다 할지라도 그 정당성을 의심하여 반대하게 되는 수가 많다.

셋째, 정부불신은 정책에 대한 과거의 경험이 바람직하지 않기 때문에 일어나기도 한다. 과거의 정책내용이 바람직했고 합리적으로 추진되었다면

이는 정부신뢰로 이어져 새로운 정책에 대해서도 긍정적으로 평가할 가능성이 높다. 그러나 우리나라에서 그동안 비선호시설의 특정지역 입지는 해당지역 주민들에게 별다른 혜택이 없이 재산상의 손실, 환경오염 등의 비용만을 부담하게 만드는 경우가 적지 않았으며 대규모 개발사업 역시 그 혜택이 지역주민들에게 제대로 귀속됨이 없이 주로 개발사업자에게만 돌아가는 경우가 많았다.

이러한 정책에 대한 과거의 바람직하지 못한 경험은 정부불신으로 이어져 주민들로 하여금 비선호시설의 입지 및 개발사업을 반대하는 원인의 하나가 되고 있다. 이와 같이 주민이 행정을 불신하게 되면 정부가 추진하는 공공시설이나 사업이 아무리 당위성이 크고 입지선정이 적정하다 하더라도 주민들은 그것을 믿지 못하고 반대하게 되는 것이다.

(4) 주민참여의 미흡

주민참여의 미흡으로 정책결정과정이 민주적이지 못한 점도 지역이기주의 발생의 주요 원인이 되고 있다. 공공시설 입지결정을 비롯한 정책결정과정이 폐쇄적이어서 이해당사자의 참여가 제한되는 경우에는 결정된 정책내용이 객관적으로 볼 때 바람직하다 하더라도 그에 대한 주민들의 인식은 부정적인 경우가 많아지게 된다.

그동안 우리나라에서 비선호시설의 입지결정은 '결정-공포-방어모형'에 입각하여 정부와 전문가들이 적정하다고 판단되는 입지를 선정한 후 지역주민들에게 알리는 비민주적이고 하향적 방식을 취하는 경우가 많았다. 이러한 입지결정절차는 이해당사자인 주민을 참여시키지 않은 채 전문성과 기술성을 토대로 소수의 정책결정자와 전문가들만으로 결정하고, 결정 후에 주민들이 반대할 경우에야 설득과정을 거치기 때문에 주민들의 의사가 입지결정에 제대로 반영될 수 없었다.

정책결정과정에서 주민참여의 배제는 지역주민들로 하여금 소외감과 무력감을 갖도록 하고 정책당국의 결정에 무조건 승복하라는 것으로 여기게 한다. 이러한 주민들의 인식은 정부의 결정내용이 정당하다 하더라도 이를 부정적으로 보아 그 결정의 취소나 사업집행의 철회를 요구하는 투쟁지향적 행태를 나타나는 수가 많다.

4. 지역이기주의의 완화 방안

(1) 주민들의 공공의식 제고

지역이기주의는 역기능과 순기능을 동시에 가지고 있다. 그러나 심각한 지역이기주의는 결과적으로 공익의 훼손, 공공정책 추진의 차질, 갈등의 심화 등 정치·경제·사회적으로 여러 가지 문제를 야기하고 있기 때문에 사회통합을 위해서는 이를 완화시켜 나가야 한다.

지역이기주의가 완화되기 위해서는 무엇보다도 지역주민들이 자기가 살고 있는 지역의 이익을 존중하는 것처럼 사회전체의 이익도 존중하는 공공의식(公共意識)을 가질 수 있어야 한다. 주민들이 건전한 공공의식을 내면화할 때라야 사회전체의 공동이익을 목적으로 수립·집행되는 공공정책이 지역이기주의의 영향을 받아서는 안 된다는 사실을 인식하게 되며 다른 지역의 이익도 존중하는 보편주의적 사고방식을 갖게 된다. 또 이해관계를 주장함에 있어서 전부가 아니면 전무라는 양자택일적이고 극단적인 의식에서 탈피하여 협상의 필요성을 인식하도록 한다.

이러한 시민의식을 제고하기 위해서는 학교교육과 사회교육을 통한 민주시민교육의 강화(이에 대해서는 제6장 제5절에서 구체적으로 설명한다)와 함께 지방언론의 역할이 중요하다고 본다. 지방언론은 객관적이고 공정한 보도를 통해 지역의 특정문제에 대한 주민들의 요구를 여론화함으로써 정책기관으로 하여금 특정 현안에 대한 주민들의 의사를 파악하고 그것을 토대로 정책을 결정하거나 집행해 나갈 수 있도록 해야 한다. 이와 함께 지방언론은 지역주민들이 공익과 사익의 조화, 더불어 살아가는 공존의식과 민주시민의식을 내면화할 수 있도록 하는 사회교육적 기능을 수행해 나가야 할 것이다.

따라서 지방언론은 지역주민들의 보편적이고 진정한 이익이 무엇이고, 그러한 이익이 어디에 있는가를 명확하게 파악하여 주민들의 건전하고 발전적인 욕구와 주장은 더욱 고양시키는 한편 과다하거나 편협한 욕구는 조절할 수 있도록 해 주어야 한다. 그러기 위해서는 지방언론이 지역발전과 시민의식 함양에 대한 사명감을 가지고 특정한 지역이나 집단의 이해관계에 치우침이 없는 중립적인 입장에서 지역문제와 그에 따른 정책문제들을 공정하게 다루어 나가야 할 것이다.

(2) 보상제도의 개선

비선호시설은 그것의 입지지역에 불이익이 집중되어 응집되는 반면에 그 혜택은 전체사회에 거의 균등하게 배분됨으로써 비용과 편익이 비대칭성(非對稱性)을 갖고 있기 때문에 현재와 같은 보상체계 아래서 비선호시설의 입지는 특정지역에 과도한 부담과 희생을 강요하게 된다. 따라서 지역이기주의를 완화하기 위해서는 이와 같은 비용과 편익의 불공평성을 시정할 수 있는 합리적이고 포괄적인 보상체계가 마련되어야 한다.

지금까지 정부는 비선호시설의 설치를 비롯한 공공사업을 추진하는 과정에서 재산권을 지나치게 좁은 범위로 정의함으로써 시설입지에 따른 불이익에 대한 충분한 보상이 이루어지지 않았다고 할 수 있다. 그 결과 수용되는 토지 등에 대한 직접적 보상이 주민들의 기대수준보다 낮을 뿐만 아니라 생활권적 차원의 간접보상도 제대로 이루어지지 않음으로써 주민들이 공공사업을 반대하는 요인으로 작용하게 되었다.

따라서 지역이기주의를 완화하려면 공공사업을 추진하는 과정에서 재산적 손실에 대한 직접보상이 충분하게 이루어져야 하며, 비선호시설의 입지로 인한 지역이미지 훼손, 자연환경 악화 등에 따른 비물질적 손실에 대해서도 생활권적 차원에서 적정한 보상을 할 수 있는 간접보상체계가 정비되어야 할 것이다(서진영, 1998: 188). 이러한 간접보상방식으로는 해당지역에 대한 편익시설 설치, 지역지원사업 추진, 공공사업 운영에 지역주민의 고용 등 여러 가지를 들 수 있다.

(3) 시민참여를 통한 정책결정

지역이기주의를 완화하기 위해서는 지역에 관련되는 정책을 민주적·합리적으로 결정하고 집행해야 한다. 공공정책이 공익이라는 이름아래 특정한 지역이나 집단에 편중된 이익을 추구하거나, 반대로 지나치게 불이익과 희생을 강요하는 경우에는 그 정책자체가 사회적 갈등의 원인을 제공하게 된다. 그러므로 공공정책의 결정에 있어서는 대표성 있는 주민들을 다수 참여시켜 그들의 의사를 반영함으로써 절차적 공정성을 확보해야 하며 결정되는 정책의 내용 역시 공정해야 한다.

특히 비선호시설의 특정지역 입지는 해당지역 주민들의 이익과 상충되는 것이 일반적 현상이므로 이해당사자인 지역주민들의 참여가 보장된 상태에서 추진되어야만 성공적으로 수행될 수 있다. 따라서 비선호시설에 대한 지역주민들의 반발을 예방하기 위해서는 그 입지를 위한 정책의 입안에서 집행까지 단계별로 주민참여를 제도화하여 관련 주민들의 요구 및 이해관계가 충분히 반영될 수 있도록 해야 할 것이다.

(4) 갈등조정기제의 제도화

지역이기주의를 완화하기 위해서는 공공시설의 특정지역 입지에 따르는 갈등을 민주적 절차에 따라 합리적으로 조정하는 시스템을 제도화할 필요가 있다. 지역이기주의는 단지 지역주민들의 가치관이나 의식에 한정된 문제가 아니라 합리적 갈등조정제도가 정착되지 못한 것도 그 발생원인의 하나가 되고 있다. 우리 사회에서는 아직도 이익표출과 갈등조정기제들이 충분히 제도화되어 있지 못했거나, 비록 제도화가 되어있다 하더라도 문화적 관행으로까지 정착되지 못하고 있다.

그러므로 지역이기주의에 의한 배타적이고 극단적인 이익갈등을 예방하고 조정해 나가는데 있어서 제도화된 갈등조정 기제들의 정착은 매우 중요한 의미를 갖는다. 따라서 지역 간, 집단 간의 이익갈등을 협상을 통해 해결해 나갈 수 있는 절차의 제도화, 갈등관리를 위한 중재기능의 제도화와 함께 지방의회 등의 이익통합기능을 활성화하는 등 지역이기주의에 따르는 다양한 이익갈등이 제도적인 방법과 절차에 의해 조정되고 통합될 수 있는 방안이 마련되어야 할 것이다.

제4절 연고주의의 완화

1. 연고주의의 개념과 특징

1) 연고주의의 개념

우리 국민들의 사회적인 인간관계는 개인주의가 발달한 서구사회(西歐社會)와는 달리 전통사회의 내적 연결고리의 기능을 수행해 온 연고주의(緣故主義)에 기초한 혈연·지연·학연 등의 일차적 연고에 뿌리를 두어 형성·유지되고 있다고 할 수 있다. 연고는 혈연·지연·학연 등의 출신성분으로 맺어진 관계나 소속감을 말하는 것으로서 개인과 개인, 개인과 집단, 집단과 집단 간을 연결해주는 연결망(network)으로서 사회적 자본의 하나이다.

연고주의의 개념에 대해 이재혁 등은 "공적 제도보다는 개인들 간의 사적 연결망을 통해 자신들의 이익을 추구하며 경쟁과 협력을 조직화하는 행위패턴(pattern)"이라고 정의하고 있으며, 장현근은 "혈연·지연·학연·직연(職緣) 등에 따라 이해관계와 신념을 함께 하며 다른 사람을 차별하는 배타적 성향 또는 태도"라고 하고 있다(박기관 외, 2011: 163 재인용).

또 이종수는 "혈연·지연·학연 등 1차 집단적 연고를 다른 사회적 관계보다 중시하고, 이런 행동양식을 다른 사회적 관계에까지 확장·투사하는 문화적 특성"이라고 정의하고 있다. 위와 같은 여러 연구자들의 개념정의를 토대로 하여 여기에서는 연고주의를 "일상생활에서 개인의 능력이나 규정된 절차에 따라 사람을 공정하게 평가하여 처리하지 않고 혈연·지연·학연 등 자기와 특수한 관계가 있는 사람을 우선적으로 고려하는 관념"으로 정의하고자 한다.

이러한 개념정의를 통해 알 수 있듯이 연고주의는 가족·지역·학교·직장 등에서 맺은 연고를 매개로 생활공동체로서의 가치와 행동양식을 생산하며 집단적 이해관계에서 타 집단의 구성원을 차별하는 내적 귀속성과 외적 배타성이 강한 집합주의(集合主義) 성향이라고 할 수 있다. 여기에서 집합주의란 개인이 내집단에 통합되어 충성을 하는 대가로 그 집단이 개인을 보호해 주는 가운데 개인의 목표나 이익보다 집단의 목표나 이익을 우선하는 성향을 말한다.

2) 연고주의의 내재적 특징

우리 국민들의 연고주의행태는 단순한 개인 대 개인의 차원을 넘어 일상적 행위패턴이 연고관계에 기초하여 조직화되고 있으며 그 범위와 영향력이 정치·경제·사회·문화의 모든 영역으로 확장되고 재생산되는 특성을 보이고 있다. 즉 연고주의는 우리 국민들의 정서적 영역뿐만 아니라 여러 분야의 현실적인 생활영역에서 결속력과 친화력을 발휘하면서 정신적·물질적 연고관계를 구축하는 가운데 집단구성원들의 이해(利害)를 좌우하는 관계로까지 발전하고 있는 것이다.

이같이 한국인의 태도와 가치를 형성하며 행태적 특성으로 표출되고 있는 연고주의는 집단구성원과의 관계에 있어서 애착과 의존, 충성과 보호라는 상호관계를 유지하는 가운데 사회변동에 따라 일상의 생활환경이 크게 변화하고 있음에도 불구하고 별로 약화됨이 없이 세대를 이어 내려오고 있다.

이러한 연고주의는 가족, 지역, 출신학교, 직장 등을 중심으로 파벌을 조성하여 구성원 간의 친화와 결속을 대외적으로 과시하는 특성이 있으며, 타집단과 경계를 설정하고 정치·경제·사회적 이해관계에서 구성원들 상호간의 의존과 부조(扶助)를 위한 협동과 조화를 중시하는 집합주의 성향을 강하게 나타내고 있다(박기관 외, 2011: 163).

2. 연고주의의 역사적 맥락

우리 사회의 연고주의는 역사적 맥락 속에서 이해할 필요가 있다. 연고주의는 특정한 역사적 환경 속에 놓인 사회구성원들이 안전망을 확보하여 생존을 보장받기 위한 선택의 일환으로 발생하고 진화되어 왔다고 할 수 있다(장수찬, 2012: 47).

우리 사회의 연고주의의 근원은 조선시대 중엽에 양반계급이 자신들의 사회경제적 지위를 유지하기 위해서 각 군현(郡縣)에 설치되었던 향소(鄕所) 등을 통하여 이루어진 결사체적 연계가 지연·학연 및 각종 계(契) 등을 토대로 하여 차츰 발전되면서부터라고 볼 수 있다. 특히 17세기 중반 이후 양반계급의 사회적 지위가 약화되기 시작하면서는 각 지역에 설립된 서원(書院)을 통한 학연과 혼인 등의 사적 연줄을 통해 생존과 사회적 지위를 유지해 나갔다고 할 수 있다(장수찬, 2013: 51).

일제강점기의 식민통치는 조선인들 간의 유대와 협동·신뢰 등의 사회적 자본을 파괴시켰다. 식민지 치하에서 조선인들은 공적 영역에서 공동행위를 통해 자신들의 생존문제를 해결하는 것이 사실상 불가능했기 때문에 가족·친족·동향(同鄕) 중심의 사적 연줄망을 이용하여 생존을 확보하려고 노력할 수밖에 없었다. 그리고 일제식민주의의 권력 자체가 시민사회의 중간결사체를 허용하지 않는 전제적 권력이었기 때문에 조선인들은 지극히 협소한 사적 관계에서만 공동행위가 이루어질 수밖에 없었다(이재열, 2001: 181).

한편 해방 이후인 1960년대부터 정부는 급속한 산업화를 추진하기 위하여 계급 및 이익집단 간의 단결을 허용하지 않으면서 시민사회를 동원하기 위한 체제를 구축하게 되었다. 당시에는 중간결사체가 발달하지 않을 때여서 시민사회에 존재하는 가장 중요한 자원이 연줄망이었기 때문에 관료들은 설정된 국가목표를 달성하기 위해 관료집단 내부에서 뿐만 아니라 시민사회와의 관계에서도 자기들이 가지고 있는 비공식적 네트워크로서의 학연·지연과 같은 1차적 연줄망을 기본채널로 활용하게 되었다(최종열, 2004: 100).

이에 따라 대기업들 역시 국가자원에 대한 접근성을 용이하게 하기 위하여 관료조직과 같이 학연·지연을 중심으로 비즈니스 엘리트들을 충원하고 정책담당자에 대한 접근성을 높이려고 하였으며, 이러한 방식은 다시 중소기업에까지 확대되었다. 이렇게 연줄망을 통해 설정된 국가목표를 달성하려는 관료사회의 작동양식은 전체사회로 하여금 전통적 연줄망(網)에 기초하여 작동하도록 함으로써 산업화의 사회제도는 결과적으로 전통적 연줄망인 연고집단(緣故集團)의 강화현상으로 나타나게 되었다(이재혁, 2007: 205).

이렇게 혈연·지연·학연의 연줄에 기초한 연고주의의 속성은 산업화가 완성되어 지식정보사회로 진입한 현재에도 큰 변화 없이 지속되고 있다고 할 수 있다. 그리하여 한국인의 일상생활은 연고주의에 기초하여 조직되고 있으며, 연줄망은 한국인의 행동양식을 이해하는데 필수불가결의 요소가 되고 있다. 이러한 연고주의는 유교문화권에 속하는 사회가 다른 문화권에 비해 대단히 높은 편인데, 특히 한국인의 연고주의는 같은 유교문화권인 동아시아국가들에 비교해도 연줄의 강도나 도구적 활용성이 매우 높은 것으로 평가되고 있다(장수찬, 2008: 41).

2011년 경제·인문사회연구회가 실시한 한국사회종합조사의 결과에 의하면 조사대상자의 무려 86%가 한국사회에서 중요한 결정을 내릴 때 혈연·지연·학연 등의 연고가 작용한다고 응답하고 있다(경제·인문사회연구회, 2012: 187). 또 2015년 한국보건사회연구원이 실시한 '사회이동과 사회통합 실태조사'에서는 개인성공의 결정요인으로서 지역연고의 중요성 여부를 묻는 질문에 조사대상자의 45.3%가 "중요하다"고 응답한 반면 "중요하지 않다"가 17.6%, "보통이다"가 37.1%로 나타나고 있어 우리 사회 지역연고주의의 강도를 짐작할 수 있다(한국보건사회연구원, 2015: 247).

3. 사회적 연줄망의 구성과 특징

1) 연결망과 연줄망의 의미

우리 사회의 연고주의를 이해하기 위해서는 연결망과 연줄망의 개념을 구분할 필요가 있다. 연결망(network)은 사람들의 유대를 기반으로 연결된 개인이나 집단 등 행위자들 간의 전반적인 연계형태를 의미하는 관계주조(關係構造)라고 할 수 있다. 연결망은 사회적 자본의 핵심적 구성요소로서, 사람들 간의 상호작용을 통해서 형성되며 공동체를 유지하고 사회구조를 구성하는데 필수적인 요소이다.

이러한 연결망은 그 속성에 따라 결속적 연결망과 가교적 연결망으로 구분할 수 있다. 결속적 연결망은 연줄망으로, 가교적 연결망은 연계망(連繫網)으로 표현되기도 하는데, 여기에서는 우리 사회에서 통용되고 있는 연줄망과 연계망이라는 용어를 사용하여 설명하고자 한다.

연줄망은 배타적 정체성을 갖는 동질적 집단, 즉 혈연·지연·학연 등의 관계에서 나타나는 가장 기본적인 사회적 자본의 형태라고 할 수 있다. 반면에 연계망은 다양한 수준과 규모의 집단에 소속된 지위와 권력이 어느 정도 비슷한 사람들 간의 관계에서 나타나는 사회적 자본으로서 가입과 교환관계의 확장성·보편성·개방성을 특징으로 한다(김태룡 외, 2011: 57). 이런 점에서 연고주의는 연줄망(결속적 연결망)이 본래적 속성이며, 합리적 목적 지향성은 연계망(가교적 연결망)의 본래적 속성이라고 할 수 있다.

이같이 연줄망은 연고주의에 바탕을 둔 인간관계의 유대(紐帶)인 연고에 의해 구성된 네트워크라고 할 수 있다. 연줄망은 폐쇄성, 제한적 귀속성, 특수성이라는 특징을 가지고 있으며 이 속성들은 서로 유기적으로 결합되어 있다. 연줄망의 폐쇄성은 관계를 맺는 집단의 경계가 명확하고 그 경계를 벗어나서는 관계가 성립되지 않는다. 그리고 제한적 귀속성은 네트워크(network)의 집단이 혈연과 지연처럼 생래적으로 귀속되는 경우와 선택에 의해 귀속되는 경우이며, 특수성은 생래적으로 연줄망의 네트워크에 포함되는 경우를 의미한다(조영기, 2009: 64).

이러한 연줄망은 가입기준이 귀속적이거나 대상의 자격이 의도적으로 제한적인 특성을 보이는 반면에 연계망은 가입기준이 성취적이고 보편적이며 확장적인 특성을 갖는다. 우리 사회의 연고주의는 연령, 성별, 지역, 교육수준 그리고 사회경제적 지위 등을 초월하여 이질적인 사람들을 동일한 집단으로 결집시키는 힘을 가지고 있다. 따라서 우리 사회 내부구조의 인간관계가 작동하는 메커니즘을 이해하기 위해서는 연줄망을 제대로 이해해야 할 것이다(송효명, 2007: 28).

2) 한국사회 연줄망의 구성

우리 사회에서 연고주의를 바탕으로 한 연줄망은 다양한 유형으로 존재하지만 대표적인 것은 혈연·지연·학연을 중심으로 형성된 연줄망이라고 할 수 있다. 그 중에서 혈연과 지연은 개인의 태생적 지위에 의하여 결정된 연줄망이고 학연은 선택적으로 취득한 지위에 의하여 결정된 연줄망인데, 우리 사회에서 이러한 연줄망의 구성내용을 구체적으로 살펴보면 다음과 같다(송효명, 2007: 28-30).

첫째, 가족과 친족관계를 중심으로 한 혈연망(血緣網)은 한국인의 인간관계에서 가장 기본적이고 중요한 연줄망이다. 우리 사회에서 혈연망은 정도의 차이는 있지만 성별, 연령, 학력, 주거지역에 관계없이 보편적으로 이루어지고 있다. 혈연관계는 친족관계에 국한되지 않고 동족관계로까지 확장되며 보다 넓은 지역단위에서 조직화되어 문중(門中)을 구성하면서 사회적 이익단체 내지 합력단체의 기능까지 담당하고 있다. 시대의 변화에 따라 혈연망의 범위는 차츰 축소되어 가고 있다고는 하지만 아직도 가장 강한 연줄로 작용하고 있다.

둘째, 출신지역을 중심으로 한 지연망(地緣網)은 한국인의 대인관계에서 또 하나의 강력한 연줄망으로 작용하고 있다. 역사적으로 볼 때 지연망은 혈연망이 확대된 산물이라고 할 수 있는데, 동일한 지역에 사는 사람들은 비록 혈연관계를 갖지는 않았다 해도 동일한 집단적·역사적 경험과 기억을 공유하기 때문에 하나의 연대를 이루게 된다.

따라서 지연망 역시 혈연망처럼 정서적 기능과 도구적 기능을 동시에 수행하고 있다. 오늘날 많은 사람들이 고향을 떠나 도시에서 살고 있음에도 불구하고 향우회로 대표되는 지연망에 참여하는 동기는 같은 고향사람들을 통해 심리적 귀속감과 정체감을 확인할 수 있는 한편 이를 통해 자신의 사회생활에 직접 또는 간접적으로 도움을 받을 수 있기 때문이다.

셋째, 출신학교를 중심으로 한 학연망(學緣網)은 현대 한국사회에서 가장 큰 영향력을 행사하고 있는 연줄망이다. 학연망은 지연망과 결합되어 같은 지역에서 같은 학교를 다녔다는 공동체의식에 의해 구성원들 간의 유사성을 더욱 강화시켜 준다. 또한 학연망은 다양한 직업계층을 포함하고 있는 데다가 그 규모가 혈연이나 지연에 비해 상대적으로 크기 때문에 이를 통해 교환되는 정보나 자원은 훨씬 풍부하고 다양하다.

학연은 각종 학교의 동창회 등을 통하여 정서적 지원과 결합을 재생산하고 시장거래 및 정치거래에서 도구적으로 활용되는 경향을 가진다(최종렬,

2004: 119). 이러한 학연 가운데 응집력이 가장 높은 것은 고등학교인데, 그 이유는 인격형성이 예민한 생애단계에서 같은 학교를 다니면서 공유하였던 인생경험과 역사적 기억이 집단의식 형성에 강한 영향을 주기 때문일 것이다.

특히 일제강점기부터 고교평준화가 이루어지기 전인 1970년대 중반까지 지속된 엘리트 중심적 고등학교체계는 우리 사회에서 지배층 충원의 중요한 통로이자 그 자체로 권력의 발판을 형성해 왔다고 할 수 있다. 그 결과 학연에 의한 권력자원의 연고주의적 배분구조가 우리 사회의 중요한 특징을 이루게 되었다(박형준, 1995: 39).

3) 한국사회 연줄망의 특징

우리 사회에서 연고주의를 지향하여 형성된 연줄망은 다음과 같은 특징을 가지고 있다(김용학, 2003: 102-103). 첫째, 연줄망은 강한 폐쇄성을 가진다. 연줄망으로 형성된 연고집단은 명확한 경계를 가지고 있다. 연고집단 구성원들은 집단정체성을 갖고 이해(利害)를 공유하며 자기집단에 대해 강한 애착을 갖는 반면에 외부집단의 구성원에 대해서는 폐쇄적·배타적 태도를 보이기 때문에 집단경계에서 벗어나면 관계가 형성되지 않는다. 이러한 배타적 태도는 일정한 계기가 주어지면 곧바로 편견(偏見)과 부정의 감정으로 전화될 수 있다(서진영, 1988: 140).

둘째, 연줄망은 특수주의를 바탕으로 한다. 보편주의를 토대로 하는 연결망(連結網)은 보편적 타자에게 열릴 수 있는 개방적 특성을 가진 반면에 혈연·지연·학연 등 특수주의를 토대로 하는 연줄망은 특정한 속성을 가진 사람들에게만 개방된다. 셋째, 개인은 이익을 추구하기 위해 연고집단에 가입한다. 특정개인이 연고집단에 가입하는 것은 귀속감에 따른 심리적 안정감과 정체성을 확립(이훈구, 2003: 185)하는 한편 성원들 간의 관계를 통해 유용한 정보와 자원의 획득 등 상호이익을 교환할 수 있기 때문이다.

넷째, 연줄망에서의 지배적 교환형태는 '양자 교환'이라기보다는 '일반화한 교환'이라고 할 수 있다. 전자가 베푸는 상대방에게 직접 이익을 돌려받기를 기대하는 교환이라면, 후자는 베푸는 상대방이 아닌 같은 연고집단에 속하는 제3자에게서 혜택이 돌아오기를 기대하는 교환이다. 연고집단에서 특정한 구성원에게 도움을 주는 것은 그 집단 내의 다른 제3자에게서 도움을 받기를 기대하기 때문에 일어나는 행위라고 할 수 있다.

4. 사회적 연줄망의 기능과 문제점

1) 미시적 차원의 기능

연줄망은 미시적 차원에서 볼 때 정서적 기능과 도구적 기능을 동시에 갖고 있다. 우선 정서적(情緖的) 기능을 보면 연고집단은 소속된 개인들에게 집단적 소속감과 유대감을 심어주며 심리적 안정감을 제공해 준다. 특히 우리 사회는 급속한 산업화로 전통적인 공동체적 연대의 기반이 해체되고 있기 때문에 자발적 결사체가 발달되지 않은 상황에서 소외감을 느끼게 되는 사람들은 연고집단에 소속됨으로써 심리적인 귀속감을 가지며 정체성을 확인할 수가 있다(송효명, 2007: 32). 오늘날 우리 사회에서 사람들이 연고적 관계를 강조하고 의지하고 있는 현상은 여기서 큰 원인을 찾을 수 있다.

또한 동질성을 바탕으로 한 연고집단의 구성원들은 여러 면에서 유사성을 보인다. 같은 학교를 다녔거나 같은 지역 출신이거나 같은 혈통을 지닌 사람들은 서로 유사한 성장환경이나 경험을 공유하고 있기 때문에 그렇지 않은 사람들에 비해 상호 의사소통이 더 용이하게 된다. 이러한 유사성은 연고집단 구성원 서로에게 심리적 안정감과 보상을 제공해 준다.

한편 도구적(道具的) 기능을 보면 연줄망은 정보·돈·권력 등 희소가치가 있는 사회적 자원이 유통되는 통로이며, 개개인이 연고집단에 가입하여 유용한 정보 혹은 자원을 교환함으로써 개인적 이익을 얻을 수 있다. 예컨대 도시에 이주한 사람들은 출신지 연고를 적극적으로 활용함으로써 자신의 정체성을 확인할 수 있을 뿐만 아니라 지연망을 통해 다양하고 유용한 생활정보와 자원을 획득할 수가 있다.

경험적 연구결과 연줄망 중에서도 특히 학연망은 가장 강력한 영향력을 행사하고 있는 것으로 밝혀지고 있다. 그 이유는 학연망이 다양한 직업계층을 포함하고 그 규모도 혈연이나 지연에 비해 상대적으로 크므로 이를 통해 교환되는 정보나 재화가 보다 다양하고 풍부하기 때문이라고 할 수 있다(송효명, 2007: 32-33).

또 하나의 도구적 기능은 연고집단 내부의 구성원 사이에 반복되는 상호작용을 통해 강한 신뢰관계가 형성된다는 것이다. 이러한 신뢰관계는 거래관계의 불확실성으로부터 발생하는 거래비용과 정보비용을 최소화하고 상호관계에 대한 예측을 가능하게 하기 때문에 개인에게는 사회적 자본에 해당한다(송효명, 2007: 33). 이같이 연줄망은 개인에게 정서적 기능과 도구적 기능을 지니고 있기 때문에 한국인들은 사회생활에서 적극적으로 연고집단에 가입하고 연줄활동에 투자하며 활용하고 있는 것이다.

2) 거시적 차원의 기능과 문제점

(1) 긍정적 기능

거시적 차원에서 연줄망을 보는 시각은 두 가지 입장이 대립되고 있는데, 연줄망이 긍정적 기능을 한다는 입장과 부정적 기능을 갖는다는 입장이 그것이다. 먼저 긍정적 기능을 살펴보자. 연고주의는 1차집단의 연고를 강조하기 때문에 집단 내에서 구성원들이 강력한 유대감을 형성하며 시장이 제공하지 못하는 구성원들 간의 신뢰와 호혜성(互惠性)을 형성하는데 기여한다. 연줄망 안에서 신뢰와 호혜성에 바탕을 둔 친교와 공동체적 정서는 우리 문화에서 오랫동안 전승되어 온 친밀성에 입각한 연대의식의 발로라고 할 수 있다.

또 연줄망은 집단의 규범에 따라 구성원들을 통제하기 용이하도록 만들고, 구성원들의 행태를 감시하기 위한 비용을 최소화할 수 있어서 효율적 집단통제가 가능하기 때문에 조직자원을 효율적으로 이용할 수 있다. 이같이 연줄망은 긍정적 기능을 가지고 있으나, 문제는 이러한 기능들이 해방이후 우리 사회의 특수한 경험들과 압축적인 근대화과정에서 권력자원의 배타적 분배를 위한 수직적 폐쇄성의 구조 안에 닫혀버림으로써 그 기능이 제대로 발현되지 못했다는 점이다(박형준, 1995: 43).

(2) 부정적 기능에 따른 문제점

위에서 살펴본 바와 같이 연줄망은 집단 내부에서는 구성원들의 강력한 유대감과 신뢰형성에 기여하지만 전체사회 차원에서는 다음과 같은 부정적 외부효과를 초래하게 된다. 첫째, 연줄망은 자원에 대한 공정한 접근을 방해한다. 연고주의는 내집단 외부의 행위자들에 대해서는 배타적이기 때문에 자원에 대한 공정한 접근을 방해함으로써 조직의 공정성을 침해하게 되고 구성원들의 부정적 행태를 조장할 수 있다.

연줄망은 면대면 관계를 가진 연고집단인 내집단(內集團)에 대해서 특정하고 두터운 신뢰를 갖는 대신에 외부집단에 대해서는 배타성을 가짐으로써 집단내부와 외부집단을 구분하는 신뢰의 이중적 구조를 가지고 있다. 여기에서의 내집단이란 집단의 목표·규범 그리고 가치관이 개인의 행동을 조형(造形)하는 집단 또는 운명공동체라도 인식하여 동질성을 느끼는 집단을 말한다. 이렇게 내집단을 향한 강한 결속과 외부집단에 대한 배타성은 자원의 공정한 접근을 방해하여 조직의 공정성과 개방성, 다원성을 저해시키고 이기적인 파벌을 조성하기 쉬워 공동체적 시민의식의 저하를 가져올 수 있다(장용석 외, 2009: 48).

둘째, 연줄망은 사회적 비용을 증가시킨다. 연줄망은 집단 내부구성원에 대한 감시와 통제의 비용을 줄이는 대신에 다수의 외부집단에 대한 통제와 감시에 따른 비용을 증가시키게 되어 전체적으로 조직자원의 효율적 이용을 저해하게 된다. 셋째, 연줄망은 법질서와 공적제도 및 절차를 무력화시키는 요인이 되기도 한다. 연줄망은 법규범의 위반에 대한 제재를 연줄을 통해 회피할 수 있다는 의식을 심어줌으로써 법규범과 제도에 대한 공식적 신뢰를 훼손시키는 요인으로 작용한다.

넷째, 연줄망은 사회경제적 효율성을 저하시키고 결과적으로 민주주의의 정당성을 훼손시킨다. 연줄망은 외부집단에 대한 배타성 때문에 공정한 게임의 규칙을 파괴하여 전체사회의 효율성을 저하시키며 파당성을 조장함으로써 결국 민주주의의 공고화를 지체시킬 수 있다. 이같이 연줄망에 의한 연고주의는 결과적으로 전체사회의 통합력을 저해하는 요인으로 작용한다(장수찬, 2013: 60).

이러한 연줄망의 부정적 기능을 실제의 행정과정에서 살펴보자.

연줄망에 의한 연고주의는 행정조직 내에 별도의 내집단을 형성시킴으로써 공익을 추구하기 어렵게 하고 조직의 분열을 조장시킨다. 연고관계에 의한 내집단 성향이 팽배한 행정조직에서는 내집단에 대한 음성적 충성은 강해지지만 조직전체에 대한 충성은 일어나지 않으며 관료의 승진이나 전보에 있어서 실적이나 능력보다는 연고관계가 더 중시된다. 그리고 정책결정도 공익을 바탕으로 이루어지는 것이 아니라 특정집단의 기준이나 이해관계에 따라 비합리적으로 이루어질 성향이 높아지게 된다.

또 연고주의는 행정의 고객인 일반주민들과의 관계에 있어서도 추상적이고 보편적인 입장에서 행정이 이루어지는 것이 아니라 친척·동향인·동창이라는 연고관계에 따라 차별적으로 대하는 경우가 많기 때문에 일반주민들은 법규에 규정된 예측할 수 있는 대우를 공정하게 받기가 어렵게 된다. 이러한 예는 법규의 적용, 계약·구매·면허·과세 등에서 현저하게 나타나고 있다.

따라서 연고주의가 강한 곳에서는 행정이 주민전체를 위한다는 목표가 희생되기 쉽고 행정행위가 특수성, 편파성, 부분성에 빠져 공익을 해치고 결과적으로 행정에 대한 불신으로 이어져 사회적 갈등을 일으키는 수가 많다. 이상에서 연줄망의 긍정적 기능과 부정적 기능을 살펴보았는데, 민주화과정을 거치면서 우리 사회의 연고주의에 대한 관심은 주로 부정적인 시각에서 개혁의 대상으로 인식되고 있다

5. 연고주의의 완화 방안

앞에서 지적한대로 연고주의는 긍정적 기능과 부정적 기능을 함께 가지고 있다. 그러므로 연고주의에 대한 대처방안은 그 긍정적 기능은 제고시키고 부정적 기능은 제거하거나 완화시키는데 두어져야 한다. 우리 사회가 연고주의의 부정적 기능을 완화하기 위해서는 공적·제도적 신뢰의 구축, 민주시민의식의 강화, 시민결사체 활동의 활성화 등이 이루어져 개방·자율형의 시민사회가 구축되어야 할 것이다.

(1) 공적·제도적 신뢰의 회복

우리 사회에서 연고주의를 완화하기 위해서 선행되어야 할 것 가운데 하나는 공적·제도적 신뢰를 회복하는 일이라고 할 수 있다. 공적·제도적 신뢰는 사회적 실체로서 수용된 제도를 통하여 형성되는 신뢰이다. 이러한 신뢰는 공공조직에 법·규제 등의 메커니즘을 통하여 구축되는데, 제도에 근거한 신뢰형성이 가능한 이유는 공식적 사회제도 및 조직이 개인들에게 신뢰의 근거를 제공함으로써 그 제도와 공식적 조직 자체를 신뢰하게 되기 때문이다.

우리 사회에서 연고관계에 근거한 긴밀한 사적 신뢰는 공적 영역에 다양한 부정적 영향을 미치고 있다. 특정화 된 강한 사적 신뢰는 연고관계에 따라 행정행위를 하도록 함으로써 행정질서를 왜곡시키고 법률적용의 변형을 가져오며, 그 결과 공직자들의 청렴성을 떨어뜨리고 사회전체에 부정부패를 심화시키는 한편 공정한 경쟁을 방해하는 요인으로 작용한다.

또 사적 신뢰는 연고집단에 속한 구성원에게는 두터운 신뢰를 보여주지만 그 집단 외의 사람에게는 배타적 태도를 취함으로써 공동체의 분열을 조장하고 공익을 위한 협력을 어렵게 한다(박종민 외, 2006: 152-153). 그러므로 연고주의를 완화 내지 극복하기 위해서는 이러한 특정화된 사적 신뢰를 공적·제도적 신뢰로 전환시켜야 한다.

그러려면 정부가 업무를 처리하는데 있어서 일관성·공정성·투명성을 유지할 수 있도록 법치주의가 확고하게 자리를 잡아야 한다. 정부가 일관성과 공정성을 상실한 채 불투명하게 업무를 처리하여 예측불가능성이 증가하면 국민들은 정부를 신뢰하지 못하기 때문에 자신의 이익을 지키기 위해 여러 사적 연고를 동원하여 공직자들을 이용하려 듦으로써 공적 신뢰는 약화되고 사적 신뢰가 강화될 수밖에 없게 된다(성경융, 2005: 14).

따라서 사회적 신뢰를 회복하기 위해서는 법치주의를 확립하여 정부가 법과 정책의 형성과 집행에서 일관성·공정성·투명성을 제고하는 것이 무엇보다 중요하다. 이러한 법치의 확립과 함께 효과적이면서 공정하게 작동되는 제도는 국민들로 하여금 경험적 학습을 통해 제도를 신뢰하도록 만들게 된다(장수찬, 2013: 103).

공적·제도적 신뢰를 증진하기 위한 또 다른 방안은 권력엘리트들과 고위공직자들의 도덕성을 제고시키고 이들의 부정부패에 대해 강력한 통제를 가하는 것이다. 이들에 대한 부패통제가 제대로 이루어지지 않는다면 각종 로비와 담합이 난무하게 되어 정부에 대한 공적 신뢰를 저하시킬 뿐만 아니라 국민들이 자신의 부도덕성과 연고주의에 기초한 비윤리적·비합법적 접근을 합리화하는 구실을 제공하게 된다. 그러므로 공적·제도적 신뢰를 증진시키기 위해서는 이들 권력엘리트와 고위공직자들에 대한 적극적 통제가 이루어져야 할 것이다.

(2) 민주시민의식의 강화

연고주의가 완화되기 위해서는 사회구성원들의 민주시민의식이 강화되어야 한다. 민주시민의식이란 민주사회 구성원으로서 사회적 제도와 가치를 신뢰하고 구성원으로서의 책임과 의무를 다하려는 의식과 태도를 말한다. 민주시민의식의 내용에 대해서는 연구자들이 연구관점에 따라 다양한 견해를 제시하고 있는데다 시대에 따라 그 내용이 달라질 수도 있기 때문에 일률적으로 제시할 수는 없으나 연고주의의 완화와 관련한 시민의식으로는 준법의식, 책임의식, 인간존중의식, 공동체의식, 개방의식 등을 들 수 있다.

준법의식은 사회생활과정에서 사회적 규범인 법을 지키는 의식으로서 그 하위요소로는 공공질서 및 약속의 준수를 들 수 있다. 책임의식은 스스로 판단하여 행동하고 그 결과에 대하여 철저하게 책임을 진다는 의식으로서 하위요소로는 책임완수, 공익, 자율을 들 수 있다. 인간존중의식은 인간존재의 가치를 소중히 여기고 생명권을 포함한 개인의 권리를 존중하는 의식으로서 그 하위요소로는 인권, 평등, 생명존중을 들 수 있다.

한편 공동체의식은 인간은 사회적 존재이기 때문에 다른 사람들과 일정한 사회관계를 맺으며 공동생활을 해 나간다는 의식으로서 하위요소로는 협동과 참여를 들 수 있다. 그리고 개방의식은 상대방의 입장에서 자기논리의 타당성을 살펴보고 상대방의 합리적 비판을 기꺼이 수용하여 자신의 잘못을 시정하려는 의식으로서 하위요소로는 관용과 상호성을 들 수 있다. 연고주의를 완화하기 위해서는 공직자는 물론 사회구성원들이 이러한 민주시민의식을 내면화하고 실천해 나가야 할 것이다.

(3) 자발적 결사체 활동의 활성화

우리 사회의 연고주의가 완화되기 위해서는 자발적 결사체의 활동이 활성화되어야 할 것이다. 자발적 결사체는 해결해야 할 문제를 공유하거나 가치와 신념을 공유하는 사람들이 공통의 목표를 달성하기 위해 자발적으로 결성된 단체로서, 가입과 탈퇴가 자유롭고 구성원들이 조직목표에 대한 뚜렷한 신념을 가지고 있으며 유연하고 융통성 있는 조직운영을 할 수 있다.

이러한 자발적 결사체의 종류로는 구성원들의 취미나 여가를 공유하고 유대감을 목적으로 결성된 친목단체, 구성원들의 특정이익을 실현하기 위한 이익단체, 사회문제 해결이나 봉사활동을 통해 사회공익을 추구하기 위한 시민단체 등이 있다. 자발적 결사체는 구성원들의 가치와 관심을 충족시킴으로써 정서적 만족감과 소속감을 갖도록 하여 자아실현의 기회를 제공하는 한편 지역주민들의 다양한 의견과 가치들을 결집하여 표출하고 주민들의 이익갈등을 조정하는 역할을 한다.

뿐만 아니라 주민들과의 상호작용을 통해 정보의 교류 등 활발한 의사소통으로 사회적 신뢰를 증진시키고 특정문화 또는 규범을 형성시켜 이질적인 주민들 간에 협동과 연대를 가능하게 한다. 그 과정에서 주민들은 사적 관심을 넘어 공동체적 문제에 관심을 갖게 되고 협동을 통해 그것을 해결하고 공동의 가치와 규범을 습득하게 된다(이재열, 2006: 44).

연고집단이 혈연·지연·학연 등 일차적 관계에 의한 특성적 신뢰에 토대를 두고 있다면 시민사회의 자발적 결사체는 위와 같이 일반적 타자들 간의 일반화된 신뢰와 호혜성에 토대를 두고 있다. 따라서 우리 사회의 연고주의가 완화되기 위해서는 일반시민들이 자발적 결사체에 많이 가입하여 활동함으로써 연고집단의 사회적 관계인 폐쇄성과 배타성을 탈피하고 개방성과 이타성을 가질 수 있어야 한다.

제5절 민주시민교육의 강화

1. 민주시민교육의 개념과 특징

일반적으로 민주시민교육이라 함은 "민주주의의 가치를 존중하고 그 기본원리와 제도를 이해하며 민주적 역량을 높여 공동체적 삶의 향상을 위해 보다 적극적으로 참여할 수 있는 자질을 함양하기 위해 지식·기능·가치를 가르치는 제반 교육활동"을 말한다. 민주시민교육은 독일을 비롯한 유럽 국가들에서는 통상 정치교육이라고 부르는데 비하여 영국과 미국에서는 시민교육 또는 민주시민교육, 일본에서는 공민교육(公民教育)이라고 하고 있는데 우리나라에서는 일반적으로 민주시민교육이라는 용어를 사용하고 있다.

이러한 민주시민교육은 민주주의교육, 국민정신교육, 정치교육과 구별된다. 민주주의교육은 인간존엄의 가치를 계속적으로 드높이고자 하는 교육본질에 보다 접근해 갈 수 있도록 교육체계 전반을 부단히 개혁하고 쇄신하여 교육의 질적 수준을 향상시켜 가는 과정으로서 민주주의를 촉진하는 교육이라고 할 수 있다. 이에 비해 민주시민교육은 시민성을 함양하기 위한 교육으로서 시민으로서의 신념·가치관·태도·능력 등 제반 인간적 자질의 함양을 추구하는 교육을 말한다.

한편 국민정신교육은 민족·국가공동체의 존속과 번영을 위해 국민생활에서 요청되는 기본적인 가치관의 형성과 이에 따른 실천적 태도의 함양을 위한 교육으로서 타율적·수동적인 인간을 양성할 가능성이 높다. 이에 비해 민주시민교육은 자발성과 자율적 인간의 양성을 지향하는 교육이라고 할 수 있다.

그리고 정치교육은 개인의 정치사회화를 강조하는 교육으로서 기존의 사회질서에 순응하는 인간양성에 역점을 둘 가능성이 높은 반면에 민주시민교육은 교육의 사회화기능은 물론 자율적 인간으로서 개인의 주체화를 강조하는 교육이다(구득환, 1991: 81). 결국 민주시민교육은 공동체 구성원들에게 민주주의적 가치와 생활양식을 내면화시켜 민주주의체제에 대한 우월감과 정통성을 확보하려는 의도적이고 적극적인 교육이라고 할 수 있다.

위와 같은 개념 속에서 도출할 수 있는 민주시민교육의 몇 가지 특징을 살펴보면 다음과 같다(배한동, 2008: 36-37). 첫째, 민주시민교육은 자유민주주의사회에의 적응 및 발전 그리고 민주주의체제를 유지하기 위한 교육이며, 미래에 보다 바람직한 민주사회를 이룩할 수 있는 자주적 시민을 양성하는 미래지향적 교육이다.

둘째, 민주시민교육은 개개인의 자아실현을 위하여 다양성을 존중하는 교육이며, 민주사회 구성원들이 삶과 직결된 문제를 주체적으로 결정할 수 있는 능력을 신장시키는 교육이다. 셋째, 민주시민교육은 특정국가의 시민이라는 특수개념과 세계시민이라는 보편적 개념을 동시에 교육하는 세계화를 위한 개방적 교육이다. 넷째, 민주시민교육은 학교교육뿐만 아니라 사회교육을 통한 평생교육임을 그 특징으로 한다.

2. 민주시민교육의 중요성

민주주의가 올바르게 유지되고 발전되기 위해서는 민주적인 제도와 관행을 확립하는 한편 그 사회를 구성하고 있는 개개인이 민주시민으로서의 높은 자질과 역량을 가져야 한다. 여기에서 민주시민이란 민주적 기본가치와 이념을 내면화하고 자신이 속한 정치체제에 대한 가치와 지식을 조화시켜 정책과정에 적극적으로 참여하고 실천할 수 있는 능력을 가진 사람이라고 할 수 있다.

민주주의의 공고화는 시민 개개인의 사고방식과 생활양식이 민주주의원리와 가치규범에 의해 실질적으로 규율될 때 비로소 가능한 것이다. 민주주의를 유지하고 발전시키기 위해서는 이념적·제도적 차원에서의 노력도 중요하지만 민주적 공동체를 형성하는 사회구성원 각 개인의 민주주의에 대한 이해와 민주적 행동의 실천이 더 중요하다.

따라서 시민들은 민주주의에 대한 투철한 신념과 이해의 바탕 위에서 자발적 참여, 대화와 타협에 의한 민주적 의사결정능력과 책임의식, 공정한 경쟁과 협력의 조화를 비롯한 민주적 행동양식을 습득하고 그것을 실천에 옮길 수 있어야 한다. 그런 점에서 민주시민교육은 민주주의의 유지와 발전, 그리고 사회통합을 위해 필요불가결한 조건이라고 할 수 있다.

자유롭고 평등한 공동체를 지향하는 현대의 민주국가에서 시민들은 자유로운 사고아래 자율적인 선택을 하며 살아가지만 한편으로는 다른 사람들과 더불어 살아갈 줄 아는 공동체의 구성원이기도 하다(정종욱, 2010: 24-25). 따라서 시민들은 공동체의 유지·발전을 위해 높은 수준의 공동체의식을 가져야 할뿐만 아니라 지구촌시대에 세계인들과 조화롭게 공존할 수 있는 세계시민으로서의 의식과 자질도 갖추어야 한다. 민주시민교육은 이러한 공동체의식과 세계시민성을 함양하고 촉진하기 위한 기본적 토대가 된다.

3. 민주시민교육의 목표와 기능

우리나라의 민주시민교육은 시민들에게 민주주의의 원리와 이념을 학습시키고 민주시민의 자질을 함양하도록 하여 이를 일상생활에서 실천하게 하는데 기본목표를 두고 있다. 이러한 목표를 이념적 목표와 방법적 목표로 구분하여 그 세부목표를 설명하면, 이념적 목표의 세부목표로는 도덕적 자아형성, 민주적 인간관계 형성, 공공선에 대한 시민적 책임, 질서존중과 준법의식 함양, 효율적 경제생활능력 함양, 인간주의적 전통문화의 존중을 들 수 있다. 한편 방법적 목표의 세부목표로는 비판적 사고능력, 창조적 사고능력, 문제해결능력, 의사결정능력의 함양을 들 수 있다(조영란, 2006: 14).

이러한 목표를 가진 민주시민교육은 다음과 같은 기능을 수행한다(전득주 외, 2000: 22-23). 첫째, 민주시민교육은 민주시민의 양성에 기여한다. 민주시민교육은 사회구성원들로 하여금 정치체제 내에서 자신의 위치, 즉 권리와 의무를 이해하고 이를 수행할 수 있도록 하는 사고와 능력을 길러준다.

둘째, 민주시민교육은 민주적 정치발전에 기여한다. 민주시민교육은 정치사회의 구성원들에게 바람직한 정치체제에 대한 비교능력을 길러줌으로써 정치운영 및 행위의 후진성을 수정하도록 도와준다. 셋째, 민주시민교육은 정치체제의 효율성을 향상시킨다. 민주시민교육은 정치사회의 구성원들에게 정치체제의 구조와 기능을 이해시키는 한편 그 체제 안에서 자신의 역할을 파악하고 이를 수행하게 함으로써 정치체제 운영에 효율성을 증진시킨다.

넷째, 민주시민교육은 사회통합에 기여한다. 민주시민교육은 정치체제에 대한 시민들의 정향(定向)이나 태도, 즉 정치문화를 일정한 틀 안에서 형성하도록 유도하여 체제에 대한 신뢰를 증진시키고, 이를 바탕으로 사회적 갈등을 해소하는데 기여함으로써 궁극적으로 사회통합적 기능을 수행한다.

4. 민주시민교육이 추구하는 시민의 자질

현대민주주의는 모든 시민이 사회문제의 해결을 위한 정치에 적극적인 참여를 전제로 하는 참여민주주의이기 때문에 시민들은 민주주의에 대한 기본적 지식을 갖추고 민주적 가치를 내면화하여 합리적으로 의사결정을 함으로써 지역사회와 국가운영에 능동적으로 참여하는 주체로서의 자질을 가져야 한다.

민주시민이 어떠한 자질을 가져야 할 것인가에 대해서는 많은 연구자들이 다양한 견해를 제시하고 있다. G.A Almond와 S.Vrrba는 민주시민의 자질로 공동체 소속감, 준법정신, 사회적 신뢰, 정치적 결정능력을 들고 있으며, Martorella는 합리적 의사결정능력, 자치참여, 역할과 책임의 수행을 지적하고 있다(전숙자, 2006: 72 재인용).

그리고 차경수는 인간존엄성, 자유와 평등, 애국심, 문제해결능력, 의무와 책임 완수, 민족문화의 이해, 참여와 협동능력을 들고 있으며, 조도근은 인간존중, 봉사와 협동, 자유와 책임, 준법정신, 반성적 사고, 자치생활에의 참여능력을 지적하고 있다(김효선, 2012: 15-16). 이 밖에도 여러 연구자들이 민주시민으로서의 자질을 제시하고 있는데, 여기에서는 이들의 견해를 종합하여 민주시민이 가져야 할 핵심적 자질을 지식, 기능, 가치와 태도의 세 영역으로 구분하여 설명하고자 한다.

먼저, 지식적 측면의 자질로는 민주주의의 이념과 원리, 인간의 존엄성 및 정치적 참여제도, 자기가 살고 있는 지역공동체의 정치사회적 환경, 세계화 현상 등을 이해하는 능력을 가져야 한다. 기능적 측면의 자질로는 자신의 생각을 효율적으로 전달할 수 있는 능력, 이성과 합리성을 바탕으로 사회문제에 대한 토론과 숙의(熟議)를 통해 의사결정을 할 수 있는 능력, 당면한 사회문제를 탐색하고 해결방안을 도출할 수 있는 능력, 정보의 수집과 분석 능력 등을 가져야 한다.

한편 가치 및 태도적 측면의 자질로는 합리적 근거를 바탕으로 하는 비판적 사고능력, 사회질서를 지키면서 살아가기 위한 법질서 준수, 능동적 정치참여 능력과 함께 서로의 차이를 인정하고 수용하는 관용, 대화를 통하여 사회문제를 해결하려는 협상과 관련한 능력을 가져야 할 것이다.

5. 학교교육을 통한 민주시민교육의 내실화 방안

1) 학교교육에서 민주시민교육의 내용과 문제점

학교에서의 민주시민교육은 넓은 의미로 보면 학교생활 전반을 통하여 범교과적으로 이루어지는 교육이라고 할 수 있다. 그리고 좁은 의미의 민주시민교육은 초등학교에서는 주로 바른생활, 도덕과 및 사회과를 통하여 이루어지고 중등학교에서는 도덕이나 시민윤리, 공통사회나 정치 등의 개별 교과교육을 통하여 이루어지고 있다. 여기에서는 좁은 의미로서의 민주시민교육의 내용을 살펴보고자 한다.

현재 학교에서 도덕과(道德科)를 통하여 실시되고 있는 민주시민교육의 내용은 네 가지 생활영역별로 구분하여 설명할 수 있는데, 개인생활영역에서는 인간존엄의식, 권리와 책임의식, 자주정신의 함양을 내용으로 하고 있으며 가정 및 학교생활영역에서는 협동정신, 배려의식, 질서의식에 관련한 내용의 교육을 실시하고 있다. 그리고 사회생활영역에서는 준법의식, 공동체의식, 환경보호의식 등을 내용으로 하고 있으며, 국가 및 민족생활영역에서는 국가의식, 민족의식, 안보의식, 통일의식, 세계시민의식 등에 관한 내용의 교육을 하고 있다.

한편 사회과(社會科)교육에서는 사회생활을 영위하는데 필요한 지식의 습득과 함께 인권존중, 관용과 타협의 정신, 사회정의의 실현, 공동체의식, 참여와 책임의식 등의 민주적 가치 및 태도의 함양과 함께 개인적·사회적 문제를 합리적으로 해결하는 능력을 기르기 위한 내용의 교육을 실시하고 있다.

위와 같이 현재 각급 학교를 통한 민주시민교육은 여러 가지 형태로 이루어지고 있으나 교육의 내용 및 방법론에서 많은 문제를 안고 있다. 첫째는 교육내용의 문제이다. 현재 초등학교와 중등학교에서 도덕과 및 사회과를 통하여 이루어지고 있는 민주시민교육은 그 교과내용이 대체로 규범적이고 원론적인 서술방법을 취하고 있어서 일상생활 속에서 민주적 생활방식을 체득할 수 있는 실천적이고 구체적인 사회문제가 제대로 다루어지지 못하고 있다.

또 교과내용이 시민의 의무와 사회적 안정에 대한 내용은 강조되고 있는데 비하여 합리적 의사결정능력, 참여와 비판적 사고, 대화와 토론 등 민주적 절차를 습득하도록 하는 내용은 상대적으로 미흡한 실정이다(배한동, 2008: 68).

둘째는 지식위주의 주입식 방식을 취하고 있는 교육방법론의 문제이다. 그동안 학교의 민주시민교육은 민주주의 현상에 대한 체험적인 실천위주의 교육보다는 주로 민주주의의 이념과 가치, 민주정치의 기본원리와 제도, 국가와 국민 간의 관계 등 추상적인 원리나 규범에 대한 주입식 위주의 교육이 실시됨으로써 학생들에게 민주적 행동양식을 제대로 내면화시키지 못하고 있는 실정이다.

2) 학교교육에서 민주시민교육 내실화의 기본방향

학교에서 민주시민교육이 성과를 거두기 위해서는 교육내용이 학생들에게 민주주의의 원리를 이해시키는 것은 물론 민주적 가치를 내면화하고 태도변화를 유도할 수 있는 방향으로 개선되어야 할 것이다. 그 개선방향에 대해서는 많은 연구자들이 다양한 견해를 제시하고 있는데, 그러한 견해들을 종합하여 정리하면 다음과 같다(정종욱, 2010: 26-27).

앞으로의 민주시민교육의 내용에는 첫째, 민주주의의 기본이념과 이상, 실제적인 정치과정과 정치현상을 포함해야 한다. 둘째, 합리적 의사결정능력, 탐구능력, 문제해결능력을 포함해야 한다. 셋째, 사회구성원 간의 공정한 경쟁, 협력과 조화, 공동선의 실현, 책임과 의무 등이 강조되어야 한다. 넷째, 당면한 사회문제 및 세계 공통의 문제해결에 적극적으로 참여하는 자주시민 육성에 필요한 내용이 포함되어야 한다. 다섯째, 미래의 사회변화를 예측하고 준비할 수 있는 미래지향적인 내용도 포함되어야 할 것이다.

다음은 민주시민교육의 방법에 대한 개선방향을 살펴보자. 민주시민교육은 단순히 민주주의에 대한 지식의 습득만을 목표로 하는 것이 아니라 민주적 가치를 내면화하고 민주의식을 행동으로 실천하도록 해야 하기 때문에 학습자중심의 실천적 방법들이 보다 많은 비중을 차지해야 할 것이다. 학습자중심의 수업은 학습자의 능동적이고 창의적인 사고와 참여를 불러일으킬 수 있다.

따라서 민주시민교육을 위한 교수·학습은 이론에 너무 치중하고 있는 현재의 수업방식을 지양하고 탐구식 방법을 많이 도입함으로써 학생들이 학습주제(學習主題)에 대해 자율적이고 합리적 판단을 할 수 있도록 해야 한다(배한동, 2008: 215). 또 일상생활과 관련되는 지역사회문제 등에 관심을 가질 수 있도록 봉사활동과 지역사회조사 등 현실과 관련된 소재를 학습에 적극 활용하는 참여적 활동중심교육이 강화되어야 할 것이다.

3) 학교교육에서 민주시민교육의 내실화 방안

(1) 토론학습의 활성화

민주시민의식은 적극적이고 활동적인 역할을 통해서 체득할 수 있는 것인데도 지금까지 학교에서의 민주시민교육은 학생들을 소극적인 학습자의 역할에 한정시켜 온 경향이 있었다. 학생들은 실천적 행동을 통해서 가장 잘 배울 수 있기 때문에 민주주의의 원리와 가치는 그것을 구체적으로 실천하는 활동적인 학습을 통해서 가장 잘 전달되고 습득될 수 있다.

따라서 학교교육은 '열린 교육'을 통해 학생들에게 그들이 가진 민주주의에 관한 지식을 적용할 수 있는 활동적인 학습을 위한 통로를 제공해 주어야 한다. 그러한 통로의 하나로 토론학습을 들 수 있는데, 토론학습은 특정한 주제에 대하여 학습자 간의 상호작용을 통하여 정보와 의견을 교환하고 합리적 결론을 이끌어내는 교수·학습방법으로서 다음과 같은 효용성을 가지고 있다(배한동, 2008: 271-272).

첫째, 인지적 측면에서 토론학습은 학습자들에게 타인으로부터 새로운 정보를 획득하고 배우는 기회를 제공한다. 이러한 토론에 의한 학습자들의 상호교류 과정을 통하여 창조적인 사고능력을 키울 수 있으며 협동적인 기술 및 태도를 함양시킬 수 있다. 둘째, 정의적 측면에서는 모둠 토의 등을 통해 학습자들에게 소속감과 수용감을 제고시킴으로써 적극적인 구성원의식과 집단에 대한 긍정적 태도를 가질 수 있게 한다.

셋째, 행동적 측면에서는 집단사고에 의한 문제해결을 통하여 협력과 참여, 타인에 대한 존중, 타인의 의견에 대한 경청, 타인과의 합의, 선입견과 편견의 수정 등을 배우며 민주적 질서의식 및 기능 등을 습득할 수 있게 한다. 따라서 구체적 생활과 관련된 문제에 관해 자유로이 토론하고 합의를 도출하는 토론학습은 이론적인 내용을 체계화한 교과서 중심의 교수-학습보다도 시민의식을 보다 효과적으로 습득할 수 있다고 본다.

그런데 우리 사회는 아직도 전통적인 위계질서에 의한 수직적 인간관계를 중심으로 한 조직문화가 잔존하고 있어서 상호 대화를 통한 토론문화가 정착되지 못하고 있다. 그리하여 학교에서도 대부분 강의중심의 일방적인 지식전달 수업이 주를 이루는 실정이어서 질의나 토론은 찾아보기 드물다. 따라서 앞으로의 학교교육에서는 대화와 토론을 통해 민주적 의사결정을 도출하는 방식을 강화해야 하며, 이를 위해서는 각급 학교에 토론학습을 위한 다양한 프로그램을 보급할 필요가 있다.

(2) 지역공동체 봉사활동의 강화

학교에서의 민주시민교육은 사회봉사활동을 통하여 보다 실천적으로 보완할 필요가 있다. 사회봉사활동은 개인 또는 단체가 지역사회·국가 및 인류사회를 위하여 대가 없이 자발적으로 시간과 노력을 제공하는 이타적인 행위이다. 학생들이 사회봉사 활동에 참여하는 것은 이타적인 생활을 경험하게 함으로써 인격형성에 도움을 주는 한편 사회에 소속감을 갖도록 하며 활동결과에 대한 성취감을 통해 긍정적 자아상(自我像)을 확립하는데 기여한다.

또 다양한 사회문화적 가치를 가진 사람들과 상호작용하면서 인간의 존엄성과 사회적 연대감, 참여의식을 함양시키며 자신들이 서로 의존하고 협력하지 않으면 안 될 공동체의 구성원들이라는 사실을 인식하게 해 준다. 그런 점에서 각급 학교에서는 학생들을 사회봉사활동에 적극 참여시켜야 할 것이다.

학교에서 봉사활동을 효율적으로 수행하기 위해서는 프로그램 자체가 실제적인 필요에 부합해야 하고 학생들이 스스로 계획을 세우게 함으로써 책임감을 부여해야 하며 실행과정에 융통성이 있어야 한다. 또 봉사활동이 끝난 후에는 학생들로 하여금 그 결과를 평가하여 반영하고, 그 과정에서 배운 것들을 반성적으로 검토할 수 있도록 해야 할 것이다(추병완 외, 2000: 442).

(3) 비판적 사고능력의 배양

학교에서의 민주시민교육은 지시에 순응하는 기능적(技能的) 인간이 아니라 자신이 속한 사회와 문화에 대한 비판적 사고와 성찰을 바탕으로 타인과 조화를 이루며 공동체적 삶을 영위하는 능력을 지닌 인간을 길러내는데 노력해야 한다(민정숙, 2007: 107). 이러한 비판적 사고는 개방적 태도, 대안적인 세계관, 관용성, 다양성을 전제로 한다.

비판적 사고는 다양성과 상황에 대한 적합성을 갖기 때문에 비판적 사고력을 가진 사람은 사물을 구체적으로 인식하고 그 사물의 존재에 대한 합당한 근거를 탐색하며, 그 사물이 사회와 자신의 삶에 미치는 영향을 평가할 수 있다. 따라서 비판적 사고에 대한 학교교육은 민주적 시민성을 함양하고 민주적 기능과 태도를 기르는데 매우 중요한 역할을 한다.

6. 사회교육을 통한 민주시민교육의 내실화 방안

1) 사회교육에서 민주시민교육의 중요성

민주시민교육은 학생뿐만 아니라 사회교육을 통해 일반시민들에게도 이루어져야 한다. 사회교육이란 정규 학교교육 이외의 청소년 및 성인을 위한 모든 조직적이고 의도적인 교육활동이라고 할 수 있다. 이러한 사회교육이 필요한 이유는 교육체제 내적으로는 학교교육제도의 한계를 극복하기 위함이며, 교육체제 외적으로는 시민들이 변화되는 환경에 적응하고 미래사회에 대비하기 위해서는 계속적인 학습이 이루어져야 하기 때문이다.

우리나라에서 사회교육은 1990년대 이후 그 중요성이 더욱 강조되고 있다. 그 이유는 세계화로 인한 경쟁이 심화되면서 산업경쟁력의 강화 및 사회복지 시스템의 개혁을 위해 사회교육 및 훈련이 국가정책의 주요 수단으로 인식되고 있으며, 지식기반경제와 정보사회에 부응하기 위한 산업 및 고용구조의 개혁을 추진하기 위해서는 성인(成人)인 시민들의 계속적인 재교육과 재취업 훈련이 요구되고 있기 때문이다. 또 세계화와 시장경제의 확대로 인해 사회적 빈부격차가 심화되고 개인주의의 폐해가 확산되면서 사회교육을 통한 사회통합의 필요성이 증대되고 있기 때문이다(김미숙 외, 2009: 13-14).

우리나라 사회교육의 주요 이념은 개인적 성장과 자아실현, 사회적 결속 및 민주적 시민의식 고양, 경제성장과 발전의 수단, 지속적 가능성의 증진이라고 할 수 있다. 그런데 이 이념들은 상호 연계되어 있으며 보완적 상호작용을 통해 숙련된 노동력 양성, 민주주의의 발전, 그리고 보다 충족된 삶을 지향하는데 목표를 두고 있다(윤정은, 2006: 97).

이러한 사회교육을 통한 민주시민교육은 다음과 같은 중요성을 가지고 있다.

첫째, 사회교육은 학교교육과는 달리 강제적으로 이루어지지 않고 자발적으로 이루어지는데, 이 자발성은 참여민주주의의 기본요소가 된다. 둘째, 사회교육은 시민들이 다양한 프로그램을 스스로의 필요와 상황에 따라 선택함으로써 다차원적 가치와 합리적 의사결정능력을 배양하는데 기여한다. 셋째, 사회교육은 모든 분야에 대해서 동등한 사회적 가치와 중요성을 부여함으로써 시민들에게 평등의식과 사회구성원들에 대한 관용성을 제고시킬 수 있다.

넷째, 사회교육은 대화와 토론을 통해 사회적 쟁점과 참여에 대한 관심을 불러일으켜 적극적 사회참여를 하도록 유도함으로써 민주시민의식을 배양시킬 수 있다. 이같이 사회교육은 단지 교육기회의 제공, 여가시간의 활용, 자아실현, 개인과 지역사회의 경쟁력 제고뿐만 아니라 민주사회에 필요한 자발성과 다양성의 존중, 합리적 의사결정, 사회이슈에 대한 적극적 참여 등 민주시민들에게 필요한 의식의 형성과 능력을 배양하는 데에 기여하게 된다.

2) 사회교육에서 민주시민교육 내실화의 기본방향

우리나라의 사회교육은 현재 어느 정도 제도화가 이루어지고 있다. 우선 헌법 제31조 5항에는 평생교육진흥을 위한 국가의 책무를 규정하고 있으며 교육기본법에는 이에 관한 국가의 노력을 명시하고 있다. 그리하여 평생교육법에 의한 사회교육, 주민자치센터를 통한 주민자치교육, 선거법에 의한 정치교육, 방송법에 의한 미디어교육 등 산발적이기는 하지만 민주시민교육의 중요성을 인식한 사회교육 활성화를 위한 시책들이 시행되고 있다.

그러나 평생교육법이나 특정분야에 국한된 제도화로는 생활민주주의를 지향해야 하는 사회교육을 합리적이고 효율적으로 수행하기가 어렵기 때문에 현재 단편적으로 시행되고 있는 시민교육과 관련 제도들을 함께 아우를 수 있는 종합적 관점에서 민주시민교육의 내실화를 기해야 할 필요성이 커지고 있다. 이러한 내실화는 다음과 같은 기본방향 아래 도모하는 것이 바람직하다고 본다(심익섭, 2008: 7-8).

첫째, 사회교육은 기능적 측면보다도 민주시민교육의 철학적 기초를 강화해야 한다. 둘째, 교육대상자의 자발적 참여를 이끌어내고 현장중심으로 교육할 수 있는 교육방법이 모색되어야 한다. 셋째, 다문화사회에 부응하는 프로그램을 개발하고 교육내용을 지식위주보다는 문제해결 중심으로 전환시켜 나가야 한다. 넷째, 교육현장에서 새로운 미디어를 적극 수용·활용하는 등 교육방법을 다양화해야 한다.

3) 사회교육에서 민주시민교육의 내실화 방안

(1) 민주시민 양성을 위한 사회교육제도의 정착

민주시민 육성을 위한 우리나라의 사회교육은 비공식적이며 자발적 차원에서 공공기관, 시민사회단체, 언론기관 등 다양한 주체를 통해서 이루어지고 있으나 아직 체계적인 제도를 갖추지 못하고 있으며 사회교육업무를 전담할 목적으로 설립된 기관도 없다. 이에 따라 사회교육의 통일성과 일관성이 부족하며 연계성을 유지하는 제도적 장치도 취약하다고 할 수 있다.

민주시민교육의 내실화를 위해서는 사회교육에 대한 제도화 및 체계화가 매우 중요하다. 그런 점에서 사회교육의 지속가능한 발전을 위한 제도화 방안의 하나로 민간이 운영하고 정부가 지원하는 시민교육 전담기구인 민주시민교육지원센터(가칭)를 설립하여 사회교육의 구심점 역할을 하게 할 필요가 있다고 본다. 독일의 경우는 내무성 산하에 비권력기구인 연방정치교육센터를 설치하여 시민에 대한 정치교육 및 대중매체 관련사업 등을 실시함으로써 시민교육 활성화에 중추기관의 역할을 하고 있다(정책기획위원회, 2006: 167).

우리나라에서 민주시민교육지원센터가 설립될 경우에는 정치적 중립성과 자율성을 보장해야 하며 그 역할로 시민교육의 기본정책 수립, 시민참여를 위한 재정 및 공간의 지원, 시민교육과 그 담당주체에 대한 지원, 시민교육 관련 조사·연구 및 정보제공, 교과과정 및 프로그램의 개발·보급, 시민교육 담당자에 대한 교육 및 재교육, 시민교육에 대한 국제협력사업 등을 담당하도록 해야 할 것이다(심익섭, 2008: 9-10). 그렇게 될 때 민주시민교육은 사회전체적인 입장에서 통합성이 유지되며 시대적으로도 일관성 있는 교육이 이루어질 수 있을 것이다.

(2) 정부와 시민단체의 협력관계 구축

민주시민교육은 그 궁극적 목표가 사회구성원들을 능동적이고 참여적 시민으로 양성하는데 있기 때문에 시민사회가 주체가 되어 실시하는 것이 바람직할 것이다. 우리나라의 경우 민간차원에서 민주시민교육을 실시하는 대표적인 조직은 시민단체로서, 현재 적지 않은 시민단체들이 사회적 이슈에 따라 환경교육, 소비자교육, 유권자교육, 인권교육 등을 실시하고 있다.

시민단체는 시민의 생활과 가까운 곳에서 활동하기 때문에 교육수요자인 시민들의 요구를 잘 파악할 수 있으며 시민들의 자발적 참여에 기초해 시민생활과 직접 관련되는 의제(議題)를 다룰 수 있다는 장점이 있다. 또 시민교육은 교육수요자가 실제 자신의 생활세계에서 적용할 수 있도록 현장성과 실천성을 갖출 수 있어야 하는데, 그런 점에서 시민단체에 의한 교육은 민주시민교육의 특성과 지향에 부합된다고 할 수 있다.

그러나 시민단체에 의한 시민교육은 대부분의 경우에 원래 취지의 민주시민교육보다는 단체의 설립목적에 부합되는 내용의 교육을 실시하는 경우가 많은데다 시민단체의 인적·물적 역량의 부족, 정부의 행·재정지원의 미약 등으로 지속적으로 시행되지 못하는 경우가 많다.

따라서 시민교육을 효과적으로 실시하기 위해서는 정부는 교육을 시행하는 시민단체들에게 인적·물적 지원을 해줌으로써 그들의 자발적 참여를 유도해야 하며, 그 대신 시민단체는 자체의 취약한 인적·물적 역량을 보완할 수 있게 되는 상생적인 관계가 구축되어야 할 것이다. 그러나 정부의 이러한 지원은 시민단체들의 독립성과 자율성을 보장하면서 그들이 수행하는 교육을 조정하고 지원하는데 그 역할을 한정하여야 할 것이다.

(3) 시민들의 자발적·적극적 참여 유도

민주시민교육이 내실화되려면 시민들의 자발적이고 적극적 참여를 유도해야 한다. 이를 위해서는 시민교육을 수행하는 기관·단체들이 다수 시민들의 참여를 유도할 수 있고 정보화시대에도 적합한 보다 다양하며 민주적인 교육아이템과 교수기법을 개발하는 것이 중요하다. 예를 들어 지역적 쟁점이라든지 실생활과 밀접한 주제를 교육의 내용으로 삼는다면 보다 많은 시민들의 관심을 불러일으켜 참여를 이끌어낼 수 있을 것이며, 교수기법 역시 현장체험 또는 토론식 수업의 비중을 높이는 것이 강의 위주의 한계를 보완할 수 있는 방법이 될 수 있을 것이다(정책기획위원회, 2006: 168).

(4) 시민의식과 관련한 교육프로그램의 확대

우리나라에서 사회교육은 각 시도(市道)의 평생교육정보센터, 대학부설 사회교육원 또는 평생교육원, 지역시민단체, 각지의 사회복지관 등 다양한 기관(단체)에서 이루어지고 있다. 그런데 이들 기관이 운영하는 강좌내용은 직업교육, 취미교육, 어학교육, 재테크, 보건건강 관련교육이 주를 이루고 있어 민주시민의 자질과 태도 함양과는 거리가 멀거나 관련성이 적은 프로그램이 거의 대부분을 차지하고 있다. 그러므로 그 교육내용에 시민성 함양을 위한 강좌를 반드시 개설하도록 하는 제도적 장치를 마련할 필요가 있다.

참 고 문 헌

◇ 국내 문헌

□ 서 적

강대기, 현대사회에서 공동체는 가능한가, 아카넷, 2001.

강원사회연구회 편, 강원도 로컬 거버넌스의 현실과 과제, 한울, 2008.

경제·인문사회연구회, 국민통합을 위한 사회갈등 해소방안, 2005.

경제·인문사회연구회, 우리사회는 공정한가, 한국경제신문사, 2012.

구득환, 사회교육론, 교문기획, 1991.

국무조정실·KDI국제정책대학원, 공공기관의 갈등관리 교육교재, 2007.

국토연구원 도시재생지원사업단, 녹색 커뮤니티 만들기: 성과와 과제, 2011.

국토연구원, 사회통합을 위한 지역적 대응과제: 지역사회 통합지수 개발 및 활용방안(총괄보고서), 2011.

김경동, 급변하는 시대의 시민사회와 자원봉사, 도서출판 아르케, 2007.

김경동 외, 사회통합을 위한 나눔과 배려문화 제고방안, 경제·인문사회연구회, 2011.

김미곤 외, 사회통합 실태진단 및 대응방안 연구, 한국보건사회연구원, 2014.

김상욱 외, 한국사회의 공정성: 1990-2011, 성균관대학교출판부, 2013.

김석준 외, 뉴거버넌스 연구, 대영문화사, 2000.

김용웅 외, 신지역개발론, 한울, 2009.

김용환, 관용과 열린사회, 철학과 현실사. 1997.

김종길, 접속시대의 사회갈등과 사회통합, 정보통신정책연구원, 2005.

김찬동, 마을공동체 복원을 위한 주민자치 실현방안, 서울시정개발연구원, 2012.
김태룡·안희정, 사회자본과 자원봉사: 관계와 전망, 집문당, 2011.
김태준 외, 한국의 사회적 자본실태 분석연구, 한국교육개발원, 2009.
김현호, 지방자치단체 주도의 지역공동체 활성화 방안, 한국지방행정연구원, 2013.
남궁달화, 교육가치론, 문음사, 1997.
박순일 외, 21세기 한국사회의 통합과 정책이념의 방향, 한국사회정책연구원, 2009.
박용헌, 민주화·세계화와 교육과제, 서울대학교출판부, 1996.
박재창 편, 위기의 한국 시민사회, 도서출판 아르케, 2009.
박재환, 사회갈등과 이데올르기, 나남, 1992.
박재홍, 한국의 세대문제: 차이와 갈등을 넘어서, 나남, 2005.
박태영 외, 자원봉사, 도서출판 공동체, 2009.
박형서 외, 공공시설 입지갈등이 지역사회에 미치는 영향 연구, 국토연구원, 2004.
박호성, 공동체론, 효형출판사, 2009.
배규환, 미래사회학, 사회비평사, 1995.
배한동, 민주시민교육론, 경북대학교출판부, 2008.
백종섭, 갈등관리와 협상전략, 창민사. 2015.
부만근, 제주지역 주민운동론, 제주대학교출판부, 1997.
사회통합위원회, 희망시대를 위한 사회통합, 2013.
서진영 편, 세계화시대의 사회통합, 나남. 1998.
신군재, 갈등관리와 협상, 무역경영사, 2013.
신종길, 접속시대의 사회갈등과 사회통합, 정보통신정책연구원, 2005.
신창현·박형서, 갈등영향분석 및 정책적 함의, 경제·인문사회연구회, 2005.
안성호 외, 지역정체성과 사회자본1: 대전·충남지역 연구, 다운샘, 2004.
연세대학교산학협력단, 공정사회 구축을 위한 사회적 자본 확충방안, 2011.
오혁진, 지역공동체와 평생교육, 집문당, 2014.

왈쩌(M.Walzer), 관용에 대하여, 송재우 옮김, 도서출판 미토, 2004.
이근철 외, 도덕과교육론, 양서원, 2002.
이달곤, 협상론, 법문사, 2002.
이동수 외, 민관협력과 시민사회 발전을 위한 청사진, 특임장관실·경희대학교공공대학원, 2011.
이동원 외, 제3의 자본: 사회적 자본은 어떻게 증진되는가, 삼성경제연구소, 2009.
이상안, 공동체 사회통합론, 박영사, 2005.
이성록, 갈등관리론, 도서출판 미디어숲, 2007.
이수연 외, 국민통합 및 평등사회 구현을 위한 정책연구, 한국여성개발원, 2006.
이원태 외, 디지털 사회갈등의 새로운 양상과 사회통합의 정책방향, 방송통신위원회, 2012.
이재열 외, 한국사회의 질-이론에서 적용까지, 도서출판 한울, 2015.
이종수 외, 한국사회와 공동체, 다산출판사, 2008.
이종수, 정부는 공정한가. 대영문화사, 2012.
이진호, 한국사회의 대립과 갈등진단(상), 한국학술정보(주), 2011.
이태진 외, 사회통합을 위한 복지정책의 기본방향, 한국보건사회연구원, 2010.
이훈구, 연고주의, 법문사, 2003.
임 호 외, 부산시 공공갈등의 효과적 관리방안 연구, 부산발전연구원, 2010.
임희섭·박길성 공편, 오늘의 한국사회, 나남, 1993.
장용석 외, 한국경제·사회 선진화와 조건(2), 경제·인문사회연구회, 2010.
전경옥·홍태영, 다문화사회 한국의 사회통합, 도서출판 이담, 2013.
전득주 외, 정치문화와 민주시민교육, 유풍출판사, 2000.
전북발전연구원, 전라북도 갈등관리기구의 개선방안, 2012.
정광호, 정부신뢰, 법문사, 2011.
정신문화연구원, 신뢰사회 형성을 위한 참여문화, 2005.
정정길 외, 정책학원론, 대명출판사, 2007.
정주진, 갈등해결과 한국사회, 도서출판 아르케, 2010.

정준금, 환경정책론, 대영문화사, 2007.
정창우, 도덕교육의 새로운 해법, 과학교육사, 2004.
정책기획위원회, 한국 민주주의 발전과 사회통합의 전망, 2006.
정책기획위원회, 공공갈등 관리시스템 구축-신뢰와 통합을 위한 참여정부의 노력, 2008.
제주발전연구원, 제주특별자치도의 갈등사례 분석과 갈등관리방안 연구, 2009.
조영기, 선진화시대의 사회통합, 한반도선진화재단, 2009.
조현권, 환경법-이론과 실무, 법률문화원, 1999.
조현성, 전통적 정신문화의 현대화 방안, 한국문화관광연구원, 2009.
조흥식 외, 한국의 지속가능한 발전전략과 정책대안, 서울대학교출판문화원, 2014.
주성수, 자원봉사, 도서출판 아르케, 2005.
주성수, 자원봉사문화와 제도, 한양대학교출판부, 2013.
지속가능발전위원회a, 공공갈등관리의 이론과 기법(상), 2005.
지속가능발전위원회b, 공공갈등관리의 이론과 기법(하), 2005.
지은구·김민주, 복지국가와 사회통합, 청목출판사, 2014.
최봉기, 정책학개론, 박영사, 2008.
채종헌 외, 지역공동체 활성화를 통한 사회통합 증진방안에 관한 연구, 한국행정연구원, 2014.
최영출 외, 지역경쟁력 강화와 로컬 거버넌스, 대영문화사, 2006.
최 협·김명래 외, 공동체의 현실과 전망, 도서출판 선인, 2001.
최 협·윤수종 외, 공동체론의 전개와 지향, 도서출판 선인, 2006.
추병완 외, 윤리학과 도덕교육, 도서출판 인간사랑, 2000.
표갑수, 자원봉사론, 나남, 2010.
한국도시연구소 엮음, 도시공동체론, 한울아카데미, 2003.
한국여성개발원, 가족·성별 갈등현황 및 정책과제, 2005.
한국지방행정연구원, 갈등유형별 협력적 거버넌스 구축방안, 2006.
한국행정연구원, 중앙정부의 공공갈등관리 실태분석 및 효과적인 갈등관리 방안, 2010.

한국지방행정연구원, 지방자치단체의 협력적 거버넌스 재설계 방안, 2011.
한국지방행정연구원, 시민참여 활성화를 위한 시민과 정부의 역할, 2013.
한준상 외, 지역공동체 문화발전론, 원미사, 2003.
행정자치부, 지역공동체 복원 및 형성에 관한 연구, 2007.
현대호 외, 공공분야 갈등관리 전문기구에 관한 법제연구, 한국법제연구원, 2012.

□ 논 문

강대기, 패러다임 변화와 공동체의 통합개념 구축, 농촌사회, 제13집 제2호, 한국농촌사회학회, 2003.
강동완, 정책네트워크 분석을 통한 대북 지원정책 거버넌스 연구, 성균관대학교대학원 박사학위논문, 2008.
강황선·최병대, 서울시정의 로컬 거버넌스 도입방안, 서울시정연구원, 2001.
고승한, 제주지역 사회통합의 위기진단과 극복방안, 제주발전연구원, 2010.
곽현근, 현대 지역공동체의 의의와 형성전략, 이종수 편, 한국사회와 공동체, 도서출판 아르케, 2008.
곽현근, 사회적 자본과 마을만들기, 대전발전연구원, 2013.
권영숙·이영민, 지역사회 봉사활동 특성유형과 사회적 자본형성의 관계분석, 지방행정연구, 제25권 제1호, 한국지방행정연구원, 2011.
권이종, 사회통합을 위한 시민공동체의식 함양에 관한 연구, 교육부 1992.
권필상, 시민참여를 통한 민주적 거버넌스의 구현: 울산의 지역거버넌스를 중심으로, 울산대학교대학원 석사학위논문, 2008.
김경동, 권위주의적 사회구조와 사회갈등, 한국사회학회 편, 한국사회와 갈등의 연구, 현대사회연구소, 1985.
김경원, 개인가치와 교육열이 교육관광상품 만족에 미치는 영향, 경기대학교대학원 박사학위논문, 2010.
김광구 외, 중앙·지방정부간 협력적 계획체제 구축방안에 관한 연구, 국토연구원, 2006.
김광희, 시민사회단체와 정부의 협력적 거버넌스의 생산성에 관한 연구, 국민대학교대학원 박사학위논문, 2012.
김기곤, 지역공동체 이상과 현실 그리고 과제들, 광주연구, 통권 제18호, 광주발전연구원, 2012.
김기표, 공정한 사회원칙의 법제도 수용방안, 경제·인문사회연구회 편, 공정한 사회구현을 위한 전략과 과제, 2011.
김남근, 한국 민주시민교육의 활성화 방안에 관한 연구, 관동대학교대학원 박사학위논문, 2008.
김남준, 다문화시대의 도덕원리 논쟁, 새한철학회, 철학논총, 제54집 제4권, 2008.
김대환, 참여의 철학과 참여민주주의, 참여사회연구소 편, 참여민주주의, 창작과비평사, 1997.
김덕형, 정책대상집단별 신뢰 속성의 차이 분석, 성균관대학교국정관리대학원 석사학위논문, 2012.
김동석, 초등학교 학생들의 공동체의식 함양을 위한 실천방안 연구, 제주교육대학교교육대학원 석사학위논문, 2002.
김명현, 지방정부와 NGO간의 거버넌스 형성의 영향요인 분석: 경상남도를 중심으로, 창원대학교대학원 박사학위논문, 2010.
김미숙 외, 평생학습의 사회경제적 성과분석, 한국직업능력개발원, 2009.
김미숙 외, 공정사회 기반 마련을 위한 국가자격 관리·운영 체계분석, 한국직업능력개발원, 2011.
김상권, 공공갈등의 발생요인과 관리방안에 관한 연구: 행정복합도시 건설사업 추진을 중심으로, 서울시립대학교대학원 박사학위 논문, 2008.
김선기 외, 살기 좋은 지역만들기 모델 유형화 및 공모방안 연구, 행정자치부, 2012.
김선희 외, 선진한국을 향한 갈등관리시스템 구축방안, 홍준형 편저, 공공갈등의 관리, 법문사, 2008.
김성훈, 숙의민주주의에 대한 헌법적 연구, 서울대대학원 석사학위논문, 2003.
김수영 외, 신공동체 구축을 위한 시론적 논의, 한국지방정부학회 춘계학술대회 발표논문집, 2013.

김수진, 재능기부를 통한 문화예술 창작 및 향유 활성화 방안연구, 홍익대학교대학원 석사학위논문, 2012.

김안제, 공정사회의 논의와 지방자치의 발전방향, 지방행정연구, 제25권 제1호, 지방행정연구원, 2011.

김왕배·이경용, 사회자본으로서의 신뢰와 조직몰입, 한국사회학회, 한국사회학, 제36권 제3호, 2002.

김용동, 지역공동체 형성을 위한 지방정부의 역할, 대전·충남행정학회, 공공행정연구, 제4권 제2호, 2001.

김용학, 한국사회의 학연, 김성국 외, 우리에게 연고는 무엇인가, 도서출판 전통과현대, 2003.

김용환, 관용: 갈등의 평화적 해결을 위한 도덕적 명령, 평화를 만드는 여성회, 2001.

김용환, 관용에 대한 철학적 분석: 다원주의사회를 위한 기초개념, 한국인문사회과학원, 현상과 인식, 제18집 제2호, 1994.

김유환, 공공갈등관리를 위한 제도정비 방향, 홍준형 편저, 공공갈등의 관리: 과제와 해법, 법문사, 2008.

김윤태, 한국의 사회갈등과 사회통합, 기억과 전망, 제16호, 2007.

김은시, 시민윤리교과에서 관용의 덕을 함양할 수 있는 교수·학습방안 연구, 서울시립대학교대학원 석사학위논문, 2007.

김은영, 강원도 기후변화 대응 민간단체 참여방안: 거버넌스를 중심으로, 강원발전연구원, 2009.

김재철, 광주공동체 실현을 위한 공동체의식 형성방안, 광주연구, 통권 제18호, 광주발전연구원, 2012.

김정욱, 지역사회의 사회적 가치 형성과정에서 자발적 결사체의 역할에 관한 연구, 서울시립대대학원 석사학위논문, 2010.

김정원, 사회적 배제 완화를 위한 사회적 자본의 역할, 전북대학교대학원 박사학위논문, 2007.

김중수, 공공용지 취득과정에서의 정부신뢰에 관한 연구, 경원대학교대학원 박사학위논문, 2007.

김지현, 지역사회의 사회적 자본과 주민만족도와의 관계, 건국대학교대학원 석사학위논문, 2007.

김진아, 공동체주의 정의론의 관점에서 본 마을만들기 사례 비교분석, 서울시립대학교대학원 박사학위논문, 2013.

김찬동, 마을공동체 복원을 통한 주민자치 실현방안, 서울시정개발연구원, 2012.

김태선, 학교공동체를 위한 사회자본 측정도구 개발 및 적용, 전북대학교대학원 박사학위논문, 2007.

김태준, 사회적 배제가 노인 우울에 미치는 영향에 관한 연구, 대구대학교대학원 박사학위논문, 2010.

김필동, 차별과 연대, 신용하 편, 공동체이론, 문학과 지성사, 1985.

김형양, 로컬 거버넌스 형성의 영향요인에 관한 연구, 한국행정논집, 제16권 제1호, 한국정부학회, 2004.

김홍식, 지역이기주의의 극복을 위한 정책연구, 한국지방행정연구원, 1993.

김회용, 공정성개념 분석과 대학입학사정관 전형의 공정성 확보방안, 한국교육사상연구회, 2010.

남원석 외, 경기도 마을만들기 지원방안 연구, 경기개발원, 2012.

노대명a, 사회통합의 현황과 향후 정책과제, 보건복지포럼, 제150호, 한국보건사회연구원, 2009.

노대명b, 사회통합은 공동목표를 위한 대전제, 경제·인문사회연구회, 미래정책포커스, 제3호, 2009.

대전발전연구원, 마을자치의 활성화를 위한 정책방안에 관한 연구, 2013.

도묘연, NGO 참여활동의 시민교육 효과에 대한 탐색적 연구: 대학생 NGO 현장학습을 사례로, 21세기정치학회보, 제20집 제2호, 2010.

류태건, 사회자본의 구성요소와 효과에 관한 연구, 부경대학교대학원 박사학위논문, 2015.

문석남, 지역갈등과 지역격차, 한국사회학회 편, 한국사회와 갈등의 연구, 현대사회연구소, 2004.

문태현, 심의민주주의적 정책결정의 논리와 한계, 한국정책학회, 전자자료,

2010.
문태훈 외, 시스템 사고로 본 우리나라 사회갈등의 구조, 한국지방정부학회, 전자자료, 2011.
민정숙, 한국사회의 갈등해결을 위한 평화교육, 인하대학교대학원 박사학위논문. 2007.
박관동, 지역이기주의의 극복방안에 관한 연구, 한양대학교행정대학원 석사학위논문, 2000.
박기관·이상임, 연고주의 행태 및 조직문화의 효과성에 대한 실증적 분석, 한국지방자치학회보, 제23권 제2호, 2011.
박병영, 사회문화 통합의 이론과 쟁점, 통일연구, 제8권 제2호, 연세대학교 통일연구원, 2004.
박상필, 시민사회 관점에서 본 공정성의 가치, 한국NGO학회, NGO연구, 제7권 제2호, 2011.
박상필·김상영, 수동사회에서 능동사회로의 변형: NGO의 역할과 한계, 한국행정연구원, 한국행정연구, 제9권 제4호, 2000.
박소현, 문화예술분야 재능기부 활성화 방안 연구, 한국문화관광연구원, 2011.
박영근 외, 인본적 사회통합을 위한 정책개발, 경제·인문사회연구회, 2007.
박영서, 국책사업 사회갈등의 원인과 특징, 국토연구, 통권 제283호, 국토연구원, 2005.
박재홍, 한국사회의 세대갈등, 한국인구학회, 한국인구학, 제33권 제3호, 2010.
박종민·김왕식, 한국사회에서의 사회신뢰 형성, 한국정치학회보, 제40권 제2호, 한국정치학회, 2006.
박종민·배정현, 정부신뢰의 원인: 정책결과·과정 및 산출, 정부학연구, 제11권 제2호, 고려대학교 정부학연구소, 2011.
박종철 외, 통일 이후 통합을 위한 갈등해소 방안, 통일연구원, 2013.
박찬웅, 신뢰의 위기와 사회적 자본, 사회비평, 제19집, 1999.
박충우, 사회적 자본이 자원봉사활동에 미치는 영향연구, 한성대학교대학원 박사학위논문, 2013.
박통희, 신뢰의 개념에 대한 비판적 검토와 재구성, 한국행정학보, 제33권

제2호, 한국행정학회, 1999.
박통희, 한국정부의 신뢰성과 시장경제, 2000년 하계학술대회 논문집, 한국행정학회, 2000.
박통희, 신뢰와 사회적 자본의 구축, 한국선진화포럼 제44차 월례토론회 발표논문, 2010.
박형서 외, 공공시설 입지갈등이 지역사회에 미치는 영향 연구, 국토연구원, 2004.
박형준, 해방 50년과 시민사회, 나라의 길, 제27호, 나라정책연구원, 1995.
박효종, 민주시민사회의 정착과 민주시민교육, 선거관리, 제55호, 중앙선거관리위원회, 2005.
배규환, 사회통합론적 시각에서 본 남북한의 통일, 사회과학연구, 제8호, 국민대학교 사회과학연구소, 1995.
배응환, 로컬거버넌스: 갈등에서 협력으로, 지방행정연구, 제19권 제2호, 한국지방행정연구원 2005.
배일섭, 사회적 자본으로서 신뢰향상 방안에 관한 연구, 한국정책학회 하계대회 및 국제학술회의 발표논문집, 한국정책학회, 2010.
배한동, 민주시민의식 함양을 위한 도덕과 교수학습방법, 도덕윤리과교육, 제13호, 한국도덕윤리과교육학회, 2001.
변미리, 사회통합을 위한 지역공동체 역량 강화, 서울시정개발연구원, 2011.
사득환, 환경갈등과 대체적 분쟁해결장치: 인식과 대안, 환경정책, 제6권 제2호, 한국정책학회, 1998.
서울대행정대학원 한국정책지식센터, 정부신뢰 구축을 위한 지식관리의 주요 이슈와 발전 방안, 2006.
서정철, 협력적 거버넌스의 성공요인 연구: 참여·숙의 요인을 중심으로, 성균관대학교국정관리대학원 석사학위논문, 2013.
설계경, 환경관련 집단소송제도에 관한 입법론적 고찰, 법제, 통권 제578호, 법제처, 2006.
설규주, 현대사회의 변동과 민주시민교육, 제4회 민주시민교육 국제심포지엄 발표논문, 중앙선거관리위원회선거연수원, 2008.

설석환, 집단이기주의의 극복방안에 관한 윤리적 접근, 동국대학교대학원 박사학위논문, 2006.

성경융, 한국사회의 불신구조와 신뢰증진 방안, 국가균형발전위원회, 2005.

손호중, 정부신뢰의 영향요인에 관한 연구, 영남대학교대학원 박사학위논문, 2005.

송하중, 신뢰사회 구현을 위한 정부개혁, 정책기획위원회, 2004.

송효명, 사회자본의 형성과 직업소득, 성균관대학교대학원 박사학위논문, 2007.

신경희, 나눔문화 확산을 위한 서울시 실천전략, 서울시정개발연구원, 2009.

신명숙, 다문화사회와 사회통합정책에 관한 연구, 한영신학대학교 석사학위논문, 2010.

신상국, 도덕교육의 중요 덕목으로서의 관용: 그 가치와 교육적 과제, 창원대학교대학원 박사학위논문, 2010.

신예철, 지역만들기에 있어서 지역공동체 역량이 지속적 참여와 참여확대에 미치는 영향 연구, 한양대학교도시대학원 박사학위논문, 2012.

신윤창, 사회갈등의 원인구조와 해결방안: 거버넌스를 중심으로, 한국정책학회, 전자자료, 2010.

신현호, 상사의 리더십과 조직공정성·조직유효성·조직시민행동·서비스성과 간의 관계, 영남대학교대학원 박사학위논문, 2007.

심익섭, 민주시민교육의 제도화와 활성화 방안(하), 통일로, 통권 제221호, 한국현대사회연구소, 2007.

양건모, 권위주의적 권력과 정책과정 참여가 정부신뢰에 미치는 영향, 이화여자대학교대학원 박사학위논문, 2006.

양덕순·강영순, 지역공동체의식이 주민참여에 미치는 영향분석: 제주특별자치도를 중심으로, 한국지방자치학회보, 제20권 제1호, 한국지방자치학회, 2008.

양세진, 한국 사회적기업의 협력적 거버넌스에 대한 사례연구, 성균관대학교국정관리대학원 박사학위논문, 2011.

양현모 외, 남북 교류협력 효율화를 위한 거버넌스 모형구축, 통일연구원, 2008.

오경훈, 연고주의가 조직효과성에 미치는 영향에 관한 연구, 서울시립대학교대학원 박사학위논문, 2013.

오연주 외, 사회통합 관련내용 반영을 위한 교과서 내용 분석연구, 한국교과서연구재단, 2011.

오연주 외, 사회통합 관련내용 반영을 위한 교과서내용 분석연구: 사회과와 도덕과 교과서 분석을 중심으로, 한국교과서연구재단, 2012.

오태원, 사이버 공간의 규제문제와 사회규범에 대한 법철학적 분석, 법철학연구, 제12권 제1호, 한국법철학회, 2009.

유소영, 참여와 협력의 거버넌스: 서울시 참여예산제를 중심으로, 성균관대학교국정관리대학원 박사학위논문, 2013.

유재원, 시민참여의 확대방안: 참여민주주의 시각에서, 한국정책과학회보, 제7권 제2호, 한국정책과학학회, 2003.

유종호, 지방정부의 정책신뢰에 관한 연구, 상지대대학원 박사학위논문, 2003.

유해운, 비선호시설 입지에 대한 주민반발 요인에 관한 연구, 광운대학교대학원 박사학위논문, 1995.

윤민재, 신뢰와 사회자본에 대한 사회적 이해, 신뢰연구, 제14권 제1호, 2004.

윤병철, 순천시 사회적 자본의 특성과 정책적 함의, 순천대학교대학원 박사학위논문, 2010.

윤종설, 민주적 갈등관리를 위한 주민의 참여와 대표성 확보방안, 한국행정연구원, 2014.

윤정은, 평생교육정책 이념으로서의 사회적 포용에 관한 연구, 중앙대학교대학원 석사학위논문, 2006.

은재호·양현모 외, 참여적 의사결정을 통한 갈등해결방안 연구, 한국행정연구원, 전자자료, 2008.

은재호 외, 공공갈등에 있어서 윈-윈협상 방안에 관한 연구, 한국행정연구원, 전자자료, 2011.

이 건, 사회갈등 해소기제로서의 공정성 탐색, 한국정책과학학회보, 제19권 제4호, 한국정책과학학회, 2015.

이나영, 공동주택단지의 공동체의식과 외부공간 구성, 전남대학교대학원 박사학위논문, 2009.
이달휴, 사회통합에서 본 사회보장법, 공법학연구, 제11권 제2호, 한국비교공법학회, 2010.
이명진 외, 미디어 발전과 사회갈등구조의 변화, 정보통신정책연구원, 2009.
이상진, 관용교육을 위한 탐구공동체 수업모형 연구, 한국교원대학교대학원 박사학위논문, 2010.
이 성, 고등학생의 관용문화에 대한 일상생활 기술 연구, 한국교원대학교 대학원 석사학위논문, 2002.
이성록, 자원봉사활동의 활성화와 코디네이터의 중요성, 사회복지, 제121호, 한국사회복지협의회, 1994.
이세준·이상윤, 2008 국민법의식 조사연구, 한국법제연구원, 2008.
이수장, 관민이 함께 생산·공급하는 행정서비스, 지방자치, 1992년 5월호, 현대사회연구소, 1992.
이승종, 지역주민 참여의 활성화 방안, 한국지방자치학회보, 제9권 제2호, 한국지방자치학회, 1997.
이용식, 인천거버넌스 활성화 방안, 인천발전연구원, 2011.
이승종, 지역주민 참여의 활성화방안, 한국지방자치학회보, 제9권 제2호, 한국지방자치학회, 1997.
이원태 외, 디지털시대 사회통합을 위한 시민의식 제고방안, 정보통신정책연구원, 2009,
이재열, 의리인가 계약인가? 인격주의와 개인주의의 갈등적 공존과 한국사회의 제 문제, 석현호·유석춘 공편, 현대한국사회 성격논쟁, 도서출판 전통과현대, 2001.
이재열·조병희 외, 사회통합: 개념과 측정·국제비교, 한국사회정책, 제21호, 한국사회정책학회, 2014.
이재혁, 시민사회의 변화와 사회적 자본 그리고 시민역량, 직업과 인력개발, 제10권 제3호, 한국능력개발원, 2007.
이종각, 사회통합과 교육정책, 교육평론, 통권 제222호, 교육평론사, 2011.
이종수, 정부에 대한 신뢰와 그 결정요인, 사회과학논집, 제32집, 한국사회과학연구원, 2001.
이종수, 지역사회 내의 공정성 제고와 지방정부의 역할, 지방행정연구, 제25권 제1호, 한국지방행정연구원, 2011.
이주호 외, 허베이스피리트호 유류 유출사고 이후의 갈등구조 분석, 2013년 하계학술대회 발표논문집, 한국지방정부학회, 2013,
이태진·박은영, 사회의 질 측정을 위한 사회통합지표 개발 및 제안, 보건복지포럼, 제150호, 한국보건사회연구원, 2009.
임동진, 중앙정부의 공공갈등관리 실태분석 및 효과적인 갈등관리 방안연구, 한국행정연구원, 2010.
임동진, 공공갈등 해결을 위한 공공협상의 원칙과 전략, The Chungnam Review, 20015년 봄호, 충남발전연구원, 2015.
임 호, 지역공동체 활성화의 전망과 과제-아파트공동체를 중심으로, 부산발전포럼, 통권 제108호, 부산발전연구원, 2007.
임희섭, 집단이기주의의 극복을 위한 실천적 처방, 한국정신문화연구원 주최 제2회 정신문화포럼 발표논문, 1995.
장동진, 정치철학적 관점에서 본 한국의 공정한 사회담론-공정한 사회, 경제·인문사회연구회 등 공동학술행사 발표원고 자료집, 2011.
장수찬, 국가제도 및 문화적 특성과 사회적 자본, 대전발전포럼, 통권 제44호, 대전발전연구원, 2013.
장용석 외, 한국의 사회적 자본과 갈등: 사회적 자본의 다면적 속성에 대한 재조명, 조사연구, 제10권 제2호, 한국조사연구학회, 2009.
장용석 외, 한국 경제·사회 선진화의 조건: 2 사회통합지표, 경제·인문사회연구회, 2010.
전계영, 지역주민의 지방정부신뢰 영향요인 연구, 서울시립대학교대학원 박사학위논문, 2009.
전상진, 사회통합을 위한 문화정책: 세분된 통합개념과 응집적 문화패러다임을 중심으로, 문화정책논총, 제23집, 한국문화관광연구원, 2010.
정광열 외, 사회통합과 문화정책, 한국문화관광, 제10호, 한국문화관광연구원, 2009.

정규호, 정책갈등의 참여적 해결을 위한 합의형성적 접근의 의미와 과제, 한국정책학회보, 제16권 제2호, 한국정책학회, 2007.

정남철, 환경정책과 공공갈등 해결에 관한 법적 고찰, 공법학연구, 제9권 제1호, 한국비교공법학회, 2012.

정우송, 대형 국책사업을 둘러싼 공공갈등과 협력적 거버넌스를 통한 해결방안에 관한 연구, 국민대학교대학원 박사학위논문, 2010.

정원섭, 공정사회로 나아가는 길, 한국교육삼락회총연합회 주최 제95회 한국교육삼락포럼 발표논문, 2011.

정일호, 사회적 형평성 제고를 위한 교통정책 방향, 국토, 통권 제354호, 국토연구원, 2011.

정정화, 공공갈등과 합의형성: 심의민주주의 방식의 적용과 한계, 한국행정논집, 제23권 제2호, 한국정부학회, 2011.

정정화, 공공갈등 해결을 위한 ADR의 활성화 방안, 한국자치행정학보, 제26권제2호, 한국지방자치학회, 2012.

정종욱, 세계화시대의 민주시민교육의 방향, 교육평론, 통권 제209호, 교육평론사, 2010.

정해식 외, 사회통합정책 영향평가 지표개발 기초연구, 한국보건사회연구원, 2014.

조권중, 서울의 사회적 자본: 현황과 정책과제, SDI 정책리포트, 제70호, 서울시정개발연구원, 2010.

조명래, 지역사회에의 도전-도시공동체의 등장과 활성화, 한국도시연구소 엮음, 도시공동체론, 한울아카데미, 2003.

조영란, 제7차 교육과정 고등학교 민주시민교육 내용에 관한 연구, 연세대학교교육대학원 석사학위논문, 2006.

조영제, 다원주의사회의 기본덕목으로서의 관용과 그 시민적 함의, 서울대학교대학원 박사학위논문, 1998.

조윤재, 보험판매원의 지각된 공정성과 조직적용성의 관계지속 의도에 미치는 영향, 동아대학교대학원 박사학위논문, 2009.

조일수 외, 청년·미래세대 국민통합의식 및 학교단위 국민통합 교육방안 연구, 국민대통합위원회, 2015.
주재복·한부영, 갈등유형별 협력적 로컬 거버넌스의 구축방안, 한국지방행정연구원, 2006.
차미숙·임은선, 사회통합을 위한 지역적 대응과제(총괄보고서), 국토연구원, 2011.
채은경·김영환, 인천광역시 주민조직 사례연구, 인천발전연구원, 2013.
최길수, 시정참여를 통한 소통실태 분석 및 민관 협치행정 구현방안, 대전발전연구원, 2010.
최무현, 법질서 확립에 관한 두 가지 관점과 정책적 함의, 정책개발연구, 제19권 제1호, 한국정책개발학회, 2010.
최병두, 공동체이론의 전개과정과 도시공동체운동, 한국도시연구소 엮음, 도시공동체론, 한울아카데미, 2003.
최병두, 살기 좋은 도시를 위한 지역공동체 복원방안, 국토지리학회지, 제40권 제4호, 국토지리학회, 2006.
최병학, 전환기 충청남도의 갈등관리와 정책과제, 열린 충남, 통권 제56호, 충남발전연구원, 2011.
최종렬, 신뢰 호혜성의 통합의 관점에서 바라본 사회자본, 한국사회학, 제38집 제5호, 한국사회학회, 2004.
채종헌, 지역공동체 활성화를 통한 사회통합 증진방안에 관한 연구, 한국행정연구원, 2014.
한국지방행정연구원, 지방자치단체의 협력적 거버넌스 재설계 방안, 2011.
한동우 외, 스마트시대의 나눔문화, 한국정보화진흥원, 2012.
허영식, 세계화시대의 시민교육, 중앙선거관리위원회 선거연수원, 2008.
홍영란, 사회적 자본형성을 위한 전략, 교육개발, 제34권, 제4호, 한국교육개발원, 2007.
홍정화 외, 국내 거버넌스 연구의 동향과 문제점 고찰, 한국정책학회 하계대회 및 국제학술대회 발표논문집, 한국정책학회, 2010.
홍준형a, 대체적 분쟁해결제도(ADR), 홍준형 편저, 공공갈등의 관리-과제와 해법, 법문사, 2008.

홍준형b, 환경분쟁 소송제도, 홍준형 편저, 공공갈등의 관리-과제와 해법, 법문사, 2008.
황재영, 행정부의 대체적 분쟁해결제도에 곤한 연구, 지방정부연구, 제3권 제1호, 한국지방정부학회, 1999.
황혜신, 공정한 사회와 정부의 역할에 관한 연구, 한국행정연구원, 2011.

◇ 외국 문헌

Beck, W., Van Der Maesen, L., & Walker, A The Social Quality of Europe. The Hugue : Kluwer Law International, 1997.
Beger-Schmitt, R. Social Cohesion as an Aspect of the Quality of Societies, Concept and Measurement, Mannheim : Social Indicators Department, 2000.
Fisher, Roger, William & Bruce Patton, Getting to Yes: Negotiating Agreement Without Giving in, 2nd., Harvard negotiating Project, Penguin Book.
King, P. Toleration, London, Portland, OR:Frank Cass, 1998.
Putnam, R.D. The Prosperous Community : Social Capital and Public Life, The American Prospect 13, 1993.
Rawls, J.A Theory of Justice, Cambridge, Massachusetts : Harvard University Press, 1971.

저자 **부 만 근** (夫萬根)

- 제주대학교 법학과를 졸업하고 건국대학교 대학원에서 행정학 박사학위를, 일본 류큐(琉球) 대학에서 명예박사학위를 받았다.
- 제주대학교 행정학과 교수로 재직하면서 학생처장, 기획연구실장, 법정대학장, 행정대학원장, 총장을 역임하였다. 정년퇴직하면서 청조근정훈장을 받았으며, 현재 제주대학교 명예교수로 있다.
- 사회활동으로는 한국교원단체총연합회 부회장, 언론중재위원회 위원, 민주평통자문회의 자문위원, 21세기국토포럼 공동대표, 대통령 자문 국가균형발전위원회 위원 및 정책기획위원회 위원, 전국 시·도지역혁신협의회 의장단회장, 대한민국건국60년기념사업위원회 위원, 고·양·부 삼성사재단 이사장 등을 지냈다.
- 학술활동으로는 한국지방자치론, 지방정치와 지방행정, 제주지방행정사, 제주지역개발사, 제주지역 주민운동론, 사회통합론 등 9종의 저서와 40여 편의 논문이 있다.

사회통합론

재판 1쇄 발행 2016년 12월 31일
재판 2쇄 발행 2019년 9월 5일

지 은 이 부만근

펴 낸 곳 온누리디앤피
주 소 제주특별자치도 제주시 신성로12길 21-2
전 화 064.722.0086
전 송 064.755.3380
등 록 제51호 (1995년 8월 31일)

ISBN 978-89-94495-61-3

값 20,000원

이 도서의 국립중앙도서관 출판예정도서목록(CIP)은 서지정보유통지원시스템 홈페이지(http://seoji.nl.go.kr)와 국가자료종합목록 구축시스템(http://kolis-net.nl.go.kr)에서 이용하실 수 있습니다. (CIP제어번호 : CIP2019034496)